Família e Patrimônio na Antiga Mesopotâmia

Família e Patrimônio na Antiga Mesopotâmia

Marcelo Rede

*M*auad X

Copyright © by
Marcelo Rede, 2007

Direitos desta edição reservados à
MAUAD Editora Ltda.
Rua Joaquim Silva, 98, 5º andar
Lapa — Rio de Janeiro — RJ — CEP: 20241-110
Tel.: (21) 3479.7422 — Fax: (21) 3479.7400
www.mauad.com.br

Projeto Gráfico:
Núcleo de Arte/Mauad Editora

Capa:
Criada sobre o mapa de *Martin Sauvage* (EPHE, Paris)
Na 4ª capa: foto da zigurat de Kish: *J. Quillien*

CIP-BRASIL. CATALOGAÇÃO-NA-FONTE
SINDICATO NACIONAL DOS EDITORES DE LIVROS, RJ.

R249f

Rede, Marcelo
    Família e patrimônio na antiga Mesopotâmia / Marcelo Rede ; [prefácio Ciro Flamarion Cardoso]. - Rio de Janeiro : Mauad X, 2007.

    Inclui bibliografia

    ISBN 978-85-7478- 213-3

    1. Família - Mesopotâmia - História. 2. Propriedade privada - Mesopotâmia - História. 3. Herança e sucessão - Mesopotâmia - História. 4. Transmissão (Direito) - Mesopotâmia - História. 5. Mesopotâmia - História. I. Título.

07-0892.   CDD: 306.850935
                                                           CDU: 316.356.2(358)

Aos meus pais, Neusa e Orlando.

Às minhas meninas, Célia e Maria.

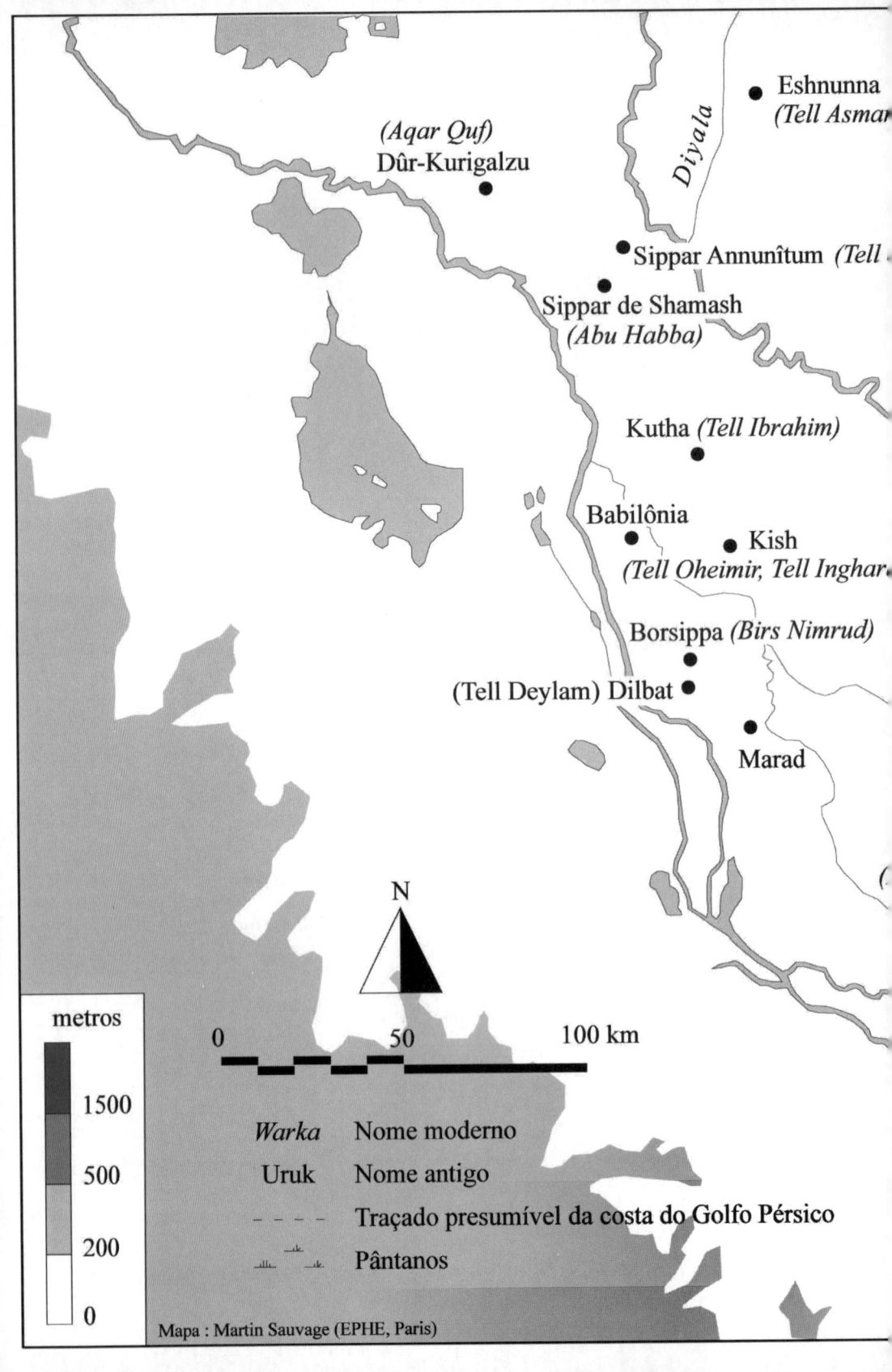

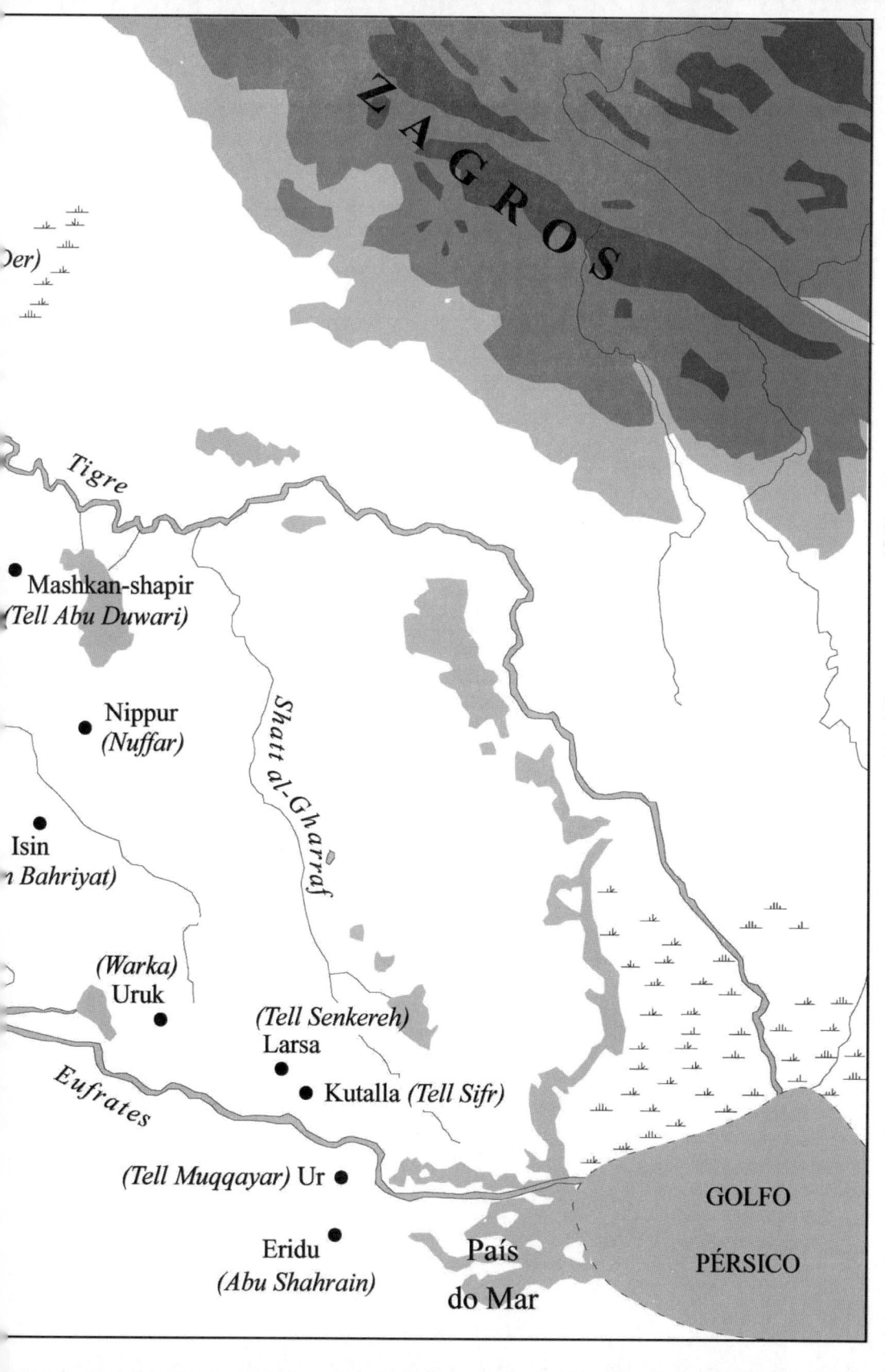

ÍNDICE

Apresentação   11
Prefácio – *Ciro Flamarion Cardoso*   13

Capítulo 1: Problemas, métodos e fontes   19
1. Problemática: família, grupo doméstico e apropriação do espaço   19
    1.1. Os sistemas de apropriação doméstica   24
2. O debate historiográfico: economias antigas e visões modernas   26
3. Questões metodológicas: fazer história a partir dos arquivos familiares   31
4. O sítio de Tell Senkereh e sua documentação: um breve histórico   34
    4.1. Os contratos de Larsa: origem e estado atual   35
    4.2. Os arquivos da família Sanum   37
5. A genealogia da família Sanum: as evidências documentais   39
6. Questões cronológicas   42
    6.1. A cronologia absoluta   43
    6.2. A cronologia relativa   44

I – TRANSMISSÕES PATRIMONIAIS   **47**
Capítulo 2: Família e transmissão do patrimônio   **47**
1. Descendência bilateral e devolução divergente   49
    1.1. Mulheres de Larsa: casamento e destino dos bens   50
    1.2. Posição sucessória da filha: notas sobre um debate   52
    1.3. Herança, dote e prestações matrimoniais   55
    1.4. Filiação e devolução   61
    1.5. Mesopotâmia e Eurásia: notas para uma sistematização   66

Capítulo 3: Hierarquias sucessórias e preservação do patrimônio   **69**
1. O primeiro filtro: o sexo e a terra   70
2. Primogenitura: os vivos e os mortos   79
Conclusão – Parte I: Família e grupo doméstico, ambigüidades e tensões estruturais   90

II – TRANSAÇÕES PATRIMONIAIS 93
Capítulo 4: Cartografia da circulação 93
1. Circulação da terra... mas qual terra? 94
    1.1. Filologia do espaço 94
2. Aspectos cronológicos 99

Capítulo 5: As práticas de aquisição 101
1. Parentela e aquisição imobiliária 101
2. Contigüidade: expansão contínua da base territorial 109
3. Aquisição imobiliária 120
    3.1. Aquisições urbanas e consumo ostentatório 121
    3.2. Aquisições rurais e reforço da produção agrícola 129

Capítulo 6: Os agentes sociais 133
1. Os compradores 133
    1.1. Atividades econômicas e origem dos recursos 142
2. Os vendedores 152
Conclusão – Parte II: As transações imobiliárias e
a economia política de Larsa 166

III – TENSÕES PATRIMONIAIS 173
Capítulo 7: As intervenções palacianas e a apropriação doméstica 173
1. Os dados de Larsa 175
2. Babilônia e Larsa: a consolidação de um modelo comparativo 177
3. Bens protegidos *versus* bens de livre circulação? 178
4. Dívidas, vendas imobiliárias e compensações: articulações e limites 182
5. Crise econômica e justiça social? 186
6. Circulação de terrenos e intervenção palaciana: por uma nova articulação 190

CONCLUSÃO 193
NOTAS 197
BIBLIOGRAFIA 261

APRESENTAÇÃO

Os textos que o leitor encontrará neste livro são o resultado de um longo interesse sobre as formas de apropriação social do espaço na antiga Mesopotâmia, em particular no âmbito do grupo familiar. Este foi o tema de uma tese de doutorado que preparei na Universidade de Paris – Sorbonne, sob o título *L'appropriation de l'espace domestique à Larsa: la trajectoire de la famille Sanum*. Alguns dos capítulos permaneceram, até agora, inéditos em português, outros apareceram sob forma de artigos em revistas especializadas. Aqui, todos foram refundidos e, quando necessário, atualizados. Muito da forma e do conteúdo originais foi conservado; outro tanto foi suprimido ou adaptado. Por um lado, procurei desbastar o texto de todo aquele arsenal muito próprio de uma tese acadêmica, que só tem sentido para uma avaliação de júri de especialistas. Em particular, todo um extenso segundo volume, dedicado à publicação epigráfica e filológica das fontes cuneiformes do Museu do Louvre, que serviram de base documental ao trabalho, foi deixado de lado aqui. Por outro lado, não hesitei em conservar o substancioso aparato de citações: pareceu-me que, como entre nós há pouca tradição de pesquisa em história do antigo Oriente Próximo, as referências bibliográficas seriam úteis para orientar o leitor que queira aprofundar-se.

O resultado destas opções foi a manutenção da unidade dos capítulos: o leitor notará que, do início ao fim, as interpretações propostas derivam do estudo de um mesmo caso monográfico – o da família Sanum, que viveu no reino de Larsa, no sul babilônico, entre os séculos XIX e XVIII a.C. –, embora eu tenha sempre procurado estabelecer os patamares para uma visão mais ampla, e muitas vezes renovada, da história econômica e social da antiga Mesopotâmia. Ao mesmo tempo, o novo arranjo proporciona que cada capítulo seja considerado uma unidade e que as problemáticas nele tratadas sejam compreensíveis por si mesmas. Fez-se, portanto, um esforço de redação para que cada capítulo pudesse ser lido individualmente. Evidentemente, para uma visão articulada dos vários e complexos processos tratados – da transmissão do patrimônio entre as gerações à aquisição e venda de imóveis, passando pelas questões de parentesco e casamento –, uma leitura completa do volume seria o mais recomendável.

* * *

A escritura de um livro é um percurso ao longo do qual acumulamos muitas dívidas de reconhecimento. Meus primeiros pensamentos vão a todos os mestres que me permitiram superar as dificuldades da escrita cuneiforme e das línguas acadiana e suméria: o saudoso prof. Emanuel Bouzon (PUC-RJ); Dominique Charpin, meu orientador, Brigitte Lion e Pierre Villard (na Sorbonne); Jean-Marie Durand (Collège de France e EPHE); Francis Joannès (EPHE) e Bertrand Lafont (École du Louvre e EPHE).

Também devo muito aos ensinamentos de Sophie Lafont (EPHE) sobre direito cuneiforme e aos cursos de arqueologia oriental de Jean-Claude Margueron (EPHE).

Entre meus professores, também não poderia deixar de citar aqueles que sempre me apoiaram na difícil fase inicial de estudos em história antiga, em um meio em que quase tudo parecia desencorajar o debutante: Marlene Suano e Ulpiano Bezerra de Meneses (USP) e Ciro Flamarion Cardoso (UFF).

Vários pesquisadores leram meu projeto de pesquisa ou partes de meu texto, contribuindo com suas críticas: J. Renger (Freie Universität, Berlin); M. Liverani (Università La Sapienza, Roma), J.-J. Glassner (CNRS-Paris); S. Lafont (EPHE).

Jean Bottèro, com sua infindável amabilidade, foi o primeiro a me encorajar a fazer o doutorado em Paris. Sou-lhe grato por esta boa idéia.

Nely Kozyreva (São Petersburgo) enviou-me gentilmente sua tese sobre Larsa. Do mesmo modo, Mariapaola Pers (Roma) permitiu-me um acesso sem restrições à sua grande base de dados sobre a onomástica de Larsa.

Com Yves Calvet, um dos escavadores do sítio de Tell Senkereh e grande conhecedor das estruturas residenciais de Larsa, eu pude discutir proveitosamente acerca dos elementos da arquitetura doméstica.

Vários autores mantiveram-me informado de suas pesquisas e me anteciparam materiais inéditos; que sua gentileza seja reconhecida: Lucile Barberon; Jean-Jacques Glassner; Brigitte Lion; Cécile Michel; Piotr Steinkeller.

Eu gostaria também de agradecer às instituições e bibliotecas que me acolheram nos quatro anos passados em Paris, oferecendo-me as melhores condições de trabalho, em particular as bibliotecas do Gabinete de Assiriologia e do Laboratório de Antropologia Social do Collège de France, bem como da EHESS. Mas também as bibliotecas do Centro Glotz e do Centro de Arqueologia Oriental, na Sorbonne, e do Instituto Católico de Paris. O Laboratório HAROC-CNRS, de Nanterre, também foi generoso ao disponibilizar seus meios técnicos e acervos.

Um agradecimento especial deve ser dirigido ao Departamento de Antiguidades Orientais do Museu do Louvre, que me permitiu o acesso aos tabletes cuneiformes de Larsa e concedeu autorização para publicar os documentos inéditos da família Sanum. É com grande prazer que agradeço a Béatrice André-Salvini, curadora dos tabletes, e Norbeil Aouici, que se ocupou de mim em minhas longas e numerosas permanências nas reservas do Museu, entre 1999 e 2002.

O júri da defesa de tese fez considerações relevantes que, na medida do possível, foram integradas aqui. Agradeço a seus membros pela leitura atenta: Dominique Charpin (Sorbonne); Francis Joannès (EPHE); Jean-Marie Durand (Collège de France) e Alain Testart (CNRS).

Vários amigos contribuíram para a correção de meus manuscritos franceses: Lucile Barberon, Magali Fuss, Brigitte Lion, Cécile Michel, Françoise Rougemont. Eu devo agradecer particularmente a Aline Tenu, que leu e corrigiu todo o trabalho e debateu comigo vários de seus aspectos.

As traduções de Macha Kouzmina e Lieve Behiels permitiram-me acesso a textos russos e holandeses, respectivamente.

A lista de amigos que me acolheram em Paris, com uma estima a que serei sempre grato, é mais vasta do que o espaço desta página. Que todos e cada um encontrem aqui um grande obrigado sob os nomes destes amigos inesquecíveis: Annie Attia, Aline Tenu, Jacques Levy e Jacques Quillien.

Last but not least, devo agradecer minha dívida para com o Departamento de História da UFF, que me concedeu uma longa licença remunerada para a realização do doutorado, e ao CNPq, do qual fui bolsista durante os quatro anos em Paris.

PREFÁCIO

Ciro Flamarion Cardoso (CEIA-UFF)
Professor Titular de História Antiga (UFF)

Em 1968 assisti pela primeira vez a uma defesa de tese na França. Na banca estava Fernand Braudel. O tema era a economia da cidade de Córdoba (atualmente na Argentina) no período colonial. Em sua argüição, Braudel elogiou o trabalho mas também disse: "senti a falta dos acordes de violão nas noites de Córdoba". Tratava-se, claro, de uma *boutade*, de um *bon mot*. Mas as frases de efeito de Fernand Braudel nunca eram ociosas. Neste caso, creio que estava criticando um tipo de História Econômica tão desencarnada e formalizada que poderia levar os fundadores dos *Annales* a perguntar, como fizeram em mais de uma ocasião: "E os seres humanos nisso tudo?"

Uma pergunta assim também poderia ser formulada, com alguma freqüência, no que diz respeito à História da antiga Mesopotâmia; curiosamente, até mesmo quanto a certos trabalhos cujas fontes principais eram arquivos privados. E formulá-la não decorreria só de uma atitude humanista, ou tendo esta como razão principal. Em termos precípuos de uma História Econômica, poder-se-ia argumentar que, ao ser o assunto da pesquisa a economia de unidades domésticas mediante a análise da sucessão hereditária e das compras e vendas de lotes de terra urbanos e rurais, o exame das estratégias concretas e específicas das pessoas envolvidas deveria ser condição *sine qua non* para entender o que aquelas pessoas que eram membros da elite urbana de uma dada cidade mesopotâmica estavam fazendo e por que o faziam.

Interessava a Marcelo Rede abordar o seu tema "Família e patrimônio na Mesopotâmia, no Período Babilônico Antigo, com ênfase na cidade de Larsa" a partir da noção de *apropriação* da natureza (de segmentos do mundo físico, portanto, do espaço), entendendo-a como ação social compreendendo práticas e representações. Tal ponto de partida permitiria, aliás, mais de uma escolha quanto ao ângulo a ser privilegiado no enfoque.

Para o marxismo, por exemplo, o ponto de partida é a idéia de que a *propriedade*, antes de ser uma forma jurídica de "proteção do adquirido", "já que cada sistema de produção gera suas próprias instituições e sua modalidade específica de governo", é uma *apropriação real*, pelos indivíduos, no seio e por intermédio de uma forma social dada, das condições naturais da existência. Pode mesmo acontecer que se tente, por meio de leis, mudar a forma da propriedade: mas estas leis "só adquirem significado econômico" se estiverem "em harmonia com a produção social" e as formas de apropriação real no seio desta: se não for assim, elas simplesmente não funcionam e a lógica da produção social se impõe *apesar* das leis. Em outras palavras, a apropriação, considerada no contexto das relações sociais, tem "sem qualquer ambigüidade", *pace* J.

A. Cahan, "prioridade absoluta, histórica e lógica, sobre a sua formalização jurídica em forma de propriedade, que pode ocorrer ou não." Os direitos de acesso garantidos pelo direito consuetudinário em suas múltiplas variações locais, por exemplo, são coisa bem diferente de um direito de propriedade unificado e formalizado. Existem, quanto a tal assunto, múltiplas possibilidades e situações históricas a considerar-se. Historicamente, a propriedade formalizada como direito unificado e absoluto é muito mais a exceção do que a regra. Uma das conseqüências da postura derivada de Marx neste ponto é que a propriedade *privada* plenamente constituída "que implica como condição contraposta a não-propriedade" é uma forma tardia, historicamente delimitada, estando muito longe de ser universal, como pelo contrário ainda afirmam muitos autores mesmo hoje em dia[1].

Para exemplificar, no debate sobre um texto de Michael Hudson cujo tema era o processo de privatização, uma das intervenções defendeu a noção de que mesmo as sociedades mais "primitivas" (*sic*) têm algum tipo de propriedade privada da terra: pois, para Cleveland, autor da intervenção mencionada, a alocação de parcelas por anciães da tribo às famílias não passaria de uma forma de propriedade privada, embora se trate de uma modalidade limitada, temporária e cujos contornos são mal definidos. A trajetória histórica da propriedade seria sempre, então, a da propriedade privada, que passa de direitos vagos e inseguros para outros mais definidos, na medida em que a população cresce e a tecnologia melhora[2]. Neste modo de ver, eminentemente a-histórico, a propriedade privada é uma espécie de dimensão obrigatória do humano; existe em quaisquer sociedades e quaisquer circunstâncias (ou, caso se prefira, configura um elemento integrante da própria natureza humana, uma espécie de *birthright* dos seres humanos, pelo menos como possibilidade).

O enfoque marxista das relações entre o natural e o social delimita uma possibilidade de enfoque da apropriação do espaço. Outra, a que foi escolhida por Marcelo Rede, é uma visão antropológica em que, mais do que encarar a apropriação como resultante de relações entre a natureza e os homens, considerar-se-ia que decorre de relações entre pessoas, tendo a natureza como vetor. "A apropriação é, portanto, composta de dispositivos que regem as relações entre os agentes sociais em função de um acesso material e imaterial à natureza". Outrossim, o tema da tese ora publicada tem a ver com o papel, no controle do espaço, exercido por grupos domésticos. Tratava-se de definir, portanto, um sistema doméstico de apropriação do espaço. Também aí, sem negar a importância das abordagens arquivística e prosopográfica dos arquivos privados de Larsa, tratou-se de efetuar o que o autor chamou de *cruzamento complementar* de abordagens, que, ao enfoque arquivístico e prosopográfico, associou um ponto de vista antropológico e uma opção metodológica pelo tratamento serial e estatístico, na medida do possível, do material eventualmente quantificável relativo às transações imobiliárias. Isto foi levado a cabo vinculando o exame dos dados disponíveis, a partir dos pontos de partida adotados, com a consideração de diversas lógicas: a das aquisições patrimoniais dos grupos domésticos; a das estratégias destinadas a prevenir, limitar ou adiar a pulverização do patrimônio desses grupos; a das alianças de casamento (com as prestações que as acompanhavam obrigatoriamente); e a da transmissão do patrimônio familiar.

O autor salienta, com razão, ser de inegável pertinência enriquecer o estudo de um tema que não se confunde mas tem muito a ver com o das famílias (família e grupo doméstico são coisas diferentes mas em íntima ligação) com o arsenal de métodos "bem como de achados já acumulados" e a perspectiva comparativa, desenvolvidos pelos antropólogos ao longo de mais de um século, em torno das trocas matrimoniais, dos sistemas de parentesco e das modalidades variáveis de transmissão do patrimônio entre as gerações.

Ao lado da hipótese que postula a associação entre dote, transmissão divergente do patrimônio e filiação bilateral (bilinear ou indiferenciada), um dos pontos interpretativos centrais a que chega a análise contida na tese, de alta originalidade no relativo aos estudos da antiga Mesopotâmia, é provavelmente o seguinte:

> ...bens móveis e mulheres, fundamento de um sistema exógeno, circulam entre os diversos pontos fixos de uma construção formada pela união indissolúvel entre os homens e o território.

O estudo desemboca também em elementos úteis para o debate em curso entre "formalistas" e "substantivistas" no tocante à interpretação das economias antigas. Um dos mais importantes consiste em discernir fatores diferenciais que incidem na formação do preço dos imóveis rurais, neste caso, "as imposições dos custos de produção têm um efeito homogeneizante sobre as avaliações dos agentes implicados, resultando em um cálculo mais propriamente econômico", se bem que "a dimensão econômica do investimento fundiário" resida "na produção, não na circulação", e urbanos: no caso dos lotes urbanos, as estimativas que conduzem aos preços "são mais subjetivas, mais distantes de uma apreciação estritamente econômica", uma vez que incluem "apreciações ligadas ao jogo social, tais como a concorrência pela ocupação de espaços de prestígio", tendo a ver com "o valor ostentatório da casa". Em tal contexto, as compras de imóveis urbanos, "mais do que um investimento", devem considerar-se "como uma forma de despesa", situando-se num plano que não é o do investimento produtivo.

A tese de Marcelo Rede também permitiu uma reavaliação parcial da lógica político-social envolvida nas intervenções do palácio na vida econômica mediante decretos reais (*mîsharum*), retocando a perspectiva habitual de interpretação dessas intervenções, ao ressaltar que "a natureza do circuito de compra, venda e troca de terrenos em Larsa não era a do mercado". Assim sendo, cabe perguntar, como faz o autor: "Quais são as relações sociais eventualmente deterioradas pela transferência de terrenos? Onde se situam exatamente as tensões introduzidas na sociedade pela circulação imobiliária?" As respostas que dá a estas perguntas levam a uma visão original do sentido da *mîsharum* no nível específico coberto pela tese: "A finalidade dos decretos não era, portanto, o reequilíbrio social de um mercado institucionalizado, mas a recomposição dos laços de proximidade no interior de grupos sociais delimitados". O palácio estaria tratando, então, de "limitar a corrosão nos níveis elementares da organização da comunidade (parentesco e vizinhança), mas sem alterar significativamente a condição econômica dos atores".

Estes elementos selecionados no texto permitem, creio eu, uma percepção parcial da originalidade e pertinência do trabalho empreendido por Marcelo Rede em sua tese preparada e defendida na França. Sendo tal texto o primeiro a ser publicado com a chancela do Centro de Estudos Interdisciplinares da Antigüidade (CEIA-UFF), vê-se que o Centro inaugura em forma imelhorável a série de trabalhos destinados a vir à luz com a sua chancela, já que, além de se tratar de um livro original de alta qualidade acadêmica, também configura uma decidida visão interdisciplinar. Num registro mais pessoal, seja-me permitido manifestar a grande satisfação que sinto pela publicação de um trabalho de tal porte por um professor que é meu colega no Departamento de História da Universidade Federal Fluminense, sendo, também, um ex-aluno.

ABREVIAÇÕES

Para as referências bibliográficas, as citações *in extenso* encontram-se na bibliografia ao final do volume. Para os instrumentos próprios do domínio assiriológico (publicação de documentos cuneiformes, dicionários, léxicos, repertórios etc.), bem como para os tombos dos museus, foram utilizadas as seguintes abreviações:

AbB: Altbabylonische Briefe (Leiden)

AfO: Archiv für Orientforschung (Viena)

AHw: W. Von Soden – Akkadisches Handwörterbuch. 3 volumes. Wiesbaden, 1965-1981.

AO: Antiquités Orientales (tabletes do Museu do Louvre)

AoF: Altorientalische Forschungen (Berlin).

ARM: Archives Royales de Mari (Paris).

ARMT: Archives Royales de Mari, Textes (Paris)

AUCT: Andrews University Cuneiform Texts (Berrien Springs)

BE: Babylonian Expedition (Philadelphia)

BIN: Babylonian Inscriptions in the Collection of J. B. Nies (New Haven)

BM: Tablete do British Museum (Londres)

CAD: The Assyrian Dictionary of the Oriental Institute of the University of Chicago. Chicago, Oriental Institute, 1964 ss.

CDA: J. Black, A. George & N. Postgate – A Concise Dictionary of Akkadian. Wiesbaden, Harrassowitz, 2000.

CH: Código de Hammu-rabi

CT: Cuneiform Texts (British Museum, Londres)

DANE: P. Bienkowsky & A. Millard (eds.) – Dictionary of the Ancient Near East. London, British Museum Press, 2000.

DCM: F. Joannès (ed.) – Dictionnaire de la civilisation mésopotamienne. Paris, Robert Lafont, 2001.

ED: Tablete de Tell ed-Dêr

F: Face do tablete

Ha: Hammu-rabi

HG: Hammurapi Gesetz

HE: Tablete da École Pratique des Hautes Études (Paris)

IM: Tablete do Museu do Iraque (Bagdad).

JCS: Journal of Cuneiform Studies (Boston)

LE: Leis de Eshnunna

Limet: H. Limet – "Amurru-shemi, propriétaire foncier à Larsa" *In*: Akkadica, Supplementum, 6, 1989 (99-111).

MAD: Materials for the Assyrian Dictionary (Chicago)

MSL: Materialen zum Sumerischen Lexikon (Roma)

NBC: Tablete da Nies Babylonian Collection (New Haven)

ND: nome de divindade

Ni: Tablete de Nippur – Museu de Istambul

NP: nome de pessoa

OECT: Oxford Editions of Cuneiform Texts (Oxford)

PSBA: Proceedings of the Society of Biblical Archaeology (Londres)

PSD: The Sumerian Dictionary of the University Museum of the University of Pennsylvania, Philadelphia

R: Reverso do tablete

RA: Revue d'Assyriologie et d'Archéologie Orientale (Paris)

RGTC: Répertoire Géographique des Textes Cunéiformes (Tübingen)

Riftin: A. P. Riftin – Starovavilonskie Juridiceskie i Administrativnie Dokumenti v Sobranijach SSSR. Moskau/Leningrad, 1937 (também abreviado SVJAD)

RlA: Reallexikon de Assyriologie und vorderasiatischen Archäologie (Berlin, New York)

RS: Rîm-Sîn

SAOC: Studies in Ancient Oriental Civilization (Chicago)

Si: Samsu-iluna

Siq: Sîn-iqisham

SL: Sumerische Lexikon

Sm: Sîn-muballit

sum.: sumério

TCL: Textes Cunéiformes du Louvre (Paris)

TEBA: Textes de l'Époque Babylonienne Ancienne (cf. M. Anbar na bibliografia)

TIM: Texts in the Iraqi Museum (Wiesbaden)

TLB: Tabulae Cuneiformes a F. M. Th. de Liagre Böhl Collectae (Leiden).

TS: Textos de Tell Sifr (Kutalla)

UET: Ur Excavation Texts (London, Philadelphia)

VS: Vorderasiatische Schriftdenkmäler (Berlin)

WS: Warad-Sîn

YBC: Tablete da Yale Babylonian Collection (New Haven)

YOS: Yale Oriental Series (New Haven)

PESOS E MEDIDAS

1. Medidas de superfície

she = 1/180 de gín
gín = 1/60 sar = 0,6 m²
sar = 1/100 gán = 36 m²
gán = 1/6 eshè = 3600 m²
eshè = 1/3 bùr = 2,16 ha
bùr = 6,48 ha

2. Medidas de peso

she (grão) = 1/180 gín = 0,05 g
gín (siclo) = 1/60 ma-na = 8,33 g
ma-na (mina) = 500 g

CAPÍTULO 1

PROBLEMAS, MÉTODOS E FONTES

> As abordagens filológica, humanística e antropológica (...) são irredutíveis, no sentido de que não podem ser derivadas uma da outra. Elas servem a propósitos diferentes e, portanto, devem ser perseguidas com igual energia a fim de obter um quadro mais completo e um entendimento mais profundo das culturas que formam o objeto de nosso estudo.
>
> G. Buccellati (1973: 19)

1. Problemática: família, grupo doméstico e apropriação do espaço

Que a interação entre o homem e a natureza seja uma dimensão fundamental da realidade social é uma evidência bastante clara e bem aceita, ao menos na maior parte do tempo, pelos historiadores. Entretanto, ainda há todo um caminho a ser feito para compreender como tais relações se estabelecem historicamente, em cada sociedade e em cada época, a fim de descortinar a especificidade dos diversos modos de relação entre os agentes sociais e o ambiente físico que os cerca. A complexidade reside no fato de que esta relação não se constrói entre um ator ativo e um quadro físico pacífico, estabelecido previamente. Ao contrário, trata-se de relação construída culturalmente. Deste ponto de vista, a natureza não existe como um conjunto de traços prévios à sociedade. É a sociedade que, apropriando-se da natureza, acaba por modelar uma natureza, historicamente delimitada no espaço e no tempo, segundo critérios específicos, em um processo que só pode ser entendido a partir de componentes próprios à própria sociedade. Isto equivale a dizer que não existe um modelo universal ou transhistórico. Com efeito, a idéia de uma relação entre os homens e a natureza é quase inexata: para ser mais preciso, dever-se-ia falar, antes, de relações sociais entre as pessoas, tendo como vetor a natureza[3]. Esta precisão tem, a meu ver, uma dupla vantagem. A primeira é que ela enfatiza as relações entretidas pelos homens no processo social: a apropriação de segmentos da natureza aparece, assim, como um fenômeno social entre outros, suscetível de ser influenciado pelas demais esferas e também de influenciá-las; deste modo, a apropriação caracteriza-se pela duração, pela tendência à formalização e pela busca de continuidade, mas também pelas mudanças, pelas crises e pela possibilidade de desaparecer. A segunda vantagem é que ela permite não ver a natureza como um elemento passivo da equação, mas como suporte e condutor material por meio do qual as relações sociais operam.

-Apropriação

Se podemos falar de apropriação como uma dimensão, é porque ela não se confunde com a totalidade das relações entre a sociedade e a natureza. Tal como a entendo aqui, a noção de apropriação corresponde ao conjunto de mecanismos que permitem o controle de um segmento da realidade física. A apropriação é, portanto, composta de dispositivos que regem as relações entre os agentes sociais em função de um acesso, material e imaterial, à natureza. Entre estes dispositivos encontram-se todas as práticas e regras de aquisição, todos os meios de impor uma forma física aos vários segmentos da realidade, toda sorte de empregos que conferem um uso social, todos os dispositivos de manutenção e defesa da relação, que servem para definir as inclusões e exclusões de acesso, todos os mecanismos de disposição, como a alienação e a transmissão, todas as operações que conferem um sentido imaginário à coisa apropriada. Assim definida, a noção de apropriação aproxima-se do conceito de propriedade tal como ele é definido por certos antropólogos (mas que não se confunde com uma definição estritamente jurídica, como veremos). Assim, em um longo artigo sobre a apropriação da natureza, M. Godelier escreve: *"Designa-se por propriedade um conjunto de regras abstratas que determinam o acesso, o controle, o uso, a transferência e a transmissão de qualquer realidade que possa ser objeto de um interesse"* e acrescenta que *"o conceito pode aplicar-se a qualquer realidade tangível ou intangível"*[4].

A exemplo de todas as ações sociais, a apropriação é composta de práticas e representações. Uma mentalidade apropriativa é, portanto, uma dimensão indispensável do processo de apropriação. Não se trata, porém, de concepções mais ou menos formalizadas que resultam da prática apropriativa como um reflexo mecânico, mas, ao contrário, de um conjunto de atitudes mentais, de natureza coletiva, que orienta e faz parte intrinsecamente das ações de controle dos segmentos da natureza. A apropriação deve ser definida, então, como uma ação que impõe uma forma física ao mundo, que estabelece as funções dos objetos apropriados em uma estrutura social e que, enfim, cria sentidos para as coisas materiais em um sistema cultural[5]. A primeira destas três dimensões remete à morfologia e é o domínio privilegiado da arqueologia, que pode, evidentemente, ter muito a dizer sobre as demais dimensões. Por outro lado, se, nos limites deste trabalho, foram enfocadas prioritariamente as práticas apropriativas, não se pode deixar de reconhecer que uma abordagem do fenômeno só será completa com um estudo da mentalidade apropriativa mesopotâmica[6].

A noção de apropriação não somente é mais larga do que a de propriedade, no sentido jurídico, como também permite evitar algumas aporias resultantes da aplicação desta última às sociedades que se situam à margem da tradição do direito romano. Para se limitar ao essencial, as dificuldades de utilização de uma noção jurídica de propriedade no caso mesopotâmico são duplas. Primeiramente, a tendência predominante entre os juristas confere uma importância excessiva à formalização: a formulação de um conceito abstrato e coerente de propriedade, que defina os direitos de acesso, acaba por ser mais importante que o próprio processo de apropriação. Esta conceitualização formal, quando existe em dada sociedade, é um fenômeno importante e, sem dúvida, deve ser levado em consideração pelo historiador. Entretanto, do ponto de vista da natureza da apropriação, ela é secundária: historicamente, os modos de acesso ao universo material não tiveram necessidade de uma formalização para se constituírem enquanto sistemas institucionalizados, socialmente reconhecidos e eficazes na definição de condutas de controle[7]. A segunda dificuldade reside no fato de que uma noção unificada de propriedade não é necessariamente operacional em todas as sociedades antigas. O direito romano, de fato, procedeu a uma tal unificação: o *jus utendi fruendi et abutendi* supõe uma associação, na mesma noção, entre dimensões muito diversas do processo de apropriação. Em muitas sociedades, porém, as capacidades de usar, gozar e dispor de um determinado bem não são forçosamente cumulativas e, sobretudo, não foram fundidas em uma mesma categoria jurídica. E isto ocorre, muito simplesmente, porque, na realidade social, elas podiam corresponder a direitos divergentes, que não pertenciam à mesma pessoa ou ao mesmo grupo[8]. Se tomarmos o caso mesopotâmico, perceberemos, justamente, que uma leitura legalista e teleológica do problema acabou por considerar a ausência de uma noção abstrata de propriedade, formalizada e unificada, como a característica de um sistema jurídico imperfeito, forjado a partir de um nível demasiado fraco de consciência dos fenômenos jurídicos, em uma perspectiva evolucionista em que o direito romano aparecia como a referência ideal por excelência[9].

-*Espaço*

Os objetos implicados nas relações de apropriação são múltiplos: os recursos naturais, os instrumentos, os artefatos, a produção, mas igualmente os privilégios e posições, os papéis mágicos e religiosos, o mando e autoridade. Portanto, coisas materiais e imateriais. Neste quadro, pode-se dizer que o espaço é um elemento privilegiado, pois todo processo de apropriação desenrola-se a partir de uma referência espacial. De modo ainda mais geral, é o próprio processo social que se ancora no espaço: mobilidade ou fixação territorial, habitação, produção, limites geográficos da identidade do grupo, extensão do poder político, vínculo de origem com os ancestrais... cada um destes fenômenos e muitos outros igualmente fundamentais constituem-se a partir de uma definição de sua espacialidade[10].

Como as estratégias de apropriação podem mudar consideravelmente de acordo com os objetos implicados, é necessário definir claramente o campo relativo à nossa pesquisa. A tarefa parece-me ainda mais importante devido a uma grande falta de especificidade que predomina nos estudos sobre a propriedade fundiária na Mesopotâmia, um domínio que já conta com longa tradição. As expressões 'propriedade fundiária' e 'propriedade da terra' são, com efeito, demasiadamente vagas e, ao mesmo tempo, convidam, ao menos em princípio, a pensar principalmente nos espaços que são objeto de uma apropriação produtiva, como os campos agrícolas e os pomares. No entanto, a problemática da apropriação do espaço não se reduz ao acesso aos meios de produção elementares da economia agrária. Esta última questão é, sem dúvida, de enorme importância, mas, ainda que todos os espaços tenham normalmente um valor econômico, sua inserção social não se define sempre a partir de critérios prioritariamente econômicos, e menos ainda a partir de sua integração no circuito de produção de riquezas.

A arqueologia, por sua vez, enfatizou um outro tipo de espaço, a habitação. Por sua própria natureza, concentrada nas antigas zonas urbanas, a atividade de escavação centrou-se durante muito tempo nas grandes estruturas dos palácios e templos, assim como nos contextos funerários[11]. Os últimos decênios viram, porém, uma valorização dos espaços domésticos[12], e a arqueologia de Larsa ocupou um lugar de destaque neste movimento[13]. A habitação não é, sobretudo no contexto mesopotâmico, desprovida de aspectos produtivos, mas sua natureza é determinada por ser um espaço de interação social e simbólica do grupo doméstico. A abordagem arqueológica contribuiu bastante para a compreensão dos diversos aspectos da função das residências, para a formação de uma tipologia arquitetônica, para o estudo da articulação entre as casas e o tecido urbano e mesmo para o entendimento das implicações simbólicas da presença das caves funerárias nos subsolos das casas[14]. No entanto, no que diz respeito ao estabelecimento, à manutenção e à ruptura das relações de apropriação, os dados arqueológicos são apenas complementares e o essencial da enquete deve ser feito a partir da documentação escrita[15].

– *Família e grupo doméstico*

O grupo doméstico não se confunde com a família, mesmo se esta é sua espinha dorsal. Se começamos por tentar caracterizar a família na época babilônica antiga, nós somos confrontados com uma dupla dificuldade.

A família pode ser definida, em sentido amplo, como o grupo de pessoas relacionadas pelos laços de parentesco, ou seja, pela filiação e pelas alianças de casamento (ou laços de afinidade). Esta definição sempre poderá ser mais complexa: por exemplo, a filiação legítima pode ser real ou fictícia (por adoção) etc. Por outro lado, este grupo pode assumir formas muito variáveis, por exemplo, por causa da articulação com os padrões de residência.

Infelizmente, a situação na Mesopotâmia dos inícios do segundo milênio não é totalmente clara e é objeto de disputa entre os especialistas. No principal debate sobre o assunto, trata-se de saber se a família tinha uma estrutura nuclear ou alargada. A família nuclear (ou conjugal, restrita, elementar) é, normalmente, composta pelo casal e seus filhos celibatários, enquanto que a família alargada (*extended family*, na terminologia inglesa) é constituída de membros de três ou mais gerações, sendo que os filhos casados habitam geralmente com seus pais. As realidades podem ser muito mais nuançadas ou complexas: por exemplo, a família nuclear pode admitir a incorporação de um outro membro (um parente viúvo, um irmão ou uma irmã celibatários) sem que isto altere profundamente sua estrutura básica[16]. Por vezes, um dos filhos (em geral, o primogênito) permanece no lar paterno mesmo após o casamento, em coabitação (*stem family*)[17].

Certos autores, notadamente os marxistas, defenderam a existência de uma estrutura familiar alargada na Mesopotâmia do terceiro milênio a.C., mas também durante o milênio seguinte, em que, contudo, ela apareceria de modo alterado ou residual[18]. Reconhecendo as dificuldades documentais, Diakonoff (1985: 52 e 1996: 58) propôs que a família alargada fosse ainda presente no reino de Larsa durante a época babilônica antiga. Uma opinião diametralmente oposta foi expressa por W. F. Leemans (1986), para quem não há traços de tal estrutura familiar nessa época[19].

Certamente, a passagem do terceiro para o segundo milênio conheceu uma atomização da organização familiar, mas uma evolução unívoca por etapas, indo do grupo alargado para a unidade nuclear, é difícil de ser demonstrada. Alguns autores alertaram, com efeito, para a complexidade do problema. J.-J. Glassner (1986: 111 s.), por exemplo, sustenta que, na Babilônia, a forma clássica era aparentemente a família nuclear, mas reconhece igualmente a existência de formas alargadas, em particular a família ramificada. No mesmo sentido, I. J. Gelb (1979: 56 ss. e 75 ss.) propõe uma coexistência entre as formas nucleares e as formas alargadas (com variantes como as famílias ramificadas e os grupos formados por irmãos e seus respectivos grupos nucleares: *fraternal* ou *joint family*). Em um trabalho recente, fundado em dados arqueológicos relativos às casas, no estudo de arquivos familiares e na comparação etnográfica, P. Brusasco (1999/2000) defendeu que, na cidade de Ur, os dois modelos, nuclear e alargado, conviveram[20].

Em Larsa, a impressão que se depreende da observação das transações imobiliárias, dos registros de casamento e das partilhas de herança é de predomínio de um modelo nuclear de organização familiar (ver D. Charpin, 1996a: 225). Tem-se a mesma impressão analisando os 'códigos' de leis da época: as realidades que transparecem por trás dos parágrafos das leis de Eshnunna (§§ 16-18; 25-30; 38 e 59) e do código de Hammu-rabi (§§ 128-195) são mais compatíveis com uma estrutura familiar nuclear. Por exemplo, a permissão dada à mulher de um marido ausente, em situação de penúria, de tomar um segundo esposo (CH § 134 s.; ver também LE § 29) sugere a inexistência de mecanismos eficazes de solidariedade próprios aos grupos alargados. Por vezes, certos elementos sugerem formas mais alargadas, sobretudo com a inclusão de um parente secundário ou a presença de filhos de uma segunda esposa. A família Sanum apresenta-se como uma estrutura dividida em dois ramos nucleares, cada qual formando o centro de um grupo doméstico independente, com suas respectivas residências e patrimônios. A referência genealógica a um ancestral comum não parece suficiente para falar de uma estrutura alargada e as transações imobiliárias entre os dois grupos reforçam a imagem de autonomia recíproca[21]. Não se poderia, no entanto, descartar completamente a existência de grupos alargados, sobretudo porque tais formações não são realidades fixas e imóveis: é bem provável que a composição familiar tenha variado ao longo do tempo na trajetória de um mesmo grupo, passando de alargada a nuclear e vice-versa. No mais, também é possível que, por razões documentais, as estruturas nucleares sejam mais visíveis do que as estruturas alargadas, falseando a observação do historiador[22].

É igualmente difícil estabelecer o padrão residencial predominante, mas eu me inclinaria por uma preponderância da habitação neolocal, com os filhos partindo do lar paterno para constituir uma casa independente, mesmo se as relações com a casa-mãe possam permanecer muito fortes do ponto de vista econômico, simbólico etc. Outros autores, como J. -J. Glassner (1986: 115), penderam para uma forma patrilocal. É verdade que se nota uma tendência de o filho recuperar a casa paterna, comprando as parcelas dos co-herdeiros, mas é difícil saber se ele havia ficado na casa paterna após o casamento (formando, então, uma família ramificada patrilocal) ou se partira por ocasião do casamento, retornando posteriormente. Em todo caso, os demais irmãos teriam constituído novas residências com suas esposas[23]. As situações de coabitação e indivisão real do patrimônio entre os irmãos após a morte dos pais poderiam indicar uma tendência patrilocal, mas, em geral, não sabemos se se tratava de filhos casados ou celibatários. A única coisa que parece segura é que, normalmente, a filha deixa a casa de seus pais para casar-se[24].

O fenômeno da apropriação está intimamente ligado às realidades familiares, mas também à existência, na sociedade mesopotâmica, de uma instituição que incorpora e supera a família. O grupo doméstico é, sem dúvida, ancorado nas relações de parentesco que vinculam um certo número de seus membros, aqueles que formam seu núcleo duro, mas ele integra igualmente pessoas ligadas por outras formas de relação, por exemplo, os dependentes ou escravos. Ele é fundado sobre a unidade familiar, mas é também um empreendimento material mais vasto, articulando um conjunto patrimonial, meios de produção, instrumentos, mão-de-obra etc. E, sobretudo, o grupo doméstico configura-se como uma entidade com uma lógica própria, autônoma, que nem sempre se confunde com a lógica familiar e, por vezes, está em contradição com ela.

No domínio antropológico, a nomenclatura relativa a esta entidade é freqüentemente instável. O que entendo, aqui, por grupo doméstico aproxima-se da noção de *'household'* da tradição anglo-saxônica, que os franceses traduzem corriqueiramente por *'ménage'* [25]. Na França, na esteira dos trabalhos de Lévi-Strauss, que falava de *'sociétés à maison'*, encontraremos *'maisonnée'* ou simplesmente *'maison'* [26]. Em um recente esforço para estabelecer o vocabulário relativo ao parentesco, o glossário publicado pela revista *L'Homme* definia *'maison'* como uma *"pessoa moral detentora de um domínio composto de bens materiais e imateriais e que se perpetua pela transmissão de seu nome, de seus bens e títulos em linha real ou fictícia"*. O mesmo glossário dá uma outra definição para *'groupe domestique'*: *"unidade social que tem fundamentos residenciais, econômicos, rituais etc."*. As duas definições parecem-me complementares face à realidade social que quero exprimir aqui[27].

A distinção entre família e grupo doméstico nem sempre é evidente e a tarefa não é facilitada pela terminologia utilizada pelas próprias sociedades estudadas[28]. É exatamente o caso da antiga Mesopotâmia. Se podemos reivindicar uma oposição de base entre *kimtum*, família (im-ri-a em sumério) e *bîtum*, casa ou grupo doméstico (sumério: é), o uso dos termos e a intervenção de outros vocábulos (*nishum, nishûtum, emûtum* etc.) tornam as coisas mais opacas[29]. Não se trata, a meu ver, de um fenômeno de falta de precisão ou de ambivalência semântica: é preciso considerá-lo, antes, como o reflexo de uma ambigüidade estrutural da sociedade mesopotâmica, partilhada entre as realidades do parentesco e do grupo doméstico.

1.1. Os sistemas de apropriação doméstica

Para bem isolar e situar as realidades aqui estudadas, é preciso fazer uma distinção preliminar. O sistema de apropriação doméstico não é um bloco monolítico, feito de uma só relação de controle do espaço. Bem ao contrário, há um acúmulo dos modos de acesso, de origem e natureza diversas, nos quais o grupo doméstico participa a diferentes títulos. Três deles são encontrados freqüentemente em toda a Mesopotâmia, embora com variantes locais mais ou menos importantes:

– A primeira fonte de acesso doméstico ao espaço é o pertencimento à comunidade. Nos inícios do segundo milênio, este era apenas um sistema residual, mas que ainda exerce influência sobre a distribuição de parte dos campos cerealíferos às famílias. Neste caso, as regras de transmissão entre as gerações são mal conhecidas, mas é muito provável que a manutenção dos laços com a comunidade constituía condição indispensável para a continuidade da ocupação.

– Certas famílias, das quais um ou mais membros faziam parte da administração palaciana, controlavam também terrenos ou imóveis concedidos em troca da prestação de serviços, a título de remuneração. A substituição parcial do sistema de rações pela concessão de campos de subsistência foi uma característica da transição do III para o II milênio e, sem dúvida, foi intensificada em Larsa após a conquista de Hammu-rabi. Parece que este sistema foi freqüentemente fonte de conflito por causa do estatuto incerto da ocupação (sobretudo se o servidor estava ausente) e de confusão com os campos cultivados diretamente pelo palácio. Em todo caso, a transmissão à geração seguinte era limitada por restrições mais ou menos eficazes por parte do palácio e dependia fundamentalmente da continuidade do exercício da função pelo filho do beneficiário. Neste caso, a herança (transmissão de bens) confundia-se com a sucessão (transmissão de funções e *status*).

– A apropriação propriamente familiar, no sentido de que é fundada sobre relações de parentesco, forma um terceiro modo de controle. Este sistema delimita uma categoria de bens de que a família pode dispor mais livremente (daí a possibilidade de alienação), permanecendo, porém, submetida às limitações das relações de parentesco: estas servem de vetor do movimento dos bens; por exemplo, a transmissão intergeracional seguia a filiação, ao mesmo tempo que era influenciada pelas alianças de casamento.

Evidentemente, nem todas as famílias tomavam parte dos três sistemas ao mesmo tempo ou com a mesma intensidade. Havia diferenças em função do *status* social e também entre o meio urbano e rural: a elite urbana que participava da estrutura palaciana podia receber mais freqüentemente possessões funcionais, enquanto que a população aldeã dependia mais diretamente das terras providas pela comunidade, por exemplo. Em todo caso, o que chamamos de apropriação doméstica era o resultado, variável e não necessário, dessas três formas elementares de controle[30]. No entanto, limitando-se a este esquema, poder-se-ia ter a impressão de que os três sistemas eram independentes e que o parentesco exercia influência apenas sobre o último. Nada é menos certo. Uma vez geridos pela família, todos os bens imobiliários terminavam por serem associados às teias da parentela. Por exemplo, no que diz respeito aos terrenos propriamente familiares, diríamos que o parentesco define uma fronteira além da qual certos membros do grupo doméstico são excluídos das decisões de controle; este é, manifestamente, o caso dos escravos e de todas as pessoas que, embora ligadas ao empreendimento econômico do grupo, não pertencem a ele por filiação ou aliança de casamento. Ora, esta mesma fronteira se fará impor para a gestão dos espaços ocupados a título funcional ou daqueles provenientes da comunidade. Contudo, se os limites entre os três modos de acesso são, por vezes, pouco claros (seja para o historiador, seja para os próprios mesopotâmios), as diferenças não se apagam completamente, e se os laços de parentesco são essenciais para o terceiro, são apenas secundários para os dois primeiros. Ao lado da alienação, a herança aparece, justamente, como o domínio em que tais distinções podem ser observadas de modo mais preciso. Como bem notou M. Liverani (1984: 3 9 s.), mesmo se, na base, as relações de consangüinidade são próprias à esfera familiar enquanto que os critérios funcionais são característicos do setor palaciano, é possível haver influências de um sistema sobre o outro. Por exemplo, a existência de laços de parentesco pode alterar as regras de transmissão dos bens palacianos detidos pelos familiares, sobretudo no caso de uma remuneração através de alocação de campos, nos casos em que a sucessão do pai ao filho termina por se impor, pois as competências técnicas são freqüentemente transmitidas no interior da família[31]. Uma segunda fonte de confusão vem do fato de que uma das características do sistema administrativo palaciano na Mesopotâmia é a apropriação pelos servidores dos meios da administração[32]: os terrenos não escapam a esta lógica e podemos constatar a existência de ocupações tipicamente familiares em terras palacianas[33].

Uma outra precisão parece importante: quanto às diversas partes do território, do espaço socialmente ocupado, os três modos de acesso não coincidiam totalmente. Em Larsa, os campos destinados à cultura de cereais faziam parte dos circuitos de apropriação palaciana e comunal e eram, nos dois casos, distribuídos às famílias para a exploração individual, enquanto que os mecanismos de controle familiar concentravam-se mais nos espaços urbanos e nos pomares, por exemplo. Esta constatação tem implicações importantes e será objeto de consideração posteriormente.

Por último, cada um dos sistemas tinha seus próprios modos de formalização, pois suas respectivas operações (sobretudo as que visavam o reconhecimento social da ocupação) não passavam pelos mesmos canais. A apropriação familiar *stricto sensu* repousava sobre procedimentos contratuais institucionalizados. O contrato – com seu formulário bastante rígido, suas expressões fixadas em um sumério que praticamente desaparecera como língua falada, seus dispositivos de legitimação pelo testemunho e pela utilização das impressões dos selos – impõe-se como o instrumento formal habitual das transações imobiliárias na família e entre as famílias. Por outro lado, a apropriação funcional baseava-se em mecanismos administrativos de controle do espaço e, por decorrência, acaba aflorando na documentação escrita do palácio, especialmente na correspondência entre os funcionários ou entre o rei e seus servidores. Já a apropriação comunal apoiava-se em atos que, na maior parte do tempo, eram do domínio da oralidade, das relações face a face entre os membros das comunidades locais. Do ponto de vista do historiador, esta forma de apropriação constitui um verdadeiro buraco negro, pois se manifesta apenas, e de modo muito dissimulado, na documentação contratual e, sobretudo, nas cartas oficiais.

2. O debate historiográfico: economias antigas e visões modernas

A problemática da apropriação do espaço encontra-se no cruzamento de dois importantes debates historiográficos com grandes implicações teóricas e metodológicas.

O primeiro desses debates é mais específico aos estudos assiriológicos e diz respeito aos modos de acesso aos bens fundiários na Mesopotâmia. Trata-se, especialmente, de saber quais eram as instâncias que controlavam a terra agrícola. Como a discussão sobre a situação nos inícios do segundo milênio é bastante ligada àquela acerca da economia suméria no terceiro milênio, não será inútil fornecer alguns elementos gerais para entender a trajetória da historiografia econômica mesopotâmica.

Por muito tempo, as idéias formuladas por A. Deimel (1931) e A. Schneider (1920) sobre a estrutura da sociedade suméria durante os três primeiros quartos do III milênio a.C. dominaram o horizonte dos estudos. Elaboradas nos anos 1920 e 1930, as teorias do *Tempelstadt* e da *Templewirtschaft* formularam a hipótese segundo a qual o templo-Estado – uma instituição central complexa, de natureza simultaneamente religiosa, política e econômica – exercia um controle absoluto dos recursos produtivos naturais (em particular, a terra, mas também os recursos hídricos), da mão-de-obra (agrícola ou não), das atividades agrárias, artesanais e mercantis (locais, mas sobretudo o comércio de longa distância). Os templos exerceriam, igualmente, uma grande influência política e religiosa sobre o conjunto da sociedade. Com algumas adaptações, a mesma idéia geral, agora sob o nome de Cidade-Templo, foi retomada por A. Falkenstein (1954)[34]. Por vezes, estes mesmos postulados de uma economia altamente centralizada foram aplicados para as explicações referentes à situação dos últimos séculos do III milênio, ou seja, para a terceira dinastia de Ur (Ur-III) e, em menor grau, para o período sargônico, que a precedeu. A diferença residia no fato de que, nestes casos, os templos sumérios haviam cedido lugar a uma estrutura palaciana fortemente centralizada. Mas, também aqui, o argumento fundamental foi o considerável controle das terras pelo Estado, impondo um papel apenas residual, ou mesmo inexistente, a outras formas de acesso fundiário. Assim, para diversos autores, a formação socioeconômica de Ur-III seria uma recomposição, adaptada às novas circunstâncias, dos princípios de monopólio centralizado da época dos Templos-Estados sumérios anteriores. Este modelo explicativo exerceu uma grande influência entre historiadores de tendências diversas e mesmo francamente opostas[35]. A partir dos finais doa anos 1950, entretanto, esta visão foi vigorosamente contestada. As novas abordagens seguiram, basicamente, duas vias, mais concorrentes que complementares. Uma primeira contestação da teoria do templo-Estado surgiu nos trabalhos da chamada escola de Leningrado, reunida em torno de I. M. Diakonoff. Os historiadores soviéticos questionaram o monopólio das terras pelas organizações complexas (templos e palácios), ao mesmo tempo que sugeriam a existência de um setor comunal (ou privado-comunitário) atuando no controle dos recursos fundiários e na organização da produção agrícola[36]. Por outro lado, um segundo questionamento, representado em um primeiro momento pelos estudos inovadores de I. J. Gelb (1969), enfatizava as formas de apropriação privada do solo durante o III milênio[37].

Não se trata, aqui, de detalhar o debate sobre a economia suméria[38], mas de insistir sobre o fato de que os estudos acerca da economia babilônica, nos inícios do II milênio foram, de certo modo, influenciados por esta reação às teorias de natureza 'estatizantes'. Em outros termos, a historiografia econômica do período babilônico antigo nasceu sob o signo do predomínio da economia privada. Se W. F. Leemans não foi o primeiro a valorizar esta perspectiva privatista, foi, certamente, um dos seus representantes mais enfáticos. Em seu estudo sobre os mercadores babilônicos, datado de 1950, ele já anunciava uma abordagem que iria orientar todos os seus futuros trabalhos. Em particular, o controle das terras pelos mercadores aparecia, na visão de Leemans, como um elemento essencial da ascensão de uma camada de agentes comerciais privados nos inícios do II milênio, quando o sistema econômico centralizado que vigorava durante a terceira dinastia de Ur foi substituído por uma nova configuração, na qual o papel econômico dos palácios, nos novos reinos semitas que se formam então, é enfraquecido em benefício do empreendimento individual. Individual, e não familiar ou doméstico. Leemans, aliás, procurou negar vivamente qualquer papel da família na via econômica babilônica (Leemans, 1986) e combateu, com o mesmo vigor, a existência das comunidades rurais (Leemans, 1983). Os estudos de arquivos privados, desenvolvidos, sobretudo, a partir dos anos 1980, foram, em grande parte, tributários desta orientação teórica. Se os arquivos eram manifestamente familiares, os fenômenos econômicos que eles revelavam foram considerados como a manifestação da ação de agentes econômicos individuais. Uma das tarefas para a compreensão da apropriação do espaço será, justamente, a de inserir estes atos aparentemente individuais no contexto mais amplo das estratégias materiais do grupo doméstico.

O segundo debate diz respeito às maneiras de conceituar a natureza da economia mesopotâmica e de definir os instrumentos teóricos e metodológicos mais adequados para abordá-la.

Correndo o risco de ser excessivamente esquemático, pois há nuances consideráveis em cada partido implicado no debate, a primeira posição reúne os autores que, *grosso modo*, consideram que as economias antigas partilham da mesma natureza das economias modernas e que seu funcionamento é, fundamentalmente, semelhante, fundado sobre os mesmos mecanismos de um mercado constituído pela oferta e demanda. Assim, para nos limitarmos ao que nos interessa aqui, a circulação imobiliária nas economias pré-capitalistas seguiria os mesmos princípios que governam o mercado de imóveis em uma economia de mercado, as diferenças sendo mais uma questão de grau. Conseqüentemente, os instrumentos analíticos para compreender estes fenômenos seriam os mesmos previstos pela teoria econômica clássica. Em oposição, encontram-se aqueles que reconhecem uma especificidade histórica nas formações econômicas da Antigüidade e a impossibilidade de operar a sua análise com as ferramentas e os conceitos tradicionais. Nesta perspectiva, a economia de mercado aparece como o resultado de um processo histórico recente, alheio às sociedades antigas e que não concerne nem mesmo a todas as sociedades atuais. Nestes casos, a chave da articulação dos fenômenos econômicos não seria o mecanismo de oferta e demanda, mas, segundo o caso, fatores ligados ao universo do parentesco, relações de poder etc. Em outros termos, a circulação dos bens se dá no interior de uma rede de relações sociais ou políticas e o universo do econômico não é provido de uma autonomia, nem prática nem conceitual. A economia seria, assim, incrustada no social, ao contrário do que ocorre sob regime capitalista, em que ela imporia sua lógica às demais dimensões da vida.

Embora essa polarização teórica já seja encontrada no domínio das ciências humanas desde os finais do século XIX, é a partir de meados do século XX que a obra de Karl Polanyi sistematizou de modo mais decisivo as formulações da segunda tendência e terminou por ser a referência incontornável do debate[39]. A oposição entre 'modernistas' e 'primitivistas' ou, ainda, entre 'formalistas' e 'substantivistas' operou, com efeito, uma secessão em diversos domínios de estudo relativos às economias não-capitalistas ou pré-modernas.

Foi, sem dúvida, na antropologia que o debate atingiu seu nível mais elevado de complexidade e ramificação. Trata-se, sobretudo, de uma divergência profunda a propósito de métodos e abordagens das economias não-capitalistas, na qual se confrontam 'formalistas', como M. Herskovits (1952), E. E. LeClair (1962), R. Burling (1962), R. Firth (1965 e 1967), e S. Cook (1966, 1969 e 1973), e, de outro lado, Polanyi e seus discípulos, em particular G. Dalton (1961 e 1969) e P. Bohannan (1962, com G. Dalton e 1968, com L. Bohannan), além de D. Kaplan (1968). Mas houve, igualmente, uma incidência sobre o debate acerca da chamada economia 'primitiva', no qual as proposições 'substantivistas' de M. Sahlins – um discípulo de Polanyi, mas fortemente influenciado pelo marxismo (Sahlins, 1960 e 1972) – foram severamente atacadas, por exemplo, por autores como S. Cook (1974 e R. G. Cooper, 1978).

Na sociologia econômica, mais voltada para as sociedades contemporâneas, a aplicação das teorias polanyianas revela um desenvolvimento interessante e um tanto inesperado: a idéia inicial de Polanyi foi construir conceitos gerais para explicar a alocação dos bens nas sociedades em que um mercado capitalista não existia e foi este impulso que gerou a formulação das noções de reciprocidade ou redistribuição, por exemplo, como mecanismos de integração diferentes da oferta e demanda em mercado aberto. Ora, o que se vê recentemente na sociologia é uma espécie de inversão, mas sempre em nome dos postulados polanyianos, que visa identificar os elementos não mercantis no interior das próprias economias capitalistas contemporâneas. O resultado é considerar estas últimas como sendo, também elas, incrustadas nas relações sociais, exatamente como Polanyi considerava as economias não-capitalistas. A clivagem polanyiana entre dois tipos de economias, com ou sem mercado, vê-se superada ou, ao menos, enfraquecida (sobre as conseqüências teóricas desta situação, ver J. I. Prattis, 1987: 18 s.). Assim, por exemplo, a noção de reciprocidade é utilizada para demonstrar a que ponto a compreensão das relações econômicas modernas depende da consideração das redes de parentesco e solidariedade, das prestações desinteressadas, das relações interpessoais etc. Na sociologia econômica americana, esta tendência é bem representada pelos trabalhos originais de Mark Granovetter (2000). Na França, o grupo reunido em torno de Alain Caillé e da Revista MAUSS segue um caminho semelhante, procurando desvendar os princípios da construção social do mercado moderno (A. Caillé, 1989, 1994 e 2000; J. T. Godbout & A. Caillé, 1992; ver, ainda, os artigos reunidos por A. Jacob e H. Vérin, 1995). A influência de Polanyi é igualmente marcante nas discussões do grupo interdisciplinar do Centre Walras de Lyon, do qual alguns autores procuram avaliar de modo crítico o potencial das teorias 'substantivistas' para o estudo das economias do antigo Oriente-Próximo e Egito (J. Maucourant, 1996, 2000). Entre os esforços para descortinar as 'estruturas sociais da economia', um livro recente de Pierre Bourdieu merece menção, pois o autor analisa, justamente, como os elementos sociais e políticos 'constroem' o mercado imobiliário em que os grupos domésticos constituem seu patrimônio e demonstra que este mercado não decorre de modo automático dos mecanismos de oferta e demanda, mas, ao contrário, é uma instituição estabelecida culturalmente, mesmo sob regime capitalista (P. Bourdieu, 2000a).

No domínio dos estudos clássicos, a disputa remonta à controvérsia que opôs a abordagem 'modernista' de Eduard Meyer às análises 'primitivistas' de Karl Bücher, em fins do século XIX. Mais tarde, durante os anos 1920 e 1930, coube a Johannes Hasebroeck, largamente influenciado por Max Weber, o mérito de ter colocado a economia grega, particularmente as transações comerciais, no quadro das instituições políticas da *polis* e recusar as idéias modernistas de Meyer e seus discípulos (ver M. Austin e P. Vidal-Naquet, 1972; R. Descat, 1994). Foram, todavia, os trabalhos de M. I. Finley que estabeleceram um novo paradigma nos estudos da economia grega e romana, a partir de uma perspectiva tributária das propostas de Polanyi, mas também de Weber (Finley, 1973)[40]. Se Finley influenciou toda uma geração de historiadores da economia antiga (para a história romana, ver os trabalhos de P. Garnsey, R. Saller e K. Hopkins), a 'nova ortodoxia' estabelecida por ele não deixou de suscitar várias críticas, mais ou menos severas, como as contidas nos estudos de A. Bresson (2000) sobre o papel da atividade econômica comercial e do mercado na Grécia ou de J. Andreau (1999) sobre a economia financeira romana.

Em egiptologia, foi sobretudo J. J. Janssen que introduziu uma perspectiva francamente substantivista com seus estudos sobre os preços no período ramésida (J. J. Janssen, 1975a; em um artigo publicado no mesmo ano, o autor sintetizava vários aspectos de sua visão: 1975b) ou, ainda, sobre os aspectos não-econômicos da vida material egípcia, em particular nas trocas de dons (Janssen, 1982). A influência de Polanyi é igualmente notável em R. Müller-Wollermann (1985). Uma crítica severa contra Janssen, acompanhada de uma defesa da metodologia formalista, apareceu no livro de Barry Kemp (1989; para uma avaliação do debate, ver E. Bleiberg, 1995: 1373 ss. e 1996: 3 ss.). É interessante notar que é no domínio dos estudos da economia egípcia antiga que uma nova frente do debate está se abrindo: os trabalhos de David Warburton, recusando as teorias polanyianas, não procuram simplesmente retornar aos princípios da economia clássica, e sim visam uma aplicação do neoclassicismo de Keynes à vida material egípcia. No centro dos argumentos de Warburton encontra-se a idéia de que o caso egípcio pode ser considerado como o de uma economia de mercado pré-capitalista, assim como a recusa de uma caracterização 'redistributivista', como defendem os 'primitivistas' (Warburton, 1991, 1995, 1997 e 1998)[41].

Em assiriologia, mesmo se é possível constatar um debate teórico por vezes acalorado, como o que opõe M. Silver e J. Renger, por exemplo, é preciso reconhecer que a maior parte dos estudiosos da economia mesopotâmica permaneceu à margem de suas implicações[42]. A introdução de uma perspectiva 'substantivista' coube sobretudo a J. Renger, cuja interpretação da economia mesopotâmica foi orientada, fundamentalmente, pelas formulações de Karl Polanyi (os trabalhos mais teóricos são Renger, 1988b; 1989a; 1990; 1994 e 2004). Renger conferiu grande importância à questão do controle das terras, minimizando o papel da apropriação privada dos campos agrícolas, principalmente no sul, e negando a existência de um mercado de terras na Mesopotâmia (Renger, 1988a e 1995). É sintomático que a principal resposta a Renger tenha vindo de fora dos círculos de assiriólogos, na pluma do economista ultraformalista Morris Silver (1983; 1985b e 1985a, retomado em 1995b, e 2004). Este debate suscitou algumas reações, algumas favoráveis a Polanyi e Renger (A. Mayhew, W. C. Neale & D. W. Tandy, 1985; J. F. Robertson, 1993; C. Zaccagnini, 1994b; M. Van De Mieroop, 1999a; J. D. Schloen, 2001: 76 ss.), outras que lhes são hostis, sem se alinharem necessariamente a Silver (J. Gledhill & M. Larsen, 1982, P. Vargyas, 1987 e D. C. Snell, 1991 e 1997)[43]. Em 2004, um colóquio internacional reuniu-se, em Nanterre, para avaliar a atualidade da obra de Polanyi, inclusive para a história econômica mesopotâmica, e as intervenções mostram a perseverança das divergências entre os especialistas [44].

A problemática do controle do espaço é um dos setores mais sensíveis às tomadas de posição no interior desta discussão. Parece-me mesmo impossível definir a natureza e as características dos diversos tipos de apropriação doméstica, particularmente da doméstica, sem conferir uma atenção ao modo como se caracteriza genericamente a vida econômica e social. Eu não creio, no entanto, que seja necessária uma longa exposição antecipada de minhas premissas teóricas, quer porque elas ficarão devidamente explícitas ao longo de todo o volume, quer porque, neste momento, ela correria o risco de ser encarada como um conjunto independente de premissas, sem conexão com os eventos concretos e com a documentação. Eu direi, simplesmente, que se as ações econômicas dos mesopotâmios são freqüentemente tomadas como *racionais*, isto resulta de uma assimilação com nossas próprias categorias da racionalidade da ação econômica. Isto nos dá a confortável impressão de que nada de estranho existe na realidade observada, que nada escapa ao olhar do historiador, que tudo pode ser explicado por suas noções. Entretanto, esta continuidade entre passado e presente nem sempre é confirmada por uma análise mais aprofundada dos comportamentos dos antigos. Ao longo de minha pesquisa, vários fenômenos apresentaram-se de um modo que, logo em um primeiro olhar, poderia ser considerado totalmente compreensível. No entanto, eu resisti à tentação de explicá-los a partir deste primeiro impulso e busquei propor novas interpretações. Do ponto de vista historiográfico, minha intenção foi avaliar o potencial e os limites de certos postulados mais amplos a partir de estudos de casos bem circunstanciados, cujas fontes pudessem ser rigorosamente controladas. A cidade de Larsa, com sua considerável documentação sobre as transferências de terrenos, teve um papel importante no desenvolvimento de uma visão que eu chamaria de 'privatista' sobre a economia mesopotâmica nos inícios do segundo milênio a.C. (é o caso da obra de Leemans[45]), assim como nas reações a esta interpretação (por exemplo, J. Renger)[46]. Pareceu-me útil, então, retomar um exame deste caso prestigioso para dar-lhe uma nova leitura. Esta seria, a meu ver, a melhor maneira de fazer uma história econômica teoricamente orientada e que não seja confundida com uma simples enunciação de princípios preconcebidos, desatrelados da realidade histórica que eles têm a pretensão de explicar. Por outro lado, esta abordagem permite conferir um alcance pouco usual aos estudos de caso, que podem, assim, influenciar decisivamente a construção de uma visão consistente da vida econômica mesopotâmica.

O debate concentrou-se excessivamente na identificação dos agentes do controle do espaço (ou, mais especificamente, da 'terra'), o que explica a importância em torno da existência, ou não, da 'propriedade privada'. Por vezes, a disputa limitou-se a uma tomada de posição, favorável ou contrária, acerca de um postulado bastante abstrato. A meu ver, o verdadeiro problema situa-se alhures. Está fora de questão, no atual estágio de nosso conhecimento, negar que, no período babilônico antigo, os grupos domésticos exercessem um papel no controle do espaço, mas isto não resolve a questão, longe disso. É preciso analisar as diversas práticas de apropriação e as relações que elas entretêm com os demais domínios da vida social; é preciso estabelecer os modos de circulação dos terrenos e, caso haja um mercado, é preciso definir seus mecanismos; é preciso distinguir os elementos da ação apropriativa dos agentes econômicos, seus comportamentos de aquisição e disposição, procurando avaliar até que ponto eles indicam modelos, tendências, a que ponto eles são representativos de um verdadeiro sistema doméstico de apropriação do espaço.

3. Questões metodológicas: fazer história a partir dos arquivos familiares

No domínio da assiriologia, as monografias sobre arquivos familiares impuseram-se apenas recentemente. Elas são o resultado de uma lenta mudança de perspectivas da história econômica e social mesopotâmica, do reconhecimento de um objeto de estudo e do desenvolvimento de uma metodologia que permitia explorá-lo. Da evolução desta abordagem, eu gostaria de evocar alguns elementos que têm uma repercussão sobre o estudo que é proposto aqui e que permitem pôr em perspectiva minha própria linha de análise.

Quando, em 1952, G. Gossens apresentou sua *Introduction à l'archivéconomie de l'Asie Antérieure*, ele pretendeu chamar a atenção dos especialistas sobre o potencial dos arquivos para o estudo da história do Oriente-Próximo e, em particular, da Mesopotâmia. A noção de arquivos opunha-se, aqui, àquela de biblioteca: em decorrência, os documentos ordinários, relativos às práticas cotidianas, ganhavam destaque ao lado dos grandes textos literários, dos anais palacianos e das narrativas mitológicas conservados nas bibliotecas dos reis. A tipologia de Gossens destacava os textos produzidos pelas chancelarias (especialmente a correspondência) e a contabilidade das organizações complexas, mas mal falava dos arquivos familiares, mencionados apenas em uma nota (Gossens, 1952: 99, n. 6). Já em 1999, ao contrário, em uma obra de M. Van De Mieroop intitulada *Cuneiform Texts and the Writing of History*, os arquivos familiares ocupavam um espaço equivalente ao conferido a outros tipos de documentos, ombreando com as cartas oficiais, os documentos administrativos, os textos literários etc. (Van De Mieroop, 1999b: 17 ss.).

Entre esses dois momentos, a relação dos historiadores com suas fontes transformou-se consideravelmente. Não se trata simplesmente da assimilação de mais um tipo de documento, mas de uma nova classificação do *corpus* documental, de uma nova maneira de integrá-lo à operação historiográfica. Com efeito, os documentos epigráficos encontrados no contexto arqueológico doméstico e cujo conteúdo remetia aos negócios ditos privados estiveram presentes desde muito cedo no desenvolvimento da disciplina, mesmo se todo o prestígio cabia aos grandes textos literários ou às inscrições reais, uma conseqüência da perspectiva historiográfica dominante no momento do nascimento da assiriologia no século XIX. No entanto, os documentos familiares foram, habitualmente, tratados individualmente, isolados do contexto arquivístico que lhes conferia um sentido. O exemplo precoce representado pelo estudo de J.-E. Gautier (1908) sobre uma família de Dilbat é uma exceção que confirma a regra. É verdade que, desde as primeiras publicações e estudos, algumas conexões já eram notadas, o que permitia delimitar as famílias, mas, na maior parte do tempo, os conjuntos permaneciam limitados e sem maior repercussão sobre a análise que se seguia. A partir do fim dos anos 1970, a multiplicação dos estudos sobre os arquivos familiares implicou um tratamento renovado dos documentos, agora reagrupados em arquivos cujo critério de vinculação era, sobretudo, o laço de parentesco entre os personagens individuais. Este procedimento contribuiu para inserir o documento em uma unidade de análise mais ampla e coerente, e também visualizar de modo mais aprofundado as relações entre os diversos atores, situando-os em esferas de atividades econômicas, sociais, religiosas etc. Podia-se, assim, superar uma enquete centrada nos indivíduos e nos eventos singulares, lançando os fundamentos para uma abordagem centrada sobre os grupos e as cadeias de ações, em uma maior profundidade temporal (cuja cronologia podia ser, aliás, controlada de modo mais eficaz).

Neste esforço, a prosopografia impunha-se como uma ferramenta privilegiada. Identificando e coletando todas as informações disponíveis sobre os personagens da documentação – filiação e outras informações sobre o parentesco, dados relativos às ocupações profissionais, títulos religiosos, natureza e freqüência das relações com os demais personagens etc. – tratava-se, primeiramente, de estabelecer a árvore genealógica das famílias, mas também de identificar os grupos sociais no interior de uma cidade (o clero, os mercadores, os artesãos etc.). Deste modo, os dados provenientes da análise prosopográfica constituía a base dos estudos dos arquivos familiares[47]. De maneira complementar, mas também importante, a prosopografia foi essencial no estabelecimento da origem dos documentos, especialmente nos casos em que a proveniência não estava certificada por escavações oficiais ou quando os lotes tinham sido dispersos ou misturados entre a saída do sítio e a entrada no museu[48]. Por outro lado, a prosopografia foi um instrumento eficaz para compreender o funcionamento dos arquivos familiares na vida social mesopotâmica, desde os mecanismos de sua constituição e de sua transmissão entre as gerações até os procedimentos de arquivamento, reciclagem, triagem e descarte[49].

Se observarmos a trajetória dos estudos sobre Larsa, por exemplo, observaremos que eles foram precocemente influenciados por uma abordagem prosopográfica que muito contribuiu para apurá-los. Com efeito, o quadro bastante genérico da história da cidade dado por Ch. -F. Jean (1931) fundou-se em uma consideração majoritariamente compartimentada dos documentos; mas, vinte anos depois, os estudos de Lubor Matoush (1949 e 1950) sobre as partilhas e as vendas fundiárias basearam-se decisivamente em uma consideração da unidade dos arquivos da família Sanum e da estrutura de relações de parentesco entre seus membros[50]. Do mesmo modo, foi a análise prosopográfica que habilitou W. F. Leemans (1950) a reconhecer as mesmas realidades familiares reveladas por Matoush e a identificar a complexidade da corporação de mercadores da cidade e a vasta rede de relações pessoais e operações econômicas que estes entretinham.

A abordagem arquivística, no entanto, também apresenta limitações. A principal delas é derivada de uma espécie de confusão metodológica entre a base heurística da análise (os arquivos como conjunto de documentos) e o verdadeiro objeto de estudo (a família como conjunto de relações). Na verdade, os estudos tenderam excessivamente a dar prioridade às relações entre as fontes em detrimento das relações sociais. Por outro lado, o arquivo impunha limites, por assim dizer, 'naturais' ao observador: as atividades no interior da família e, sobretudo, o ponto de vista de seus membros sobre as próprias atividades apareceram como o enquadramento lógico da pesquisa. Evidentemente, em grande parte, esta perspectiva a partir do interior tendia a impor-se de modo quase inelutável, pois os próprios arquivos eram o resultado da atividade dos grupos sob observação: se o historiador pode sempre realizar agrupamentos artificiais e póstumos, em função das necessidades da pesquisa, não é menos verdadeiro que os arquivos são o resultado dos hábitos de arquivamento da família, refletindo, assim, sua visão sobre os fenômenos em questão. Em todo caso, este problema – ou, sobretudo, o desconhecimento de suas implicações por parte do especialista – contribuiu para debilitar o potencial das monografias familiares para o estudo da história social e econômica da Mesopotâmia.

A abordagem prosopográfica e a análise a partir dos arquivos continuam sendo, todavia, a base indispensável e mais eficaz das monografias familiares, não havendo razões para deixar de aproveitar seu potencial[51]. É possível, porém, completá-la através de uma abordagem analítica, visando principalmente um alargamento da perspectiva, ao mesmo tempo documental e histórico: os arquivos de uma família devem ser considerados em conexão com o conjunto dos arquivos familiares contemporâneos, mas também com os documentos dispersos de igual natureza e que não formam arquivos. Este procedimento é o único capaz de assegurar a representatividade histórica dos fatores identificados pelo historiador a partir do estudo de uma família em particular. Em outros termos, ele permite saber se as práticas espaciais de um grupo são um bom índice do sistema de apropriação em geral ou, ainda, se as relações de parentesco verificadas são típicas ou, ao contrário, uma idiossincrasia face às regras da sociedade. Em uma outra etapa, será necessário considerar também os arquivos palacianos e dos templos a fim de estabelecer os modos de inserção da família no ambiente social mais vasto da cidade e do reino, as relações com as estruturas de poder, as interações econômicas com o palácio e os templos etc. Estes complementos à abordagem prosopográfica permitirão, então, superar um tratamento episódico das realidades estudadas e construir uma história econômica e social fundada nas monografias familiares.

Nós conhecemos bem os problemas com que se defrontam todas as tentativas de uma história serial da Antigüidade ou das sociedades ditas pré-estatísticas. Um tratamento serial dos dados é, porém, o único modo de realizar as proposições sugeridas acima. Os especialistas insistem demasiadamente sobre o caráter lacunar das fontes mesopotâmicas. Sem dúvida, trata-se de uma carência real[52]. Entretanto, sem querer menosprezar os limites impostos pela documentação – limites de qualidade e também de quantidade –, é preciso lembrar que a situação inversa, de superabundância das fontes, impõe dificuldades sérias, pois a consideração da totalidade do *corpus* documental é igualmente impossível (pense-se, por exemplo, em uma história fiscal ou financeira dos estados modernos!). Neste quadro, creio que, em um tratamento serial, o mais importante é definir de modo rigoroso as questões a serem respondidas e proceder à seleção dos dados em função das problemáticas, levando em consideração, obviamente, a natureza das fontes. É preciso, em todo caso, reconhecer os limites do método: uma série imperfeita não deve substituir, sob o disfarce de uma exatidão matemática, as lacunas do tratamento clássico, ou seja, não serial. A quantificação não é, em si mesma, garantia de maior potencial explicativo.

Assim, parece-me que o mais recomendável no caso mesopotâmico seria adotar, com todas as precauções, procedimentos estatísticos bastante moderados, em particular métodos descritivos, que visam organizar as informações em conjuntos coerentes e torná-los mesuráveis a fim de identificar as características tendenciais de certos fenômenos. Ao mesmo tempo, conviria evitar a aplicação de cálculos de probabilidade com o intuito de preencher as lacunas de informações ou fazer projeções[53].

Em grande parte, a abordagem serial implica uma transformação na própria noção de documento: este deixa de ser exclusivamente o texto (contratos, cartas, processos etc.) e seu conteúdo, para ser, sobretudo, a série de informações. As séries são, é claro, formadas a partir dos conteúdos documentais, mas são organizadas em função de critérios estabelecidos pelas questões colocadas, ou seja, pelo procedimento analítico. Os raciocínios fundados sobre séries quantificáveis têm, ao menos, uma tripla vantagem: as séries conferem aos argumentos e às conclusões uma representatividade maior do que aquela derivada de um tratamento individual dos documentos; em segundo lugar, elas permitem cruzar dados de modo mais ágil e amplo do que uma comparação caso a caso; por fim, oferecem a possibilidade de visualizar certos aspectos dos fenômenos sociais que seriam dificilmente perceptíveis de outro modo (é o caso, por exemplo, das variações dos comportamentos dos agentes econômicos em uma perspectiva diacrônica).

As abordagens arquivística e serial são de natureza muito diferente, têm fundamentos distintos e são mais ou menos adaptadas segundo as situações documentais e os problemas históricos a serem enfrentados. Nem por isso são excludentes; ao contrário, são práticas complementares de pesquisa. Por exemplo, a primeira será mais útil para o tratamento de questões relativas à transmissão intergeracional do patrimônio familiar, enquanto que a segunda mostrará seu maior potencial para a explicação das transações imobiliárias.

4. O sítio de Tell Senkereh e sua documentação: um breve histórico

O sítio de Tell Senkereh, a antiga cidade-reino de Larsa, encontra-se a 270 quilômetros ao sul de Bagdá, na região das planícies meridionais, onde é vizinho de Tell Muqqayar (a antiga cidade de Ur, 43 km a sudeste) e de Warka (antiga Uruk, apenas 19 km a oeste). A identificação e as primeiras sondagens arqueológicas modernas em Senkereh foram realizadas em 1854 pelo escocês William Keneth Loftus, que se encontrava na região para uma missão de exploração em Uruk, enviado pelo *Assyrian Excavation Fund*. Este primeiro olhar sobre Larsa foi descrito três anos mais tarde, em seu *Travels and Researches in Chaldaea and Susiana*[54]. Em 1903, o alemão Walter Andrae, escavador de Assur, procedeu igualmente a algumas sondagens sobre o *tell* e fez os primeiros planos do sítio, utilizados mais tarde por André Parrot, o primeiro escavador oficial de Larsa. Essas primeiras investigações permitiram identificar alguns dos maiores edifícios da cidade: o Ebabbar, templo dedicado à divindade principal da cidade, Shamash, e a *ziggurat*. Poucos textos foram encontrados nestas duas primeiras explorações do sítio. Em Tell Senkereh, como em outras escavações do início do século XX, predominava o interesse pelos grandes monumentos e pelas estruturas palacianas e religiosas, de modo que os quarteirões de habitação só foram objeto de estudo nas campanhas mais recentes[55].

Mais tarde, uma permissão de escavação foi concedida pelo governo iraquiano ao Museu do Louvre e os trabalhos tiveram início em 1933, sob a direção de André Parrot, que, ao mesmo tempo, escavava Telloh, a antiga Girsu. Esta missão, no entanto, não teve seqüência: no mesmo ano, a descoberta de Mari (Tell Hariri), situada 600 km ao norte, atraiu a atenção de Parrot. Os acordos propostos pelo governo da Síria (o sítio de Mari encontra-se atualmente a poucos quilômetros da fronteira, em território sírio), mais generosos quanto à partilha dos objetos encontrados, coincidiram, justamente, com o momento em que, após a independência face ao domínio inglês, o Iraque instituía leis mais restritivas e passava a controlar suas antiguidades nacionais: assim, os antigos acordos que previam uma divisão dos achados entre os escavadores estrangeiros e o país chegavam ao fim, e todas as peças deveriam ser doravante encaminhadas aos museus iraquianos. Para o Louvre, que financiava as missões de Parrot, esta era uma situação bastante desestimulante. Tais fatores foram decisivos para o abandono de Larsa e a transferência para Mari, que se tornou, por décadas, o principal sítio mesopotâmico para a arqueologia francesa. Foi somente em 1967 que as escavações voltaram a Larsa, novamente sob a direção do incansável Parrot.

A primeira missão de Parrot também dedicou muita atenção às grandes estruturas arquitetônicas do sítio, em particular o palácio de Nûr-Adad. No entanto, novidade importante, uma quantidade considerável de residências foi reparada e um grande esforço foi consagrado aos quarteirões de habitação da época babilônica antiga, bem como àqueles mais tardios, neobabilônicos e selêucidas. Em seus escritos posteriores, Parrot conferiu uma atenção especial às tumbas situadas sob estas habitações[56].

As escavações de Parrot, em particular das casas, permitiram, desde muito cedo, constatar um fenômeno que foi determinante para o estado da documentação epigráfica de Larsa e que condicionou amplamente os futuros estudos sobre a cidade: o *tell* havia sido duramente pilhado por escavadores clandestinos. Foram, justamente, estas pilhagens ilegais, retomadas em 1931, que levaram o Departamento de Antiguidades do Iraque a dar autorização de escavação ao Louvre. O problema era, no entanto, mais antigo, datando do início do século XX: durante suas primeiras décadas, milhares de tabletes de Larsa chegaram aos antiquários de Bagdá, a partir de onde foram dispersos pelo mundo. Foi nesta época que as principais coleções de tabletes de Larsa foram formadas pelos museus europeus e norte-americanos, através de aquisições no mercado de antigüidades.

As pilhagens foram tão extensas que todas as missões francesas desde 1967 acrescentaram muito pouco à documentação epigráfica[57]. Quando as casas do quarteirão residencial nordeste foram escavadas durante as duas últimas missões, em 1987 e 1989, foram encontrados apenas edifícios esvaziados de seus arquivos, contendo apenas tabletes isolados[58].

4.1. Os contratos de Larsa: origem e estado atual

A maior parte dos textos de Larsa conhecidos atualmente é, portanto, originária de escavações clandestinas do início do século XX, sendo, assim, completamente desprovida de contexto arqueológico. Por vezes, os arquivos encontrados em uma residência foram desmembrados para venda e encontram-se em museus diferentes. Assim, o reagrupamento dos arquivos familiares depende prioritariamente de análises prosopográficas do conteúdo dos textos.

Quanto à sua tipologia, os textos de Larsa são bastante diversificados, mas dois grupos predominantes devem ser mencionados:

– Cartas: um primeiro grupo é constituído por cartas reais e entre os funcionários da administração palaciana. Muitas delas datam da época de independência do reino de Larsa (ver abaixo). No entanto, o lote mais importante vem da época da dominação babilônica da cidade. A distância entre as duas cidades, cerca de 200 km, implicava uma constante comunicação por escrito entre a administração central e seus representantes locais. Muitas das vezes, era o próprio rei que se dirigia a seus servidores. É assim que Larsa nos forneceu a quase totalidade do que conhecemos da prestigiosa correspondência de Hammu-rabi[59]. O fato é ainda mais relevante porque a movimentação do lençol freático sob o sítio de Babilônia impediu, até aqui, qualquer exploração sistemática dos estratos de época babilônica antiga; assim, nada dos arquivos palacianos da capital é conhecido, a não ser o que foi encontrado na periferia, como as cartas enviadas a Larsa ou Mari[60]. Um segundo grupo é formado por cartas privadas. No entanto, como estas, ao contrário dos contratos, não trazem fórmula de datação ou dados cadastrais, é bastante difícil identificar sua origem apenas a partir dos nomes presentes, sobretudo quando se trata de tabletes escavados clandestinamente, como é o caso de Larsa[61].

– Contratos: trata-se da documentação por excelência encontrada nas residências, formando o grosso dos arquivos familiares. Constitui-se de registros de compra de imóveis, empréstimos, partilhas de herança, dotes, casamentos, documentos comerciais de toda sorte etc.

Como os tabletes publicados aqui pertencem a esta última categoria, uma descrição mais detalhada do estado da documentação me parece útil. Nas coleções modernas, três grandes conjuntos de contratos de Larsa da época babilônica antiga foram formados.

A *Yale Babylonian Collection* possui o lote mais importante. Mais de 300 cópias cuneiformes foram publicadas nos volumes 5 (de 1919) e 8 (de 1941) da *Yale Oriental Series* (YOS), por E. M. Grice (1919) e D. E. Faust (1941), respectivamente[62]. No entanto, uma quantidade considerável de contratos de Yale aguarda ainda uma publicação[63].

Os tabletes da coleção de Berlim foram editados em 1914, no volume 13 de *Voderasiatische Schriftdenkmäler der staatlichen Museen zu Berlin* (VS), em cópias de H. H. Figulla (1914)[64].

Os 250 contratos do Museu do Louvre foram copiados por Ch.-F. Jean na série *Textes Cunéiformes du Louvre* (TCL) e publicados em 1926. Com algumas poucas exceções, a primeira série (volume TCL,10 = Jean, 1926a) reúne os documentos da época da dinastia de Larsa e a segunda série (volume TCL,11 = Jean, 1926b), aqueles posteriores à conquista da cidade pelo rei babilônico Hammu-rabi.

À parte esses três grandes conjuntos, deve-se registrar a existência de vários contratos de Larsa dispersos em coleções menores, mas também importantes. Os 68 tabletes da coleção Liagre Böhl, de Leiden, foram copiados por W. F. Leemans (1954a) no primeiro volume da série *Tabulae Cuneiformes a F. M. Th. de Liagre Böhl Collectae* (TLB). O próprio Leemans (1954b) apresentou uma primeira transcrição e tradução destes documentos. Entre os 146 tabletes paleobabilônicos conservados no Museu de Leningrado (hoje, novamente São Petersburgo), vários são provenientes de Senkereh; o conjunto foi publicado por A. P. Riftin (1937) em *Starovavilonskie Juridiceskie i Administrativnie Dokumenti v Sobranijach SSSR*. Mais recentemente, H. Limet (1989) publicou 14 tabletes da Universidade de Liège que faziam parte dos arquivos de um só comprador de terrenos de Larsa. Alguns outros contratos encontram-se dispersos pelo mundo: há textos isolados no Ashmolean Museum, no Horn Archaeology Museum da Universidade de Andrews, na École Pratique des Hautes Etudes, em Paris, e na Totten Collection.

Paradoxalmente, o percurso desses textos, desde as escavações clandestinas até sua entrada nos museus, não foi completamente aleatório e, de modo freqüentemente involuntário, alguns lotes coerentes foram preservados no processo de negociação no mercado de antigüidades. Assim, nota-se que todos os documentos pertencentes à família Sanum acabaram por integrar a coleção do Museu do Louvre. Do mesmo modo, houve, por exemplo, um reagrupamento quase completo dos arquivos do importante personagem Balmunamhe no Museu da Universidade de Yale[65]; os contratos de Ubar-Shamash concentram-se em Berlim, enquanto que os arquivos de Amurrum-shemi encontram-se em Liège e os de Warad-Zugal e Balâlum, em Leiden. Nós podemos supor que os documentos encontrados pelos escavadores clandestinos em uma residência antiga eram vendidos em lotes a um mercador de antigüidades de Bagdá, que, por sua vez, tendia a repassá-los, também em blocos, aos compradores dos museus.

A concentração dos contratos nos arquivos de algumas poucas famílias facilitou a tarefa de atribuição dos tabletes ao sítio de Larsa. A princípio, apenas os mercadores de antigüidades garantiam as informações sobre sua proveniência. As primeiras leituras, no entanto, mostraram que uma grande parte dos contratos pertenceu a certos indivíduos e famílias e, uma vez que os dados confirmaram a ligação destes com Larsa, a origem de arquivos inteiros pôde ser atribuída com segurança ao sítio de Senkereh[66].

Dentre os grupos familiares que aparecem representados nos contratos, o formado pelos descendentes de Sanum é um dos mais importantes, quer por sua representatividade documental, quer por seu alcance econômico. Os arquivos cobrem um período de mais de 90 anos: os primeiros documentos são datados dos anos 2 e 3 do rei Sîn-iqîsham (pouco depois de 1840 a.C.), de Larsa, e os últimos datam do ano 7 de Samsu-iluna, da Babilônia (1743). A atividade do grupo atravessou, portanto, os dois períodos da história política da cidade durante o período babilônico antigo: a fase de independência, em que os dois principais soberanos foram Warad-Sîn (1835-1823) e seu irmão Rîm-Sîn (1822-1763), e a fase de domínio babilônico, inaugurada por Hammu-rabi (1792-1750), que conquistou a cidade em seu 31° ano de reinado, e continuada por seu filho Samsu-iluna (1749-1712), que termina por perder o controle da cidade e, com ela, do sul mesopotâmico por volta de seu 11° ano de reinado.

4.2. Os arquivos da família Sanum

Do mesmo modo que para o estabelecimento da origem dos tabletes, a reunião dos documentos por arquivos depende, sobretudo, das análises prosopográficas. A reconstituição das redes de parentesco é, portanto, fundamental para estabelecer que um determinado lote de documentos pertenceu a uma família específica. Em vários casos, tais arquivos são centrados em um só personagem e suas atividades. Eventualmente, conhecemos alguns de seus parentes, mas eles têm apenas um papel secundário nos negócios registrados. Esta é a situação na maior parte dos arquivos familiares de Larsa, como os de Ubar-Shamash, Amurrum-shêmi e mesmo Balmunamhe. Outras vezes, os arquivos mostram as atividades de vários membros de um grupo, por várias gerações, como é o caso dos tabletes da família Sanum.

O mais antigo ancestral conhecido, Sanum, não aparece em nenhum contrato conhecido atuando como um agente econômico ativo. Ele é, no entanto, citado por documentos posteriores. Na geração seguinte, vemos ocorrer uma divisão entre os dois ramos da família, o de Eshtar-ilî e o de Sîn-shêmi. Esta ramificação é fundamental para o entendimento dos arquivos que chegaram até nós. Com efeito, o que chamamos, aqui, de arquivos da família Sanum corresponde ao conjunto de documentos reunidos por Eshtar-ilî e seus descendentes. Como existem várias relações entre os dois ramos (partilhas, vendas de terrenos, associações comerciais), Sîn-shêmi e seus filhos também estão presentes, mas sempre em função das atividades do grupo de seu irmão[67].

Essa mesma lógica reproduz-se posteriormente. Em cada geração, um dos filhos, sempre o primogênito, concentra ao menos uma grande parte dos arquivos e acrescenta novos documentos, resultantes de suas próprias atividades. Assim, vemos que os arquivos crescem com os tabletes de Iddin-Amurrum, o membro do grupo sobre o qual existem mais informações relativas aos negócios imobiliários[68]. Finalmente, o filho primogênito de Iddin-Amurrum, Ibni-Amurrum, parece ter sido o último detentor dos arquivos, juntando a eles um novo lote de documentos. Na verdade, o que nos chegou foram os arquivos de Ibni-Amurrum. Do ponto de vista arqueológico, o mais provável é que os tabletes tenham sido encontrados em sua casa (ou na casa paterna por ele herdada).

Os arquivos da família Sanum cobrem um período de mais de 90 anos. Os primeiros documentos são datados dos anos 2 e 3 do reinado de Sîn-iqîsham. Neles, vemos as primeiras transações imobiliárias de Eshtar-ilî e seu irmão Sîn-shêmi. Eshtar-ilî permanece ativo durante todo o reinado de Warad-Sîn e no começo do reinado de Rîm-Sîn. Durante a primeira década do longo período governado por este soberano, Eshtar-ilî é substituído pelo seu filho primogênito, Iddin-Amurrum, cujos documentos datam dos trinta anos seguintes. A chegada dos conquistadores babilônios coincidiu com a transição para a última geração documentada da família. Ibni-Amurrum e seus irmãos são atestados entre os inícios do reinado de Hammu-rabi na cidade até o ano 7 de seu filho e sucessor, Samsu-iluna.

O momento exato do fim dos arquivos é problemático. Em _/II/Si 7, os irmãos de Ibni-Amurrum partilharam a parte da herança de d'Ibni-Amurrum (TCL,11,218). Nós possuímos, ainda, um documento datado do mesmo mês, no qual Ibni-Amurrum acerta suas contas com um de seus irmãos, Mâr-Amurrum (TCL,11,217)[69]. Parece, então, que a morte de Ibni-Amurrum deva ter ocorrido em um momento pouco anterior ao segundo mês de Si 7. Esta datação depara-se, porém, com duas dificuldades:

a) em primeiro lugar, uma partilha colateral entre os irmãos de Ibni-Amurrum implica que este morreu sem descendentes; ora, em um recibo de aluguel de um bem pertencente ao templo do deus Shamash, datado de 25/V/Si 4 (TCL,11,204), um certo Ibni-Amurrum é citado juntamente com seus filhos. Não há meio de saber se este personagem é membro da família Sanum ou um homônimo. Pode-se também pensar que a morte dos filhos, entre 4 e 7 Si, tenha privado Ibni-Amurrum de descendência; daí a partilha pelos irmãos;

b) uma segunda dificuldade reside em um documento (TCL,11,215) que cita um homem chamado Ibni-Amurrum e é datado do mês doze de Si 7, portanto dez meses posterior à data de sua suposta morte. O tipo de documento, porém, permite pensar que estamos diante de uma redação *post-mortem*: Ibni-Amurrum tinha uma dívida de 10 siclos de prata junto a um certo Munawwirum; A dívida havia sido paga, mas o tablete em que a obrigação fora registrada não foi encontrado pelo credor, que deveria tê-lo entregue ao devedor como prova de quitação. Então, Munawwirum redigiu e selou um documento em que a situação era explicada e no qual se engajava a destruir o antigo contrato, caso este aparecesse. É provável que a redação do segundo tablete tenha sido exigida pelos herdeiros de Ibni-Amurrum quando procuravam pôr em ordem os negócios e arquivos do irmão morto. Em todo caso, o ano 7 de Samsu-iluna marca o *terminus ante quem* dos arquivos da família Sanum[70].

Quanto à tipologia dos documentos, a maior parte dos tabletes é formada por contratos de compra de imóveis (29 sobre 63). Em grande parte, os arquivos familiares mesopotâmicos são o resultado da atividade arquivística de compradores de terrenos: os registros de aquisição eram cuidadosamente guardados para assegurar o controle dos terrenos em caso de disputas, de reivindicações de herdeiros, de contestação das transações pelos vendedores ou seus parentes. Nos arquivos da família Sanum, há outras categorias de documentos particularmente importantes para o estudo da apropriação imobiliária: as partilhas (sete documentos); os pagamentos de compensação após a compra, resultantes da anulação desta por decreto real (quatro documentos); os documentos judiciários relativos a disputas sobre os terrenos (três documentos[71]); enfim, acordos entre as partes regulamentando a ocupação do espaço (três documentos).

Os registros das demais atividades econômicas raramente eram conservados por tanto tempo. Normalmente, eram destruídos após a concretização das operações comerciais e os comprovantes de débito eram entregues aos devedores como prova de quitação. Assim, temos muito poucos registros de débitos ou documentos similares nos arquivos da família. Por outro lado, um conjunto bastante homogêneo de nove tabletes relativos à comercialização de mercadorias do palácio foi preservado, pois representava os documentos correntes da atividade econômica do último detentor dos arquivos, Ibni-Amurrum[72].

Os arquivos de uma família não eram formados exclusivamente pelos documentos diretamente ligados às suas atividades econômicas. A transferência de um bem, por herança ou venda, era acompanhada de uma transferência dos antigos documentos que provavam a trajetória dos terrenos até o momento da última alienação. Estes documentos serviam, então, de 'título de propriedade'[73]. No processo de formação dos arquivos, esta lógica implica que alguns documentos que aparentemente não pertencem à família faziam, na verdade, parte de seus arquivos. Estes registros remetem a antigas transações e os nomes dos membros da família que adquiriu o imóvel em último lugar não são forçosamente citados (salvo se, eventualmente, fossem vizinhos do terreno negociado[74] ou tivessem servido de testemunhas). Esta constatação obriga a ampliar a noção de arquivo familiar. No que diz respeito aos negócios imobiliários, encontramos nos arquivos das famílias duas categorias de tabletes: em primeiro lugar, os documentos diretamente provenientes das transações em que os membros do grupo foram agentes ativos (em especial, agindo como compradores); por outro lado, os registros recebidos como títulos comprobatórios. Para distingui-los, qualificarei esta segunda categoria de arquivos 'periféricos'[75]. No caso da família Sanum, a análise das transações imobiliárias permite identificar dois contratos que poderiam, segundo este critério, ter pertencido aos arquivos da família[76].

5. A genealogia da família Sanum: as evidências documentais

Esta é a árvore da família Sanum, tal qual pode ser estabelecida a partir dos seus arquivos. Segue-se também uma justificativa detalhada da reconstituição proposta[77].

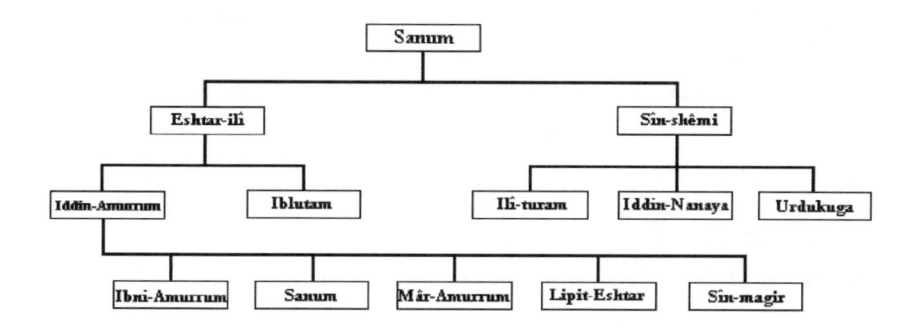

Figura 1: A família Sanum

- Sanum, o mais antigo membro da família, é citado na documentação, seja como pai de Sîn-shêmi (TCL,10,129 e envelope de TCL,10,8), seja como ancestral de Iddin-Amurrum (YOS,5,52 e 128) e de Ilî-turam (TCL,10,129). O fato de que tenha sido pai de Eshtar-ilî não é atestado diretamente (a menos que se considere como uma variante a ocorrência de TCL,10,14: 14: esh_4-tár-ì-lí dumu sa-a-ni; um tal nome (Sâni?) seria, no entanto, um hápax na documentação de Larsa).

- Os dois filhos de Sanum, Eshtar-ilî e Sîn-shêmi, partilham os bens paternos em TCL,10,31, mas o nome do pai não é citado. Como a divisão é igualitária, não se pode saber quem é o primogênito.

– Iddin-Amurrum e Iblutam são atestados como filhos de Eshtar-ilî por dois contratos de partilha: TCL,10,55, em que o nome do pai é citado, e TCL,10,141, no qual ele não aparece. Iddin-Amurrum também é dito filho de Eshtar-ilî em TCL,10,30, 33, 34, 51 e 105, além de seu selo, utilizado mais tarde por seu filho Ibni-Amurrum (ver abaixo). Enfim, no selo de Iblutam, lê-se igualmente o nome do pai Eshtar-ilî (TCL,11,200).

– As linhas em que aparece a quantidade dos bens partilhados em TCL,10,55 estão, infelizmente, muito deterioradas, mas, a partir do número de escravos recebidos por cada um dos irmãos – dez escravos e três escravas para Iddin-Amurrum contra cinco escravos e uma escrava para Iblutam –, pode-se pensar que o primeiro era o primogênito, o que é confirmado por TCL,11,141, que atesta uma nova divisão, na qual Iddin-Amurrum recebeu 353 sar de pomares, enquanto que seu irmão Iblutam recebeu apenas a metade, 176 sar (o primogênito teve de pagar 1 siclo de prata pela pequena diferença recebida a mais).

– TCL,11,200 fornece os nomes dos cinco filhos de Iddin-Amurrum: Mâr-Amurrum, Lipit-Eshtar, Sanum (que tem o mesmo nome de seu bisavô), Sîn-magir e Ibni-Amurrum. O nome deste último devia certamente figurar no início do tablete, hoje quebrado, mas ele é mencionado, a seguir, como vizinho do terreno recebido por seu irmão Lipit-Eshtar.

– Os cinco irmãos estão igualmente presentes na partilha registrada em TCL,11,174, na qual a maior parcela é destinada ao filho primogênito, Ibni-Amurrum. Se a restituição da fissura de TCL,11,200 proposta acima é correta, Ibni-Amurrum é citado em primeiro lugar nos dois documentos, como é freqüentemente o caso dos primogênitos; Lipit-Eshtar vem sempre em último lugar (isto significaria que ele é o mais jovem dos irmãos?); os demais nomes não estão na mesma ordem nos dois documentos.

– Dois dos cinco irmãos – Ibni-Amurrum e Lipit-Eshtar – são ainda atestados em TCL,11,218.

– Sanum e Lipit-Eshtar são citados como filhos de Iddin-Amurrum em TCL,11,198.

– Um indício suplementar de que Ibni-Amurrum fosse o filho primogênito de Iddin-Amurrum é o fato de que ele recebeu o selo paterno, utilizando-o em diversos contratos: TCL,11,172, 193, 195, 199, 200, 208 e 210[78].

– Conhecemos também o selo de Mâr-Amurrum, em que ele é dito filho de Iddin-Amurrum (TCL,11,217).

No ramo dos descendentes de Sîn-shêmi, temos a seguinte situação:

– Iddin-Nanaya é chamado filho de Sîn-shêmi em TCL,10,33 e 34.

– Ilî-turam: em sua primeira tentativa de reconstituição da árvore genealógica da família Sanum, Leemans (1950: 54) havia – como também Matoush e todos os demais autores que trataram a questão depois – considerado Ilî-turam como filho de Sîn-shêmi. Quase quarenta anos mais tarde, Leemans (1986: 17), seguindo uma nova leitura de TCL,10,129 proposta por F. R. Kraus (1953: 322; n. 16), mudou de idéia, situando Ilî-turam na geração anterior, como irmão de Sîn-shêmi e de Eshtar-ilî. De fato, mesmo se o tablete sofreu uma grande deterioração desde a cópia de Jean, a colação parece dar razão à proposição de leitura de Kraus (*"Ishtar-ili u Ili-turram dumu¹ sa¹-nu-um"*), salvo que não há espaço para um sinal AM no final do nome. Segundo minha própria colação do tablete cuneiforme, temos na linha 8: *ù ì-lí-tu-ra* dumu* *sa*-nu-um*. O problema é saber se, neste caso, deve-se considerar que 'dumu' indica 'filho de' ou 'descendente de', 'pertencente à família de'. Preferi optar por esta segunda solução. Sabemos, por exemplo, que Iddin-Amurrum também foi chamado de 'dumu *Sanum*' (YOS,8,52: 13; envelope: l. 5 e YOS,8,128: 23: *i-din-*ᵈmar-tu dumu *sa-nu-um;* também VS,18,1: l. 7: ¹*i-din-*ᵈmar-tu ki-ud dumu *sa-nu-um*), mesmo sendo, sem nenhuma dúvida, o neto de Sanum. Aliás, neste mesmo caso, o próprio Leemans (1950: 58) reconheceu que a apelação "*parece ser usada como designação da família*".

– O segundo argumento de Kraus depende da interpretação da contestação da herança atestada em TCL,10,34. No que concerne aos laços de parentesco, o problema situa-se nas primeiras linhas do documento:

1) ¹*i-din-na-na-a* dumu ⁽ᵈ⁾en-zu-*she-mi*

2) há-la *ì-lí-tu-ra-am* shesh-a-ni

3) ¹*i-din-*ᵈmar-tu dumu *esh₄-tár*-dingir

4) *ib-qú-ur-ma*

Kraus entendeu que a locução 'shesh-a-ni' ('seu irmão') ligava Ilî-turam a Sîn-shêmi, cujo nome é o mais próximo. Assim, o objeto do processo intentado por Iddin-Nanaya contra Iddin-Amurrum, seu primo, seria a parte de herança (há-la) do tio de ambos, Ilî-turam. Pessoalmente, prefiro vincular Ilî-turam ao autor do processo, Iddin-Nanaya; o conflito diria respeito, então, à parte da herança do irmão de Iddin-Nanaya, transferida, indevidamente segundo este, ao seu primo, Iddin-Amurrum. Assim, alinho-me à opinião de Ch.-F. Jean (1931: 149) e, mais recentemente, de J. D. Fortner (1996: 778). Esta hipótese é reforçada pelo fato de que a mesma estrutura lingüística é encontrada nas listas de testemunha: 'X dumu Y, Z shesh-a-ni', em que se deve compreender que Z é o irmão de X, não de Y. Em revanche, é mais difícil explicar as razões da transferência da parte de herança de um ramo da família para outro e como as partes chegaram ao processo. Uma tentativa de resposta pode ser a aliança entre Eshtar-ilî e Ilî-turam: é possível que, além das aquisições imobiliárias conjuntas que conhecemos (TCL,10,129 e 130), a relação entre ambos tenha também motivado uma transferência dos bens familiares do sobrinho para o tio. Em seguida, estes bens teriam migrado de Eshtar-ilî para Iddin-Amurrum através da partilha sucessória normal; e é isto que poderia ter provocado uma contestação da parte de Iddin-Nanaya. Para reforçar esta interpretação, é preciso acrescentar ainda que, na única partilha conhecida entre os filhos de Sanum (TCL,10,31), Ilî-turam não está presente. Considerando, então, todos estes dados, o mais lógico é manter a posição inicial de Ilî-turam, como filho de Sîn-shêmi.

– Urdukuga: em sua reconstituição da família, L. Matoush (1949: 148 s.) hesitou inicialmente em considerar Urdukuga como um filho de Sîn-shêmi, indicando, mesmo assim, seu nome na árvore arqueológica cautelosamente entre parênteses. Por sua vez, W. F. Leemans (1950: 61) considerou que Urdukuga não podia pertencer à mesma geração dos filhos de Sîn-shêmi, pois ele é conhecido por ter vendido imóveis a Eshtar-ilî, que pertence à geração anterior. Esta discrepância seria ainda mais injustificável, acrescenta Leemans, pelo fato de Sîn-shêmi ser provavelmente o filho cadete de Sanum. Ora, o documento em que Urdukuga é dito explicitamente filho de Sîn-shêmi (TCL,10,14) é datado do final do ano 7 de Warad-Sîn. No mais, o negócio entre Eshtar-ilî e Urdukuga (TCL,10,130) ocorreu no ano 2 de Sîn-iqîsham. Mesmo se não conhecemos exatamente a duração do reinado deste soberano nem a de seu breve sucessor Silli-Adad, o tempo decorrido entre as duas datas não deve ter sido longo o suficiente para impedir uma sincronia, mesmo parcial, entre a vida dos dois personagens, que seriam, como penso, tio e sobrinho. Aliás, nós sabemos que Eshtar-ilî (sem dúvida o filho de Sanum) participou do contrato do ano WS 7, como testemunha, justamente ao lado de Urdukuga. Em RS 9, Urdukuga foi novamente testemunha, desta vez no processo de Iddin-Nanaya contra Iddin-Amurrum, relativo aos bens de Ilî-turam (TCL,10,34), o que demonstra sua contemporaneidade. Enfim, sabemos que Eshtar-ilî viveu até, pelo menos, RS 16, ano em que ele vendeu um terreno a seu próprio filho Iddin-Amurrum. Assim, uma sincronia entre as atividades da segunda e terceira gerações permitiu várias trocas entre seus membros. No momento dos primeiros negócios registrados da família, somos confrontados com a presença de três Urdukuga diferentes: 1) o membro da família Sanum, cuja posição acabamos de estabelecer; 2) um Urdukuga filho de Mashum, testemunha da compra de imóvel realizada conjuntamente por Eshtar-ilî e Ilî-turam (TCL,10,129), que deve ser distinguido do vizinho que leva o mesmo nome (certamente o Urdukuga da família Sanum); 3) um Urdukuga casado com Ratum, dos quais Sîn-shêmi compra um terreno (TCL,10,2).

– Notar-se-á, finalmente, a total ausência de mulheres. Contrariamente a muitas outras famílias ao longo da história mesopotâmica – podemos pensar nas famílias de Ea-ilûta-bâni, Ilî-bâni ou Nanâhu de Borsippa, na época tardia (F. Joannès, 1989) –, ignoramos completamente os casamentos da família Sanum; nem mesmo os nomes das mulheres que permitiram que o grupo se reproduzisse biológica e socialmente nos são conhecidos. Do mesmo modo, faltam-nos informações sobre eventuais adoções, no mais muito comuns, sobretudo no quadro das sucessões. A fim de estabelecer mais exatamente a estrutura do grupo, podemos preencher algumas lacunas com alguma verossimilhança. Por exemplo, parece que uma mesma mulher tenha sido a mãe de cada grupo de irmãos: mesmo se a concubinagem e a sucessão de várias esposas devido à morte ou separação sejam sempre possíveis, nada em nossas fontes indica uma maternidade heterogênea (freqüentemente indicada nos contratos quando os filhos de mães distintas partilham os bens do pai comum). Por outro lado, nada permite tentar uma restituição para a muito provável existência de irmãs nem fixar seu número.

Em resumo, o quadro dos membros da família Sanum reflete unicamente as relações de filiação entre os membros masculinos, tal como podemos observar, em particular, no momento das transmissões intergeracionais. Esta natureza da documentação impõe certos limites, mas oferece também alguns desafios interessantes, aos quais procuraremos responder.

6. Questões cronológicas

Os mesopotâmios não conheceram um calendário comum e unificado, aplicável a todos os reinados e a todas as regiões. Na Babilônia, nos inícios do segundo milênio, os anos eram nomeados a partir de fórmulas contendo um evento notável ocorrido no ano anterior e, normalmente, associado à figura do rei (a chegada ao trono, para o primeiro ano; uma vitória militar; a construção ou reforma de um templo; a abertura ou desobstrução de um canal etc.)[79]. Por decorrência, uma grande parte das dificuldades atuais reside em estabelecer a duração de um reinado (quer dizer, a quantidade de fórmulas de ano que podem ser atribuídas a um soberano), a ordem exata das fórmulas no interior de um reinado e, finalmente, a sincronia entre os diferentes sistemas de datação utilizados nas várias cidades-reinos (sendo que, em nosso caso, o mais importante é estabelecer a correspondência entre os anos de Larsa e de Babilônia). Outro tipo de problema consiste em situar as datas mesopotâmicas em uma linha cronológica absoluta.

No que diz respeito à cronologia relativa, os dados de Larsa para a época de Warad-Sîn e de Rîm-Sîn são suficientemente claros, mesmo se alguns problemas de detalhe persistam. Por outro lado, a cronologia absoluta é, atualmente, objeto de um vivo e complexo debate, que põe em causa o modelo majoritariamente aceito. Nas partes seguintes, resumiremos o estado atual dos problemas, privilegiando aqueles que têm conseqüência direta sobre as questões tratadas neste trabalho, e explicitaremos as soluções adotadas.

6.1. A cronologia absoluta

Para situar os eventos mesopotâmicos em um sistema de cronologia absoluta, seria necessário pô-los em relação com outros fenômenos cuja posição na seqüência temporal seja fixa e estabelecida com rigor (por exemplo, um eclipse). Se, para as épocas mais recentes da história mesopotâmica, no primeiro milênio, a situação pôde ser ordenada com grande exatidão (em grande parte, graças às notações astronômicas dos tabletes neobabilônicos), o mesmo não ocorre em relação à primeira metade do segundo milênio[80]. Assim, três sistemas concorrentes foram propostos e suas diferenças são facilmente perceptíveis quando observamos as datas estimadas por cada um para o reinado de Hammu-rabi:

-Cronologia longa: 1848 – 1806 a.C.

-Chronologia média: 1792 – 1750 a.C.

-Cronologia curta: 1728 – 1686 a.C.

Esses sistemas de datação não foram os únicos na história da disciplina. Por exemplo, em seu trabalho sobre Larsa, Ch.-F. Jean (1931: XI) adotou uma cronologia ultralonga, situando o reinado de Hammu-rabi entre 1955 e 1913 a.C.. O mesmo ocorreu nos primeiros estudos sobre a cronologia dos reis de Larsa: por exemplo, F. Thureau-Dangin (1918), que situa a época de Hammu-rabi ainda mais cedo: 2123-2080 a.C. O trabalho de E. M. Grice (1919), que é a primeira tentativa de estabelecer uma ordem nas fórmulas de anos dos reis de Larsa, não propunha nenhuma cronologia absoluta (a autora também não o havia feito na edição de YOS,5). Posteriormente, estas cronologias longas foram abandonadas em favor de uma cronologia média que, por sua vez, tornou-se a norma entre os assiriólogos.

Mais recentemente, entretanto, um movimento sistemático de um grupo de especialistas, concentrados na Universidade de Gand, tem apresentado argumentos que advogam em favor de uma cronologia muito mais curta, mas que não corresponde completamente à cronologia curta tradicional. A fim de marcar a diferença, ela foi chamada de 'nova cronologia'[81]. Os argumentos favoráveis a esta nova proposta são, de início, de natureza arqueológica e repousam sobre datações do material cerâmico, sendo reforçados por dados astronômicos e textuais. Como resultado, os autores sugerem baixar a data da queda final da primeira dinastia da Babilônia (1595 a.C. segundo a cronologia média) para uma data compreendida entre 1517 e 1491 a.C., mais provavelmente em 1499 a.C. O reinado de Hammu-rabi estaria situado, assim, entre 1696 e 1654 a.C. O debate está longe do fim: os argumentos favoráveis a uma baixa da cronologia geral da Mesopotâmia ainda estão em vias de ser avaliados e, por vezes, são duramente criticados[82]; por outro lado, novas contribuições continuam sendo feitas[83].

Neste quadro instável, pareceu-me mais razoável continuar a adotar a cronologia média, ainda largamente predominante nos estudos assiriológicos. Assim, para o período sob análise, as referências essenciais são as seguintes:

Quadro 1: Cronologia absoluta

Larsa	Babilônia
Sîn-iddinam (1849-1843)	Sabium (1844-1831)
Sîn-iribam, Sîn-iqîsham, Silli-Adad (1842-1835)	Apil-Sîn (1830-1813)
Warad-Sîn (1835-1823)	Sîn-muballit (1812-1793)
Rîm-Sîn (1822-1763)	**Hammu-rabi (1792-1750)**
Dominação babilônica	Samsu-iluna (1749-1712)

A fim de facilitar a visualização direta das datas dos fenômenos tratados, a referência aos anos no interior de um reinado será feita de forma abreviada: por exemplo, RS 13 corresponde ao décimo terceiro ano do reinado de Rîm-Sîn, e assim por diante[84].

6.2. A cronologia relativa

Em relação à cronologia relativa, algumas dúvidas menores persistem, sem, no entanto, comprometer a compreensão do conjunto. A análise dos fenômenos econômicos feita aqui não traz nenhuma contribuição definitiva às questões que permanecem em aberto[85]. Limitar-me-ei a indicar as mais importantes e a explicitar minha opinião.

O primeiro problema diz respeito ao número de anos durante os quais Warad-Sîn governou Larsa e à ordem exata das fórmulas de datação conhecidas. Os primeiros trabalhos sobre a cronologia de Larsa retiveram um total de 12 anos para a duração de seu reinado[86], solução adotada igualmente por A. Ungnad no artigo *'Datenlisten'* do *Reallexikon der Assyriologie*, de 1934[87], e por Ch.-F. Jean (1931: XII). Em 1976, novos dados permitiram a M. Stol (1976: 1 ss.) propor o acréscimo de um décimo terceiro ano de Warad-Sîn. O ponto de partida de Stol foi uma nova lista inscrita em um tablete da Universidade de Chicago em que uma fórmula de ano até então desconhecida aparecia. Esta fórmula inédita situava-se na quarta posição do total de 13 fórmulas[88]. Alguns anos mais tarde, M. Sigrist (1985: 168) contestou a atribuição desta fórmula ao reinado de Warad-Sîn, preferindo considerá-la como correspondente ao quinto ano de outro rei de Larsa, Sîn-iddinam, o que implicava um retorno à tradicional hipótese de 12 anos para Warad-Sîn[89]. Constata-se, entretanto, e não sem certa surpresa, que, em sua obra capital sobre as fórmulas de anos de Larsa, Sigrist (1990: 31 ss.) reconsiderou sua posição – sem oferecer nenhum argumento para tanto – e reteve a fórmula dita de Malgium como sendo, de fato, a do quarto ano de Warad-Sîn, cuja duração de reinado via-se, assim, novamente elevada a um total de 13 anos. Ainda mais recentemente, o autor retornou à sua posição inicial, conferindo apenas 12 anos a Warad-Sîn[90]. No trabalho mais recente sobre a história dos reis de Larsa, Madeleine A. Fitzgerald (2002: 4 e 133 ss.) propôs igualmente 12 anos para a duração do reinado.

Uma questão conexa é a da ordem das fórmulas dos anos de Warad-Sîn. A antiga ordem, consagrada por Ungnad no *Reallexikon der Assyriologie*, deve ser reconsiderada em função de novos dados. Apresentamos, abaixo, um quadro comparativo entre a ordem proposta por Stol, similar à de Sigrist (em *Larsa Year Names*), a restituição do *RlA* e a de M. A. Fitzgerald, que, por sua vez, não corresponde completamente a nenhuma das precedentes:

Quadro 2: Fórmulas de anos de Warad-Sîn

M. Stol (1976) e M. Sigrist (1991)	A. Ungnad - *RlA*	M. A. Fitzgerald (2002)
1	1	1
2	2	2
3	-	3
4	-	-
5	5	5
6	4	4
7	3	6
8	6	7
9	8	8
10	9	9
11	10	10
12	11	11
13	12	12

As divergências situam-se, como se vê, no meio da seqüência e as extremidades cronológicas do reinado não apresentam maiores problemas. Infelizmente, a quantidade de contratos de transmissão imobiliária que datam deste período é muito pequena, o que é ainda mais verdadeiro para os arquivos da família Sanum[91]. Conseqüentemente, a análise interna dos arquivos não permite, a meu ver, oferecer uma resposta definitiva ao problema. Para a datação dos contratos neste trabalho, adotei uma duração de 13 anos para o reinado de Warad-Sîn, bem como a seqüência de fórmulas proposta por Stol e Sigrist[92].

O segundo problema refere-se à articulação cronológica entre os reinados de Rîm-Sîn e Hammu-rabi e, por conseqüência, ao estabelecimento do momento exato da tomada de Larsa pelos babilônios. Os detalhes ainda são objeto de disputas entre os especialistas[93] e os documentos de Mari publicados nos últimos anos trazem uma contribuição mais acurada da data e das circunstâncias da derrota de Larsa (ver D. Charpin, 1988: 146 s. e M. Birot, 1993: 34 s.). Uma precisão absoluta não é, contudo, possível e, para nosso propósito aqui, reteremos do debate o seguinte quadro: no seu 61° ano de reinado, durante o qual a fórmula de datação celebrava o 31°

ano de sua vitória sobre o reino de Isin, Rîm-Sîn teve de fazer face aos ataques de seu antigo aliado babilônico: vindo do norte, Hammu-rabi conquistara a segunda capital do reino, Mashkan-shapir, então governada pelo irmão de Rîm-Sîn, Sîn-muballit, e marchou para Larsa. Rîm-Sîn perdeu definitivamente seu trono antes do fim daquele ano: após um cerco de alguns meses, a vitória babilônica ocorreu no segundo semestre do ano, com o auxílio das tropas enviadas pelo rei de Mari, Zimrî-Lîm. Do ponto de vista das fórmulas de datação, o ano seguinte, ou seja, o primeiro ano pleno de Hammu-rabi como senhor de Larsa, foi assinalado pela fórmula tradicional de subida do soberano ao trono: *Hammu-rabi (é) rei*. Um dos documentos da família Sanum (TCL,11,141) é, justamente, datado deste modo. Depois disto, a cidade de Larsa passou a utilizar as mesmas fórmulas da Babilônia. Neste trabalho adotaremos a seguinte sincronia entre as duas cidades[94]:

Quadro 3: Sincronia cronológica entre Larsa e Babilônia

Cronologia Absoluta	Larsa	Babilônia
1822	Início do reino de Rîm-Sîn	
(...)		
1794	Conquista de Isin por Rîm-Sîn	
1793	Fórmula: conquista de Isin	
1792	Fórmula: 2º ano da conquista de Isin	Início do reinado de Hammu-rabi
1791	Fórmula: 3º ano da conquista de Isin	
(...)		
1762	Fórmula: 31º ano da conquista de Isin	Conquista de Larsa por Hammu-rabi
1761	1º ano pleno de Hammu-rabi em Larsa	Fórmula de ano: conquista de Larsa
(...)		
1749	Início do reinado de Samsu-iluna	

I – TRANSMISSÕES PATRIMONIAIS

> Nas sociedades do passado, devido ao fato de que as vidas individuais estavam estreitamente inscritas no coletivo familiar, muitas das decisões que, hoje, consideramos da ordem do individual integravam-se nas estratégias comuns do grupo doméstico.
>
> M. Segalen (2000: 40)

CAPÍTULO 2
FAMÍLIA E TRANSMISSÃO DO PATRIMÔNIO

Em seu estudo sobre a presença da família na vida econômica do período babilônico antigo, W. F. Leemans (1986) emitiu um julgamento severo: a família não teria nenhum papel importante na tomada de decisões econômicas dos atores individuais. Assim, seja nas operações comerciais, seja nas transferências de bens imobiliários, os indivíduos agiriam sozinhos, por sua conta e risco, sem que a esfera familiar interferisse em suas ações. O que Leemans visava particularmente era a família alargada, que dilui o indivíduo em uma rede mais vasta de relações, e, como se pode ver em um outro texto igualmente polêmico, a comunidade rural, à qual o autor negava até mesmo a própria existência (Leemans, 1983). É preciso reconhecer que Leemans não está só: se olharmos a literatura, já bastante vasta, sobre os arquivos privados familiares, notaremos, não sem surpresa, que as questões relativas à organização da família são ausentes ou, no melhor dos casos, consideradas como periféricas. Mesmo se estes estudos raramente explicitem seus fundamentos teóricos e metodológicos, podemos atribuir esta situação ao interesse limitado que os historiadores da economia têm acerca de uma problemática considerada demasiadamente 'antropológica' e, no limite, uma recusa em considerar que, acima dos indivíduos nomeados nos arquivos, uma estrutura fundada em laços de parentesco pudesse servir de enquadramento às atividades de produção e reprodução, definir a unidade de consumo, gerir o patrimônio, enfim, que pudesse ter um papel econômico fundamental e se impor aos seus membros.

Esta não deixa de ser uma situação paradoxal: imaginaríamos, com efeito, que os estudos sobre os arquivos familiares conferissem mais atenção à família como unidade de observação e que reservassem um lugar privilegiado ao exame do parentesco. Em geral, no entanto, tais estudos limitam-se a estabelecer a árvore genealógica e a descrever as relações mais explícitas (filiação, casamento etc.), mas sem se questionar sobre o sistema no interior do qual estas relações foram estabelecidas. Tal método basta, é verdade, para determinar as vias da maioria dos deslocamentos de bens no seio do grupo (sobretudo, herança, dote e dom nupcial), mas não permite compreender suas razões mais profundas e, especialmente, as influências da organização do grupo doméstico sobre o movimento de bens materiais e imateriais. Uma das razões desta deficiência reside no fato de que não se insistiu suficientemente sobre a especificidade da família no quadro doméstico: com efeito, freqüentemente, ignorou-se a diferença entre grupo de parentela, unidade de residência e o conjunto do patrimônio doméstico[95]. Algumas exceções merecem, porém, uma citação: eu penso nos trabalhos de E. C. Stone (1981 e 1987) sobre Nippur e, sobretudo, na análise de P. Brusasco (1999-2000) sobre a ocupação doméstica dos quarteirões de Ur.

Além dos estudos sobre os arquivos familiares, a situação é mais variada. É preciso, inicialmente, relembrar que as disposições dos textos legislativos levaram os especialistas a olhar atentamente para o direito familiar. Citemos, por exemplo, os copiosos comentários de G. R. Driver e J. C. Miles (1952) sobre os parágrafos do código de Hammu-rabi relativos à família, além dos textos de A. Van Praag (1945), A. Skaist (1963), S. Greengus (1969), J. Klíma (1986) e R. Westbrook (1988) sobre o direito matrimonial; ou, ainda, os trabalhos de J. Klíma (1940 e 1950) e de F. R. Kraus (1969a) sobre o direito sucessório. Enfim, para ficar no cruzamento entre os aspectos da organização familiar e a vida material, lembremos as reflexões de alguns autores que puseram em evidência as implicações sociais das práticas de herança: é o caso de A. Skaist (1974), R. Westbrook (1991) e M. Liverani (1984). Por outro lado, se a problemática da posição da mulher não é completamente nova[96], ela começa a ser tratada no quadro mais preciso do grupo doméstico, como nos trabalhos de K. Van Der Toorn (1994a e 1996b). Assim, os estudos sobre pontos particulares da história da família mesopotâmica multiplicaram-se e até mesmo alguns esforços de síntese vieram à luz[97].

Em todo caso, foi sobretudo a antropologia que nos familiarizou, desde há muito, com a idéia de que existem influências recíprocas entre o modo de organização da família e os demais aspectos, materiais e simbólicos da estrutura social. Ela nos mostrou também que a enquete sobre a família é um empreendimento complexo: trata-se de definir os modos de estruturação das relações de parentesco e de organização da unidade familiar (nuclear, alargada ou outra), dos modelos de residência (patrilocal, matrilocal, neolocal), das regras de casamento que são, por sua vez, concebidas no interior de normas mais vastas relativas à consangüinidade e às alianças do grupo. Enfim, trata-se igualmente de definir as disposições relativas à transmissão dos direitos e bens (unilinear, bilinear, composta) e sua relação com os sexos (patrilinear, matrilinear).

É apenas sob a condição de enfrentar esses problemas que poderemos avaliar a efetiva importância da família na vida econômica mesopotâmica durante o II milênio a.C. e que seremos capazes de estabelecer quais suas modalidades e seu alcance. Nas páginas seguintes, minha atenção se voltará para os movimentos intergeracionais de bens, pois eles estão situados na zona mais sensível às articulações do grupo de parentela e, ao mesmo tempo, constituem um elemento essencial das transações entre seus membros, nos momentos em que a unidade doméstica sofre mudanças, devido à morte do chefe de família ou a um casamento.

Em geral, as árvores genealógicas que podemos restabelecer a partir dos documentos do período babilônico antigo apresentam uma impressão muito imperfeita de uma rede de parentesco que, na verdade, é muito mais complexa. Na impossibilidade de uma observação etnográfica, o historiador baseia sua reconstituição em documentos escritos: são, sobretudo, os contratos de partilha entre irmãos (isto é, os filhos de sexo masculino) que permitem entrever a estrutura dos grupos e a posição neles de cada membro. As informações acerca de filiações isoladas, recuperadas nos textos ou nas impressões dos selos, completam o quadro. Ora, o tipo de documento de que dispomos é, ele próprio, resultado das regras de herança: assim, as mulheres normalmente não aparecem nas partilhas dos bens imobiliários. Daí as estranhas visões de genealogias contendo exclusivamente, e por gerações, apenas homens e escamoteando tudo o que diz respeito às alianças de casamento que, no entanto, seriam indispensáveis à compreensão das estratégias sucessórias. Daí, igualmente, um sentimento inicial de exclusão das mulheres do processo de transmissão do patrimônio familiar.

Não é preciso negar os limites impostos por essa situação documental. No entanto, eu proponho tirar vantagem dela e procurar observar como a consideração das transmissões intergeracionais pode contribuir para formar uma idéia mais precisa da estrutura familiar, de sua dinâmica e, ao mesmo tempo, para interpretar melhor as operações de partilha e as demais transações entre os parentes. A questão que se impõe é, portanto, a das formas de devolução do patrimônio familiar, da direção da partilha dos bens em função dos sexos. A posição sucessória das mulheres ocupa, assim, um lugar privilegiado na análise.

1. Descendência bilateral e devolução divergente

Tomemos, como ponto de partida, o caso de uma família de Larsa contemporânea dos últimos reis da fase autônoma do reino e da conquista babilônica. Na árvore genealógica do grupo, vemos 13 homens, todos descendentes de um ancestral comum, chamado Sanum, distribuídos por quatro gerações. Desde o oitavo ano do reinado de Rîm-Sîn até os anos que precedem a destruição da cidade, passando pela ocupação babilônia, as partilhas multiplicam-se, cada vez mais importantes, com maior quantidade de bens imobiliários, resultado da acumulação fundiária urbana e rural da família.

Os terrenos são, aliás, os principais itens, ou mesmo os únicos presentes nas partilhas mesopotâmicas do período. Uma segunda característica é, justamente, a presença exclusiva de homens, raramente contradita por um ou outro caso excepcional.

Não é preciso dizer que um fenômeno tão geral não pode ser creditado a um mero acaso genético[98]: a ausência das filhas nos atos de partilha levanta, com efeito, o problema da posição sucessória das mulheres e, por conseqüência, do sistema de devolução dos bens entre as gerações.

Responder a essas questões não é, entretanto, tarefa fácil. As fontes contratuais são pouco explícitas e têm tendência de registrar as partilhas dos bens imobiliários entre os herdeiros masculinos, mas não os dotes para as mulheres ou os bens nupciais[99]. Estes últimos permanecem à margem do universo do escrito[100]. Por outro lado, em certas cidades, como em Larsa, não parece ter havido uma sistematização legislativa de origem palaciana, como ocorre em Eshnunna e na Babilônia, o que nos priva de uma fonte de informação potencialmente útil[101].

A transferência da mulher de uma unidade doméstica a outra através do casamento é ocasião de uma recomposição do patrimônio material dos dois grupos implicados por meio de trocas recíprocas. O casamento opera o deslocamento, físico e social, de mulheres, direitos de autoridade e também de bens materiais. As conseqüências econômicas deste movimento não devem ser menosprezadas, pois é toda a estrutura de produção e de consumo das unidades domésticas que se vê alterada, com a perda ou ganho, segundo a posição, de um elemento de mão-de-obra ou de um consumidor, sem falar do potencial de reprodução biológico e social que acompanha a mulher. Não é, pois, surpreendente que o casamento seja palco de certas negociações materiais que, se não são uniformes, são largamente modeladas por regras de organização do parentesco e de formação de alianças que encontramos em todas as sociedades. O estudo dos casos particulares deveria permitir estabelecer estas normas[102]. Veremos, por exemplo, que, durante o período babilônico antigo, um dos princípios reguladores é a troca de bens entre as duas famílias: o dote proveniente dos pais da esposa acompanha-a, mas sem se integrar definitivamente ao patrimônio do marido ou de sua família; por outro lado, os dons nupciais migram do grupo do marido para o da mulher. Estes princípios podem ser mais ou menos alterados em função das situações (por exemplo, pela subseqüente transferência dos dons nupciais à própria mulher ou pelo acréscimo de presentes de casamento feitos pelo marido diretamente à esposa), mas eles continuam sendo a base do sistema.

Uma outra situação que permite captar o laço existente entre as mulheres e certos bens da casa paterna é a consagração das filhas como religiosas. Um dispositivo muito semelhante ao dote foi adotado neste caso e uma parte do patrimônio do grupo acompanhava as filhas votadas ao serviço dos deuses. Em certos casos, como o das sacerdotisas-*nadîtum* de Shamash, em Sippar, o sistema atingiu proporções consideráveis e tornou-se, na prática, uma forma paralela de administração dos bens por certas famílias das camadas superiores da sociedade.

Enfim, por ocasião da morte do pai e da partilha do patrimônio que se seguia, podia manifestar-se também o direito das filhas não casadas de receber uma parte dos bens da casa. Também aqui, esta prática tem a ver com a necessidade de constituir um dote para um futuro casamento. Uma variante desta situação, em casos extremos, corresponde à situação em que, na ausência de herdeiros masculinos, as filhas podem apresentar-se como legatárias de todo o patrimônio paterno.

Essas são apenas algumas das indicações que serão aprofundadas nas páginas que se seguem, mas já permitem mostrar a importância de se considerar a posição das mulheres no processo de devolução para caracterizar adequadamente as regras de herança em Larsa, mesmo se, na aparência, estas dizem respeito exclusivamente aos homens.

1.1. Mulheres de Larsa: casamento e destino dos bens

Um exemplo contemporâneo da família Sanum permitirá conhecer melhor a situação efetiva em Larsa no que se refere ao dote, suas vias de transmissão e o modo de tratar os casos litigiosos[103].

Quando de seu casamento, no ano 25 de Rîm-Sîn, Elmeshum recebeu de seus pais uma quantidade considerável de bens a fim de compor seu dote[104]: uma casa, um pomar de tamareiras às margens do canal Mami-danat (região, ao que parece, privilegiada, onde a família Sanum também possuía terras), duas escravas e suas duas filhas, utensílios de cobre e bronze (panelas, espelho), móveis (leito, cadeiras), além de 1 mina de prata (c. 500 g) na forma de anel. Além disso, um certo Ahu-tabum – que é impossível situar exatamente, mas que deve ser um parente – deu a Elmeshum três outros escravos (duas mulheres e um homem), no templo de Shamash, como sua parte suplementar[105]. O contrato de dotação acrescenta que os dois irmãos de Elmeshum não deveriam reclamar os bens recebidos dos pais e de Ahu-tabum.

Um primeiro comentário diz respeito à composição do dote. Se podemos seguir R. Westbrook (1988:90), segundo o qual uma ponderação estatística dos dotes paleobabilônicos esbarra na raridade das fontes, podemos também concordar com ele sobre o fato de que o dom de mobiliário e de bens pessoais era a regra, enquanto que os terrenos permaneciam uma exceção, do mesmo modo que os escravos e o gado[106]. Deste ponto de vista, o dote de Elmeshum foi mais amplo e generoso do que um dote em geral. Em segundo lugar, gostaria de chamar a atenção para o fato de que os autores declarados da primeira atribuição de bens foram, ao mesmo tempo, o pai e a mãe, Mutabbum e Shimat-Sîn, e não somente o pai.

É possível acompanhar o destino de algumas dessas pessoas trinta anos mais tarde. A própria Elmeshum já estava morta, mas, antes disso, ela havia se separado de seu marido. A separação engendrou uma disputa entre os pais de Elmeshum e seu esposo[107]. Uma análise dos dados permite uma visão mais completa das relações de filiação e aliança implicadas:

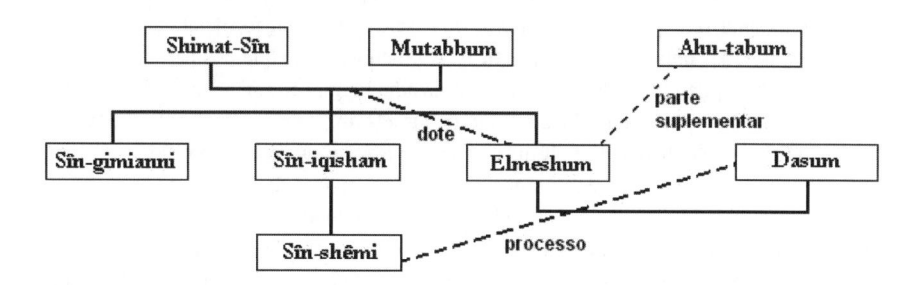

Figura 2: A situação familiar de Elmeshum

A disputa judicial que opôs os dois campos é reveladora do estatuto dos bens que compunham o dote de Elmeshum. Diante dos juízes, Dasum, o ex-marido, declarou que, quando da separação, ele havia estabelecido um contrato diante de testemunhas na localidade de Ishkun-Ningirsu. No entanto, estas testemunhas afirmam o contrário e dizem também que, segundo sabem, Dasum jamais pagara nenhuma compensação em alimentos ou vestimentas à sua ex-esposa. O mais provável é que, com esses alegados dons, Dasum quisesse justificar o fato de ainda reter uma parte do dote de Elmeshum. Quando, porém, o desmentido das testemunhas de Ishkun-Ningirsu chega a Larsa, os juízes apreendem os escravos e o mobiliário que havia pertencido a Elmeshum e os remetem a seu sobrinho, Sîn-shêmi, filho de Sîn-iqîsham.

Na verdade, o caso não tem nada de excepcional. Pelo contrário, ele está de acordo com o que se conhece sobre as regras de devolução do dote. Na ausência de herdeiros gerados no casamento, os bens do dote – pelo menos, os bens não perecíveis[108] – retornam à família da esposa e, aí, seguem a ordem costumeira de sucessão, dos irmãos da mulher para os sobrinhos desta. Esta norma tem eco em algumas disposições dos 'códigos' mesopotâmicos que regulamentam a devolução do dote para a família da viúva sem filhos após a dedução dos dons nupciais, que devem retornar, por sua vez, à família do marido: é o caso evocado nos parágrafos 163 e 164 do código de Hammu-rabi e, ao que parece, nos parágrafos 17 e 18 das leis de Eshnunna[109].

É importante notar que, mesmo se o esposo detinha o controle efetivo dos bens dotais durante o casamento, estes jamais eram definitivamente incluídos em seu patrimônio ou naquele de sua família[110]. A ordem de sucessão era sempre definida pela mulher e somente a existência de uma descendência sua permite cortar os laços entre o dote de seu grupo de filiação de origem: o parágrafo 162 do código de Hammu-rabi estabelece que, com a morte da esposa, seu pai não teria direito ao seu dote, que deveria ir diretamente para os filhos do casal (também aqui, o marido não entra em posse dos bens dotais). Os casos em que os filhos eram gerados por esposas sucessivas mostram ainda melhor o entendimento que os mesopotâmios tinham deste tipo de bens: os diferentes dotes não se diluíam em um conjunto uniforme que seria dividido indistintamente entre todos os filhos; ao contrário, os filhos de cada esposa partilhavam os bens de sua respectiva mãe[111].

Para confirmar a regra, pode-se lembrar que a perda do dote por parte da esposa constituía uma punição a uma separação decorrente de uma falta cometida por ela própria. Neste caso, com efeito, trata-se de uma ruptura do percurso normal dos bens, da qual o grupo de parentela da esposa culpada sofria solidariamente as conseqüências.

Em Larsa, a situação não parece ter-se modificado após a conquista babilônica, o que demonstra, ainda uma vez, que certas estruturas de base da organização social não foram fundamentalmente afetadas pelas mudanças políticas. Ao menos, é isto que nos permite pensar uma carta enviada pelos juízes da Babilônia a um certo Muhaddum, certamente um servidor enviado a Larsa[112]. O conflito opõe Ilshu-ibbishu, filho de Warad-Sîn, e a mãe de sua esposa, Mattatum. O objeto do litígio é o dote que esta última havia dado à filha (que não é nomeada no documento), a fim de que o casamento se realizasse. A razão da reclamação de Mattatum não é totalmente clara[113]. Em todo caso, os juízes da Babilônia enviam um soldado para lhe garantir a restituição dos bens do dote de sua filha. Como no caso precedente, o grupo de parentela da esposa prevalece sobre o do marido. É igualmente importante notar que a reivindicação emanava de um membro feminino da linhagem da esposa, o mesmo membro, aliás, que estava na origem do dote: o circuito dos bens foi, na ocorrência, exclusivamente feminino. Por último, uma frase da carta, em que os juízes declaram ter examinado o caso "segundo o decreto de nosso senhor" (certamente o rei de Babilônia), permite sugerir que, no que concerne às regras de devolução do dote, os costumes babilônicos não se diferenciavam daqueles das províncias do sul[114].

1.2. Posição sucessória da filha: notas sobre um debate

Um dos grandes problemas deste debate é situar o dote no interior do sistema geral de transmissão patrimonial, o que significa definir, ao mesmo tempo, a posição sucessória das mulheres no grupo de parentela.

Quando das primeiras tentativas de síntese sobre a questão, uma visão dominante impôs-se rapidamente, deixando suas marcas duráveis nos estudos assiriológicos. De fato, tratou-se de conferir todo o peso devido às evidências então disponíveis: o código de Hammu-rabi e os primeiros contratos, que começavam a ser agrupados em coleções cuja intenção era corroborar, com evidências da prática jurídica, o que se depreendia do texto legislativo[115]. Assim, na Mesopotâmia, o princípio da sucessão repousaria sobre a linhagem masculina. Em seu artigo

'Erberecht', escrito para o *Reallexikon der Vorgeschichte*, P. Koschaker (1925: 117) pronunciava-se pela exclusão das mulheres da herança, embora permanecesse prudente em função da natureza não conclusiva das fontes à disposição e admitisse que, na ausência de herdeiros masculinos, as filhas poderiam ter acesso aos bens paternos[116]. Por seu lado, E. Ebeling (1933: 460), nas páginas do *Reallexikon der Assyriologie*, reconhecia o mesmo princípio e julgava que a participação da filhas na partilha fosse totalmente excepcional.

Ora, a primeira dificuldade à qual se confronta tal visão é, justamente, a distribuição às mulheres de certos bens da casa paterna, seja por intermédio do dote, seja pela inclusão das filhas nas partilhas. Josef Klíma (1950) foi um dos primeiros a levantar a questão em um estudo consagrado à posição sucessória das filhas e, como F. R. Kraus (1969a: 1 3 s.) mais tarde, considerou o dote como uma compensação, um ressarcimento material pela exclusão da herança. Em um artigo posterior, Klíma (1986: 112) precisava que a função do dote seria a de substituir a parte sucessória da filha e garantir sua subsistência junto ao marido. O primeiro texto de Klíma, mais polêmico que aquele de Kraus, não deixava de lembrar o caráter patriarcal da sociedade mesopotâmica e as conseqüências destas características na constituição de um sistema de sucessão patrilinear. Assim, a conexão entre patriarcado e patrilinearidade parecia bastante evidente ao autor e dispensava maiores explicações (J. Klíma, 1950: 150 e 179).

Nós sabemos que a particularidade dos parágrafos do Código de Hammu-rabi que tratam do dote sempre foi um elemento de embaraço para os especialistas: por um lado, eles dizem respeito, na maior parte do tempo, a situações excepcionais; por outro, as mulheres aí mencionadas – religiosas de diversos tipos e posições – faziam parte de uma categoria muito singular da sociedade babilônica. Face a esta situação documental, como julgar a posição das mulheres comuns, aquelas que não eram ligadas a nenhum tipo de serviço religioso? A resposta de Klíma (1950: 169) repousa sobre a seguinte dedução: se as próprias sacerdotisas, que gozavam de uma posição privilegiada, não tinham, em geral, direito à sucessão, não se poderia esperar de nenhuma lei ou costume que se reconhecesse este mesmo direito às filhas comuns; isto explicaria por que o legislador não se ocupou destes casos, em particular o das filhas celibatárias. Este obstáculo metodológico, sobre o qual retornaremos abaixo, não interfere de maneira decisiva na conclusão do autor: para as filhas, nada de herança, mas uma reparação na forma de dote.

Uma dificuldade evidente surge quando nos interrogamos sobre a própria natureza do dote. Pode-se, por um lado, considerá-lo como uma prestação que tem as mesmas características dos lotes partilhados, pois ele constitui, como estes, uma das formas de transmissão dos bens materiais e corresponde, igualmente, a uma estratégia para estabelecer a extensão, e os limites, dos direitos sucessórios de cada membro no interior da família. Com efeito, como a partilha estava longe de ser igualitária, diversos mecanismos procuram responder à necessidade de estabelecer as hierarquias e as exclusões, seja ao acesso dos muitos tipos de bens (uma distinção entre as riquezas fundiária e mobiliária é, então, feita), seja ao exercício da autoridade. O dote não é, aliás, o único instrumento deste tipo: função similar pode ser preenchida pelas compensações aos filhos cadetes (a *'soulte'* do antigo direito francês) ou, ainda, pelas diversas formas de antecipação da legítima (como a *'hoirie'* do mesmo direito francês)[117]. Neste caso, dote e herança seriam dois elementos de um mesmo sistema mais geral de devolução. Inversamente, poder-se-ia considerar que estas duas realidades sejam de natureza diferente, que formam prestações cujos fundamentos econômicos e jurídicos são independentes, mesmo que esta autonomia não signifique um isolamento completo: bem ao contrário, e para retornar à tese defendida por

Klíma e Kraus, dizer que o dote constitui uma compensação por uma parte não recebida de herança equivale a reconhecer, parece-me claro, que os dois tipos de aportes são, ao menos, intercambiáveis ou mesmo de natureza equivalente.

Na prática, a fronteira entre essas duas posições é bastante flutuante e a escolha de uma ou de outra dependerá, em grande parte, da visão global que temos do sistema de devolução mesopotâmico. Os dados disponíveis mostram, em todo caso, que existia, na concepção dos próprios babilônios, uma importante articulação entre dote e herança.

Esta possibilidade de divergência de opiniões explica, no mais, por que vários autores preferiram reconhecer o princípio do direito de herança para as mulheres, considerando o dote como sua decorrência. Os primeiros trabalhos neste sentido remontam aos inícios do século XX: por exemplo, os estudos de D. H. Müller (1903: 115 ss.) e E. Cuq (1929: 62 ss.). Pouco mais tarde, na mesma época dos trabalhos de Klíma, A. Van Praag (1945: 32 ss.) defendia oposições completamente opostas às deste autor: o conjunto dos parágrafos 180-184 do código de Hammu-rabi, assim como os contratos de partilha, demonstrariam que as filhas herdavam, de um lado, por intermédio do dote, que não seria outra coisa que a antecipação de sua parte na herança, de outro, na ausência do dote, participando nas partilhas ao lado dos irmãos, ou ainda dividindo os bens da casa paterna entre elas, quando da ausência de herdeiros masculinos[118]. G. Driver e J. Miles (1952: 335 ss.) adotaram, grosso modo, a mesma visão em seus copiosos comentários sobre as leis babilônicas. É interessante notar que, em ambos os casos, estes autores consideraram que as mulheres comuns gozavam de direitos sucessórios equivalentes aos das sacerdotisas votadas ao culto[119]: quer dizer que a comparação com as religiosas do código de Hammu-rabi conduziu a uma conclusão diametralmente oposta àquela de Klíma.

Entretanto, para além das diferenças de visão que separam estes autores, não se pode deixar de observar que, em suas considerações sobre a natureza do dote, os dois campos concentraram-se largamente – somos tentados a dizer excessivamente – nos aspectos legais do problema[120]. Por oposição, podemos citar dois autores que tentaram examinar a questão em uma perspectiva mais abrangente.

Na equação que assimila o dote a uma antecipação da herança, Raymond Westbrook (1991: 157) distinguiu dois aspectos: em sua perspectiva, do ponto de vista funcional, a assimilação seria válida, mas tal situação nem sempre corresponderia ao dispositivo legislativo e, do ponto de vista legal, seria necessário conservar a distinção entre o dote feminino e a herança masculina. A diferença fundamental, acrescenta o autor, é que a participação na herança paternal constitui um direito potencial do filho e, por decorrência, impõe-se como uma obrigação coercitiva, enquanto que o dote define-se por seu caráter voluntário[121]. Mais tarde, Westbrook (1994) precisará ainda que, dentre todos os bens que constituem o dote, apenas uma parte – aquela proveniente da casa do pai – poderia ser considerada como equivalente da herança[122]. Assim, embora muitas situações oferecessem às mulheres a possibilidade de transformar um futuro dote em direito de herança, o que permite sua inclusão nas partilhas, Westbrook recusa-se a considerar que dote e herança remetam ao mesmo fundamento jurídico[123].

Por sua vez, Aaron Skaist (1974) procurou analisar as leis relativas à sucessão inserindo-as mais decisivamente em seu contexto social. Limitar-me-ei a evocar, aqui, dois aspectos importantes de seu trabalho. O primeiro emerge de uma crítica dos trabalhos de Kraus: sabemos que uma das idéias deste autor – segundo a qual a capacidade de dar continuidade às obrigações familiares seria um critério decisivo para determinar as pessoas a serem incluídas na partilha –

estava baseada em uma analogia com o sistema palaciano de distribuição de terras, no qual a capacidade de garantir a realização do serviço prestado era condição indispensável para que um filho sucedesse a seu pai na posse de um lote cedido pelo palácio (Kraus, 1969a: 10 s.). Skaist aponta, porém, o risco de tal analogia, pois as regras de devolução podem ser consideravelmente diferentes em função da variedade dos bens implicados. No caso em questão, a transmissão dos terrenos cuja posse é vinculada à prestação de serviços (ilkum) diz respeito mais a uma sucessão na função ou em um posto, cujos critérios não são necessariamente os mesmos que aqueles em vigor no seio da família, em que os laços de parentesco são fios condutores do processo (Skaist, 1974: 242 s)[124]. A relação entre as regras de herança e os tipos de organização familiar é, justamente, o segundo ponto que eu gostaria de ressaltar: considerando que a família é também uma unidade econômica, Skaist chama a atenção sobre o seu papel no controle do patrimônio e sobre o fato de que o chefe do grupo comporte-se como uma espécie de administrador do fundo comum. No momento de sua morte, o problema da sucessão impõe-se e permite duas soluções: a continuidade do grupo sob a liderança de um novo chefe ou a divisão. Embora a adoção de uma ou outra opção, prossegue Skaist, dependa da situação da família e da natureza dos bens a serem divididos, a criação de novas unidades parece ter sido a solução mais comum. Skaist tem, sem dúvida, razão sobre este ponto. Por outro lado, e isto é o mais importante, o processo de transmissão intergeracional implica várias prestações, dentre as quais o dote, considerado, então, como uma antecipação da herança. Este reconhecimento da filha como herdeira permite ao autor situar o caso babilônico diante do sistema de classificação das práticas de herança propostas por Jack Goody, resguardando, contudo, sua especificidade. Voltaremos a esta questão abaixo.

1.3. Herança, dote e prestações matrimoniais

O debate entre os especialistas é, como vimos, complexo. Se eu insisto sobre essas oscilações, é porque estimo que o problema é fundamental para a definição do sistema de herança babilônico. Eu gostaria, portanto, de considerar dois ou três argumentos que me fazem pender por uma assimilação entre dote e herança.

Primeiramente, se observarmos a trajetória dos bens dotais para além do momento do dote, notaremos que eles se incorporam apenas de modo imperfeito e provisório à comunidade conjugal. Este é um aspecto corrente do sistema dotal: os bens compõem um fundo comum do casal, normalmente gerido pelo marido, mas não se integram definitivamente ao patrimônio deste ou de sua família[125]. O fato de os bens do dote passarem exclusivamente aos filhos da esposa (excluindo os filhos do marido com outra mulher[126]) ou retornarem ao grupo familiar da esposa (em caso de morte ou separação sem filhos), como vimos a partir dos dados babilônicos, sugere que o dote é uma forma momentânea do processo de devolução, uma espécie de elo feminino em uma cadeia mais vasta de herança, preponderantemente masculina. Se esta hegemonia dos homens se traduz em uma herança direta do patrimônio paternal pelos filhos, o dote, por sua vez, pode ser visto como uma forma indireta de devolução que beneficia os descendentes da linhagem nascidos das filhas. São eles que, no futuro, reagrupam a parte do patrimônio ancestral momentaneamente depositada, sob forma de dote, no lar materno. Se o casamento das filhas implica forçosamente a disseminação dos bens do grupo doméstico, as regras de sucessão garantem a limitação da dispersão e as condições de reunificação do patrimônio na geração seguinte por aqueles que são considerados como os legítimos continuadores da linhagem de doadores de mulheres.

Os casos em que o dote não se torna imediatamente uma herança e conserva sua natureza por um tempo mais longo – isto é, podendo servir de dote para a mulher em um segundo casamento, como previsto, por exemplo, no parágrafo 172 do Código de Hammu-rabi – não alteram esta lógica: na seqüência, os bens eram submetidos às mesmas regras de sucessão e passavam aos filhos e filhas dos dois casamentos (CH § 173) ou do primeiro leito, na ausência de filhos do segundo casamento (CH § 174). A transmissão matrilinear predomina, portanto, sobre os laços criados pela aliança de casamento. As situações previstas pelos parágrafos seguintes do código de Hammu-rabi oferecem-nos, ainda, uma aproximação entre dote e herança. Trata-se da união entre uma mulher livre (filha de um *awîlum*) e um escravo (palaciano ou doméstico); os bens adquiridos pelo casal deveriam, após a morte do escravo, ser divididos em duas partes: uma retornaria ao senhor do escravo e a outra (que podemos assimilar à *douaire*, o direito da esposa sobrevivente ao patrimônio do marido morto) caberia à esposa, mas, precisa o texto, *"para seus filhos"* (CH § 176 a). Neste caso, a mulher era dotada e, como seria de se esperar, o dote retorna a ela, excluindo o senhor do escravo (que ocupa, aqui, a posição da família do marido nas situações 'normais', isto é, entre pessoas livres). Ora, no caso de uma filha não dotada, previsto no parágrafo seguinte (CH § 176 b), os bens adquiridos após o casamento eram submetidos à mesma partilha com o senhor do escravo. Nos dois casos, é o direito dos filhos que prevalece sobre as possíveis, e previsíveis, reivindicações por parte do senhor. E este direito filial tende, portanto, a homogeneizar os bens adquiridos pelo casal, quando da formação do lar, e o dote.

Essa homogeneização é possível, a meu ver, porque dote e herança compartilham da mesma natureza, sendo não apenas intercambiáveis mas excludentes. Com efeito, a ausência do dote confere à filha o direito de partilhar com seus irmãos por ocasião da morte do pai. Se o dote pode ser considerado uma antecipação da herança para as mulheres, a inclusão destas nas partilhas – que é, em todo caso, bastante excepcional – pode ser considerada uma forma de dote tardio[127].

Certas disposições legislativas podem, à primeira vista, induzir a pensar que, no que diz respeito à sucessão, o dote fosse diferente da herança, como pareceria indicar este parágrafo do código de Hammu-rabi:

§ 167 – *Se um homem tomou uma esposa que lhe deu filhos e, depois, esta mulher morreu e ele tomou uma outra mulher, que também lhe deu filhos, após a morte do pai, os filhos não partilharão em função de suas mães; eles tomarão os dotes de suas (respectivas) mães e eles partilharão os bens da casa de seu pai em igualdade.*

As relações de parentesco (filiações e alianças de casamento) e o movimento dos bens podem ser esquematizados da seguinte forma (sendo que o número de filhos é hipotético):

Figura 3: Devolução dos bens maternais e paternais

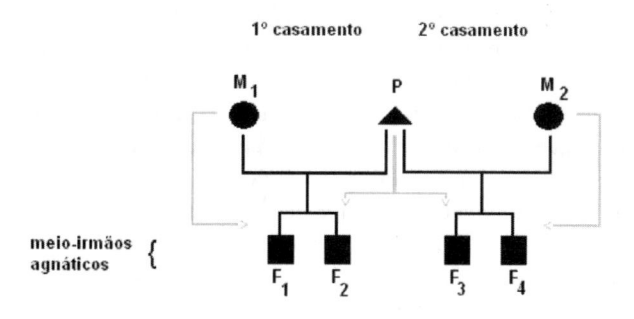

Se o texto do código faz, de início, a distinção entre os dois grupos de filhos e, em seguida, entre as duas categorias de bens, não é para tirar disto as conseqüências de duas lógicas (e de duas fontes de direito) diferentes, mas, ao contrário, para lhes submeter à mesma regra, que faz da mulher um vetor da transmissão dos bens familiares ao mesmo título que os homens. De um lado, todos os filhos (F_1 ...F_4) partilham os bens paternos. Sendo meio-irmãos agnáticos, quer dizer, filhos do mesmo pai (P), todos fazem parte do grupo familiar deste, sem distinção quanto aos vínculos matrilineares, e, por conseqüência, podem apresentar-se legitimamente à sucessão paternal[128]. Ao mesmo tempo, e seguindo a mesma lógica, os filhos do primeiro casamento (F_1 e F_2) ligam-se a um segundo grupo por intermédio de sua filiação à primeira esposa (M_1) e, por outro lado, os filhos do segundo casamentos (F_3 e F_4) estão vinculados à segunda esposa (M_2). Assim, cada grupo de filhos deve partilhar os bens dotais provenientes de sua própria ascendente matrilinear[129]. São, portanto, as práticas habituais de herança que impedem as misturas e as devoluções cruzadas (por exemplo, F_1 e F_2 partilharem o dote de M_2)[130]. A distinção feita pelo código é necessária porque a herança funciona a partir dos princípios intragrupais e não intergrupais, como é o caso do dom nupcial (*terhatum*), como se verá abaixo. Mais um elemento importante: se a filiação matrilinear marca as fronteiras entre dois grupos distintos, ela serve, igualmente, para situar os indivíduos no interior da família da mãe e para garantir a transmissão dos bens à sua descendência, em particular, em detrimento de seus irmãos. Esta é uma característica importante do sistema babilônico, que prefere os deslocamentos verticais aos colaterais, mesmo se para assegurar aqueles seja necessário mobilizar as cadeias de transmissão não hegemônicas, ou seja, matrilineares.

Uma comparação entre o dote e os dons nupciais servirá para reforçar esta linha de argumentação. A situação das prestações nupciais durante o período babilônico antigo é complexa, como mostraram os estudos de R. Westbrook (1988:89). Eu me limitarei, aqui, à relação entre o dote e o dom nupcial, a *terhatum*[131], que juntos definem, sem dúvida, o essencial do sistema de trocas entre os grupos que celebram a aliança de casamento.

Uma primeira diferença é notada no nível da própria sucessão. Acabamos de salientar a correspondência entre o dote e a herança feminina. Ora, a situação é diferente em relação à *terhatum*, que parece ser independente da parte de herança recebida pelo filho: caso ela não seja cedida antes da morte do pai, seu valor deveria ser acrescentado àquele da parte de herança[132].

No patrimônio a ser dividido, opera-se, então, uma clara distinção entre os bens a serem partilhados em herança e aqueles destinados às trocas matrimoniais: a parte recebida em herança não proscreve a reivindicação da *terhatum*; a antecipação da *terhatum* não induz à diminuição da herança a ser recebida quando da morte do pai. Portanto, nem efeito de exclusão recíproca, nem intercambialidade. A razão derradeira desta autonomia da *terhatum* em relação à herança encontra-se na própria natureza destas duas prestações: a herança, assim como o dote, implica deslocamentos intergeracionais no interior do mesmo grupo, enquanto que a *terhatum* consiste de deslocamentos laterais entre grupos diferentes. O fato de que os bens da *terhatum*, uma vez cedidos, saiam da zona de controle do grupo doméstico do marido (ou do noivo), para, em seguida, seguirem regras próprias no interior do grupo da esposa (ou da noiva) exige uma categorização que os separe definitivamente do patrimônio dos cedentes[133]. Esta separação pode ocorrer mesmo no caso em que o casamento não se concretize, devido à renúncia do noivo, como indica o parágrafo 159 do código de Hammu-rabi. Neste caso, os direitos de herança (dos membros do grupo de parentela do noivo ou dos futuros herdeiros de sua linhagem) não serviam para justificar uma reivindicação da soma paga como *terhatum*[134].

Para melhor considerar este jogo de diferentes transferências entre as famílias, é preciso considerar, com D. Bell (1998: 189 s.), que, no interior de cada unidade doméstica, encontram-se tanto um grupo de detentores de riquezas, com uma legitimidade mais ou menos extensiva sobre o controle dos bens, como um grupo de consumidores, ou, como eu preferiria considerá-los, de pessoas que têm o proveito do patrimônio familiar, mas que são incapacitadas no que se refere ao poder de transmissão, de alienação etc. Os indivíduos participam de forma variável de um ou outro destes grupos e as posições são sempre relativas e raramente definitivas. Assim, em relação ao grupo detentor de riquezas do qual provém a esposa, o novo casal forma um grupo de consumidores e os bens que lhe são transferidos por ocasião do casamento são postos à sua disposição de modo temporário e sob a condição de serem passados aos herdeiros (vistos, então, como continuadores do grupo matrilateral original) ou de retornarem ao grupo detentor. Por outro lado, para o grupo do marido, duas considerações diferentes impõem-se: em primeiro lugar, o novo grupo é considerado como seu próprio prolongamento e, por conseqüência, a transmissão dos direitos de controle sobre os bens, por herança, é completa; em segundo lugar, a *terhatum* é considerada como uma verdadeira transferência a um grupo detentor estrangeiro, um pagamento pelos direitos sobre as capacidades produtivas da mulher (nos casos em que seu papel para a subsistência do casal é importante[135]) e por suas faculdades de reprodução, biológica e social, por exemplo, na educação dos filhos[136].

Esboça-se, assim, uma separação clara entre dote e *terhatum* que, paradoxalmente, termina por determinar uma característica marcante da situação patrimonial do casal na antiga Babilônia: a ausência de um verdadeiro fundo comum criado pelo casamento. A seu modo, J. Klíma (1986: 112) já o havia percebido, evocando o fato de que *"a mulher está 'em pensão' na casa de seu marido"*. O autor não deixou de assinalar este traço de mentalidade: *"a idéia de uma comunidade habitável e normal de interesses entre pessoas casadas é absolutamente estranha às sociedades mesopotâmicas"*. A meu ver, é preciso insistir, ainda, sobre o fato de que uma presença consideravelmente forte de duas linhas de transmissão dos bens, matrilinear e patrilinear, impediu a consolidação de um fundo que levaria à dissolução dos laços anteriores, que vinculavam os bens aos respectivos grupos de parentela. Uma das conseqüências foi a limitação do direito do casal de privilegiar um dos herdeiros, o que contribuiria para explicar a fraca presença da instituição do testamento na Babilônia. A importância durável da dupla origem dos bens do casal criava obstáculo à formação de uma unidade patrimonial suficientemente autônoma, mesmo num quadro de predomínio da linhagem masculina e de um modelo de residência neolocal[137]. Com efeito, o paradoxo é apenas aparente: é pelo fato de cada um destes tipos de bens ancorar-se em uma lógica diferente que a diluição em um conjunto indiferenciado é cuidadosamente evitada[138].

As conseqüências são perceptíveis na legislação. Nada permite perceber melhor a distinção entre os circuitos aos quais estavam associados o dote e a *terhatum* do que o parágrafo 163 do código de Hammu-rabi: no caso de morte da esposa antes que o casal tivesse gerado filhos, o dote retornaria ao grupo de parentela da mulher, enquanto que a *terhatum* deveria ser restituída ao marido. Se o parágrafo seguinte (164) estabelece que o valor da *terhatum* não restituída deveria ser subtraído do valor do dote a ser reembolsado, é, justamente, no quadro de um ressarcimento próprio aos princípios de prestações e contraprestações e não porque fossem equivalentes em sua natureza jurídica.

Esta inserção imperfeita não se restringe aos bens. Um fenômeno similar ocorre com as próprias pessoas: em uma sociedade patrilinear típica, o casamento tende a cortar os vínculos da mulher com os membros de sua família em favor de uma subordinação ao marido ou até mesmo aos membros da parentela deste (Ph. Laburthe-Tolra e J. – P. Warnier, 1993: 84). Na sociedade mesopotâmica, ao contrário, a ruptura da esposa em relação ao seu grupo de origem é menos marcada, ainda que ela seja posta, após o casamento, sob autoridade do marido. Para tanto contribui, evidentemente, o fato de que o fundo do casal é formado também por bens provenientes dos parentes da esposa e cuja trajetória depende, em parte, das relações de parentesco que ela mantém com eles (com os irmãos, mas, sobretudo, com os sobrinhos).

Enfim, a sociedade babilônica, tal qual a vemos entre os séculos XIX e XVIII, operou uma simbiose entre dois conjuntos de relações, dois sistemas de prestações matrimoniais de origens e naturezas diferentes, cujo resultado moldou as práticas de transmissão dos bens, sem, no entanto, fazer desaparecer completamente as propensões das duas fontes originais. No caso babilônico, encontramos os mesmos elementos da oposição entre o 'preço da noiva' e o dote, tal qual teorizada por J. Goody e S. J. Tambiah (1973) em sua obra seminal. Sobretudo, e para nos limitarmos à questão que nos interessa aqui, dote e *terhatum* existem em função de autores posicionados diferentemente no jogo social e cada um define circulações paralelas (mesmo se interdependentes), associadas a lógicas distintas: enquanto que o 'preço da noiva' está associado a sistemas de devolução que excluem as mulheres, em um quadro de filiação unilinear (patrilinear, neste caso), o dote é característico de sistemas que praticam uma transmissão que não distingue entre os sexos e está mais associado a estruturas de filiação indiferenciadas ou bilaterais. Se a tendência de Goody e Tambiah é associar o 'preço da noiva' e o dote a dois tipos de sociedades diferentes[139], o exemplo babilônico mostra, ao contrário, uma coabitação entre vários tipos de prestações nupciais no quadro de formações sociais híbridas.

Se esses indícios nos levam a considerar o dote como a forma feminina da herança em um contexto de devolução divergente, por que houve, até aqui, tanta resistência em reconhecer esta realidade? Um elemento de resposta pode ser buscado nas relações complexas entre as práticas sociais e suas representações sociais: o direito aos bens é, normalmente, considerado como atributo exclusivo do grupo doméstico, no qual patrimônio e família formam uma unidade que se pretende indissolúvel; por decorrência, as pessoas que deixam a unidade tendem a não serem mais vistas como herdeiras e os bens que, apesar disto, elas carregam consigo deixam de ser classificados conceitualmente como herança. Assim, o dote seria dissociado da herança através de um mecanismo de representação que visa, no nível simbólico, salvaguardar a coesão do grupo (J. L. Comaroff, 1980: 14). É esta disposição mental que repercute nas formulações dos códigos e, eventualmente, contribuiu para mascarar a real posição do dote no sistema de devolução mesopotâmico[140]. Se o predomínio de uma ideologia masculina é um dado da realidade que pode ter conseqüências sobre o comportamento dos próprios agentes e, no limite, constituir-se como um dos fatores que levam à sua auto-imposição (à imagem da profecia que é a condição de sua própria realização), nada impede que, ao contrário, as idéias de caráter agnático não correspondam aos fenômenos reais aos quais fazem alusão e que, apesar disto, tais idéias se reproduzam ao longo de séculos. Esta *'miragem agnática'* nem sempre é facilmente identificável e setores inteiros do estudo do parentesco sofreram as conseqüências[141].

Um segundo fator pode ser acrescentado: o ponto de vista de nossas fontes é decididamente individualista. Embora, por vezes, a menção da 'casa paterna' (*bît abi*) permita vislumbrar redes mais vastas, as relações de casamento e as transações que se seguem a ele são apresentadas como individuais. Um esforço é necessário a fim de evitar um julgamento atomizado e superar a perspectiva documental. A tarefa, porém, parece não ser simples: mesmo espíritos preparados para desvendar as relações intergrupais pouco visíveis podem hesitar. Por exemplo, em sua crítica à assimilação entre dote e herança feminina defendida por Goody, Duran Bell (1998: 204) assinalou que uma das dificuldades seria aceitar que a mulher fosse a proprietária plena dos bens do dote. Com efeito, tal situação está muito longe do que encontramos na Mesopotâmia ou em qualquer caso em que se constate a devolução divergente[142]. Entretanto, aplicando os princípios sugeridos por D. Bell, mais do que considerar a extensão dos direitos individuais da mulher, dever-se-ia atentar para os mecanismos que fazem com que o dote permaneça atrelado a um grupo, aquele da esposa, para além da trajetória dos indivíduos que compõem este grupo. A união entre dote e esposa não significa que esta tenha uma gestão ilimitada dos bens, mas simplesmente que, com o casamento, ela assume um novo papel: o de elo legítimo entre o grupo familiar de origem e os bens postos em circulação pelas transações matrimoniais. Um sistema de herança não é apenas um dispositivo de transmissão de títulos de propriedade, mas também um mecanismo de agenciamento de *status*, de definição, ou redefinição, da posição dos autores no interior do grupo e em relação ao exterior, sobretudo em situações de mudança, como a morte ou o casamento. Reconhecer a herança feminina não tem, portanto, nada a ver com a propriedade feminina, seja qual for o sentido que este termo possa ter para a antiga Mesopotâmia.

Esta longa digressão sobre o dote era necessária para entender a situação global das regras e práticas de herança na Babilônia. É somente se reconhecermos o dote como uma forma feminina de devolução, se salientarmos suas diferenças em relação aos demais aportes nupciais e, enfim, se situarmos a mulher como um elo fundamental das estratégias de transmissão patrimonial do grupo (mesmo reconhecendo sua posição subordinada à lógica patrilinear dominante e as restrições que pesam sobre sua capacidade de gestão dos bens), que os dados da documentação ganham uma certa coerência. Além disso, é só a partir daí que o formalismo das 'legislações' e o mosaico de práticas dos contratos podem ser articulados de um modo satisfatório, sem a necessidade de recorrer a oposições artificiais entre o 'legal' e o 'funcional', como havia sugerido Westbrook. Parece-me claro que os dispositivos relativos à herança no código de Hammurabi ou nas leis de Eshnunna correspondem a uma organização familiar e a um sistema de devolução que os precedem, que se encontram enraizados nas práticas costumeiras das populações babilônicas. O fato de que estes textos respondem por vezes a problemas específicos, como é o caso das heranças de sacerdotisas, serve apenas para demonstrar, ainda uma vez, que as 'legislações' régias são o resultado de uma visão centrada no palácio e nos templos, nas quais a maior parte das considerações diz respeito a situações potencialmente conflituosas entre estas organizações complexas e o restante da sociedade (como os bens que as filhas levam consigo quando da consagração).

No final das contas, muito mais importante do que descobrir no dote a mesma natureza jurídica da herança, é procurar compreender o funcionamento das várias formas de transferência – dote e herança incluídos – no quadro das transmissões intergeracionais que perpetuam o grupo doméstico para além da duração da vida de seus membros. É, justamente, esta vontade de perpetuação da casa como entidade sociológica que exige a diversificação do processo de transmissão, que impõe critérios de exclusão e de eleição, que opera a distinção entre os tipos de bens. Do mesmo modo que se propôs uma diferenciação entre a sucessão e a herança, é preciso considerar, igualmente, que a herança masculina não esgota a devolução, não se confunde com ela, mas dela faz parte ao lado de outras formas de transmissão.

1.4. Filiação e devolução

O que se depreende claramente da análise feita até aqui é que, nas práticas babilônicas de devolução, os bens são partilhados de modo divergente entre os membros masculinos e femininos da geração seguinte. Isto não significa, absolutamente, que as regras sejam igualitárias em relação aos sexos. As formas assumidas pela devolução aos filhos e às filhas são, de fato, bastante distantes. Por exemplo, o aporte de bens não intervém no mesmo momento da vida de homens e mulheres, pois ocorre, em geral, quando do casamento para as filhas e após a morte do pai para os filhos. Do mesmo modo, os tipos dos bens que constituem normalmente o dote e a herança não são os mesmos. Estas diferenças introduzem uma distinção fundada no sexo ou na idade.

Sabendo que sucessão e parentesco não podem ser dissociados, quais são as implicações da sucessão divergente no nível da estrutura de filiação e vice-versa?

A idéia de filiação remete a um conjunto de relações entre os membros do grupo (e entre os grupos) que definem a posição de um indivíduo na cadeia de parentesco (cujos critérios são sociais, embora mobilizem dados biológicos) e estabelecem os parâmetros de toda sorte de transmissão intergeracional (sucessão em sentido amplo: de bens, dos títulos, do nome, dos *status*, do patrimônio simbólico etc.). Do ponto de vista teórico, a miríade de sistemas de filiação observados historicamente pode ser reduzida a alguns tipos gerais[143]:

A) Nos sistemas de filiação *unilinear*, a vinculação parental e as transmissões seguem exclusivamente uma linhagem, seja do pai, seja da mãe:
   a) quando os vínculos do indivíduo são definidos pela ligação com o grupo de parentesco de seu pai, estamos face a uma filiação *patrilinear*. Este tipo de filiação unilinear pelos homens é, por vezes, chamada *agnática*;
   b) por outro lado, se as posições são determinadas pelos vínculos ao grupo familiar da mãe, a filiação é chamada *matrilinear*.

B) Por oposição a essas filiações unilineares, existe uma outra, chamada *bilinear* (ou *filiação unilinear dupla*), que combina os dois casos precedentes; quer dizer que, em um único grupo, encontramos cumulativamente as regras patrilineares e matrilineares. Mas é preciso notar que, neste sistema, opera-se uma distinção clara entre os elementos transmitidos por via de cada uma das linhagens de parentesco. Assim, por exemplo, entre os LoDagaba do Oeste da África, estudados por J. Goody (1962), as casas, os territórios de caça, a terra e os instrumentos de produção são transmitidos através da patrilinhagem, enquanto que os demais bens móveis (gado, grão, prata) seguem a matrilinhagem.

C) Quando, no entanto, os dois princípios de transmissão são reconhecidos, mas de forma indistinta, temos uma filiação *indiferenciada* ou, ainda, *cognática*. Nesta organização familiar, Ego[144], seja homem ou mulher, é legitimado ao mesmo tempo por seus vínculos à parentela do pai e da mãe, construindo sua identidade em referência aos parentes dos dois lados. Do ponto de vista da transmissão do patrimônio, o herdeiro recebe bens provenientes seja do pai, seja da mãe e, por conseqüência, de seus quatro avós. A sociedade brasileira contemporânea inscreve-se neste caso, mesmo se os sobrenomes são transmitidos principalmente pela linhagem masculina.

Jack Goody, partindo da idéia de uma homologia estrutural entre os modos de transmissão e a organização do parentesco, sublinhou a estreita relação entre a devolução divergente (portanto, a presença do dote) e as formas bilaterais de filiação. Outros autores, entretanto, criticaram esta equivalência notando que, em certos casos, o dote está ligado a um reforço das linhagens patrilineares[145]. Por outro lado, insistiu-se também sobre as desigualdades entre os filhos e as filhas (ou até mesmo entre as próprias irmãs) e sobre a não equivalência entre os valores do dote e das partes de herança (ou porque a lei pode limitar a parte da herança de uma filha não-dotada[146] ou porque um processo de inflação causado pela emulação pode elevar o valor do dote muito além daquele das partes de herança). Eu já afirmei acima que é absolutamente preciso abandonar a idéia de que a devolução divergente implique igualdade entre os herdeiros. Em sua réplica, Goody (1983: 260 s.) mostrou, aliás, seu acordo com este ponto de Hugues, mas o fato é que esta desigualdade não é suficiente para alterar a natureza do sistema de filiação que permitiu às filhas compartilharem os bens da casa paterna. O mais importante, e aqui eu me alinho inteiramente à opinião de Goody, é considerar que, apesar de seus desenvolvimentos posteriores e das situações particulares que podem alterá-lo, o princípio de uma devolução divergente, realizado entre outras formas pelo dote, integra um quadro de relações de parentela que dificilmente poderia existir em uma sociedade tipicamente patrilinear[147].

Para reforçar a crítica à visão agnática, eu gostaria de ajuntar um argumento de uma outra natureza, que nos vem da observação da nomenclatura do parentesco em acadiano. Nós sabemos da enorme importância acordada pelos antropólogos à análise dos termos de parentesco como um indício que permite a compreensão da estrutura de parentesco e da própria estrutura social. Isolar os vocábulos, ordená-los em sistemas coerentes segundo os critérios autóctones, observar suas articulações e, enfim, tentar uma classificação geral dos diversos tipos de terminologia. Isto tudo constituiu a base mesma dos procedimentos analíticos antropológicos desde o início, seja da antropologia social inglesa, que enfatizou a filiação, seja da escola francesa de Lévi-Strauss e seus discípulos, que valorizaram a aliança de casamento. Infelizmente, nós não temos ainda estudos sistemáticos sobre a terminologia de parentesco mesopotâmica[148]. No aguardo de trabalhos mais minuciosos, eu gostaria apenas de chamar a atenção sobre uma característica estrutural da terminologia em língua acadiana e que, parece-me, vai no mesmo sentido do que se disse até aqui sobre a transmissão do dote.

Eu me limito aqui aos consangüíneos de um indivíduo tomado como ponto de referência (*Ego*), deixando de lado todos os aliados pelo casamento. A designação dos membros da família nuclear não apresenta novidades se comparada à nossa própria nomenclatura, sendo composta de vocábulos sintéticos: *ummum* (mãe), *abum* (pai), *mârum* (filho), *mârtum* (filha), *ahum* (irmão) e *ahâtum* (irmã). Para os demais parentes, no entanto, constata-se que a terminologia é fundamentalmente bilateral, ou seja, que os vocábulos são construídos de modo a conservar e explicitar a distinção entre o lado do pai e aquele da mãe. Por exemplo, aqueles que, em português, chamamos sinteticamente 'tios' (indistintamente, quer se trate do irmão do pai ou da mãe), a terminologia acadiana chamará descritivamente de *ahi abim* (irmão do pai) ou de *ahi ummim* (irmão da mãe), preservando, assim, diferenças entre as linhagens paternal e maternal[149]. Se passarmos à mesma geração de *Ego*, veremos o mesmo princípio na designação dos primos e primas. Assim, opor-se-á a *mârat ahi abim* (filha do irmão do pai, ou seja, a prima paternal paralela), à *mârat ahi ummim* (filha do irmão da mãe, ou seja, a prima maternal cruzada). Mais ainda, os termos acadianos tendem a explicitar o sexo da pessoa que faz a ponte entre *Ego* e um parente: assim, embora ambos sejam primos paternais, o *mâr ahi abim* (filho do irmão do pai, ou seja, primo paternal paralelo) poderá ser diferenciado claramente do *mâr ahât abim* (filho da irmã do pai, ou seja, primo paternal cruzado). Em suma, onde certas terminologias escamoteiam diferenças relativas às ligações patrilaterais e matrilaterais, a terminologia acadiana as explicita.

Assim, ao menos como hipótese de trabalho, parece útil postular a associação entre dote, devolução divergente e filiação bilateral (bilinear ou indiferenciada).

Os estudos sobre o parentesco na antiga Mesopotâmia são pouco numerosos e, é preciso reconhecer, carecem de instrumentos analíticos adequados. Em certos casos, a própria distinção entre os fatos relativos à sucessão e aqueles que concernem à filiação não é devidamente estabelecida. É até mesmo embaraçoso ver a confusão entre as noções de filiação e os princípios de autoridade (matriarcado, patriarcado). A consideração de alguns exemplos permitirá apreciar como a questão foi considerada pelos especialistas e, espero, afastar algumas formulações equivocadas.

É pouco surpreendente que a constatação de um patriarcado generalizado na Mesopotâmia (da célula familiar à organização do poder político) tenha suscitado especulações sobre a possível existência de formas alternativas, como o matriarcado ou uma espécie de 'fratriarcado'. Neste aspecto, a assiriologia apenas repercutiu as idéias da antropologia dos finais do século XIX e começos do século XX[150]. Em geral, o matriarcado foi apresentado como uma forma das origens, enraizado na noite dos tempos e que teria precedido o patriarcado das épocas históricas. Época histórica querendo dizer invariavelmente o período coberto pela documentação escrita, o historiador seria condenado a auscultar nos textos os ecos de uma realidade de antanho, a descobrir nas obras do patriarcado os relicários de um matriarcado pré-histórico e superado. Ora, como ocorre freqüentemente nos raciocínios evolucionistas, os traços residuais não se distribuem necessariamente de modo homogêneo: existe um centro, no qual a substituição seria mais completa e definitiva, e uma periferia, onde as lembranças da velha ordem subsistiriam de modo mais ou menos imperfeito e deformado. É por isso que a monografia de P. Koschaker (1933) sobre o *'Fratriarchat'* e o *'Mutterrecht'* apoiou-se em uma análise dos dados provenientes das margens mesopotâmicas: hititas, elamitas e de Arrapha, durante o segundo milênio a.C. No texto de Koschaker, a fronteira entre as noções de autoridade, filiação e sucessão é bastante fluida: tudo se passa como se, em um primeiro momento, o matriarcado fosse necessário para conceber a existência de possíveis sistemas de devolução matrilinear e como se, corolário da mesma lógica, na etapa histórica seguinte (a história mesopotâmica propriamente dita), o patriarcado implicasse inexoravelmente a sucessão patrilinear. Em seu longo artigo *'Cuneiform Law'*, para a *Encyclopaedia of Social Sciences*, Koschaker (1963) retoma as mesmas idéias para concluir: "A herança era patriarcal". Note-se bem: não patrilinear, mas patriarcal![151].

Além das diferenças que propõem J. Klíma e P. Koschaker, é preciso notar que ambos concebem o desenvolvimento do direito mesopotâmico a partir de modelos muito próximos. Para Klíma (1950: 150), uma das vias abertas para o estudo da 'posição sucessória da filha' seria, justamente, a possibilidade de *"procurar vestígios do sistema matriarcal"*. As capacidades limitadas que as filhas exercem no nível sucessório só poderiam ser explicadas como uma seqüela do desaparecimento de uma formação social em que as mulheres tinham um papel muito mais destacado. Para a dita 'época histórica' – aquela que corresponde, nesta visão, à presença de documentação cuneiforme – a exclusão das filhas da herança corresponderia perfeitamente ao caráter patriarcal da família (Klíma, 1950: 179).

Não é preciso insistir, aqui, que esta associação determinista entre patrilinearidade e patriarcado é falsa em toda sua extensão: bastaria dizer que todas as sociedades matrilineares conhecidas são, também elas, patriarcais e que, na verdade, nenhuma sociedade atestada pela literatura antropológica ou historiográfica é matriarcal. Portanto, a transmissão de bens e das prerrogativas pela via feminina jamais impediu que, nos grupos matrilineares, o princípio de autoridade repousasse nos homens (em geral, no irmão da mãe).

Essas reservas não impedem, porém, de reconhecer um laço legítimo entre patriarcado e a sucessão patrilinear onde quer que ele se apresente historicamente. Se eu expresso tais reticências, é somente porque estou convencido de que não se trata, justamente, do caso mesopotâmico. E é, igualmente, para evitar que este postulado se transforme em um princípio explicativo que dispensa toda verificação: a enunciação do patriarcado não equivale a uma prova da patrilinearidade. Se estas duas ordens de fenômenos se cruzam no tecido da realidade, elas dizem respeito, entretanto, a duas dimensões diferentes da vida social.

Por vezes, sobretudo a partir dos anos 1970, o contato com a antropologia permitiu aos assiriólogos refinarem o vocabulário e as noções utilizadas. No artigo de Rivkah Harris (1976: 129) sobre o parentesco e a herança em Sippar durante a época babilônica antiga, não se trata mais do debate acerca do matriarcado, mesmo se a autora permanece ligada à idéia de um princípio unilinear e agnático[152]. O mesmo ocorre no capítulo de J.– J. Glassner na *Histoire de la Famille*. Do ponto de vista metodológico, este texto faz figura de exceção: as bases conceituais são sólidas e as noções antropológicas utilizadas com discernimento. Tratando do segundo milênio, Glassner faz a distinção entre os princípios de autoridade familiar (patriarcal), a estrutura da organização familiar (nuclear, resultado da pulverização de formas mais alargadas do III milênio, que, porém, ainda sobreviviam residualmente), o regime de casamento (geralmente monogâmico). No que diz respeito à filiação, o autor chega a uma conclusão oposta à defendida aqui, situando a sociedade babilônica sob o primado da linhagem masculina: *"A família era patriarcal, repousava sobre o poderio paterno, e o parentesco, agnático"* (Glassner, 1986: 111).

Os exemplos citados, embora diversificados, mostram a persistência de certas noções na história da disciplina[153].

Em todo caso, os estudos mesopotâmicos não são os únicos a terem enunciado a agnação como um princípio incontestável. Anita Guerreau-Jalabert reparou a mesma tendência na historiografia medieval e apresentou duas razões que podem ser evocadas também para o nosso caso. A primeira diz respeito à dominação masculina: sobretudo nas camadas aristocráticas, desenvolve-se uma clara preferência pela herança masculina dos bens e das funções, fundada sobre a exclusão das filhas, mas também dos cadetes. Isto, contudo, não impede que as filhas sejam dotadas e que o sistema continue sendo divergente. A segunda razão refere-se à composição dos grupos domésticos: a formação das linhagens de herdeiros masculinos, que se sucedem no controle da parte principal do patrimônio familiar, é mais o resultado de uma estratégia patrimonial – que visa a conservar, aumentar e transmitir a dominação sobre as terras e sobre as pessoas – do que o fator de uma patrilinhagem. Bem ao contrário, parece até mesmo que estas estratégias são inerentes ao grupo doméstico, em um sentido amplo, e impõem-se, a partir do exterior, ao grupo de parentela. Assim, conclui a autora, *"se as mulheres são (parcialmente) excluídas do jogo da sucessão, isto não ocorre em virtude de um princípio unilinear que regule a filiação, mas de processos sociais em que se combinam o predomínio dos homens e a constrição patrimonial"* (Guerreau-Jalabert, 1999: 865). O diagnóstico é igualmente válido para a história mesopotâmica: também aqui, o estudo da transmissão de bens foi colocado sob o signo do predomínio da linhagem masculina na vida social e política.

Vários antropólogos, porém, chamaram a atenção para a defasagem que pode existir entre o universo doméstico do parentesco e suas expressões no domínio exterior mais vasto, assim como para o fato de que, enquanto no interior do grupo doméstico os papéis das mulheres atingem proporções consideráveis, na esfera político-jurídica, a lógica agnática impõe-se inexoravelmente. J. Goody (2000: 459), com efeito, não vê nisso apenas uma simples oposição masculino/feminino, mas sobretudo uma situação mais complexa, de ambigüidade e de tensão entre um sistema que privilegia um dos sexos, o masculino, e uma prática divergente de devolução dos bens, que inclui os dois sexos. Uma das conseqüências revelada pelo autor, aliás um observador atento das interfaces entre oralidade e escritura, é de grande interesse para compreender a formalização dos costumes de sucessão nas legislações babilônicas: os contrastes próprios a uma realidade múltipla (que, no caso mesopotâmico, pode até mesmo ser qualificada de multicultural) constituem, geralmente, um entrave para o direito escrito, fazendo com que este tenha, então, a tendência de homogeneizar as diversas fontes consuetudinárias. Mesmo que as legislações mesopotâmicas sejam mais casuísticas do que normativas, comportando um grau baixo de abstração dos princípios, a regulamentação pressuposta por um direito escrito tem dificuldade em aceitar as ambigüidades excessivas e a flexibilidade de usos fundados sobre a tradição oral. Por conseqüência, o mais provável é que a colocação por escrito das legislações pelo poder central tenha significado um reforço formal dos direitos da linhagem masculina e que o tratamento dos direitos femininos, embora existentes, tenha podido expressar-se apenas na forma da exceção e da concessão. No limite, o acesso das mulheres ao patrimônio do grupo seria muito mais extenso do que permite supor um entendimento literal dos códigos. Ao mesmo tempo, a realidade que a documentação contratual, ou ainda as cartas, permite entrever seria mais ancorada nas práticas informais e orais do que se pensou até aqui e seus eventuais desacordos em relação à legislação tornam-se mais compreensíveis, sob a condição, porém, de uma inversão da perspectiva que vê nos contratos apenas uma realização prática, mais ou menos imperfeita, das regras de um direito normativo: pelo contrário, é o direito que, em sua realização histórica, aproxima-se ou distancia-se de um conjunto de relações sociais que o precede.

1.5. Mesopotâmia e Eurásia: notas para uma sistematização

As especificidades históricas do caso mesopotâmico não devem nos impedir de reconhecer as similitudes que o aproximam de outros sistemas de devolução e de incluí-lo em um panorama cultural mais vasto. Mesmo que seja impossível fazer, aqui, um estudo comparativo mais amplo, eu gostaria de retomar algumas das características próprias aos mecanismos de transmissão analisados acima, a fim de situar os dados mesopotâmicos (ou, ao menos, paleobabilônicos) em relação a algumas tipologias antropológicas existentes.

O reagrupamento de diversos sistemas sociais no interior de áreas culturais com traços comuns sempre foi um dos objetivos principais da antropologia comparativa. Trata-se, grosso modo, de identificar os elementos característicos de cada sociedade, de isolar as combinações mais freqüentes e, enfim, de classificar os casos individuais em conjuntos coerentes. As variantes levadas em consideração podem, por vezes, parecer ligadas de modo evidente, como, por exemplo, o modo de casamento e o modelo de habitação. Mas, outras vezes, o vínculo é menos perceptível e apenas as comparações sistemáticas podem mostrar que algumas associações são comuns a ponto de constituírem uma tendência sociológica[154].

A mais ambiciosa tipologia comparativa foi empreendida por George Peter Murdock. Em seu *Ethnographic Atlas*, publicado em 1967, Murdock repertoriou mais de 800 sociedades, antigas e contemporâneas, que foram classificadas em função de dezenas de variantes: modo de casamento e prestações matrimoniais, tipo de organização familiar, sistema de filiação, nomenclatura do parentesco, família lingüística, tabus sexuais, cultura material, organização econômica etc. Quanto aos critérios que nos interessam aqui, Murdock classificava os 'babilônios' (sem maior precisão) da seguinte maneira: em relação aos modos de casamento e às prestações dele decorrentes, o autor considerava que o dote era apenas uma prática alternativa ou suplementar, sendo que a prática predominante era representada pelo que ele chama de *'token bride-price'*: contrariamente ao 'preço da noiva' tradicional, no qual uma soma substancial de bens era transferida da família do futuro marido para a família da esposa, o *'token bride-price'* compõe-se de uma fraca quantidade de bens, tendo um caráter sobretudo simbólico[155]. Por outro lado, Murdock reconhecia que o sistema de filiação era bilateral, notando a ausência de grupos de parentela patrilineares e matrilineares. Entretanto, ao mesmo tempo, Murdock ecoava a *opinio communis*, segundo a qual a herança teria sido patrilinear, com uma igualdade, ao menos relativa, entre os herdeiros. Segundo ele, a transmissão patrilinear teria sido válida, seja para os bens imóveis, seja para o mobiliário.

Desde a publicação do *Atlas*, as classificações de Murdock foram submetidas a reavaliações e modificações pelos especialistas[156]. Alice Schlegel e Rohn Eloul (1987: 129) propuseram modificar parcialmente a classificação dos 'babilônios' no que diz respeito às transações matrimoniais. Estes autores sugeriram, de fato, uma inversão, elevando o dote à categoria de prática principal e relegando o *'token bride-price'* como um uso secundário. Como vimos, esta visão é correta, sob a condição de não se ver na *terhatum* uma prática alternativa ao dote, mas, sim, uma prestação complementar: mesmo se ela nem sempre está presente como contrapagamento do dote, o sistema babilônico (no sentido largo, incluindo Larsa) era fundado sobre a complementaridade destas duas prestações. Por outro lado, dado o valor dos bens que a compõem, a *terhatum* deve ser incluída mais na categoria de *'bride-price'*, em sentido estrito, do que naquela de *'token bride-price'*.

Essas classificações e as comparações em grande escala que elas permitem prepararam o terreno para a constituição da noção de áreas culturais. Um dos pilares da antropologia moderna foi a oposição entre os sistemas africanos (quer dizer, da África negra sub-sahariana) e o mundo europeu. Mesmo se cada uma destas áreas apresentasse grande diversidade interna, esta oposição lastreou todas as grandes sistematizações etnográficas.

No que concerne às transmissões intergeracionais e às prestações matrimoniais, esta polarização opunha dois modelos bastante diferentes:

– Na África, a transferência das mulheres entre linhagens unilineares (patrilineares ou matrilineares) faz-se mediante um pagamento vertido pelo futuro marido ou seu grupo aos parentes da esposa (preço da esposa) e o dote é praticamente inexistente (exceção feita, justamente, às zonas de penetração da influência do Islã); a herança exclui as mulheres.

– Na Europa, ao contrário, a devolução divergente tende a atribuir às mulheres uma parte do patrimônio familiar, seja pela dotação no momento do casamento, seja integrando-as à partilha da herança.

Esses são alguns aspectos de uma tipologia mais ampla que opõe um conjunto de sociedades fundadas, de um lado, sobre o pastoreio e uma agricultura elementar, praticada com a enxada, tendo uma estrutura social mais igualitária e uma mobilidade muito limitada, e, por outro lado, sociedades que praticam uma agricultura mais complexa, que recorre ao arado e à irrigação, sendo marcadas por uma estratificação e uma mobilidade sociais bem mais acentuadas[157].

O problema que se apresenta para nós é o de classificar, face a essa bipolarização, o mundo oriental, incluindo o Oriente-Próximo antigo. Uma solução inovadora para esta questão foi sugerida pelos trabalhos de Jack Goody. Este autor, com efeito, reagiu a uma predisposição da tradição intelectual ocidental – a qual a antropologia reproduz – que tende a aproximar o Oriente da África, ou, mais propriamente, a distanciar o modelo europeu destas duas realidades. Segundo Goody, esta tendência devia-se a uma reafirmação excessivamente marcada da unicidade do Ocidente[158] e levou a 'primitivizar' o Oriente, impondo-lhe, no nível da análise, os paradigmas africanistas[159]. Os estudos comparativos de Goody visaram, ao contrário, incluir o Oriente em uma grande área cultural eurasiática. Ora, o argumento central que justifica as aproximações efetuadas por Goody é, precisamente, a existência, na Eurásia, de modos de transmissão do patrimônio que não excluem as mulheres e do regime dotal (sob sua forma clássica ou sob a forma do dote indireto, freqüentemente confundido com as formas de compensação vertidas à família da esposa, como o preço da noiva)[160]. Estas duas características confeririam às sociedades eurasiáticas uma estrutura completamente diferente daquela predominante na África negra.

O próprio Jack Goody (2000: 305 ss.) sugeriu a inclusão do Oriente-Próximo antigo e, em particular, da Mesopotâmia, na área cultural da Eurásia. Para o essencial de sua argumentação, Goody inspirou-se no artigo bem informado de J.-J. Glassner (1986), mas é preciso reconhecer que, no mais, os dados mobilizados pelo antropólogo são muito dispersos e provêm de horizontes geográficos e cronológicos bastante distintos (Babilônia, Nuzi, Mari, Amarna...), sem contar que, por vezes, suas afirmações são equivocadas: por exemplo, Goody considera que a *terhatum* corresponderia a uma prestação fornecida pelo marido à esposa. Isto parece encontrar sua origem em uma certa resistência de Goody em reconhecer a simultaneidade entre o dote e o 'preço da noiva' (ou, como seria preferível chamá-los, os dons nupciais). Vimos, no entanto, que o sistema babilônico operou com os dois tipos de prestações matrimoniais e, de resto, eu não penso que a tipologia de Goody seria enfraquecida pela existência da *terhatum*[161].

Por sua vez, alguns assiriólogos reconheceram a proximidade das situações que eles encontraram na documentação cuneiforme e do modelo estabelecido por Goody. Acredito que o primeiro tenha sido A. Skaist (1974), que, no entanto, insistiu nas particularidades do caso babilônico face às situações que Goody classificava em uma mesma categoria. Evidentemente, nota-se, aqui, as precauções do historiador diante das generalizações do antropólogo. Em todo caso, mesmo que a tentativa de Skaist fosse ainda hesitante – em parte porque a classificação antropológica estava em vias de ser renovada por Jack Goody naquele momento –, tratava-se de um primeiro passo[162]. Mais recentemente, P. Brusasco (1999-2000: 113, 134 ss. e 142 s.) reexaminou o caso de Ur, colocando-o em uma perspectiva etnográfica com o modelo comparativo de Goody. Entre outras similitudes, Brusasco demonstrou que o sistema de transmissão intergeracional em Ur é igualmente baseado na devolução divergente. Contudo, o autor também reparou diferenças: a posição da mulher seria mais elevada na Mesopotâmia do que na Eurásia em geral.

A análise das realidades babilônicas aqui estudadas vai, igualmente, no sentido de uma inserção na área cultural eurasiática. Seria necessário, no futuro, empreender uma verificação sistemática de todos os casos particulares a fim de formar um quadro coerente que dê conta do mosaico de práticas regionais. Dever-se-á, em particular, confrontar estes dados meridionais provenientes de Larsa ou Ur com as realidades setentrionais antes de defender uma classificação unitária do conjunto mesopotâmico. Será também necessário cuidar para que a tipologia não tenha como resultado uma homogeneização abusiva e a perda de vista das especificidades históricas e geográficas. Já notamos, por exemplo, que a presença da *terhatum* ao lado do dote não pode ser ignorada. Aliás, a presença, em um quadro de predomínio do regime dotal, de um tipo de prestação normalmente associada à inferioridade da mulher só será plenamente entendida se analisarmos o conjunto dos movimentos dos bens familiares e não apenas as prestações matrimoniais. Com efeito, se a devolução divergente tende a conferir à mulher, por intermédio do dote, uma posição bem mais elevada do que nas sociedades africanas em que prevalece o 'preço da noiva', por outro lado, o sistema mesopotâmico encontrou freios a esta promoção feminina, sobretudo operando uma separação entre as mulheres e os bens fundiários, ou seja, fazendo com que o dote fosse composto prioritariamente de bens mobiliários. Assim, se a posição da mulher na Mesopotâmia é diferente daquela que ela ocupa nas sociedades da Eurásia em geral, é porque, na verdade, ela é inferior, contrariamente ao que afirmou Brusasco.

CAPÍTULO 3

HIERARQUIAS SUCESSÓRIAS E PRESERVAÇÃO DO PATRIMÔNIO

A prática da devolução divergente engendra várias conseqüências sobre a organização do grupo doméstico. Uma das mais importantes é que sua perpetuação como unidade social que enraíza uma rede de parentela exige uma resposta à potencial fragmentação do patrimônio. A partilha dos bens entre filhos e filhas implica uma pulverização que é ainda mais grave no caso de sociedades que não possuem mecanismos severos de primogenitura, que permitem concentrar a maior parte do domínio familiar nas mãos do filho mais velho (ou do filho predileto) ou, ainda, excluir radicalmente os cadetes (concedendo-lhes, na melhor das hipóteses, alguma compensação).

Do mesmo modo, um modelo de habitação neolocal incita à divisão da unidade-mãe, a fim de permitir a instalação dos novos lares. Em situações em que o acesso ao mercado fundiário é difundido, a família de origem pode evitar a segmentação de seu próprio patrimônio imobiliário comprando terrenos, residenciais ou produtivos, para distribuir aos membros que deixam o núcleo para constituir novas unidades familiares[163]. Mas o caso mesopotâmico era muito diferente desta situação, como veremos.

Esta tendência à partilha tem, sem dúvida, conseqüências para as relações entre os membros da família: mesmo se as transferências *pre-mortem* podem contribuir para reforçar a posição do grupo, possibilitando as alianças de casamento, elas têm também o efeito de enfraquecer o controle da geração dos mais velhos (*seniors*) sobre suas condições de subsistência (J. Goody, 1976a: 28). Esta é uma das razões pelas quais encontramos freqüentemente, na Mesopotâmia, toda sorte de mecanismos contratuais preventivos que vinculam a transmissão dos bens à garantia de que os receptores mais novos (*juniors*) assegurem o aprovisionamento dos que lhes cederam o patrimônio antes da morte[164]. Além disso, sendo a herança masculina transmitida normalmente após a morte do pai, a resistência a efetuar a partilha poderia gerar, igualmente, conflitos entre as gerações[165].

Observam-se, também, tendências contrárias. Se as práticas de herança tendem ao esfacelamento, as condições econômicas de cada grupo podem impor limitações importantes. A falta de recursos suficientes – devida à situação precária de uma família ou a uma penúria generalizada – pode frear a fragmentação, seja agindo contra as tradições sucessórias, seja levando à aplicação de dispositivos que minimizem os efeitos de regras de partilha excessivamente dispersivas, através, por exemplo, da discriminação dos indivíduos no interior do grupo (a partir de critérios como o sexo, a idade, o grau de parentesco etc.), gerando um acesso diferenciado ao patrimônio (D. Bell, 1998: 188). No entanto, as constrições materiais estão longe de serem o único fator. Mesmo em situações de abastança, os grupos podem demonstrar a vontade de evitar a divisão abrupta do patrimônio, ainda que provisoriamente, criando condições para que os herdeiros coabitem sob o mesmo teto ou explorem conjuntamente as terras. Algumas situações contratuais mesopotâmicas parecem indicar, justamente, uma tentativa de retardar os efeitos da partilha.

Neste capítulo, tratarei dos movimentos, dos princípios, das estratégias que, de modo muito diverso e em graus variados, agem como a antítese da tendência dispersiva inerente aos costumes de herança. Em primeiro lugar, há um princípio de exclusão que se baseia na articulação de dois critérios: o sexo e a distinção entre os bens imóveis e os demais. Em segundo lugar, a distinção do primogênito no conjunto dos herdeiros, com as conseqüências materiais que isto implica e cujos aspectos simbólicos de ligação com os ancestrais serão, igualmente, sublinhados.

1. O primeiro filtro: o sexo e a terra

Como é a regra na Mesopotâmia, os documentos de partilha da família Sanum incluem apenas os descendentes do sexo masculino. Certamente, somente uma parte dos registros nos chegou e, desde logo, é possível constatar um forte desequilíbrio na representatividade dos arquivos: a partir da segunda geração, nenhum documento nos informa sobre o destino sucessório do patrimônio de Sîn-shêmi, embora saibamos que seus filhos negociaram alguns terrenos, em particular com outros membros da família. Os arquivos deste ramo – que, certamente, existiram – não foram encontrados e tudo o que se conhece da vida econômica dos três filhos de Sîn-shêmi vem dos arquivos do ramo familiar de Eshtar-ilî e seus descendentes. No entanto, apesar deste caráter parcial dos arquivos, o fenômeno de exclusão das mulheres é bastante geral e não pode ser imputado exclusivamente a "defeitos" da documentação. É preciso, portanto, buscar uma explicação para esta ausência nas próprias estratégias de transmissão do patrimônio doméstico adotadas pelas famílias.

A primeira partilha de bens conhecida da família data do ano 8 do reinado de Rîm-Sîn, rei de Larsa; a última data do ano 7 do conquistador babilônico Samsu-iluna. Em cerca de 90 anos, a transmissão intergeracional atravessou, portanto, dois períodos distintos da história política de Larsa: a fase de independência e a dominação babilônica sob Hammu-rabi e seu filho. Parece, no entanto, que os eventos turbulentos que levaram à conquista de Larsa pela Babilônia não tiveram conseqüências decisivas sobre a transmissão do patrimônio familiar.

As transmissões de herança no interior da família podem ser resumidas como se segue. Os pomares do ancestral Sanum, situados às margens do canal Mami-dannat (região privilegiada, que contava com vários pomares do palácio), foram partilhados por seus dois filhos, Eshtar-ilî e Sîn-shêmi, no ano 8 de Rîm-Sîn (TCL,10,31, de _/IV/RS 8). Alguns meses mais tarde, um dos filhos de Eshtar-ilî, Iddin-Amurrum, recebe uma parte de herança composta por vários pomares (TCL,10,30, de _/X/RS 8)[166]. Os irmãos Iddin-Amurrum e Iblutam, por sua vez, partilharam uma grande quantidade de terrenos rurais e urbanos, escravos, prata e mobiliário no ano 22 do reinado de Rîm-Sîn (TCL,10,55, de _/IV/RS 22). Trata-se, certamente, da partilha principal, na seqüência da morte do pai. No entanto, um pomar permanecerá ainda indiviso, ao menos formalmente, durante mais de três décadas: os irmãos decidirão registrar a partilha imediatamente após a chegada do rei babilônico ao poder (TCL,11,141, de _/III/Ha 1)[167]. Na geração seguinte, os cinco filhos, todos homens, de Iddin-Amurrum partilham os bens paternais, ao menos em três ocasiões. No ano 40 de Hammu-rabi, eles dividirão entre si terrenos urbanos e rurais e portas (TCL,11,174, de 4/VI/Ha 40). Sob o reinado de Samsu-iluna, eles ainda dividiram um pomar (TCL,11,200, de 20/III/Si 4)[168] e um último registro indica que os irmãos de Ibni-Amurrum partilharam vários pomares (TCL,11,218, de _/II/Si 7).

A presença exclusiva de homens nos atos de partilha de Larsa não esteve limitada à família Sanum. O quadro abaixo nos dá a situação tal qual nos é possível conhecer no estado atual de nossas informações:

Quadro 4: Sexo dos herdeiros em Larsa

Documento	Sexo dos herdeiros*
Riftin,2	▲▲▲●
YOS,8,98	▲▲▲■
YOS,8,88	▲▲▲
YOS,5,106**	▲
VS,13,90	▲▲
TCL,11,224	▲▲▲▲▲▲▲
YOS,8,167	▲▲▲
PSBA,29:23**	▲
YOS,8,83	▲▲

(*) ▲ = homem ● = mulher ■ = indeterminado
(**) Estes casos não correspondem necessariamente à existência de um herdeiro único, mas a um registro individualizado de uma única parte da herança, o que impede de conhecer o sexo dos demais co-herdeiros.

Em Larsa viviam igualmente famílias vindo de outros lugares, mas que mantinham relações com suas cidade de origem. Entre estas famílias, as partilhas exclusivamente masculinas parecem ter sido igualmente a regra. Ao menos um caso pode ser bem reconstituído[169]: Imgur-Sîn era originário de Ur[170], onde seus dois filhos, Enlil-issu e Sîn-muballit, partilharam uma casa, entre outros bens[171]. A posse da casa que a família mantinha em Ur foi objeto de disputa: os dois irmãos foram processados, mas, finalmente, venceram seus contendores[172]. Este litígio ocorreu no ano 36 de Rîm-Sîn; alguns anos mais tarde, sem que saibamos exatamente o motivo, ao menos um dos filhos de Imgur-Sîn, chamado Sîn-muballit, instalou-se em Larsa. A partilha de sua herança, datada do ano 51 de Rîm-Sîn, inclui bens imóveis nas duas cidades, Larsa e Ur, e é feita unicamente entre três herdeiros do sexo masculino[173].

Neste universo masculino das heranças de Larsa, um único caso conhecido é exceção. Nesta partilha da época de Rîm-Sîn (Riftin,2, de _/_/RS 18), uma mulher está presente. A situação familiar não é completamente clara[174], mas a posição marginal e a desvantagem material da única herdeira não deixam dúvida: à parte os bens imobiliários, os homens partilham exclusivamente entre si dois tipos de prebendas, a primeira de 12 meses relativa ao ofício de sanga e a segunda de 18 dias como sacerdote-*ashipu* da deusa Inanna da cidade de Zabalam. A Dushshuptum, a mulher, coube uma parte minoritária de um terreno construído. Além do mais, este lote parece estar separado da casa paterna, pois nenhum dado cadastral permite ligá-lo às porções recebidas pelos homens da família, que, por sua vez, são todas vizinhas.

Mais tarde, após a conquista babilônica, o predomínio dos homens entre os herdeiros parece persistir, mas os dados vindos de fora da família Sanum são pouco numerosos. Um indício vem da família do conhecido Balmunamhe. Contemporâneo de Iddin-Amurrum, durante a primeira metade do reinado de Rîm-Sîn, Balmunamhe foi o chefe de uma família que exerceu um papel econômico considerável na cidade de Larsa. Seus negócios eram múltiplos: compra de terrenos e escravos, empréstimos, criação de ovelhas, produção de tâmaras em aldeias que tinham seu nome ou o nome de seu pai, Sîn-nûr-mâtim. As duas gerações seguintes souberam perpetuar sua posição e seu poder material sob a ocupação babilônica, colocando-se a serviço dos novos senhores babilônicos, como fizera também Ibni-Amurrum, da família Sanum[175]. O patrimônio familiar era, então, considerável. No reinado de Samsu-iluna, um neto de Balmunamhe, Lipit-Ea, recebeu uma parte da herança paterna[176]. O início do tablete está muito deteriorado, prejudicando a leitura, mas parece que, originalmente, o contrato registrava apenas o lote de Lipit-Ea. Entretanto, não se tratava de uma doação individual, mas de uma verdadeira partilha: *"ele partilhou com seus irmãos"* diz o texto. A fórmula de evicção também está no plural: *"eles não alterarão a parte que eles partilharam"*[177]. Quem são os irmãos evocados, mas não enumerados ou nomeados na partilha? Até aqui, conhecemos apenas um irmão de Lipit-Ea, também chamado Balmunamhe como seu avô, mas havia também uma irmã, Bêlitum. Seria lícito considerar, então, que esta última fez parte da partilha? É pouco provável: sabemos que Bêlitum recebeu um dote de seu pai[178], o que, normalmente, a teria excluído da herança. É preciso, pois, supor a existência de, pelo menos, um outro irmão de Lipit-Ea, além de Balmunamhe, cujo nome é, até aqui, desconhecido[179].

Mais tarde ainda, durante o curto, e aparentemente turbulento, período de retomada da independência sob Rîm-Sîn II, a exclusividade masculina nas partilhas teria persistido a julgar pelo único caso conhecido, no qual os irmãos Nabi-Shamash e Nergal-abî partilham a casa do pai[180].

Uma situação parecida com a da capital Larsa predominou, sem dúvida, na periferia composta por pequenas aldeias e cidades do sul. É o caso da vizinha Kutalla, onde, das sete partilhas conhecidas, seis são feitas exclusivamente entre herdeiros do sexo masculino[181]. A única exceção, uma partilha igualitária de bens imóveis e portas entre duas mulheres, cujo pai não é nomeado, parece representar um caso de ausência de herdeiros masculinos, o que teria permitido a qualificação das filhas como sucessoras[182]. A situação corrente em Kutalla, em todo caso, era de predomínio dos homens. O caso formado pelo grupo de descendentes de Sîn-shêmi, por exemplo, é notável: através de quatro gerações, entre o ano 23 de Rîm-Sîn e o ano 4 de Samsu-iluna (ou seja, cerca de 52 anos), são observadas quatro partilhas, das quais participam 14 membros da família, entre os quais nenhuma mulher[183].

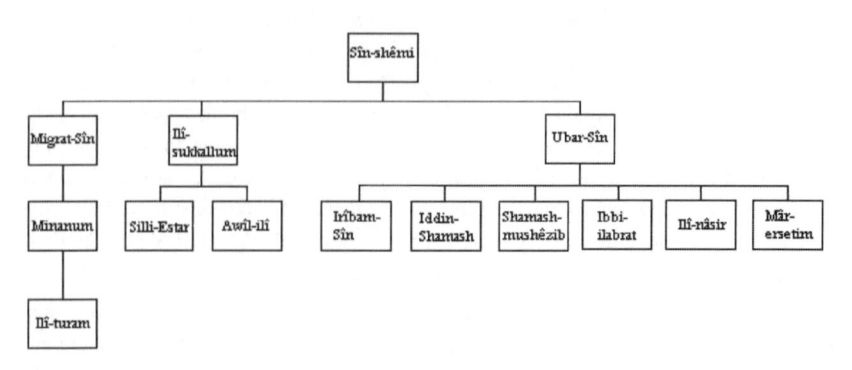

Figura 4: A família de Sîn-shêmi de Kutalla

A análise da situação patrimonial desta família permite notar, ainda, alguns elementos importantes. Apesar da manifesta hegemonia da presença masculina nas partilhas, as mulheres controlavam alguns recursos. D. Charpin (1980a: 76 ss.) pôs em evidência o papel de Lamassum. Esta esposa de Ilî-sukkallum parece possuir bens que não se confundem com o patrimônio de seu marido (ou maridos, como tudo indica) e que permanecem relativamente independentes das partilhas pela linhagem masculina. Ao mesmo tempo, a trajetória de seus bens mostra os limites a que ela estava submetida na disposição de seu patrimônio. Com efeito, parece que Lamassum entrou para a família de Sîn-shêmi apenas depois de um casamento anterior. Assim, na altura do ano 30 de Hammu-rabi, ela possuía dois grupos de filhos[184]:

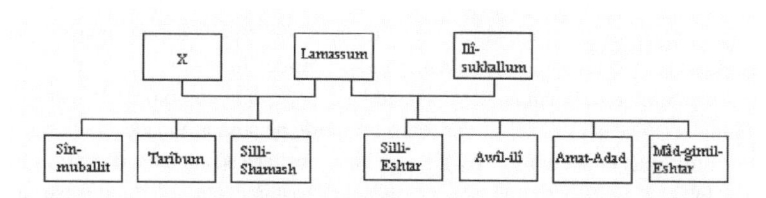

Figura 5: Os herdeiros de Lamassum

```
         X ─── Lamassum ─── Ilî-
                            sukkallum
         │                    │
   ┌─────┼─────┐      ┌───┬───┬───┬───┐
  Sîn-  Tarîbum Silli- Silli- Awîl-ilî Amat-Adad Mâd-gimil-
 muballit       Shamash Eshtar                    Eshtar
```

No fim do ano 34 de Hammu-rabi, Lamassum transfere a seus filhos do primeiro casamento um escravo e certa quantidade de prata. Pelo mesmo documento, estes concordam em não reivindicar os bens de Lamassum e dos filhos de seu segundo casamento. A expressão *'parte sucessória'* (*zittum* ou há-la) não é utilizada no texto e é difícil adivinhar a origem destes bens: o dote trazido na ocasião do primeiro casamento? Presentes de núpcias do primeiro marido? (esta hipótese explicaria a exclusão dos filhos do segundo casamento). O caso ilustra a regra, característica dos costumes sucessórios do período babilônico antigo, segundo a qual os bens femininos são transmitidos aos filhos (ou retornam ao grupo familiar da esposa em caso de ausência de herdeiros), mas nunca são integrados ao patrimônio do marido ou de sua família. Além disso, o procedimento de partilha, neste caso, mostra também a clara distinção entre os dois grupos de filhos. D. Charpin (1980a: 77) assinalou que a finalidade do acordo seria evitar disputas futuras, o que é certamente verdadeiro, mas, na prática, a realidade parece ser bastante complicada: nós sabemos que os bens de Lamassum eram, de alguma forma, administrados por Silli-Eshtar e Awîl-ilî, filhos do casamento com Ilî-sukkallum. É assim que, no mesmo mês da partilha, em um processo que corria no templo de Shamash, em Larsa, Silli-Eshtar, falando em nome dele e de seu irmão, assegura ter comprado um terreno disputado *"com a prata de minha mãe"*[185] e acrescenta *"não com a prata em comum"*[186]. É difícil saber o exato estatuto desta *'prata em comum'*, mas o texto é claro sobre a separação do patrimônio vinculado a Lamassum. Parece também que os filhos de seu segundo casamento geriam outra parte de seus recursos: é por isso que, cinco meses depois da partilha, Silli-Eshtar e Awîl-ilî-Shamash entregam a Silli-Shamash os 10 siclos de prata que lhe haviam sido atribuídos por sua mãe[187].

Um segundo elemento que se depreende da análise da devolução de bens no interior e entre estes dois grupos de familiares de Kutalla é, de um lado, a associação entre os terrenos e as partilhas masculinas e, de outro, a ligação entre os bens não-fundiários e o circuito em que as mulheres estão presentes. Esta é uma característica fundamental para nosso propósito e merece ser desenvolvida.

Embora seja impossível fazer, aqui, uma avaliação quantitativa mais fina – que deveria levar em conta a distribuição cronológica e geográfica de todos os registros de dotes do período babilônico antigo –, pode-se notar, desde logo, que, em comparação com as partilhas, a diversidade de bens dotais é muito mais significativa: além de terrenos, escravos e prata (os três elementos mais freqüentes nos atos de herança), nos dotes destinados às filhas, são encontrados diversos metais e jóias, anéis, fíbulas, braceletes, brincos, broches; pedras preciosas ou semipreciosas; vestes, lã e tecidos variados; mobiliário, cadeiras, leitos, mesas; utensílios domésticos, pilões, moinhos de pedra; recipientes em madeira, cobre e cerâmica; artesanato em fibra vegetal, cestos, cofres; gado miúdo, mas também vacas e bois; prebendas e produtos comestíveis, como grãos e farinha; óleo, perfumado ou para alimentação[188]. Este simples inventário já mostra a composição móvel do dote: a quase totalidade destes bens pode acompanhar fisicamente as mulheres que deixam o lar paterno. Além disso, são bens destinados a compor, na nova residência, um horizonte material claramente associado à esposa, seja como o prolongamento de seu próprio corpo (as vestes, jóias etc.), seja como o suporte de suas atividades domésticas (recipientes, utensílios, mas também escravos). Se os imóveis – casas, campos, pomares – estão presentes nos dotes, é preciso reconhecer que eles são bastante raros[189]. A situação, totalmente excepcional, dos dotes das sacerdotisas de Sippar apenas confirma a regra geral. Tal quadro mostra, ainda uma vez, a tendência do grupo familiar a preservar os meios de produção, evitando que eles circulem juntamente com as mulheres que deixam o grupo. Do mesmo modo, nos dotes, os escravos são predominantemente do sexo feminino e, por vezes, estão acompanhados de sua prole: é pouco provável que se trate de uma mão-de-obra extradoméstica; seria mais prudente pensá-los como parte da domesticidade, a serviço de suas senhoras.

Todos os indícios sugerem, portanto, uma clivagem entre os meios de produção elementares do grupo doméstico e os bens que são atribuídos às mulheres pelo dote. Justamente, se os dotes palacianos – tais como os vemos na família real de Mari – distinguem-se por sua suntuosidade e por sua quantidade, a tipologia dos bens recebidos pelas princesas é muito próxima daquela estabelecida acima (com as variações esperadas: a forte presença de bens de aparato, que servem como símbolo de excelência, como as jóias, e a ausência de utensílios ordinários). Mesmo neste nível social, as terras estão ausentes[190].

Evidentemente, um elemento de classe contribui para esta clivagem: em geral, os dotes que são objeto da redação de um documento escrito concernem a mulheres da elite urbana. A posição social destas mulheres contribui, desde a origem, para seu distanciamento do mundo da produção, em particular das tarefas que se desenrolam fora da casa, nos campos, nas oficinas, nos armazéns de comércio. O dote apenas reflete e aprofunda esta separação. Será, talvez, surpreendente para um certo marxismo feminista descobrir que a alienação em relação aos meios de produção é um sinal de promoção social, mais do que de pauperização[191]. A constatação será ainda mais evidente na comparação com as mulheres de camadas inferiores da sociedade mesopotâmica: onde a associação entre a mulher e o mundo do trabalho é intensa, como no meio camponês, pode-se supor uma importância menor (relativamente à riqueza global do grupo) dos bens que compõem o dote e, paradoxalmente, uma sólida correlação entre a circulação de mulheres e a circulação de um dos fatores principais da produção, já que a mulher é, ela própria, a mão-de-obra que se desloca entre os grupos no momento da aliança de casamento. Podemos levar o raciocínio ainda mais longe, para o campo de uma comparação entre dois tipos sociológicos, opondo as sociedades de agricultura complexa, como a Mesopotâmia, em que a mão-de-obra feminina tem uma importância mais limitada na exploração agrícola familiar, sobretudo nas camadas superiores, e, por outro lado, as sociedades de agricultura simples, como na África tribal, em que o papel agrícola das mulheres é essencial. Não é uma coincidência que as primeiras sejam caracterizadas pela presença do dote e as últimas, pelas diversas formas de *"pagamento da esposa"*, quer dizer, por uma concepção que faz das transações matrimoniais uma espécie de compensação pela perda da força produtiva por parte do grupo de doadores de mulheres. Trata-se de duas lógicas distintas da circulação: no primeiro caso, típico das sociedades marcadas por uma intensa mobilidade de bens, ou mesmo dos meios de produção, a ênfase é posta sobre os próprios objetos e um valor mais elevado é concedido aos bens, em detrimento da força de trabalho. Ora, esta valorização se repercute na economia das trocas matrimoniais, de modo que o casamento se torna a ocasião de uma importante negociação material entre os grupos, uma operação que pode se tornar uma fonte preocupante de dispersão do patrimônio da família da mulher. Nestas sociedades, e este é o caso da Mesopotâmia, o dote predomina como uma forma de controle da disseminação dos bens familiares, pois ele permite uma transmissão seletiva do patrimônio às filhas, diferenciada da transmissão aos filhos, e porque, submetido a regras particulares de devolução, que não permitem que ele se confunda com a herança masculina, o dote assegura a passagem dos bens aos descendentes da filha ou seu retorno ao grupo de origem[192]. No segundo caso, em que a circulação de bens é mais limitada, em grande parte porque a estrutura social é menos estratificada e as formas de acesso mais igualitárias, o valor relativo da força de trabalho doméstico aumenta e o casamento passa a ser a ocasião não de limitar a circulação de bens entre os grupos, mas de promovê-la; é assim que entendemos melhor os deslocamentos laterais entre os grupos, implicados pelo 'preço da esposa'[193].

Na Mesopotâmia, onde o sistema de pagamentos matrimoniais é duplo, comportando o dote e a *terhatum* (dom nupcial pago pelo grupo do esposo à família da esposa), o aspecto de compensação pode ser pensado nos dois sentidos. O dote pode ser considerado como um pagamento ao grupo receptor de mulheres em compensação pelo ônus da integração de um membro relativamente improdutivo. Mesmo se a família do esposo não pode dispor livremente dos bens dotais, estes serviriam para garantir, ao menos parcialmente, a subsistência da esposa e fornecer parte dos aportes que deverão ser feitos aos descendentes no futuro (heranças e dotes)[194]. Duas observações suplementares são necessárias. Primeiramente, o caráter compensatório do dote atinge sua plena significação nas elites urbanas, nas quais as mulheres são menos envolvidas nas tarefas de subsistência, como já se sugeriu. Em segundo lugar, o predomínio, na Mesopotâmia, de um modelo de residência neolocal, em que a mulher não se transfere para a habitação da família do marido, pode contribuir para diminuir a importância estritamente econômica do dote, no sentido de uma garantia para a manutenção da mulher, mas sem aboli-la completamente[195].

Considerar as coisas desta maneira pode dar a impressão de que a dimensão econômica do dote é diretamente derivada de uma obrigação de pagar da parte da família da esposa, que, por sua vez, responderia a uma exigência do futuro marido e de seu grupo. Entretanto, o fato de que o dote não se incorpora definitivamente ao patrimônio dos receptores de mulheres pode estar na origem de uma resistência a trabalhar, ou fazer explorar, uma terra que é percebida, na mentalidade do grupo receptor, como algo estrangeiro a ele[196]. Isto pode explicar uma predileção deste por bens que podem ser mobilizados mais facilmente pelas atividades econômicas do marido (empréstimo, hipoteca etc.) e que, em situações extremas, podem ser mais facilmente restituídos no caso de uma separação do casal, visto que são bens fungíveis[197]. Um outro efeito possível é a opção preferencial pelos imóveis de caráter habitacional na formação do dote: com efeito, se excetuarmos os campos agrícolas dados às sacerdotisas-*nadîtum*, a quase totalidade dos imóveis registrados nas concessões dotais é formada por casas e terrenos construídos[198]. A contribuição da família da esposa para a instalação do novo casal é, portanto, muito mais importante do que a transferência dos meios de produção.

A noção de compensação parece ser mais ampla do que um simples cálculo econômico sobre ganhos e perdas da capacidade produtiva do grupo, atingindo as condições de sua reprodução biológica e social. Nos casos em que a maternidade de uma esposa sacerdotisa era proibida, ela podia ser acompanhada no casamento por uma irmã, em geral mais nova, para assegurar uma descendência ao casal. Em tais ocasiões, pareceu bastante normal aos mesopotâmios registrar a futura 'mãe uterina' no mesmo tablete dos demais bens dotais, numa assimilação que diz muito sobre sua concepção acerca do dote[199]. A mesma lógica poderia ser aplicada às escravas que compunham os dotes das sacerdotisas casadas[200]. Evidentemente, a procriação não está desprovida de um valor econômico, pois ela é o mecanismo mais imediato da geração de mão-de-obra no quadro de uma economia doméstica, mas isto, ainda uma vez, é muito mais importante para as famílias camponesas do que para os grupos da elite urbana (e religiosa, neste caso) que estão representados nos contratos de dote à nossa disposição. Para estes, as possibilidades de perpetuação simbólica da casa deviam ter um papel mais importante nas decisões de reprodução, quer dizer, sobre a escolha dos artifícios para contornar uma eventual infertilidade da mulher ou as interdições religiosas contra a gravidez de certas categorias de sacerdotisas. Portanto, se a idéia de compensação está realmente presente na concepção do dote na Mesopotâmia, como penso, isto se dá de um modo múltiplo: ressarcimento pelo aumento da base de consumo do grupo de receptores de mulheres sem uma ampliação equivalente da base de produção; corretivo pela esterilidade ou interdição moral de engravidar; recompensa pelo acolhimento de um membro considerado mais fraco e inferior. O dote serve, enfim, para reequilibrar a situação assimétrica criada entre os grupos pela aliança de casamento.

Voltando, agora, à comparação entre a composição dos dotes e das partilhas, é preciso dizer que ela é bastante significativa. Nas partilhas masculinas, os imóveis são onipresentes (100% dos casos), sendo freqüentemente acompanhados por portas, que se associam aos edifícios como um elemento arquitetural importante a ponto de justificar sua discriminação nos registros. Seguem-se os escravos e a prata (ver Quadro 5, abaixo). Em revanche, para mencionar apenas estes dois exemplos, as jóias estão ausentes e os utensílios domésticos são raros[201]. No mais, uma análise qualitativa mostrará que os utensílios transmitidos para os homens da família podem ser mais facilmente vinculados às atividades voltadas para o exterior da casa, como as trocas comerciais. É o caso, ao que parece, dos recipientes em madeira que servem de medidas de capacidade[202]. Diferentemente, os utensílios presentes nos dotes são mais estritamente ligados às atividades domésticas no interior da casa (como os moinhos de pedra para fabricação de farinha)[203].

Quadro 5: Tipologia dos bens nas partilhas de Larsa

	imóveis	portas	escravos	prata	prebendas	objetos e mobiliário em madeira	objetos em pedra	objetos em bronze	grãos	gado	outros
Família Sanum											
TCL,10,31	X										
TCL,10,30	X										
TCL,10,55	X		X	X		X			X		X
TCL,11,141	X										
TCL,11,174	X	X				X					
TCL,11,200	X										
TCL,11,218	X										
Outras famílias											
Riftin,2	X				X						
YOS,8,98	X	X	X	X		X		X	X		X
YOS,8,88	X										
YOS,5,106	X	X	X	X		X	X			X	X
VS,13,90	X	X									
TCL,11,224	X		X	X	X		X				X
YOS,8,167	X	X									
PSBA,29:23	X	X									
YOS,8,83	X	X									
% sobre o total de registros	100	43,8	25	25	12,5	25	12,5	6,3	12,5	6,3	25

Observações: 1) os casos considerados no quadro cobrem tanto o período de independência, como o de domínio babilônico sobre Larsa. 2) Riftin, 2 foi incluído apesar da presença de uma mulher entre os quatro herdeiros. 3) As partilhas das duas famílias originárias de Ur foram excluídas (ver acima); notar-se-á, entretanto, que a tipologia de bens verificada aqui também se repete nestes dois casos.

A esta situação desigual entre dotes e partilhas é preciso acrescentar um elemento demográfico. A diferença de idade entre homens e mulheres no momento do casamento certamente influenciou as considerações sobre a divisão de bens entre filhos e filhas[204]: uma vez que as mulheres se casam mais cedo do que os homens, a dispersão do patrimônio implicado pelo dote tem lugar em um momento em que o chefe da família está ainda vivo e a atividade econômica do grupo mobiliza plenamente seus recursos produtivos, sobretudo a terra. Uma partilha dos terrenos nesta fase da trajetória do grupo doméstico imporia graves perturbações à continuidade do empreendimento comum. Diferentemente, a partilha entre os filhos, sendo *mortis causa*, situa-se justamente em um momento de redefinição obrigatória das relações entre as pessoas e de rearranjo do patrimônio. Um momento desestabilizador, é verdade, mas incontornável, no qual o conjunto dos bens deve ser reestruturado em decorrência da morte do patriarca: a divisão das terras e de outros meios de produção, ou os acordos entre herdeiros para permanecerem temporariamente em indivisão, não são apenas possíveis, mas necessários.

A terra é, assim, reservada aos homens, que fazem dela o suporte de sua vida material e do enraizamento do grupo de vinculação. *"Campo, pomar e casa"* – como repete incessantemente a fórmula consagrada pelos textos – formam uma unidade: unidade familiar, mas, antes de mais nada, unidade viril e endógena. As mulheres são associadas a bens que refletem, como um espelho, sua condição móvel e o estado sempre transitório daquelas que oscilam entre dependências mais ou menos profundas em relação aos homens: pais, esposos, irmão, filhos; dito de outro modo, aquelas que a lógica do sistema social considera como pertencendo apenas provisoriamente à família de origem e que, na família de destinação, são tidas apenas como adjuntas (K. Van Der Toorn, 1996: 24). Eis a situação: bens móveis e mulheres, fundamento de um sistema exógeno[205], circulam entre os diversos pontos fixos de uma construção formada pela união indissolúvel entre os homens e o território[206]. Pode-se, sem dúvida, notar uma lógica por trás destes princípios – que a prática não cessará de contradizer, mas sem questioná-la definitivamente – e pode-se dizer que a circulação dos bens na Mesopotâmia não era completamente indiferente aos sexos, sobretudo no que diz respeito à devolução entre gerações. Mas isto será suficiente para falar de uma circulação determinada pelo gênero ou, ainda, de circuitos masculinos e femininos, com critérios próprios de alocação dos bens?

O tema é bem conhecido da antropologia, mas um estudo no domínio mesopotâmico ainda está por ser feito[207]. A situação observada nas partilhas pode oferecer uma pista para a pesquisa, sob a condição de saber que a transmissão interfamiliar é, *a priori*, uma esfera particularmente sensível às diferenças sexuais, pois a existência do grupo é condicionada, em grande medida, pela manutenção de sua capacidade reprodutiva, o que depende de um equilíbrio otimizado entre homens e mulheres. Ora, o principal mecanismo regulador deste equilíbrio, a migração das mulheres, jamais é um fenômeno isolado, e sim, ao contrário, a ocasião de trocas entre os grupos. Dotação e herança representam, portanto, uma remodelação do patrimônio do grupo que está intimamente ligada às trocas sexuais de seus membros[208].

No horizonte do período babilônico antigo, o único trabalho que, até aqui, procurou estabelecer as conexões entre os tipos de bens e as diferenças sexuais é o de Karin Reiter (1996). Baseando seu estudo sobre um *corpus* que cobre este período, a autora propõe a associação entre certos tipos de bens e os sexos, assim como a distinção de esferas de atividade potencialmente femininas (a preparação de alimentos, a manutenção da casa e a educação dos filhos) e masculinas (a subsistência e os contatos com o exterior). É preciso notar, entretanto, que Reiter fala de tipologia de bens e áreas de atividade, mas não de circuitos de circulação ou de transmissão entre gerações[209]. Com efeito, a escolha das fontes (atos de partilha, dotes e inventários sem destinação precisa) e a delimitação do tema ao domínio doméstico (em oposição ao contexto palaciano) nos levam ao mesmo quadro analisado acima, em que as formas familiares determinam as vias de transmissão e os vínculos sexuais. Isto faz com que encontremos, nas conclusões da autora, a mesma dualidade notada por nós, não apenas entre bens imóveis e mobiliário, mas também no interior da categoria de bens móveis. As duas análises se completam e sugerem, portanto, um importante critério sexual na definição da trajetória da cultura material, da *'biografia das coisas'*[210], poder-se-ia dizer, ao menos no interior da organização doméstica[211].

Para concluir, podemos dizer que o sistema de transmissão intergeracional em Larsa é marcado por filtros sexuais que não implicam a exclusão completa das mulheres do patrimônio da família (já que elas são dotadas), mas que estão longe de promover uma igualdade entre os gêneros[212]. Estaremos mais próximos da realidade se falarmos de um posicionamento subordinado das mulheres no processo de devolução. A clivagem é dupla: de um lado, a mobilidade exógena da mulher no jogo de trocas entre os grupos termina por associá-la a bens postos em circulação, substituíveis e vistos como o fruto do esforço produtivo do grupo, mais do que como meios de produção. Do ponto de vista das estratégias da família, a separação entre as mulheres e a terra libera o sistema de alianças do que poderia ser uma grave limitação (a de ser obrigado a fazer circular a terra juntamente com as mulheres), mas, ao mesmo tempo, reduz consideravelmente o potencial do casamento como mecanismo de atração de terras. Na outra ponta da equação, os homens se associam à terra e à imobilidade que ela implica[213]. Na realidade, este é um importante mecanismo de proteção e de compensação face aos efeitos pulverizadores da devolução divergente, ou seja, de um sistema de transmissão do patrimônio que não marginaliza totalmente as mulheres, e de um costume de herança que não pratica uma primogenitura radical, que excluiria os cadetes. A clivagem entre a terra e as mulheres, longe de ser uma perversão patriarcal, constitui uma pedra angular do sistema de reprodução material e social do grupo doméstico.

2. Primogenitura: os vivos e os mortos

Em algumas sociedades, a concepção e a prática da herança comportam um certo grau de tensão entre o atual controlador de bens e posições e os futuros detentores de tais direitos. Se esta tensão já é presente em vida, é no momento da morte que ela ganha uma nova dimensão: a passagem do chefe do grupo familiar para o mundo dos mortos, longe de pôr fim ao estado de disputa, determina sua inserção no panteão dos ancestrais e, assim fazendo, desloca as contradições para um nível simbólico e ritual. A ideologia da morte e os cultos mortuários são, em grande parte, uma resposta à fricção inerente à relação entre os vivos e os mortos. As duas ordens de conflitos – entre os vivos, pela partilha dos bens materiais e simbólicos do defunto, e, por outro lado, entre aqueles que se encontram agora no além e os que seguem sobre a terra como seus continuadores – teriam alguma relação? A partir de um estudo de caso, do reino meridional de Larsa, eu gostaria de responder afirmativamente a esta questão e sugerir, mais amplamente, algumas articulações entre o processo de transmissão dos bens e certos aspectos das práticas funerárias mesopotâmicas durante o período babilônico antigo, nos primeiros séculos do segundo milênio a.C.

Comecemos pela distinção feita no interior do grupo de herdeiros masculinos pelos costumes sucessórios que tendem a privilegiar um dos filhos[214]. O princípio da primogenitura sucessória não parece ter sido universal na Mesopotâmia. Os dados são dispersos e pouco numerosos, provindo de fontes heterogêneas (a legislação para a Babilônia; os contratos de partilha para Larsa, por exemplo), mas nós podemos vislumbrar o seguinte quadro[215]:

– no norte, as práticas parecem igualitárias. No código de Hammu-rabi (1792-1750 a. C.), nenhum direito de primogenitura é previsto como princípio da partilha e os parágrafos 167 e 170 sugerem um tratamento igualitário entre os filhos da primeira e da segunda esposa (*ashshatum*), e mesmo entre os filhos da esposa principal (*hîrtum*) e os de uma escrava, desde que tenham sido reconhecidos pelo pai em vida. Neste caso, a única distinção reside no fato de que os filhos da esposa legítima tinham a prioridade na escolha das partes do patrimônio[216]. Entretanto, se no nível das partilhas *ab intestat* a primogenitura biológica não cria hierarquias entre os sucessores na Babilônia, uma espécie de primogenitura pode ser instituída pela vontade do pai, que pode privilegiar materialmente seu filho predileto[217]. Em Sippar, 75 km ao norte de Babilônia, a mesma tendência de partilhas igualitárias prevalece, mesmo se era possível conceder ao primogênito o direito de administrar a partilha[218].

– Indo para o sul, constata-se que uma distinção impõe-se no seio do grupo de herdeiros e que um benefício material é destinado ao primogênito. Em algumas cidades meridionais, um adicional de dez por cento sobre o conjunto do patrimônio é concedido a um dos herdeiros, provavelmente o filho mais velho[219]. A prática é observada em Nippur[220], em Ur[221], passando por Isin[222].

– Na região de Larsa, a discriminação aprofunda-se e o privilégio torna-se maior: o primogênito recebia uma parte dupla em relação aos demais herdeiros. Na prática, isso significa que o total do patrimônio era dividido pelo número de herdeiros mais um e a parte suplementar cabia ao filho privilegiado. Este era o caso da capital do reino, Larsa[223], e também de Kutalla, pequena cidade situada a menos de 20 km da capital (Charpin, 1980: 65, 71 e 173).

Tal quadro pode ser sensivelmente alterado caso se considere a diversidade de situações na periferia mesopotâmica[224]. Certos autores sugeriram, aliás, que a dicotomia entre o norte e o sul mereceria ser atenuada. Sophie Lafont (1992), por exemplo, chamou a atenção para o fato de que a documentação de certas cidades forneceu contratos de partilha que seguem regras diferentes, o que atestaria a convivência de mais de uma tradição relativa à herança. Sem querer afastar preliminarmente esta possibilidade, eu diria que a situação contratual pode ser explicada de outro modo. A origem da diversidade documental pode estar na complexidade do processo de sucessão, que não é realizado necessariamente em uma única ocasião. Assim, uma mesma família pode realizar partilhas desiguais, nas quais o primogênito receberia integralmente sua parte adicional, e, em seguida, dividir os bens restantes de modo igualitário[225]. Pode-se pensar, igualmente, na situação inversa, em que a concessão da parte suplementar era feita quando da última partilha, depois de uma ou várias divisões igualitárias[226]. Em ambos os casos, a situação documental seria heterogênea, mas haveria uma única tradição de partilha, claramente discriminatória. Eu penso que é este o caso de Larsa, por exemplo. Em todo caso, o que nos interessa, aqui, é reter o princípio de uma hierarquia entre os herdeiros, que se manifesta com maior ou menor força segundo as regiões.

Dentre os contratos provenientes dos arquivos da família, o adicional conferido ao primogênito foi geralmente respeitado. No entanto, o processo de transmissão patrimonial começou por uma repartição igualitária de bens entre os filhos de Sanum, no ano 8 de Rîm-Sîn (TCL,10,31 de _/ IV/RS 8.). Eshtar-ilî e seu irmão Sîn-shêmi dividiram um pomar às margens do canal Mamidannat e cada um recebeu uma exata metade do terreno. Este não é o único caso de partilha igualitária documentado em Larsa (ver o Quadro 6 abaixo) e as razões da presença deste tipo de documento já foram evocadas: ou eles refletem a presença concomitante de costumes sucessórios diferentes, como propôs S. Lafont, ou, ao contrário, eles representam apenas uma etapa, provisoriamente igualitária, de um processo de partilha desigual, como penso. A presença de contratos igualitários nos arquivos de uma família que, manifestamente, praticava regularmente o privilégio de primogenitura parece confirmar a segunda explicação[227].

A partir da geração seguinte, o direito de primogenitura parece ter sido sempre observado. Iddin-Amurrum e seu irmão Iblutam partilharam vários terrenos e escravos no ano 22 de Rîm-Sîn (TCL,10,55 de _/IV/RS 22). O estado do tablete cuneiforme, bastante deteriorado atualmente, não nos permite saber as proporções exatas dos bens imóveis destinados a cada um, mas Iddin-Amurrum recebeu 11 escravos, enquanto que Iblutam recebeu apenas cinco, uma aplicação tão próxima quanto possível do princípio da parte dupla, em se tratando de bens indivisíveis por natureza. Além disso, o primogênito recebeu os objetos de culto familiar, totalmente ausentes da parte do caçula (eu retornarei à questão). A posição privilegiada de Iddin-Amurrum foi reforçada por uma segunda partilha, 38 anos mais tarde, logo após a chegada dos conquistadores babilônios[228]: ele recebeu 353 sar (12.355 m^2) do pomar familiar, contra 176 sar (6.055 m^2) dados a Iblutam[229]. É interessante ver como a lógica matemática da partilha impõe-se de modo estrito: como as contas não são exatas, o primogênito recebe uma pequena parcela a mais do que tinha direito e é obrigado a pagar 1 siclo de prata (c. 8 gramas) como compensação ao seu irmão caçula (TCL,11,141: 8-11).

Um último registro concerne a esta geração da família Sanum (TCL,10,30 de _/X/RS 8). O contrato registra apenas a parte do patrimônio concedida a um dos herdeiros, Iddin-Amurrum. Trata-se de vários lotes de terrenos cuja recapitulação indica estarem situados às margens do rio Tigre. Se não se trata de uma doação paterna e sim de uma verdadeira partilha, como parece indicar o formulário verbal e a utilização da expressão 'há-la' (parte de), seria preciso supor que a parte de Iblutam fora registrada em um outro tablete, hoje perdido[230]. É preciso acrescentar que outras formas de transferência entre as gerações podiam igualmente servir para privilegiar o primogênito, excluindo os cadetes, como uma venda feita do pai para o filho: parece que este foi, justamente, o caso de uma transferência de terreno entre Eshtar-ilî e seu filho Iddin-Amurrum[231].

No ano 40 de Hammu-rabi, houve uma grande divisão de bens entre os cinco filhos de Iddin-Amurrum, pertencentes à última geração conhecida da família Sanum (TCL,11,174 de 4/VI/Ha 40). São partilhados três tipos de bens: a casa familiar, os terrenos rurais e o mobiliário em madeira (mesas, cadeiras, leitos, portas). Em cada uma das categorias, o privilégio do primogênito foi respeitado.

Mesmo tendo sido bastante abrangente, essa partilha não incluía todos os bens fundiários da família e alguns pomares ainda permaneceram indivisos por seis anos. Foi apenas no ano 4 de Samsu-iluna que eles foram finalmente repartidos pelos cinco filhos de Iddin-Amurrum (TCL,11,200 de 20/III/Si 4). Esta partilha certamente não foi igualitária[232], mas nenhuma regra pode ser precisada: o início do tablete está quebrado, o que nos impede de conhecer, justamente, a parte recebida pelo primogênito, Ibni-Amurrum, primeiro da lista. Aliás, as partes dos demais irmãos também não foram exatamente iguais, sem que possamos saber o motivo exato[233].

Parece que Ibni-Amurrum faleceu no ano 7 de Samsu-iluna sem deixar herdeiros. Seus bens seguiram, então, uma transmissão colateral e foram partilhados por seus irmãos[234]. O contrato redigido neste momento não nos permite saber se algum critério de favorecimento foi seguido, pois as partes de cada irmão não foram detalhadas. Esta é, aliás, uma situação sobre a qual não temos informações claras: nas regiões que praticavam normalmente a partilha diferenciada, o princípio de precípuo era também válido nos casos de devolução colateral entre os irmãos do morto?

Além da família Sanum, o privilégio material destinado a um dos filhos repete-se freqüentemente nos contratos de Larsa, mesmo se é possível constatar também divisões igualitárias. Muitas vezes, o estado da documentação não permite extrair uma regra. Aqui está o quadro completo:

Quadro 6: Precípuo nas partilhas de Larsa

	Presença do precípuo	Partilha igualitária	Indeterminado	Observações
Família Sanum				
TCL,10,31		X		
TCL,10,30			X	Registro de parte única
TCL,10,55	X			
TCL,11,141	X			
TCL,11,174	X			
TCL,11,200	X			
TCL,11,218			X	
Outras famílias				
Riftin,2	X			
YOS,8,98		X		
YOS,8,88	X			
YOS,5,106			X	Registro de parte única
VS,13,90	X			
TCL,11,224			X	
YOS,8,167	X			Ver obs. n. 4 abaixo
PSBA,29:23			X	Registro de parte única
YOS,8,83		X		
PTS,2187	X			Rascunho; não contém o nome dos co-herdeiros
Percentagem sobre o total de casos	52,94 %	17,65 %	29,41 %	

Observações: 1) YOS,8,133, citado por Matoush (1949: 154) como sendo um caso indeterminado, provém, na verdade, de Ur e a parte suplementar é de 10%, como esperado para esta cidade; 2) YOS,8,148, citado por Matoush como sendo uma partilha igualitária, pertence a uma família originária de Ur (caso tratado por Butz 1981) e a parte suplementar de 10% é, grosso modo, respeitada; 3) no documento Sumer et Akkad, 166, as medidas dos terrenos estão quase ilegíveis, sobretudo no caso do primeiro co-herdeiro (primogênito?); Leemans (1955: 121) restituiu medidas idênticas para os três herdeiros, supondo uma partilha igualitária; no mesmo sentido cf. Charpin (1986: 132), que se baseou no fato de que a casa da família, situada em Ur, seria a mesma que aparece no registro RA,14,95; 4) L. Matoush considerou que YOS,8,167 faz parte das partilhas igualitárias; no entanto, o formulário do documento induziu-o a cometer um erro: de fato, o patrimônio foi dividido em duas partes iguais, mas a segunda parte foi destinada a dois dos irmãos, assim cada um recebeu a metade da parte do irmão primogênito, como era a regra em Larsa.

Os contratos de partilha mesopotâmicos limitam-se, em geral, a distribuir bens. No entanto, o privilégio destinado ao primogênito não se restringia às vantagens materiais: a desigualdade no nível dos bens era reforçada por uma sucessão discriminatória. É certo que estamos muito mal informados sobre o modo como o pai é substituído em sua posição social e no exercício de sua autoridade. Se, por um lado, a fragmentação da casa em diversas subunidades, implicada pela inclusão de todos os filhos masculinos na partilha, sugere uma multiplicação dos centros de decisão, com cada nova casa tendo seu próprio chefe, por outro, nada impedia que houvesse uma certa concentração de poder. O acúmulo da autoridade moral pelo primogênito pode ter efeitos, seja no interior da família, seja em seu exterior, isto é, nas relações com a comunidade. Ao contrário das vantagens materiais, o poder herdado tem contornos menos definidos e seu exercício dependerá, em grande parte, da habilidade do primogênito em traduzir na prática um atributo que é apenas potencial. No fim das contas, a autoridade é menos um bem que se herda do que uma capacidade construída nas relações com outros membros da família e com a sociedade em geral. Sendo mais abstrata, esta diferença de poder escapa do formulário dos contratos de partilha e, por conseqüência, de nosso campo de visão.

Alguns outros elementos do privilégio de sucessão podem, no entanto, ser notados. Nós sabemos, por exemplo, que Ibni-Amurrum herdou o selo-cilindro de seu pai. Em uma série de contratos datados da época da ocupação babilônica, ele imprime o selo de Iddin-Amurrum para legitimar suas próprias transações comerciais[235]. A maior parte desses contratos refere-se aos negócios de Ibni-Amurrum com o palácio: são recibos de produtos (peixes, lã, tâmaras, cebolas) entregues pelo palácio para comercialização e que deveriam ser pagos em um certo prazo. Ibni-Amurrum foi, então, um mercador (*tamkârum*) a serviço do palácio. Parece que seu pai Iddin-Amurrum teria exercido a mesma função[236] e, assim, não seria absurdo supor que tal posição junto ao palácio tivesse sido herdada pelo filho primogênito, ao mesmo tempo que as vantagens patrimoniais.

É na realização dos rituais familiares que se pode procurar uma outra sorte de diferenciação entre o primogênito e os demais filhos. Se os rituais têm seus fundamentos nas concepções mitológicas, sua eficácia social depende largamente de uma performance, de um conjunto de gestos e palavras que têm a capacidade de atualizar o mito no momento presente, de traduzir as evocações mais abstratas do relato mítico em uma realidade mais tangível. Esta representação ritual é, pois, uma questão de tempo, pois ela dota de temporalidade certas categorias mitológicas que são, por definição, atemporais ou pouco afetadas pela duração, mas ela é também uma questão de materialidade espacial: o ritual supõe o engajamento do próprio corpo dos oficiantes, a manipulação de objetos litúrgicos, o ancoramento em um território, por vezes considerado sagrado. Tais características são particularmente visíveis nos cultos mortuários, nos quais a presença dos restos mortais dos ancestrais serve para delimitar um espaço cerimonial[237].

Nessa materialidade do culto prestado aos ancestrais existe um primeiro vínculo com o processo de devolução. Os objetos rituais, os *sacra*, eram partilhados entre os herdeiros ou, em caso de discriminação como em Larsa, eram transmitidos preferencialmente ao primogênito. O mesmo ocorria com os espaços funerários, sobretudo em situações em que as tumbas estavam fisicamente associadas às casas. Assim, em Larsa, como alhures na Mesopotâmia, a divisão do espaço residencial significava também uma partilha do espaço ritual da família e a vantagem material do primogênito era acrescida de um controle exclusivo ou preferencial sobre o patrimônio simbólico ligado aos ancestrais.

Um segundo elemento concerne aos próprios atores implicados: o processo de devolução coloca os ancestrais na posição de doadores de bens e os descendentes no papel de receptores de bens. O culto dos ancestrais acrescenta, assim, uma terceira dimensão a um processo geral de substituição das gerações: de início, a sucessão biológica; depois, a sucessão patrimonial; o culto mortuário é um terceiro procedimento sucessório, que permite redefinir os papéis dos agentes sociais, agora separados pela barreira da morte[238]. Dito de outro modo, trata-se de um acerto de contas simbólico entre as gerações, o que permite dar uma resposta à tensão instalada pela separação radical entre os vivos e os mortos promovida pelo trespasse.

A importância desses dois aspectos deriva do fato de a sucessão não se limitar a uma questão de transmissão de bens, mas implicar um novo arranjo das respectivas posições dos atores sociais. O desaparecimento de alguns destes atores não elimina, bem ao contrário, a necessidade de novas composições e enseja uma situação crítica à qual as regras de herança devem fazer face. Por outro lado, do ponto de vista do sistema doméstico, a perpetuação da unidade de produção e consumo depende de uma solução de continuidade que impeça que morte do chefe da família tenha como resultado a extinção dos direitos de acesso aos bens e, particularmente, ao solo. O problema é que essa solução não é natural e a existência de vários casos em que as tensões engendram uma resistência à transmissão e, no limite, levam à destruição dos bens (J. Goody 1962: 30 6 s.) lembra-nos que a perpetuação do grupo doméstico é uma questão delicada e exige negociações constantes.

Tais observações têm um caráter genérico, mas não universal: elas delimitam certos elementos que são encontrados em sociedades sedentarizadas, como a Mesopotâmia antiga, mesmo se nesta os componentes nômades e seminômades eram importantes, mas que não correspondem à situação das sociedades de caçadores-coletores, por exemplo. A apropriação social do espaço manifesta-se de modo bastante diverso segundo os casos, e a organização do espaço funerário, em particular, sofrerá as consequências. No segundo tipo de sociedade, a situação extrema é a completa ausência de tumbas, o que, por vezes, é o resultado da própria ausência de funerais (Désvaux 1994: 64)[239]. Na maior parte do tempo, a consagração de um território pela morte de um membro do grupo implica uma exclusão, um distanciamento: as pessoas partem deixando para trás um espaço poluído pela morte. Evidentemente, a própria contaminação do ambiente por um corpo não inumado impunha o abandono, e a mobilidade deste tipo de grupo permite uma resposta eficaz ao problema. De um modo geral, pode-se dizer que, entre os caçadores-coletores, as práticas funerárias não operam um ancoramento territorial consistente, tendendo, ao contrário, a estimular o deslocamento[240].

Na antiga Mesopotâmia, o processo de neolitização levou a uma situação muito diferente, em que a sedentarização dos vivos implicou igualmente um enraizamento dos mortos. As inumações e a constituição dos cemitérios são sua expressão mais concreta. O fenômeno das transformações das práticas funerárias durante o período Neolítico[241] é bastante complexo e eu me limito a evocar uma modalidade mais estreitamente ligada às questões tratadas aqui: a associação entre a habitação e as tumbas.

Na Mesopotâmia, as práticas funerárias são variadas[242], mas as diversas formas de sepultamento predominam: com ou sem esquifes (sarcófagos ou, mais correntemente, recipientes cerâmicos); o corpo depositado diretamente na terra, envolto em tecidos ou ainda cercado de uma estrutura em pedra, cacos de argila ou simplesmente terra batida; inumação em fossas, em sepulcros subterrâneos ou mesmo nos pântanos, como no sul sumério – uma prática seguida até um período tardio por alguns reis do primeiro milênio. A cremação, ao contrário, parece ter sido uma prática pouco corrente[243]. A este quadro, somam-se os dados de uma topografia funerária que se pode resumir na oposição entre as sepulturas *extra muros* e as sepulturas *intra muros*. Nesta última categoria, bastante típica da Mesopotâmia, mas longe de lhe ser exclusiva, encontra-se a inumação nas tumbas situadas no subsolo das casas. A prática é atestada bastante cedo na região, ao menos a partir da época de Hassuna (VI milênio, equivalente ao período de Obeid no Sul do vale) e perdurará até o fim do primeiro milênio[244].

Em uma época mais próxima daquela que nos interessa aqui, as inumações sob as casas são bastante difundidas durante o terceiro e inícios do segundo milênios[245]. O quarteirão residencial de Ur é um caso bastante representativo[246]. Outros exemplos são atestados igualmente em Girsu[247] e, em escala mais limitada, em Sippar[248].

Em Larsa, o mesmo costume marcou o quarteirão residencial nordeste da cidade, datado da mesma época de nossos arquivos epigráficos, e pode ter sido generalizado (ver Hofman 1997: 64 ss. e Calvet 1997: 89 ss. e 109 ss.). Durante as duas últimas campanhas de escavação (em 1987 e 1989, sob direção de J.-L. Huot), os arqueólogos trouxeram à luz duas grandes residências de um conjunto que podia chegar a mais de trinta casas. Os dois exemplares escavados contavam com caves funerárias que foram, sem dúvida, construídas ao mesmo tempo que o próprio edifício, integrando-se completamente à sua arquitetura[249]. Nos dois casos, as tumbas subterrâneas são estruturas bem planejadas e executadas em tijolos cozidos, e cujas entradas pelo interior das casas se fazia a partir de cômodos de acesso limitado.

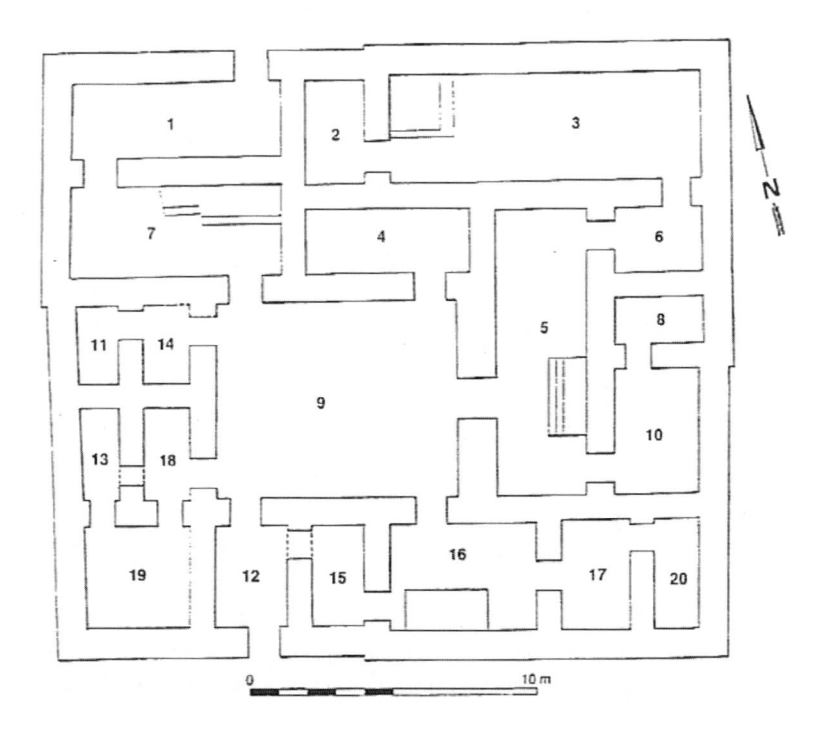

Figura 6: Plano da casa B 27 (segundo Calvet 2003)

Figura 7: Plano da casa B 59 (segundo Calvet 2003)

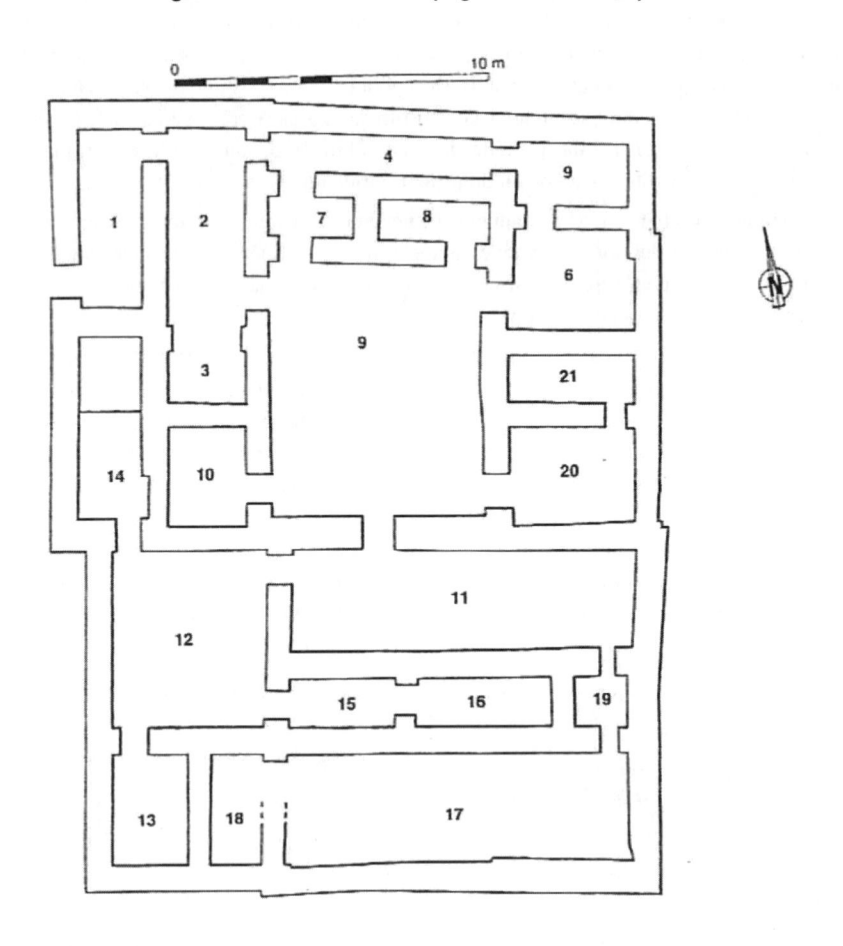

Na casa B 27 (cuja escavação começou em 1987 e foi concluída em 1989), a cave funerária, com duas sepulturas atestadas, encontrava-se sob o subsolo do cômodo 3, ao longo do ângulo nordeste. A partir de cada uma das duas entradas da casa (1 e 12), era preciso atravessar cinco ou quatro cômodos, respectivamente, para chegar ao local de acesso às tumbas. Na segunda casa, B 59 (inteiramente escavada em 1989), o sepulcro situava-se sob o cômodo 17, no ângulo sudeste, diametralmente oposto à entrada (1) e o acesso era igualmente dificultado pelas possibilidades de circulação no interior, que exigiam a travessia de cinco cômodos. Nos dois casos, os setores funerários eram compostos do mesmo modo tripartite: um pequeno *hall* de entrada, o grande espaço sobre as caves e um pequeno nicho anexo. Tanto em B 27 como em B 59, os cômodos que davam acesso às sepulturas eram de dimensões elevadas, ocupando o segundo lugar, atrás apenas do espaço central[250].

A presença dos sepulcros sob as casas serviu para reforçar ainda mais o costume larseano da primogenitura. Com efeito, certos dados sugerem que, quando da partilha, o filho mais velho era o destinatário privilegiado dos espaços rituais da residência paterna[251]: no contrato que registra a divisão do patrimônio de Iddin-Amurrum entre seus filhos, um santuário é acrescentado à parte que cabia ao primogênito Ibni-Amurrum[252]. Além disso, de um modo geral, a concentração de recursos fundiários nas mãos do primogênito, por intermédio de aquisições feitas aos cadetes, permitia que ele consolidasse sua posição de controle dos espaços sagrados do grupo.

O mesmo fenômeno repetia-se em outras cidades do sul sob o controle de Larsa nos anos que antecederam a conquista babilônica, por exemplo em Ur, onde a possibilidade de contextualizar no sítio a documentação epigráfica (devido ao fato de as escavações terem sido regulares) mostra o reforço do papel do primogênito nas práticas rituais da família[253]. O caso de Ur sugere, igualmente, que o controle exercido pelo primogênito não chegava a excluir totalmente os demais membros do grupo, mesmo em situações em que a partilha levava a uma nuclearização efetiva, com a partida dos filhos mais novos: nestes casos, uma série de rearranjos arquitetônicos na casa paterna podia garantir o acesso de todos os descendentes aos espaços sagrados dos ancestrais (Brusasco 1999/2000: 134). Como um exemplo *a contrario*, pode-se citar o caso de cidades em que os quarteirões residenciais são desprovidos de capelas domésticas, como Nippur, o que foi justamente interpretado como indício de uma ausência de associação entre o culto dos ancestrais e a transmissão do patrimônio entre as gerações[254]. Tal fato, aliás, vai no mesmo sentido de uma ausência de tradição de sepultura *intra muros* em Nippur: os poucos casos observados parecem ser conseqüência de circunstâncias excepcionais, como invasões e epidemias, e não um costume recorrente[255].

O culto aos ancestrais exige não apenas espaços, mas também objetos sagrados. A posição privilegiada do primogênito é, assim, visível igualmente no acúmulo do mobiliário de caráter religioso. Quando da partilha dos filhos de Eshtar-ilî, Iddin-Amurrum recebeu vários objetos que não têm equivalentes nas partes de seu irmão Iblutam: uma mesa-*banshur*, duas mesas de luxo e quatro pilões (TCL,10,55:16'). Podemos pensar que se trata, ao menos em parte, de objetos ligados ao culto. A mesa-*banshur* pode ser equiparada à mesa-*banshur-zagula*, uma espécie de bandeja de oferendas, particularmente associada a contextos rituais e que freqüentemente aparece na parte de herança dos primogênitos[256]. A associação foi notada nos arquivos familiares de Nippur[257] e estava presente também em Ur[258], sempre na época babilônica antiga[259].

Tais fatos apontam para uma clara relação entre as práticas funerárias de Larsa, o culto aos mortos e as formas de diferenciação na partilha da herança. Na base desses procedimentos, encontramos um fenômeno mais geral: a apropriação do território implica a construção mental de uma ligação com os ancestrais em que o espaço controlado por cada grupo – que se separa, então, do território indiferenciado, não marcado por relações de posse material e simbólica – torna-se um elemento importante de uma '*geografia totêmica*', o ponto de ligação entre os vivos e os mortos[260]. A tradição mesopotâmica procedeu a uma unificação (jamais completa) entre a habitação dos primeiros e o lugar de repouso dos últimos, fazendo da casa um espaço simbólico de rememoração dos ancestrais[261]. No que diz respeito à ocupação dos espaços, as implicações são evidentes, pois esta se apresenta como uma continuidade, como a manutenção de um laço genealógico entre a família e seu território doméstico: a referência ao passado serve para criar e reproduzir os direitos de acesso[262]. A presença dos restos mortais dos ancestrais como fundamento de uma ancoragem legitimadora no passado manifesta-se, igualmente, no nível do poder palaciano: uma 'casa do ritual-*kispum*' (*bît kispim*) parece fazer parte da estrutura arquitetônica de alguns palácios e, no período neo-assírio, vários membros da dinastia reinante foram inumados no 'Palácio dos Pais', na residência real em Assur²⁶³. Se Assurbanipal, em seus Anais²⁶⁴, vangloria-se de ter exposto os ossos dos ancestrais dos reis elamitas ao sol, transferindo-os para Assur, privando-os das oferendas e das libações, é justamente para enfatizar que a derrota leva a um total desenraizamento, espacial e temporal.

Certamente, as práticas de transmissão dos bens familiares não ficaram imunes a tais concepções. Não é por acaso que, muito cedo, alguns estudos aproximaram o termo sumério para herdeiro, ibila, e o culto familiar. Thureau-Dangin (1913: 97), por exemplo, propôs uma etimologia composta por 'ì' (óleo) e 'bil' (queimar), o que faria de ibila *"aquele que faz queimar o óleo"*, num contexto ritual. De seu lado, Koschaker (1925: 11 4 s.) aproveitou a mesma associação para reforçar sua idéia de que o culto dos ancestrais e a herança estariam ambos reservados exclusivamente aos descendentes do sexo masculino. Tanto a etimologia de Thureau-Dangin quanto a tese de Koschaker foram contestadas posteriormente²⁶⁵, mas não se pode contestar a relação entre o processo de devolução dos bens e o culto aos ancestrais, mesmo se as modalidades de articulação nem sempre forem claras. Em todo caso, alguns elementos de interpretação podem ser sugeridos.

Recentemente, no quadro dos estudos sobre as relações entre as gerações na Mesopotâmia, sugeriu-se que o privilégio de primogenitura poderia corresponder a uma compensação material dos encargos e responsabilidades assumidas pelo filho mais velho no cuidado com os pais, sendo, assim, um mecanismo que visava garantir a subsistência das pessoas mais idosas, e improdutivas, da família (Westbrook 1998: 244 s.). No entanto, é difícil demonstrar cabalmente que uma lógica de compensação estivesse na origem da diferenciação entre os herdeiros. Mesmo se fosse este o caso, o aspecto puramente material dificilmente poderia explicar totalmente a cristalização da prática. De um lado, por diversas razões, o primogênito nem sempre era o responsável pelos genitores economicamente inativos e, a menos que se dissocie a figura do herdeiro privilegiado na partilha daquela do filho primogênito, o que me parece pouquíssimo provável, uma tal situação degeneraria fatalmente em um conflito entre o destinatário 'natural' da parte suplementar e um cadete que, eventualmente, tivesse cuidado dos pais na velhice. Ora, tal tensão não encontra eco em nossas fontes, o que sugere que a manutenção dos membros da geração anterior não justificaria a reivindicação de um privilégio sucessório²⁶⁶. Por outro lado, normalmente, a partilha era feita *post-mortem* e o efeito prático de uma distribuição desigual dos bens sobre os cuidados dispensados aos pais seria restrito: se a parte suplementar tivesse realmente tal finalidade, nós esperaríamos uma maior freqüência das antecipações de herança ou, ao menos, da parte suplementar, por intermédio de testamentos; no entanto, estes são muito raros²⁶⁷.

Parece, então, que o privilégio de primogenitura, com sua parte suplementar na partilha do patrimônio, tem uma outra razão de ser e que sua relação com o culto dos ancestrais deve situar-se mais provavelmente em um nível simbólico.

De um modo geral, a primogenitura foi uma estratégia do grupo doméstico para fazer face à fragmentação do patrimônio implicada pelas regras de partilha não excludentes que prevaleciam na Mesopotâmia. A diferenciação entre os irmãos germanos exigia, no entanto, uma legitimação que, sozinha, a ordem de nascimento não poderia oferecer. O controle dos espaços sagrados da família, o monopólio dos objetos rituais, o desempenho de um papel cerimonial mais importante do que o dos demais, enfim, a criação de um laço privilegiado com os ancestrais serviram para justificar e consolidar, no nível das representações simbólicas, a posição diferenciada do primogênito.

Deste ponto de vista, a adequada compreensão do processo de repartição dos bens materiais não pode se dar, a não ser em conexão com a herança imaterial. Certos autores, entretanto, negaram a existência de uma relação entre o culto aos ancestrais e a herança na Mesopotâmia. É o caso de Miranda Bayliss (1973), cuja argumentação merece ser analisada em detalhe. Partindo de um modelo fundado na comparação antropológica, Bayliss enfatizou o caráter apaziguador do culto mortuário mesopotâmico, que ela considerou como uma resposta à tensão entre as gerações, presente entre os vivos e que se prolongava na relação com os ancestrais. Por outro lado, a autora reconhece apenas um papel reduzido do culto aos ancestrais na formação da identidade do grupo familiar e, sobretudo, nega qualquer laço com o processo de herança ou com uma posição especial do primogênito. A razão principal desta negação repousa sobre um contraste estabelecido pela autora entre a sociedade mesopotâmica e um modelo africano: neste último, a profundidade da sucessão, em um quadro de linhagens, contribui para transformar a remissão aos ancestrais em um dado fundamental da dinâmica de transmissão de bens, posições e poderes. Entre os mesopotâmios, ao contrário, a ausência de uma organização em linhagens (mesmo se a autora nos lembra da existência de traços residuais em certos reinos amorritas do início do segundo milênio) teria implicado uma separação entre a sucessão e o culto aos ancestrais.

Mas seria necessário estabelecer uma oposição tão drástica entre os dois modelos? Se for este o caso, onde deveria passar a linha de fronteira?

A resposta não é, em todo caso, evidente. Por exemplo, mesmo não compartilhando as conclusões de Bayliss, eu creio que a base de seu raciocínio sobre a tensão entre gerações é correta. Skaist (1980) manifestou uma opinião diferente: para ele, na Mesopotâmia, a relação entre as gerações seria desprovida de caráter conflituoso e os contatos rituais entre os vivos e os mortos desenvolver-se-iam em um quadro positivo e propiciatório, havendo poucos momentos de fricção. Nesta visão, por conseqüência, a função principal dos cultos mortuários seria assegurar a boa relação com as forças do além e a relação entre o culto aos ancestrais e a sucessão dar-se-ia não mais em um contexto de tensão, mas de cooperação benfazeja entre as gerações. No entanto, e creio que a maior parte dos autores que estudaram o tema concordaria comigo, o conjunto dos dados à nossa disposição (a própria natureza do ritual *kispum*; o conteúdo das preces e encantamentos; as narrativas mitológicas que informam sobre a ideologia da morte etc.) permite estabelecer, apesar de uma situação bastante complexa, o predomínio de uma visão pessimista da morte e de um conflito inerente às relações entre os vivos e os mortos[268]. Parece-me, então, que não seja possível negar tal tensão (como o faz Skaist), nem a considerar inócua, situando-a em um nível inexistente ou residual na sociedade Mesopotâmica (a linhagem de Bayliss). Com efeito, é no interior do grupo doméstico que os conflitos devem ser observados. A meu ver, a verdadeira distinção entre o caso mesopotâmico e o modelo de linhagem africano não se situa na ausência de tensão, mas na forma social pela qual ela se expressa. É a própria noção de ancestral que deve, portanto, ser redefinida, a fim de evitar comparações deformadoras: enquanto que, na África, ela será forçosamente mais larga e mais profunda, devido ao sistema de linhagens, para os grupos urbanos de Larsa ou Babilônia, os seus limites são dados, sobretudo, pelas relações de filiação, inclusive excluindo as alianças por casamento do campo da ancestralidade[269]. Uma outra diferença situa-se no modo como o culto aos ancestrais era, na Mesopotâmia, fundamentalmente sedentarizado, de onde todos os problemas no âmbito da transmissão dos imóveis vistos até aqui. Se a idéia de Mirko Novák (2000) é correta, como penso, a tendência a conservar uma proximidade geográfica com os mortos, sepultando-os na própria residência familiar, exprime não o desejo de proximidade, como se poderia acreditar em uma primeira abordagem, mas a necessidade psicológica de criar e manter uma distância controlada entre os vivos e os mortos (ou melhor, seus 'espíritos': gidim em sumério, *etemmum* em acadiano): garantir a passagem definitiva para o mundo subterrâneo, preservando as condições de repouso através da correta realização dos cultos mortuários, é, antes de mais nada, uma forma de proteção de todos os membros do grupo face às forças negativas personificadas pelos defuntos. Sepultá-los no subsolo da casa é, paradoxalmente, uma maneira de mantê-los longe do mundo dos vivos. Assim, a responsabilidade simbólica agregada à primogenitura faz do filho mais velho uma garantia do bem-estar da família, contra seus próprios ancestrais.

Conclusão – Parte I
Família e grupo doméstico, ambigüidades e tensões estruturais

Na história patrimonial das famílias de Larsa, há uma dualidade – poderíamos dizer mesmo uma tensão – entre tendências contraditórias: de um lado, as regras de transmissão entre as gerações dos bens e, de outro, as práticas suscitadas pela vontade de preservar a unidade do grupo e sua continuidade material. Em outros termos, quando observamos o movimento dos bens no interior e entre os grupos domésticos, nos deparamos, ao mesmo tempo, com forças centrífugas e centrípetas. A origem do problema deve ser buscada na contradição inerente à relação entre a família e o patrimônio. Como notou Pierre Bourdieu (1994: 192 s.), a família *"é, ao mesmo tempo, unida pela propriedade e dividida pela propriedade (...) Unida pelo patrimônio, a família é o lugar de uma concorrência pelo patrimônio e pelo poder sobre este patrimônio"*.

A devolução divergente do patrimônio tem efeitos claramente dispersivos, pois implica não apenas a inclusão de todos os filhos na partilha, mas também a dotação das filhas por ocasião do casamento. O sucesso do casamento das filhas, com a procriação de herdeiros legítimos, e a constituição de novas unidades familiares pelos filhos têm, do ponto de vista do patrimônio familiar, a mesma consequência: os bens dispersos são definitivamente apartados de sua origem, a devolução colateral torna-se impossível e a transmissão vertical impõe-se incontornavelmente. Não é preciso postular uma linha evolutiva rígida, à maneira da antropologia do século XIX, para perceber, aqui, um dos efeitos de um predomínio da organização familiar nuclear sobre as famílias alargadas.

Por outro lado, vários mecanismos atuam a fim de limitar a pulverização resultante das regras de transmissão e das prestações matrimoniais. O objetivo é preservar o grupo como unidade social e garantir sua reprodução. Assim, se a evicção radical dos cadetes não existiu, um sistema precipuário estabeleceu a desigualdade entre os germanos, favorecendo sensivelmente o primogênito, que recebe uma parte avantajada da herança e tem, igualmente, uma posição simbólica privilegiada pelo seu papel no culto aos ancestrais. Do mesmo modo, se as mulheres não são completamente excluídas do processo de transmissão, a dotação tende a lhes atribuir apenas bens mobiliários, fazendo do controle fundiário um domínio masculino. As estratégias de indivisão, temporária ou prolongada, dos terrenos completam esta série de esforços que permitem lutar contra a dispersão.

Esta ambigüidade entre um sistema de parentela que tende a ser mais igualitário e uma organização doméstica cuja reprodução depende da limitação da fragmentação do patrimônio pelo estabelecimento de hierarquias e exclusões parciais não é, a meu ver, nem superficial nem ocasional. Ao contrário, ela corresponde perfeitamente a estruturas profundas da organização social mesopotâmica que nem sempre foram bem entendidas.Vimos, com efeito, que o reconhecimento das realidades mesopotâmicas do parentesco e da influência do papel da família sobre o processo de apropriação foi complicado por uma visão individualista e atomizada da ação social. E, no entanto, a família constitui uma entidade muito mais visível nas fontes e seus contornos são muito mais palpáveis do que os do grupo doméstico. Este é ainda mais imperceptível nas fontes. Não é, portanto, surpreendente constatar uma dificuldade, até mesmo uma resistência, de admitir que o grupo doméstico era uma instituição importante na vida econômica e social, pois ele transparece mais através de uma rede de ações do que de uma estrutura concreta. É, portanto, a partir da análise de certas estratégias, de certos movimentos patrimoniais, que se pode chegar a discernir a existência desta entidade englobante, que ultrapassa os quadros da família, e a avaliar seu papel no controle do patrimônio.

A antropologia, aliás, conheceu as mesmas dificuldades e hesitações: o reconhecimento de uma realidade social como o grupo doméstico teve de enfrentar o predomínio da família como unidade de análise. Foi, sobretudo, a partir dos trabalhos de Claude Lévi-Strauss sobre as *'sociétés à maison'* que o panorama começou a modificar-se. As idéias de Lévi-Strauss tiveram como ponto de partida os problemas levantados pela análise da organização social dos Kwakiutl da Ilha Vancouver e da costa noroeste dos Estados Unidos. Em seus trabalhos pioneiros sobre estas populações, Franz Boas havia, de fato, experimentado algumas dificuldades para classificar o sistema de filiação e de sucessão que aí seriam predominantes. Em seus primeiros estudos, ele havia aproximado os Kwakiutl de outras populações vizinhas, que se caracterizavam por tendências patrilineares. Todavia, desde o início, alguns dados entravam em contradição com a proposição de um sistema unilinear, por exemplo, os laços simultâneos e cumulativos com os grupos do pai e da mãe ou a coexistência de transmissões em patrilinhagem e matrilinhagem. Foi por isso que Boas alterou suas concepções, pretendendo que, então, os Kwakiutl fossem originalmente organizados a partir do modelo matrilinear e, depois, tivessem evoluído em direção a uma organização patrilinear. As hesitações de Boas perduraram e, na seqüência, ele terminou por inverter esta hipótese, propondo uma evolução no sentido de uma estrutura matrilinear. Esta substituição de um regime patrilinear por um outro matrilinear não foi aceita sem protestos pelos antropólogos (como Durkheim, Mauss, Murdock e Goodenough). Finalmente, em seus últimos estudos sobre os Kwakiutl, Boas nega a possibilidade de definir o sistema de filiação e as regras de transmissão através de uma terminologia tradicional e imagina a existência de uma formação em que princípios agnáticos e uterinos mesclam-se, sem, no entanto, apresentar uma nova categoria antropológica; Boas prefere insistir sobre o caráter original da organização social dos Kwakiutl[270].

A contribuição decisiva de Lévi-Strauss consistiu em reconhecer que esses sistemas que não correspondiam a nenhuma das categorias tradicionais (unilinear, bilinear ou indiferenciada), mas as recortavam, tinham uma existência mais difundida e deviam ser abordados a partir de conceitos novos e mais adequados, como, propõe ele, as *'sociétés à maison'*. A existência de sociedades fundadas sobre este modelo não se limita, entretanto, aos casos tradicionalmente estudados pelos etnógrafos e Lévi-Strauss (1979: 153 ss.) considera que se trata de uma característica essencial da nobreza da Europa medieval.

No que diz respeito à situação em Larsa, tal como a descrevemos, podemos reter como ponto comum com as '*sociétés à maison*' que se estabelece nestas uma dialética entre os princípios de uma parentela bilateral, de um lado, e aqueles relativos ao grupo de residência, de outro. Trata-se de uma situação que não é desprovida de contradições. As tensões podem manifestar-se de modo mais ou menos agudo, mas o funcionamento da sociedade conseguiu, normalmente, conciliar estas práticas divergentes em um equilíbrio por vezes instável, mas suficientemente constante para caracterizar domínios inteiros da vida social. Os movimentos discordantes que observamos no nível da transmissão do patrimônio em Larsa são o resultado de uma composição do mesmo tipo. Assim, as tendências dispersivas da devolução divergente são do domínio de uma configuração familiar cuja lógica se fundava na parentela, o que tinha efeitos mais igualitários, enquanto que os dispositivos opostos à fragmentação, necessariamente baseados na hierarquia e na distinção, são a tradução de uma realidade e de uma ética domésticas, que procuram a proteção contra a pulverização definitiva e a reprodução de suas características essenciais. As práticas de transmissão do patrimônio entre as gerações e suas articulações com as prestações matrimoniais podem ser mais bem compreendidas no interior deste equilíbrio situado no cruzamento entre a lógica de parentela e a lógica do grupo doméstico[271]. O dote constitui, uma vez mais, um indício revelador e entendemos por que ele é preferido por este tipo de sistema ambíguo: como mecanismo de devolução, ele permite evitar as fraturas familiares que surgiriam de uma total exclusão das mulheres do acesso ao patrimônio e, ao mesmo tempo, permite uma valorização social da mulher (aspecto este que foi privilegiado de modo um tanto precipitado e unilateral por certas leituras feministas); mas, como prestação matrimonial, o dote implica uma dupla exclusão das filhas, pois elas permanecem apartadas da partilha que ocorre após a morte do chefe de seu grupo de origem, especialmente da divisão dos imóveis, e não são integradas ao grupo do marido como membros detentores de direitos patrimoniais.

II – TRANSAÇÕES PATRIMONIAIS

> É difícil não ver, sobretudo a propósito da compra de um produto tão carregado de significação como a casa, que o "sujeito" das ações econômicas nada tem da pura consciência sem passado da teoria ortodoxa e que, muito profundamente enraizadas no passado individual e coletivo, através das disposições que por ele são responsáveis, as estratégias econômicas estão mais freqüentemente integradas em um sistema complexo de estratégias de reprodução, portanto repletas de toda a história do que elas visam perpetuar, quer dizer, a unidade doméstica (...).
>
> P. Bourdieu (2000a: 30)

CAPÍTULO 4
CARTOGRAFIA DA CIRCULAÇÃO

No estudo do mercado, antigo ou moderno, capitalista ou não, não resta dúvida de que a rigorosa identificação dos objetos da circulação seja uma condição prévia e indispensável para a definição de sua natureza e para a explicação de seu funcionamento. Que bens concretos (embora nem sempre materiais, é verdade) sejam objetos de transações, é uma evidência que parece não precisar ser lembrada. No entanto, nem sempre ela foi devidamente observada nos estudos acerca dos mercados imobiliários da antiga Mesopotâmia e este descuido deturpou consideravelmente as visões que se formaram sobre o tema. Citemos apenas este exemplo, que nos interessará particularmente: falando sobre a família Sanum, W. F. Leemans (981-2: 63) – em geral, um estudioso particularmente detalhista – assegurou que seus membros não somente compraram e venderam casas, mas também campos. Trata-se de um duplo equívoco: os campos estavam ausentes das aquisições da família e a afirmação de que seus membros vendiam terrenos é, no mínimo, um exagero. No entanto, a afirmação dificilmente é surpreendente: pelo contrário, ela é necessária para subsidiar a visão de um mercado em que mercadores fazem dos negócios imobiliários uma atividade profissional e uma fonte de renda e no qual circulam não apenas bens, mas mercadorias.

1. Circulação da terra... mas qual terra?

Desde logo, é preciso observar que os terrenos presentes no circuito do mercado não correspondiam ao conjunto da apropriação fundiária das famílias: certos tipos de terrenos, como os pequenos lotes urbanos ou os pomares, eram freqüentes nos contratos de compra e venda, enquanto que outros, como os campos agrícolas, eram raros ou mesmo ausentes, dependendo da região. Assim, há uma zona de coincidência entre o espaço que uma família controla e o que ela põe em circulação no mercado, mas esta zona é apenas parcial. Por vezes, os autores tendem a explicar certas ausências no âmbito da circulação através de interdições legais à alienação: seria o caso, sobretudo, dos campos agrícolas reservados à cultura de cereais. No entanto, mesmo que tais interdições – legais, mas também morais – tenham sido possíveis, a situação parece ter sido mais complexa e não se pode creditar às normas emanadas do palácio a composição dos elementos que transitavam, ou não, no mercado fundiário. Na verdade, o patrimônio imobiliário doméstico resulta de uma série de fatores que determinam sua aquisição, concentração, dispersão transmissão, perda etc. E nem sempre estes fatores atingem do mesmo modo todos os tipos de imóveis. As diferenças dizem respeito seja a certas especificidades físicas dos terrenos (qualidade do solo, localização, distância em relação aos centros urbanos ou aos canais de irrigação etc.), seja a certas considerações sociais (valor culturalmente estabelecido, função econômica, prescrições simbólicas etc.)[272]. Neste quadro de diversidade, a coexistência de vários circuitos de bens, cada qual com suas próprias regras, é comum em muitas sociedades, sendo um fenômeno bem atestado pela literatura antropológica[273], mas ignorado pela assiriologia[274]. Para reverter este quadro, seria interessante examinar em detalhe os tipos de terrenos que circulavam no mercado imobiliário de Larsa.

1.1. Filologia do espaço

A denominação dos terrenos nos contratos de alienação seguia os hábitos dos escribas e os formulários consolidados, fortemente influenciados pelo uso da língua suméria. Uma abordagem quantitativa dos termos pode ser realizada, mas será insuficiente para estabelecer uma tipologia mais precisa. Assim, uma consideração simultânea da nomenclatura, dos demais dados presentes nos contratos (valor, dimensão e localização) e da distribuição cronológica torna-se necessária à análise.

Nos 143 contratos de compra da época dos dois últimos reis de Larsa, Warad-Sîn e seu irmão Rîm-Sîn, é possível identificar 170 terrenos transferidos: em 164 casos, a designação original pode ser restituída; nos seis casos restantes, o estado atual do tablete cuneiforme impede uma leitura segura[275]. O quadro, a seguir, mostra a situação completa:

Quadro 7: Tipos de imóveis nos contratos de compra

Tipo de terreno		Ocorrências	%
gishkiri₆		58	34,12 %
é-dù-a		41	24,12 %
kislah-1 (urbano)		18	10,59 %
kislah-2 (rural)		13	7,65 %
kankal		6	3,53 %
a-shà	a-shà	3	6,46 %
	a-shà kankal	3	
	a-shà ú-sal	2	
	a-shà kankal gishkiri₆	1	
	a-shà-[xxx]	1	
	a-shà shuku	1	
é		4	2,34 %
é-ki-shub-ba / ki-shub-ba		6	3,53 %
é-ki		1	0,59 %
é-gal^lam		1	0,59 %
Ambar		1	0,59 %
gá-nun		1	0,59 %
ú-sal-la gishkiri₆		1	0,59 %
é-nun-na		1	0,59 %
é gishkisal (?)		1	0,59 %
indeterminados		6	3,53 %
Total		**170**	**100 %**

– Os terrenos mais freqüentes nas transações são os pomares. O termo sumério kiri₆ (SL, 2: 372) e seu equivalente acadiano *kirûm* (CAD, K: 41 1 s. e AHw, 1: 485) designam um terreno destinado à arboricultura. Na maior parte dos casos (65,5 %), a destinação é explicitada pelos contratos: *'um pomar cheio de tamareiras'* (gishkiri₆ gishgishimmar ib-si/sá), ou ainda por uma formulação mais precisa, indicando o número de árvores plantadas: *'um pomar com 25 tamareiras em seu interior'* (gishkiri₆ shà-ba 25 gishgishimmar). No entanto, mesmo quando não há precisão no texto, pode-se afirmar que os terrenos momentaneamente incultos deste tipo são destinados à produção de frutos devido às suas características particulares. No mais, o predomínio das tamareiras era absoluto: nenhuma outra árvore é mencionada nos contratos imobiliários[276] e a importância da tâmara na economia de Larsa era extensa, tanto nos domínios domésticos quanto no contexto palaciano[277]. Alguns dados permitem pensar que a densidade de árvores em um terreno era o fator decisivo para o recorte das áreas negociadas[278]. Do mesmo modo, a presença de árvores parece ter tido um peso considerável na formação do valor do terreno[279]. A destinação agrícola, a disposição geográfica, que os associa a outros terrenos rurais (especialmente o kislah), e suas dimensões elevadas (média de 134,13 sar) permitem situar os pomares no território rural, fora da cidade propriamente dita. Isto não exclui que alguns pomares se situassem no interior da cidade, em particular os de dimensões mais modestas[280]: a provável presença de um canal cortando a cidade de Larsa no sentido norte-sul pode, justamente, ter contribuído para a existência de pomares *intra muros*²⁸¹. Alguns destes pomares têm uma área pouco maior do que certas casas escavadas no quarteirão nordeste de Larsa (com cerca de 500 m²) e é provável que jardins tenham feito parte das residências destas famílias²⁸²: uma combinação urbana entre pomares/ jardins e espaços construídos poderia, aliás, ajudar a compreender a disposição particular deste quarteirão larseano, no qual os grandes espaços vagos entre as casas, observados hoje no sítio, deviam corresponder a zonas ocupadas por árvores.

– Após os pomares, são os terrenos construídos urbanos que ocupam o segundo lugar nas transações, com um quarto do total. O termo é-dù-a é um tanto vago, mas não há muita dúvida quanto ao tipo de terreno que ele designa: o sumerograma (SL, 3: 569) e seu correspondente acadiano, *bîtum epshum* (CAD, E: 246), referem-se a um terreno contendo um edifício, isto é, um espaço construído²⁸³. É difícil saber se as medidas dadas pelos contratos correspondem ao conjunto da construção (ou do total das parcelas negociadas) ou apenas às partes cobertas com um teto. No caso da cidade de Nippur, bem conhecido graças à possibilidade de articular informações textuais e dados arqueológicos, E. C. Stone (1981: 21 ss. e 33) demonstrou que as medidas dos contratos excluíam as partes descobertas, como pátio central das casas (um uso cadastral ainda corrente no Iraque moderno). Em Larsa, entretanto, a existência de uma cobertura sobre o pátio central, bastante presente nos casos conhecidos alhures, permanece uma questão aberta, do mesmo modo que outro problema intimamente conexo, a existência de um andar superior²⁸⁴. Em todo caso, a tradução 'terreno construído' tem a vantagem de ser mais largamente aplicável.

Pode-se supor que tais terrenos construídos estivessem concentrados no meio urbano. O fato de os contratos terem sido reencontrados nas casas situadas na cidade não o prova definitivamente, mas, neste caso, teríamos uma continuidade entre o local de estocagem dos registros familiares (correspondente ao locus arqueológico) e a localização dos terrenos citados nos arquivos. Por outro lado, no caso dos pomares e terrenos rurais, vemos que, ao menos, uma parte do território próximo à cidade era controlado por grupos familiares instalados no interior das muralhas, habitando residências urbanas nas quais armazenavam seus documentos. Em outros termos, estamos face a uma espécie de absenteísmo rural no qual os proprietários fundiários não residiam nas aldeias e controlavam os empreendimentos agrícolas a partir da cidade.

– Os terrenos nomeados kislah somam 30 casos (17,65% do total). No entanto, uma consideração estritamente filológica seria enganosa, pois esta denominação foi aplicada a duas realidades bem distintas. Parece que foi, justamente, a polissemia do termo sumério (escrito ki-ud) que permitiu a atribuição de vários equivalentes acadianos, por exemplo nas listas cuneiformes bilíngües. A maior parte do tempo, é o caráter vazio, desocupado do terreno que é enfatizado pelas traduções acadianas, como mostra o recenseamento do MSL, 5: 20: *mashkanum* = '*threshing floor*'; *nidûtum* = '*a lot not built on, uncultivated area*'; *teriqtum* = '*the empty area between the trees of a date orchard, used for growing crops*'; *turbalûm* = '*a kind of fallow ground*'. Assim, o que caracteriza o kislah é ser um espaço livre, desprovido de construções ou culturas. Mas os dados cadastrais permitem uma maior precisão. Em primeiro lugar, sob a denominação kislah, encontram-se dois grupos claramente diferenciados quanto às suas dimensões: o primeiro inclui pequenos terrenos oscilando entre menos de 1 sar e um pouco mais de 3 sar; o segundo grupo é formado por terrenos maiores, medindo entre pouco mais de uma dezena de sar até 270 sar²⁸⁵. Além desta diferença de tamanho, constata-se, igualmente, que os que pertencem ao primeiro grupo são vinculados a outros imóveis urbanos e residenciais, como os terrenos construídos (é-dù-a), e que os do segundo tipo encontram-se ao lado de pomares. Por fim, são observadas também diferenças notáveis de valor: os kislah urbanos são muito mais custosos (*ratio* valor/ superfície) do que os kislah rurais[286]. Baseando-me nestes três critérios (tamanho, localização e diferença relativa de valor), proponho diferenciar, aqui, entre kislah-1 (áreas reduzidas associadas aos espaços residenciais, localizadas principalmente no centro urbano e que poderiam servir seja para aumentar a habitação – construção de cômodos –, seja para as atividades da economia doméstica: moagem de grão, artesanato, criação de uma pequena quantidade de animais etc.) e kislah-2 (terrenos mais vastos, situados na zona rural e destinados principalmente à produção agrícola e aos trabalhos complementares).

Outros imóveis urbanos eram nomeados de maneiras diferentes, algumas diretamente relacionadas a estruturas habitacionais: é (quatro ocorrências; 2,35 %)[287], palavra sumeria que significa simplesmente 'casa', mas que pode indicar mais provavelmente, no contexto aqui analisado, os cômodos ou partes alienadas. O tamanho reduzido (1/3 sar a 5/6 sar) parece apoiar esta hipótese. A designação é-ki-shub-ba (seis ocorrências; 3,53 %)[288] parece enfatizar o fato de que as construções que se encontravam em alguns terrenos estavam em ruínas[289].

Outras designações aparecem apenas uma vez: é-gal^{lam}[290]; gá-nun[291] e é-nun-na[292]. Uma característica comum aos três imóveis assim nomeados é seu valor bastante elevado[293], o que pode sugerir que, apesar das incertezas terminológicas, eles fossem espaços de prestígio no conjunto de casas[294].

De um modo geral, trata-se de pequenos terrenos (medindo entre 1/3 e 4 sar[295]), situados na zona urbana (em dois casos, uma rua é citada como vizinha) e associados às estruturas residenciais (a é-nun-na e uma das é-ki-shub-ba foram compradas com uma é-dù-a, por exemplo).

No universo rural, à parte os ^{gish}kiri$_6$ e os kislah-2, os demais terrenos circulam raramente: é-ki; ambar; ú-sal-la aparecem citados apenas uma vez cada (0,59 % do total) e são sempre associados a pomares. Pode-se pensar, porém, que estas denominações, que designavam de modo mais preciso os terrenos, eram negligenciadas pelos hábitos notariais dos escribas em benefício de termos mais comuns e genéricos, como ^{gish}kiri$_6$ ou kislah.

As seis ocorrências dos terrenos kankal (3,53 %) são marcadas, por sua vez, por uma entrada tardia no universo das transações imobiliárias: a primeira atestação data apenas do ano 15 de Rîm-Sîn (seguida por ocorrências em RS 26, 28, 31 e 38). Como o kankal talvez não seja diferente do kislah-2, poder-se-ia sugerir uma evolução terminológica: a partir da segunda década do reinado de Rîm-Sîn, os escribas teriam começado a utilizar o termo kankal para indicar terrenos antes chamados kislah[296]. Entretanto, uma comparação com os campos a-shà pode inspirar uma outra suposição: este tipo de terreno, destinado à cultura de cereais, também faz sua aparição tardiamente nos contratos, durante o ano 23 de Rîm-Sîn. Ora, como o kankal pode ser aproximado do a-shà[297], parece que o espaço rural cerealífero de Larsa só foi atingido pelos mecanismos de circulação a partir da segunda década do reinado de Rîm-Sîn, mesmo assim de modo limitado.

Em uma economia fundamentalmente agrícola, a fraca presença dos campos cerealíferos nas transações imobiliárias merece uma atenção especial. Os campos a-shà estão ausentes dos registros de compras até o ano 23 de Rîm-Sîn (seguidos por ocorrências em RS 29, 30, 31, 35, 36, 47, 48, 49 e 58). Dentre os 170 imóveis negociados durante os reinados de Warad-Sîn e de Rîm-Sîn, apenas 11 (6,46 %) são designados por este sumerograma, ou melhor, por uma expressão composta por ele. A importância desta constatação para a configuração da apropriação doméstica do espaço e para a problemática da circulação de imóveis incita a detalhar cada caso.

Somente em três ocorrências, a denominação a-shà é desprovida de acréscimos: Riftin,19, VS,13,77 e YOS,8,143. Nos dois últimos casos, trata-se certamente de campos situados na mesma região agrícola, às margens do canal Sianum. Os dois terrenos, aliás, foram adquiridos por Ubâr-Shamash, o importante comprador da segunda metade do reinado de Rîm-Sîn.

Em YOS,5,139, ao contrário, à designação a-shà acrescenta-se uma especificação cujo sentido uma quebra do tablete não nos permite entender[298]. O campo em questão estava situado em meio a outros a-shà.

Uma lacuna impede também a leitura da exata denominação do terreno de YOS,8,84. Todavia, a partir da cláusula de irrevogabilidade[299], é possível reconstituir a designação a-shà. Além disso, o objeto da transação recebe uma definição suplementar na linha 4: shuku ^{1}a-pil-^{d}en-zu = '(campo) de subsistência de Apil-Sîn'[300].

Em Riftin,19, no qual a primeira linha está muito danificada, a reconstituição da denominação do terreno pode ser tentada a partir de outros dados cadastrais (o imóvel estava cercado por a-shà: l.2: ús-sa-du a-shà *a-hu-u[m]*; l.7: a-shà *ú-bar-*^{d}nin-urta; l.11: lugal a-shà-ga-ke$_4$). Não se pode excluir que se tratasse de um a-shà kankal, pois os dados mostram que este terreno situava-se ao lado do a-shà kankal de RA,69:125.

Os seis casos restantes apresentam uma característica comum: o termo a-shà parece indicar uma designação geral (*'terra'* ou *'campo'*), especificada, na seqüência, por um segundo termo. Assim, temos terrenos a-shà kankal, a-shà kankal ^{gish}kiri$_6$ e a-shà ú-sal.

A raridade dos a-shà no processo de alienação e sua chegada tardia na circulação de terrenos (juntamente com os kankal) mostram que eles fazem parte de um circuito específico de produção agrícola de cereais, pouco afetado pelas práticas de transferência de bens que estudamos aqui. As transações imobiliárias concentraram-se nos espaços residenciais e nos terrenos destinados à arboricultura especializada.

Para a análise que se seguirá, eu proponho, então, uma classificação geral dos terrenos em duas categorias:

– Tipo I: inclui os terrenos urbanos, majoritariamente as é-dù-a e os kislah-1, mas também as é-ki-shub-ba, é, é-gal^{lam}, gá-nun e é-nun-na (um total de 73 terrenos).

– Tipo II: relativo ao domínio rural, constituído principalmente pelos ^{gish}kiri$_6$ e pelos kislah-2, inclui também os a-shà, kankal, é-ki, ambar e ú-sal-la (um total de 91 terrenos).

O gráfico, a seguir, mostra como os terrenos estão distribuídos entre essas duas categorias:

Gráfico 1: Tipologia dos terrenos

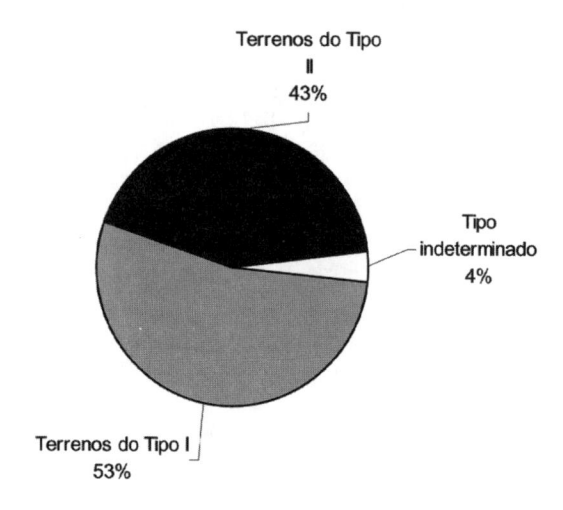

- Terrenos do Tipo II: 43%
- Tipo indeterminado: 4%
- Terrenos do Tipo I: 53%

2. Aspectos cronológicos

A distribuição cronológica dos terrenos transferidos, segundo seu tipo, é um dado importante para entender o fenômeno da circulação imobiliária em Larsa, como veremos na análise que se segue. Por ora, além da aparição tardia dos a-shà e dos kankal, notemos que a primeira vaga de negociações, que podemos situar entre WS 6 e RS 7, concentrou-se nos imóveis urbanos (Tipo I). Por outro lado, uma segunda vaga, que se iniciou em RS 9 e se prolongou até a terceira década de seu reinado, foi marcada pelo predomínio dos terrenos rurais (Tipo II), mesmo se as é-dù-a continuam sendo negociadas ao longo do período[301]. Notar-se-á, aqui, que esta disposição é exatamente paralela à que encontramos nos negócios da família Sanum: um primeiro impulso de aquisição exclusivamente orientado para os imóveis residenciais (sob Eshtar-ilî), seguido de uma busca de terrenos rurais (sob Iddin-Amurrum). Aqui está a distribuição cronológica por tipo de terreno negociado:

Gráfico 2: Tipologia dos terrenos – distribuição cronológica

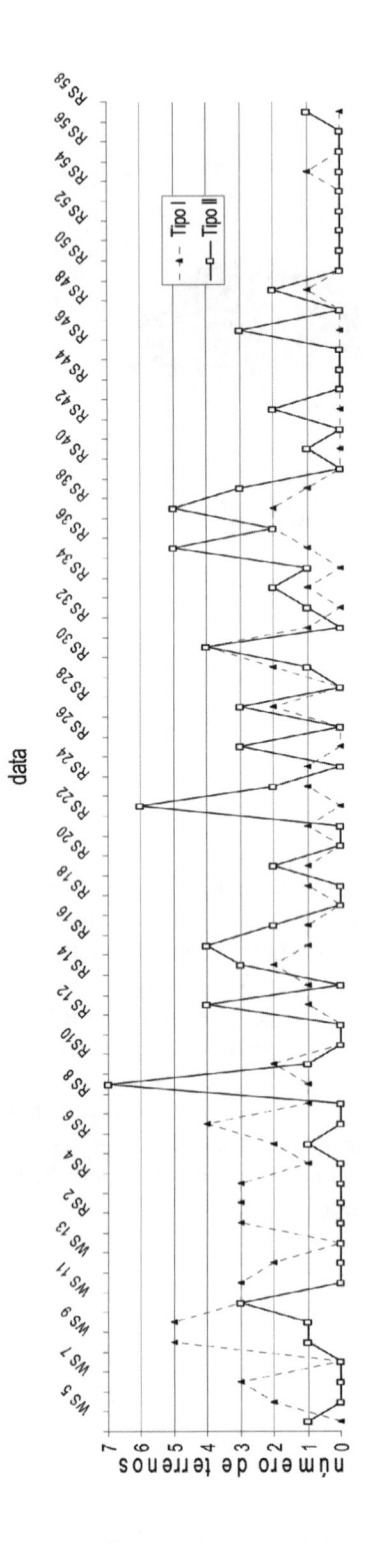

CAPÍTULO 5

AS PRÁTICAS DE AQUISIÇÃO

A circulação dos bens imobiliários pode ser analisada a partir de vários pontos de observação. Os arquivos que possuímos hoje são aqueles que foram reunidos pelos compradores, o que fez com que os estudos privilegiassem a perspectiva daqueles que adquiriam os terrenos. Neste capítulo, também trataremos das estratégias dos compradores, mas complementaremos a abordagem mais tarde, levando em consideração as demais partes implicadas, em particular os vendedores. A intenção, aqui, é começar a estabelecer as características essenciais do processo de transferência de imóveis em Larsa. Delimitar uma lógica de compra impõe, para além da análise individual de cada negócio, um exame serial e diacrônico do conjunto de aquisições de um comprador: é o que permitirá contextualizar as estratégias singulares no quadro mais vasto do movimento de bens das famílias e do meio extrafamiliar. Assim, dois critérios – o parentesco e a vizinhança – foram escolhidos como fios condutores para a exposição da problemática. As razões que levaram as famílias a comprar imóveis foram variáveis e mesmo no interior de um grupo as motivações devem ter mudado de um momento para outro, seguindo as alterações do meio social. Além disso, as motivações e as implicações não eram as mesmas quando se tratava de aumentar a casa ou de ampliar o domínio sobre pomares, por exemplo. Eu procurei, em todo caso, captar os principais modelos de comportamento aquisitivo, definindo os motores do movimento imobiliário na cidade. Por fim, partindo do estudo das compras de uma família em particular, a família Sanum, eu procurei também propor as comparações e generalizações pertinentes para o conjunto do fenômeno da circulação de imóveis.

1. Parentela e aquisição imobiliária

Desde que é possível estabelecer uma rede mais ampla de relações de parentesco entre os personagens presentes nos contratos, percebe-se que uma parcela considerável dos negócios imobiliários desenrola-se no interior da própria família. Entretanto, deste ponto de vista, a família Sanum permanece uma exceção: em geral, é bastante difícil estabelecer o parentesco entre os indivíduos e, mesmo quando isto é possível – como nos casos das famílias de Balmunamhe e Ipqu-Nanaya, que contam cada uma com uma dezena de membros identificados[302] –, as articulações entre o parentesco e as práticas de apropriação não são tão claras como no caso da família Sanum. Como se verá, a principal razão para isto é que somente no caso dos Sanum nós conhecemos dois ramos da mesma família, o que permite observar as transações imobiliárias entre eles[303].

Se acompanharmos a atividade imobiliária da família Sanum segundo uma ordem cronológica, veremos que ela começa com as associações entre Eshtar-ilî e seu sobrinho Ilî-turam, filho de Sîn-shêmi. Atuando juntos, eles compram dois pequenos terrenos desocupados durante o mês 2 do segundo ano do reinado de Sîn-iqîsham (TCL,10,129 e 130). É o único caso conhecido de uma aliança entre compradores no interior da família.

Entretanto, a associação entre membros de um mesmo grupo de parentela para adquirir imóveis não é rara em Larsa. Balmunamhe, o bem conhecido comprador, adquiriu juntamente com seu pai, Sîn-nûr-matim, um terreno inculto, situado dentro de um pomar, certamente na cidade de Ur (YOS,5,122)[304]. Nabi-ilushu fez o mesmo com sua mãe, Shât-Sîn, comprando um terreno vazio (YOS,5,144). Além destes laços entre consangüíneos, pessoas aparentadas por casamento também se associaram para aumentar seu patrimônio imobiliário: por três vezes, Amurrum-shêmi, um dos grandes compradores da segunda metade do reinado de Rîm-Sîn, e sua mulher, Hunabatum, compraram pomares (Limet,1, 2 e 8). Em certos casos, pode-se apenas supor um laço de parentesco entre os compradores: por exemplo, entre Shamash-abî e Shu-mah (VS,13,56) ou entre Sîn-bêl-aplim e Shêp-Sîn, que, por duas vezes, compram campos (RA,69: 125 e Riftin,19, datados do ano RS 47)[305]. Seja como for, é bastante claro que os laços de parentela foram mobilizados na formação de arranjos que visavam a aquisição de bens imóveis de caráter residencial, como no caso de Eshtar-ilî e Ilî-turam, ou para o aumento da capacidade produtiva do grupo, como mostram as compras de pomares por Amurrum-shêmi e sua esposa. O quadro abaixo resume os dados relativos aos compradores de Larsa e suas relações de parentesco.

Quadro 8: Grupos de compradores

Parentesco entre os compradores	Casos	Ocorrências
Pai / Filho	1	1
Mãe / Filho	1	1
Marido / Esposa	1	3
Tio / Sobrinho	1	2
Sem parentesco definido	2	3
Total	**6**	**10**

A associação de membros de uma família para a aquisição de imóveis não foi uma exclusividade de Larsa: em Kutalla, os irmãos Silli-Eshtar e Awîl-ilî juntaram-se ao menos 25 vezes para comprar terrenos e casas[306]. O mesmo ocorreu em Ur[307].

Além dessas alianças, intensos movimentos de bens aconteciam no interior das próprias famílias, seguindo, em primeiro lugar, as regras de transmissão em herança, mas também pelas transferências por compra entre seus membros.

Se nossa reconstituição da árvore genealógica da família Sanum é exata, constata-se, com efeito, que uma das compras efetuadas por Eshtar-ilî e Ilî-turam teve por finalidade integrar um terreno vazio que pertencia ao irmão deste último, Urdukuga (TCL,10,129). A aquisição faria parte, então, de um esforço de ampliação do patrimônio familiar concentrado em uma mesma região, como se verá adiante. Alguns anos mais tarde, esta imigração de bens imobiliários do ramo dos descendentes de Sîn-shêmi para o ramo dos descendentes de Eshtar-ilî continuou e intensificou-se. Entre os anos 7 e 10 de Rîm-Sîn, Iddin-Nanaya, irmão de Ilî-turam e de Urdukuga, alienou diversos imóveis rurais e urbanos: somente uma vez o comprador não pertence ao círculo familiar (TCL,10,32)[308]; em todas as outras ocasiões, o comprador foi Iddin-Amurrum, o primo de Iddin-Nanaya.

Na primeira destas transações, no ano 8 de Rîm-Sîn, Iddin-Amurrum comprou de Iddin-Nanaya um pequeno terreno urbano, medindo 2/3 sar e situado ao lado de um terreno que já lhe pertencia anteriormente (TCL,10,29, de _/IX/RS 8). O montante pago em prata, 2/3 de mina, foi bastante elevado para um lote vazio (60,61 siclos/sar) e próximo do valor médio pago por um terreno construído em uma negociação que reuniu os mesmos personagens, um ano e meio mais tarde (TCL,10,36, no qual temos 62,5 siclos/sar).

Apenas alguns meses após esta primeira compra, uma grande operação de transferência de terrenos rurais foi realizada entre os dois primos (TCL,10,33): trata-se da maior transferência de imóveis atestada na história de Larsa no período babilônico antigo. Desta feita, Iddin-Nanaya vendeu a Iddin-Amurrum seis terrenos situados em diversas localidades, cujos nomes parecem indicar regiões agrícolas: pelo menos em dois casos, os terrenos estavam às margens de canais de irrigação; quatro eram pomares plantados com tamareiras e dois outros eram terrenos rurais incultos. A grande quantidade de terrenos transferidos levou o escriba a registrar, após a enumeração individual, uma recapitulação, estabelecendo o total de pomares (1083 sar) e o total das áreas incultas (420 sar)[309].

Quando da última transação com seu primo, Iddin-Amurrum comprou-lhe um pequeno terreno urbano construído medindo 1/6 sar (TCL,10,36, de _/II/RS 10). Curiosamente, esta área é dita *"a parte restante do terreno que Iddin-Nanaya verificou"*[310]. O sentido exato da expressão nos escapa, mas pode-se considerar que ela faz alusão a um pedaço de terreno que, mesmo após sucessivas vendas, ainda estava sob o controle de Iddin-Nanaya.

Assim, vê-se que, durante três anos, Iddin-Amurrum ampliou seu domínio em detrimento seja dos imóveis urbanos de Iddin-Nanaya (procurando, provavelmente, aumentar o seu patrimônio residencial), seja dos terrenos rurais do primo (o que lhe permitia expandir consideravelmente suas atividades produtivas).

Iddin-Amurrum e Iddin-Nanaya pertenciam à mesma geração. Entretanto, no seio da família, os imóveis também migravam entre gerações diferentes. Provavelmente, o mesmo Iddin-Amurrum adquiriu de seu pai Eshtar-ilî um pomar de tamareiras, também situado ao lado de um terreno que já lhe pertencia (TCL,10,42)[311]. A operação correu no ano 16 de Rîm-Sîn, mais de uma década após Eshtar-ilî ter parado de comprar imóveis (sua última aquisição data de RS 4), mas também de um momento em que a atividade aquisitiva de Iddin-Amurrum foi particularmente intensa, pois, naquele mesmo ano, ele comprou um terreno construído, também vizinho ao seu domínio (TCL,10,128), e diversos pomares e terrenos incultos de vendedores que não faziam parte da família (TCL,10,43: um pomar e um kislah-2 e TCL,10,44: um kislah-2). O filho primogênito de Iddin-Amurrum, Ibni-Amurrum, também comprou imóveis de um dos membros da geração que o precedeu, seu tio Iblutam (TCL,11,198).

As trajetórias do patrimônio imobiliário no interior da família seguiam, então, dois esquemas socialmente estabelecidos, cada qual com suas especificidades: de um lado, os costumes de herança, nos quais os laços de parentesco forneciam o quadro de base para o movimento dos terrenos; de outro, os mecanismos de transferência. Aparentemente, e sobretudo no que diz respeito à formulação dos contratos, nada distingue as operações de compra efetuadas entre parentes daquelas efetuadas com outras pessoas. Entretanto, uma análise atenta das circunstâncias em que as transações foram efetuadas permite propor algumas aproximações entre o universo das relações familiares e o da circulação imobiliária.

Veremos, mais tarde, que um dos critérios que orientaram as aquisições foi o da contigüidade. Desde já, podemos assinalar que as compras não são efetuadas de uma maneira aleatória, mas correspondem a uma estratégia de aquisição cuja compreensão depende, em parte, da consideração das regras de partilha sucessória. Já falamos do caráter ambíguo dos costumes de Larsa, onde uma certa vantagem é conferida ao primogênito, o que favorece o reagrupamento dos bens em detrimento dos demais ramos, enquanto que, ao mesmo tempo, o patrimônio tende a ser fragmentado pelo fato de que todos os descendentes masculinos são incluídos na divisão dos imóveis. A morte do pai, assim como uma eventual partilha efetuada em vida, tem duas conseqüências imediatas, com importantes repercussões sobre a organização espacial do grupo doméstico.

A primeira conseqüência é que a posição do primogênito é reforçada. O aporte de uma parte dupla da herança – composta por bens imóveis, escravos, mobiliário e prata – contribui para criar uma diferença hierárquica em relação aos irmãos cadetes; uma diferença de que o primogênito poderá se valer quando da elaboração de suas estratégias de aquisição imobiliária. Na verdade, longe de ser um momento de completa exceção na trajetória do grupo, parece que a partilha é uma prática familiar que, como outras, visa claramente a distinguir e privilegiar o primogênito. Em segundo lugar, a nova situação criada pela partilha engendra, ou exacerba, um distanciamento entre a organização do espaço residencial e a composição cambiante do grupo de parentela: a elasticidade da formação familiar, particularmente o fato de os grupos mais alargados cederem lugar a unidades mais restritas, impõe a reorganização da área de habitação[312] e provavelmente também dos domínios produtivos, embora neste caso de modo menos agudo.

Em suma, a partilha imposta pelas regras de herança não é somente uma divisão do patrimônio: ela corresponde a um momento de redefinição das relações do grupo e pode forçar a realização de diversas ações imobiliárias (compra, venda, troca, modificação da estrutura arquitetônica da casa), do mesmo modo que gerava o quadro de possibilidades e constrições materiais para sua realização. É provável que estas alterações não se limitassem apenas ao patrimônio: talvez, a possessão do patrimônio paterno pelos filhos criasse uma oportunidade de renovar ou reorientar as alianças familiares, por exemplo, através do casamento. Ou, ainda, é possível que gerasse uma tendência a casamentos mais tardios, retardados pela partilha *post-mortem*, funcionando, do ponto de vista demográfico, como um mecanismo de controle da natalidade (o *'obstáculo preventivo'* de Malthus).

Os motivos exatos que conduziram Eshtar-ilî e Ilî-turam a se associarem nos escapam, pois a situação familiar desta época nos é conhecida apenas por suas compras, que datam do ano 2 de Sîn-iqîsham, e pela compra realizada por Sîn-shêmi, o pai de Ilî-turam, concluída um ano mais tarde. É preciso esperar até o ano 8 de Rîm-Sîn para que as primeiras partilhas – ou melhor, o registro destas – sejam atestadas. Apesar disto, a consideração de alguns dados poderá fornecer elementos para uma melhor compreensão da situação.

Inicialmente, é preciso lembrar que a finalidade da associação entre tio e sobrinho não foi – ao menos, no caso das compras imobiliárias – a produção de tâmaras, atividade muito importante e bem atestada na economia doméstica do grupo. Nas duas ocasiões, foram adquiridos pequenos terrenos urbanos desocupados: 1/6 sar e 5 she (TCL,10,130) e 1/2 sar e 15 she (TCL,10,129). Uma intenção comercial ou de estocagem não pode ser excluída, mas é pouco provável. A vizinhança dos dois lotes, que se localizavam ao lado de outros imóveis já pertencentes a Sîn-shêmi, leva a pensar, mais provavelmente, em uma finalidade residencial[313]. Aliás, todas as compras posteriores de Eshtar-ilî envolveram imóveis deste tipo (lotes urbanos vacantes ou construídos) e nunca pomares ou áreas rurais incultas. É igualmente provável que Urdukuga não tenha vendido para seus parentes um terreno comprado anteriormente, mas uma parcela recebida em herança, como sugere a presença de seu pai como vizinho. Esta presença nos leva, aliás, a uma última consideração, ainda mais importante: na época das transações entre seu irmão e seus dois filhos, Sîn-shêmi ainda conservava uma parte de seu patrimônio. Se uma partilha ocorreu, como penso, ela foi apenas parcial e não resultou da morte do patriarca deste ramo da família. Pelo contrário, Sîn-shêmi continua atuando como comprador um ano mais tarde (TCL,10,2)[314] e ainda possui propriedades na região cobiçada por seu irmão Eshtar-ilî, em uma data tão tardia como o ano 10 de Warad-Sîn (TCL,10,7)[315].

Esses primeiros movimentos atestados no interior da família podem ser explicados do seguinte modo: uma partilha efetuada enquanto Sîn-shêmi ainda vivia conduziu a um desmembramento parcial da casa paterna e engendrou atitudes diversas dos envolvidos. Urdukuga preferiu ou foi obrigado a vender sua parte[316]. Por outro lado, para fazer face à pulverização imobiliária, seu irmão Ilî-turam buscou uma aliança com o tio Eshtar-ilî. Para este, a associação com o sobrinho deu a ocasião de penetrar no domínio imobiliário de seu irmão. Mesmo se não se constata em Larsa uma interdição formal à venda do patrimônio imobiliário para fora do grupo familiar, é certo que existiam resistências de ordem moral ou comportamental à alienação para não parentes. Eshtar-ilî não era exatamente um estranho, é claro, mas não pertencia ao mesmo ramo: a vinculação com o sobrinho pôde ter facilitado as coisas para ele. No mais, uma motivação de ordem financeira não deve ser excluída: as duas operações demandaram 20 siclos de prata. Se o valor não era excessivo para Eshtar-ilî, que gastou 195,33+ siclos[317] em suas aquisições dos anos seguintes, não é seguro que se possa dizer o mesmo de Ilî-turam, que nunca comprou sozinho. A situação de Ilî-turam lembra a de Iblutam: pertencente a um ramo secundário da família, talvez celibatário, ele procurou colocar-se como um membro adventício da casa de seu tio. Um argumento suplementar a favor desta reconstituição dos eventos vem do fato de que, alguns anos mais tarde (em RS 9), Iddin-Nanaya, o irmão de Ilî-turam, processou o filho de Eshtar-ilî, Iddin-Amurrum, precisamente por causa dos bens da herança de Ilî-turam: parece que, quando de sua inclusão em seu novo grupo doméstico, Ilî-turam levou consigo sua parte do patrimônio paterno e que, por um modo que nos escapa (venda? doação?), transferiu seus direitos a Eshtar-ilî e a Iddin-Amurrum; a decisão dos juízes de Larsa confirmou, aliás, a legitimidade desta transferência (TCL,10,34, de _/_/RS 9). No caso de Iblutam e de Ilî-turam, o patrimônio imobiliário – herdado ou comprado – foi um elemento importante na nova inserção decorrente do deslocamento de um ramo da família para outro, como se fosse um aporte requerido do novo membro pela família que o recebia.

Alguns anos mais tarde, a partir de RS 8, um intenso movimento de transferências e partilhas altera consideravelmente a repartição do patrimônio familiar. É verdade que os dados cadastrais disponíveis não permitem estabelecer uma ligação direta entre os imóveis que migraram entre as gerações, segundo as regras de herança, e aqueles que foram objeto de alienação entre os familiares. No entanto, a coincidência cronológica não deve ser negligenciada: entre os anos 8 e 10 de Rîm-Sîn, a conjuntura familiar afetou de maneira decisiva a configuração do patrimônio imobiliário do grupo.

No quarto mês do ano RS 8, os filhos de Sanum fizeram registrar por escrito a partilha de um pomar situado à borda do canal Mami-dannat, região tradicionalmente ocupada pela família

(TCL,10,31). Uma divisão igualitária atribuiu, então, 256 sar de pomar a cada um dos dois irmãos[318]. Trata-se, sem dúvida, de uma decisão tardia: o mais provável é que Sanum, o patriarca do grupo, já estivesse morto há algum tempo; um dos filhos, Eshtar-ilî, já havia deixado de comprar imóveis há quatro anos e o outro, Sîn-shêmi, atravessou todo o reinado de Warad-Sîn e os primeiros anos do de Rîm-Sîn no silêncio das fontes. Manifestamente, a geração seguinte, de Iddin-Amurrum, já ocupava seu espaço nos negócios da família. É por isso que, apenas seis meses mais tarde, um novo documento foi redigido, descrevendo a parte que Iddin-Amurrum recebera de seu pai, Eshtar-ilî (TCL,10,55). O tipo de terrenos envolvidos – pomares e grandes áreas rurais incultas – mostra que alguns dos netos de Sanum já começavam a controlar a atividade produtiva do grupo.

Como de hábito, a situação é bem menos clara para o outro ramo do grupo, para o qual inexistem contratos de partilha. No entanto, as quatro vendas subseqüentes de Iddin-Nanaya, entre RS 8 e 10, deixam entrever que, neste momento ou pouco antes, uma divisão de herança teria ocorrido entre os filhos de Sîn-shêmi. De posse dos bens paternos, Iddin-Nanaya apressou-se em vendê-los, aproveitando o interesse demonstrado por Iddin-Amurrum, cujos recursos haviam, justamente, aumentado nesta época em função da partilha do ano 8 de Rîm-Sîn. Se a hipótese é correta, os negócios entre os primos Iddin-Nanaya e Iddin-Amurrum são exemplares da articulação entre os dois níveis de circulação de bens, isto é, as partilhas de herança e as transferências por compra[319]. O resultado é, em todo caso, bastante perceptível no percurso de Iddin-Amurrum: o impulso inicial que o levou a adquirir imóveis seguiu-se às partilhas de que ele próprio e seu pai haviam sido beneficiários.

Uma última observação sobre a repartição cronológica dos movimentos interfamiliares dos imóveis permitirá afinar ainda mais este argumento. A associação entre Eshtar-ilî e Ilî-turam situa-se no início da carreira de comprador do primeiro, no ano 2 de Sîn-iqîsham, momento em que o pai de Ilî-turam ainda está vivo e ativo como comprador. Assim, as compras de Eshtar-ilî em sociedade com Ilî-turam parecem corresponder a um impulso antecipado, determinado por uma possível partilha entre os filhos de Sîn-shêmi, também ela precoce. Com efeito, será preciso esperar vários anos para ver Eshtar-ilî empenhar-se em uma busca mais sistemática e contínua de imóveis, o que só ocorrerá depois de WS 9. Após esta data, ele não mais compra de parentes, segundo o que as fontes nos permitem ver. O caso de seu filho Iddin-Amurrum é ainda mais significativo. Nele, podemos distinguir três momentos, representados no esquema a seguir:

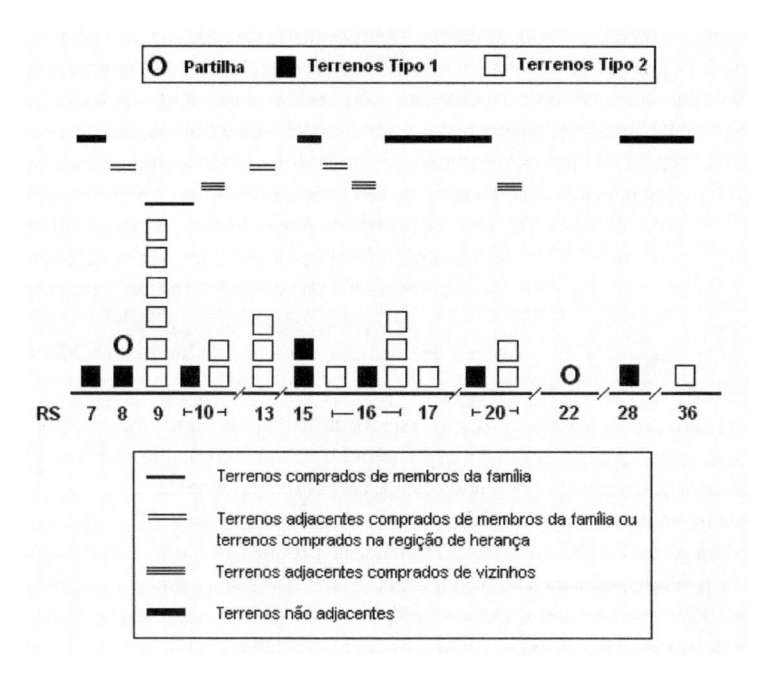

Figura 8: Tipologia das aquisições imobiliárias de Iddin-Amurrum

○ Partilha ■ Terrenos Tipo 1 □ Terrenos Tipo 2

— Terrenos comprados de membros da família
= Terrenos adjacentes comprados de membros da família ou terrenos comprados na regição de herança
≡ Terrenos adjacentes comprados de vizinhos
■ Terrenos não adjacentes

A primeira fase, entre Rîm-Sîn 8 e os inícios do ano 16, caracterizou-se pelo interesse por imóveis pertencentes a familiares. É neste quadro que ocorrem as compras de terrenos urbanos (TCL,10,29 e 36) e rurais (TCL,10,33) de Iddin-Nanaya. É igualmente o momento em que Iddin-Amurrum reforçou sua posição nas regiões tradicionalmente ocupadas por sua família: na cidade, ele adquire terrenos adjacentes a suas antigas propriedades (Também TCL,10,29) e, na zona rural, compra pomares à margem do canal Ishmellum (TCL,10,35) – região na qual acabara de comprar um pomar de seu primo – e à margem do canal Mami-dannat (TCL,10,37) – onde seu pai possuía pomares recebidos em herança (TCL,10,31)[320] e onde ele próprio e seu irmão Iblutam partilhariam mais tarde lotes do mesmo tipo (TCL,10,55 e TCL,11,141).

A etapa seguinte completa o percurso com a aquisição de outros terrenos contíguos, mas, desta feita, pertencente a vendedores exteriores ao círculo familiar. Os anos RS 16 e RS 20 constituem os limites cronológicos desta fase. O ano RS 16 representa, na verdade, um momento de transição no comportamento aquisitivo de Iddin-Amurrum: mais uma vez, ele comprou de um parente próximo, seu próprio pai Eshtar-ilî, e mais uma vez um pomar situado ao lado de suas antigas propriedades (TCL,10,42, de _/II/RS 16). Deste ponto de vista, o início do ano RS 16 foi um prolongamento da primeira fase. Ao mesmo tempo, porém, Iddin-Amurrum voltou-se para seus vizinhos na cidade (TCL,10,128, de _/_/RS 16). Alguns anos mais tarde, um comportamento semelhante marcou suas aquisições na zona rural, sempre na região dos pomares do palácio de Larsa (TCL,10,51). Em suma, foi apenas após ter esgotado as possibilidades de aquisição imobiliária no círculo familiar que ele dirigiu seus esforços para o exterior do grupo.

A incorporação de terrenos que não eram adjacentes aos lotes já possuídos é um traço constante[321], mas este fenômeno é particularmente presente no fim da carreira de comprador de Iddin-Amurrum, quando sua atividade parece tornar-se mais esporádica[322]: a pequena dimensão do último pomar comprado é bastante surpreendente (apenas 10 sar) e tudo leva a crer que a vendedora foi uma viúva em dificuldades. Em todo caso, estamos longe de poder pensar em uma decadência. Não é desinteressante notar, a este propósito, que a última fase inicia-se após a partilha do ano RS 22, entre Iddin-Amurrum e seu irmão Iblutam (TCL,10,55). Se a partilha do ano 8 de Rîm-Sîn havia inaugurado a expansão dos domínios de Iddin-Amurrum, a do ano 22 marcou sua consolidação. Tendo recebido os benefícios proporcionais à sua posição privilegiada na cadeia de heranças e após 15 anos de uma considerável atividade de acúmulo imobiliário, Iddin-Amurrum havia alargado e consolidado sua base residencial e seus territórios produtivos. A comparação no nível arquivístico é eloqüente: após esta terceira geração, os descendentes de Sîn-shêmi desaparecem dos registros; em revanche, os herdeiros de Iddin-Amurrum ainda podem ser observados por meio século.

A migração dos negócios do interior para o exterior da família não é uma característica exclusiva de Larsa. Entretanto, é preciso distinguir este fenômeno de um outro muito parecido. O caso de Nippur pode servir de comparação, pois nesta cidade também constatamos uma mudança na orientação dos negócios, imobiliários ou não. Sua dimensão, no entanto, é diferente. E. C. Stone (1987: 18) sugeriu que os negócios limitados à linhagem no início do período Isin-Larsa – como a transferência de imóveis e a possessão de prebendas de um templo – transbordaram, gradualmente, para a esfera, ainda restrita, dos detentores dos ofícios dos templos. De início, tratava-se ainda de parentes que também pertenciam aos templos, mas a contradição entre este duplo vínculo (familiar e corporativo) não demora a manifestar-se e conduz à ruptura das restrições familiares em matéria de circulação de bens: os contratos em que compradores, vendedores e testemunhas pertenciam todos à mesma família cedem lugar aos contratos em que os personagens pertencem ao pessoal do templo. Em Nippur, entretanto, este movimento teria participado de uma evolução histórica mais vasta, que corresponderia, segundo a autora, a uma suplantação da linhagem pela corporação como grupo dominante da sociedade. Pode-se questionar até que ponto isto não representa a situação particular de um centro religioso como Nippur ou, ainda, o reforço dos grupos corporativos vinculados aos templos por intervenção, e segundo os interesses, da Babilônia, cujo rei Hammu-rabi encontrava-se em pleno processo de expansão. Seja como for, nada parecido parece ter ocorrido em Larsa, pelo menos antes da conquista babilônica[323]. A tendência que apontei no caso de Iddin-Amurrum corresponde ao comportamento de um indivíduo e é possível que seja extensiva às estratégias de aquisição de uma parte considerável dos compradores, mas ela não indica uma substituição do papel da família pelas corporações no interior da cidade. Em Nippur, o deslocamento do espaço de negociações do círculo familiar para o exterior deste representou o resultado de uma evolução geral. Em Larsa, um movimento similar repetiu-se incessantemente e representou, a cada vez, uma tentativa de alargar os limites da atividade espacial do grupo doméstico: de início, tratava-se prioritariamente com as pessoas mais próximas, ligadas pelo parentesco e, assim, eram mobilizadas as relações mais imediatas, cotidianas e seguras. Para tanto, eram aproveitadas as ocasiões que o grupo havia vivenciado ao mesmo tempo e de modo solidário, como a morte de um de seus membros e as partilhas que dela decorriam. Somente após ter esgotado, ou quase, esta zona de relações de parentela é que se voltava para o domínio extrafamiliar, negociando com os vizinhos, com os habitantes do quarteirão, com aqueles que possuíam terrenos na mesma região, com os companheiros de ofício ou mesmo com os estranhos que tinham um negócio a propor.

2. Contigüidade: expansão contínua da base territorial

Na imensa maioria dos contratos de Larsa (124 casos sobre 143[324]), a vizinhança do terreno negociado é detalhada: na maior parte do tempo, os nomes dos vizinhos são registrados; mais raramente, eram citados alguns pontos de referência, sobretudo canais, mas também rotas, templos, distritos agrícolas etc. Este foi o modo consagrado pelos contratos mesopotâmicos para identificar a localização exata do imóvel negociado e que permitia, em caso de contestação posterior, proceder a uma verificação. O procedimento notarial situava o proprietário em sua vizinhança e enunciava a nova composição do quarteirão ou das áreas produtivas. Observando estas modificações cadastrais, pode-se identificar uma outra característica do processo de circulação de imóveis, que diz respeito, desta vez, à sua dimensão espacial: a formação do território controlado por um comprador obedecia também a orientações precisas, que visavam incorporar imóveis vizinhos. Diversas situações podem ser explicadas por esta tendência. Algumas são, contudo, um tanto encobertas pela documentação, sobretudo quando os contratos são considerados isoladamente. Nesta parte, eu procurarei avaliar a influência deste fenômeno da busca de contigüidade nos negócios imobiliários de Larsa.

As compras de Eshtar-ilî e Ilî-turam, nós o vimos, correspondiam tanto a uma associação entre parentes como, em um dos casos, a uma transferência de imóveis entre membros de um mesmo grupo de parentesco, mas testemunham também o esforço de constituição de um conjunto contíguo de terrenos. A localização em uma mesma região é, com efeito, sugerida pela presença de Sîn-shêmi como vizinho nos dois contratos. Não há nenhuma dúvida de que se trata do filho de Sanum[325]. O caráter limítrofe dos dois terrenos não é percebido imediatamente, mas revela-se indubitável se considerarmos que os dois negócios foram concomitantes, ambos realizados, na verdade, em uma mesma data, o segundo mês do ano 2 de Sîn-iqîsham. É isto que explica, aliás, o fato de Urdukuga e Ribam-ilî serem citados reciprocamente como vizinhos um do outro (ver A e B no esquema da Figura 9).

Alguns anos transcorreram até que Eshtar-ilî recomeçasse a comprar, desta vez sozinho. Sua preocupação principal continua sendo reunir sob seu controle terrenos vizinhos. Entre WS 10 e RS 2, ele amplia o seu domínio na cidade comprando pequenos lotes urbanos (vacantes ou construídos) de três vendedores: Iribam-ilî, Sîn-ishmeanni e Sîn-bêl-ilî. Uma série de pistas permite relacionar espacialmente estas aquisições.

Um pequeno detalhe deve ser esclarecido preliminarmente: o indivíduo chamado Iribam-ilî, que foi registrado como o vendedor no contrato do início do ano 10 de Warad-Sîn, é, certamente, o mesmo Ribam-ilî com quem Eshtar-ilî já havia negociado anteriormente, em associação com seu sobrinho[326]. Ou se trata de um erro do escriba ou existiam duas maneiras diferentes de grafar este nome. De todo modo, ele é sempre nomeado *"filho de Hunnubum"* e os dados cadastrais sugerem que seus terrenos estavam próximos dos domínios da família Sanum[327]: o terreno nu comprado, na segunda ocasião, por Eshtar-ilî era, sem dúvida, a parte restante do primeiro terreno, que havia sido conservada por (I)ribam-ilî (ver: C).

Se uma outra operação, no final deste mesmo ano 10 de Warad-Sîn, não teve por alvo uma área diretamente vizinha, o pequeno terreno de Sîn-ishmeanni comprado por Eshtar-ilî (D) era, em todo caso, adjacente à propriedade de seu irmão Sîn-shêmi (TCL,10,7, de _/XII/WS 10), da qual ele já havia se aproximado, convém lembrar, graças às compras efetuadas em sociedade com Ilî-turam. O outro vizinho desta propriedade era Sîn-bêl-ilî, e foi justamente dele que Eshtar-ilî comprou um outro terreno construído (E), um ano mais tarde (TCL,10,11, de _/VI/WS 12). Nos dois casos, parece que os vendedores foram reticentes em alienar todo o seu patrimônio, vendendo apenas uma parte dele. Assim, no ano 2 de Rîm-Sîn, Eshtar-ilî negociou uma segunda vez com Sîn-ishmeanni, comprando novamente um terreno vazio (F), certamente resíduo do imóvel negociado anteriormente (TCL,10,22, de _/IX/RS 2). Sîn-bêl-ilî continuava sendo um dos vizinhos. O avanço de Eshtar-ilî foi orientado por uma dupla estratégia, visando consolidar a unidade espacial de sua residência: ele compra várias vezes de um mesmo vendedor e de vendedores que são vizinhos entre si. A isto, soma-se a tendência de dirigir o esforço aquisitivo prioritariamente para a proximidade do território familiar. No caso, podemos supor que Eshtar-ilî pensava aceder proximamente à região controlada por seu irmão graças à aliança com seu sobrinho, herdeiro legítimo de Sîn-shêmi.

Uma última compra pode, enfim, ser relacionada com o alargamento deste mesmo domínio por parte de Eshtar-ilî. Nós já sabemos que Ribam-ilî vendera apenas parcelas de seus terrenos, pouco a pouco, ao longo dos anos. No entanto, após ter vendido o terreno vazio a Eshtar-ilî e Ilî-Turam, ele também alienou um lote vago a um certo Ur-Kesh, no ano 6 de Warad-Sîn[328]. Ora, este segundo terreno situava-se na mesma região do primeiro e, talvez, fosse a sua parte restante, pois o próprio Eshtar-ilî foi registrado como sendo um dos vizinhos[329]. Três anos mais tarde, foi justamente de Ur-Kesh que Eshtar-ilî comprou um terreno construído (TCL,10,6, de _/XI/WS 9): ver (H). Ur-Kesh teria, então, comprado o terreno vazio de Ribam-ilî e, após ter construído nele, revendido a Eshtar-ilî[330].

Essa série de operações pode ser vinculada do seguinte modo:

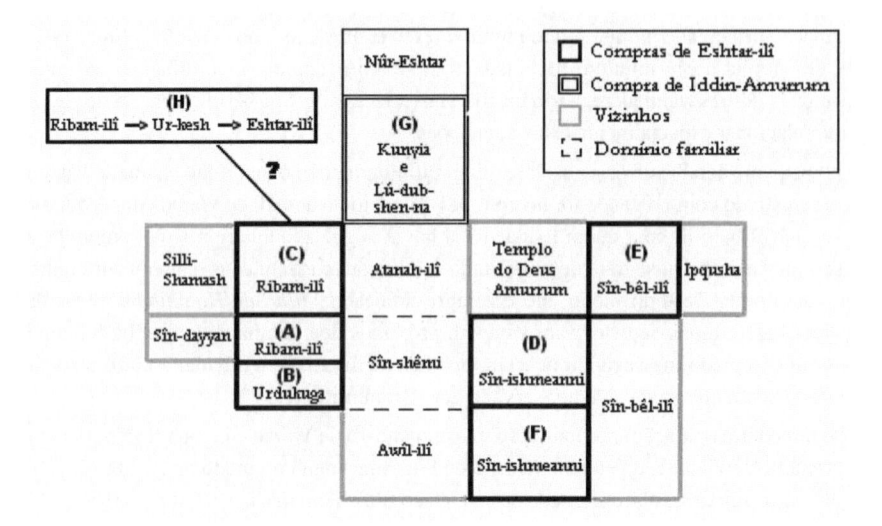

Figura 9: Distribuição das aquisições imobiliárias de Eshtar-ilî

Duas observações complementares sobre essa disposição espacial das aquisições de Eshtar-ilî devem ser feitas.

Primeiramente, temos boas razões para crer que o avanço em direção ao templo de Amurrum não foi uma mera coincidência. O mais provável é que a família se enraizara nas proximidades do santuário. Ela pode ter entretido uma relação particular com a instituição e com o deus, o que explicaria a crescente importância das referências ao deus Amurrum na onomástica do grupo nas gerações posteriores à de Eshtar-ilî: seu primogênito foi nomeado Iddin-Amurrum, e, entre seus netos, Ibni-Amurrum e Mâr-Amurrum também tiveram nomes compostos com o nome da divindade[331]. Sabemos, além disso, que o selo utilizado por Iddin-Amurrum e herdado por seu filho Ibni-Amurrum portava a inscrição *"servidor do deus Amurrum"*[332]. O mesmo ocorre com o selo de Mâr-Amurrum[333]. Parece que a proximidade da família com o templo de Amurrum foi mantida após a morte de Eshtar-ilî: no ano 31 de Rîm-Sîn, quando da venda de dois terrenos próximos ao templo, seu filho Iddin-Amurrum foi registrado como uma das testemunhas, provavelmente, como era hábito, porque ele habitava na vizinhança[334].

Em segundo lugar, deve-se lembrar que o irmão de Eshtar-ilî, Sîn-shêmi, também havia comprado um terreno urbano perto das propriedades de Iribam-ilî (TCL,10,2, de _/II/Siq 3), o que ocorreu no mesmo momento em que Eshtar-ilî e Ilî-turam efetuavam suas primeiras compras. Parece, então, que, desde o início, os dois ramos da família estavam estabelecidos na mesma vizinhança (o que se explica, certamente, pela herança comum dos bens de Sanum: assim, o que foi observado para a zona rural teria ocorrido também no meio urbano[335]). Posteriormente, os dois irmãos buscaram alargar seus respectivos domínios, mas, no final das contas, foi Eshtar-ilî e sua descendência que tiveram maior sucesso.

Por fim – o que reforça a impressão de que a família estava fortemente implantada no quarteirão –, no ano RS 7, foi Iddin-Amurrum que seguiu o mesmo caminho e comprou um terreno construído vizinho de Atanah-ilî (ver: G), que era, por sua vez, vizinho do terreno anteriormente comprado de Iribam-ilî por seu pai (TCL,10,27, _/VI/RS 7)[336]. Este Atanah-ilî, sem dúvida o filho de Iddin-Enlil, foi registrado como testemunha em duas ocasiões em que a família Sanum adquiriu imóveis na vizinhança (TCL,10,8 e 27)[337]. Silli-Shamash, o outro vizinho da família desde, pelo menos, WS 10, também serviu de testemunha quando das compras de terrenos rurais por Iddin-Amurrum (TCL,10,43, de _/XII/RS 16 e TCL,10,51, de _/IX/RS 20)[338].

Assim, a mesma estratégia de aquisição do pai foi reproduzida pelo filho e a busca de contigüidade foi um fator primordial na orientação das escolhas de Iddin-Amurrum. Pode-se mesmo dizer que, no caso do filho, este fator teve uma influência mais importante, pois orientou também as aquisições de terrenos rurais, enquanto que Eshtar-ilî havia comprado apenas terrenos urbanos. É difícil, no entanto, dizer se Iddin-Amurrum efetivamente renovou a estratégia de aquisição da família transpondo a busca de contigüidade para a zona rural ou se esta é apenas uma falsa impressão, gerada pelas lacunas das fontes.

Em todo caso, uma parte do primeiro movimento de compra de Iddin-Amurrum (situado, justamente, na fase inicial, entre RS 8 e 16) foi igualmente dirigida para sua vizinhança urbana: sua primeira compra, de seu primo, visou alargar uma área adjacente às suas antigas possessões (TCL,10,29, de _/IX/RS 8). A partir dos dados cadastrais disponíveis, não se pode, porém, estabelecer uma relação direta entre este terreno e o grande domínio formado pelo pai de Iddin-Amurrum. Parece, entretanto, muito provável que se tratasse de um terreno situado nos antigos domínios de Sîn-shêmi, que fora herdado por Iddin-Nanaya. Oito anos mais tarde, Iddin-Amurrum comprou um outro terreno construído, também vizinho de seus próprios imóveis (TCL,10,128, de _/_/RS 16), mas, desta vez, nenhum dos vendedores, Nûr-Sîn e Nûr-Shamash, pertencia à sua família.

Há, portanto, uma busca de contigüidade nos terrenos situados na cidade, mas a mesma tendência afeta a zona rural. Assim, se observarmos a evolução das aquisições de pomares e de grandes áreas com potencial produtivo, poderemos isolar dois momentos distintos: de início, até RS 13, a lógica pela qual se busca adquirir um domínio vizinho é claramente influenciada pelo movimento de bens no interior da família, e até mesmo pela dinâmica das partilhas, ou por considerações relativas à disposição espacial dos domínios familiares; após RS 16, pelo contrário, as compras de terrenos contíguos de Iddin-Amurrum parecem ter-se apartado desta influência: a consolidação e a expansão de seu domínio produtivo podem ser feitas, doravante, avançando sobre uma vizinhança extrafamiliar. Acompanhemos, então, Iddin-Amurrum nas campanhas de Larsa.

A razão pela qual Iddin-Nanaya, o primo de Iddin-Amurrum, resolveu vender a considerável quantidade de pomares e áreas ociosas que lhe pertenciam permanece um mistério para nós. Também não sabemos se estes terrenos constituíam a totalidade de suas posses rurais. Se este era o caso, podemos imaginar que estava abandonando completamente os empreendimentos agrícolas para abraçar uma outra atividade. Aliás, ele teria os meios para fazê-lo: com as vendas, ele embolsou a soma não negligenciável de 115 siclos de prata (aos quais é preciso acrescentar os 50 siclos obtidos com as vendas de terrenos urbanos, realizadas na mesma época[339], sem mencionar os eventuais bens mobiliários provenientes da herança paterna). Mais tarde, consideraremos a possível ligação entre esta disposição de vender e a partilha registrada entre o pai de Iddin-Nanaya e o pai de Iddin-Amurrum, no ano RS 8. Sejam quais forem as motivações de Iddin-Nanaya, o fato é que este vendeu nada menos do que sete terrenos rurais. O primeiro a aproveitar a ocasião foi um certo Ubar-Shamash, que lhe comprou um palmeiral, no terceiro mês de RS 9 (TCL,10,32). Este terreno margeava o canal Ishmellum, o que é um dado importante para compreender os projetos de Iddin-Amurrum relativos, principalmente neste primeiro momento, à região produtiva tradicionalmente ocupada por seus familiares. Mais tarde, Iddin-Nanaya continuou vendendo o restante de suas propriedades e, desta vez, Iddin-Amurrum recupera o atraso em relação aos compradores exteriores à família – um atraso que, em todo caso, durou apenas um mês – e de maneira bastante vigorosa, pois compra nada menos do que seis terrenos de uma só vez (TCL,10,33, de _/IV/RS 9), dos quais 1083 sar de pomares e 420 sar de terrenos incultos. Ora, um destes terrenos situava-se igualmente às margens do canal Ishmellum e estava – assim como o pomar vendido a Ubar-Shamash – confiado a um homem chamado Kubullum, certamente o responsável pelo seu cultivo[340]. Um outro pomar encontrava-se na mesma situação, confiado a um certo Adimaya[341]. Estas operações correspondiam, então, não apenas à transferência do domínio territorial de um ramo da família a outro, mas também a um deslocamento significativo do controle de um empreendimento econômico em plena atividade, baseado na produção de tâmaras.

Uma das aquisições seguintes de Iddin-Amurrum – que poderia parecer, a princípio, como uma compra isolada feita junto a estranhos – deve ser analisada sob uma outra ótica. O pomar e o terreno inculto que Iddin-Amurrum comprou no ano seguinte, RS 10, junto a um grupo de quatro vendedores localizava-se também às margens do Ishmellum (TCL,10,35, de _/X/RS 10)[342]. As imediações deste canal (anteriormente ocupadas por seu primo e certamente também por seu tio) constituíam um dos alvos privilegiados para Iddin-Amurrum, mas não podemos saber se seu próprio ramo da família já estava aí presente. Em todo caso, para ele, trata-se realmente de ampliar o domínio de seu grupo doméstico na região, mesmo se, por azar, um ou outro terreno lhe escapasse, sendo alienado a estranhos[343].

Além disso, se observarmos as ações de Iddin-Amurrum em outra região, situada nas margens do canal Mami-dannat, notaremos claramente as ligações entre a partilha de herança e o comportamento de compra. No ano 8 de Rîm-Sîn, o pai e o tio de Iddin-Amurrum haviam partilhado pomares às margens deste canal (TCL,10,31, de _/IV/RS 8). Cada um recebeu 256 sar. Não se conhece o destino do pomar que coube a Sîn-shêmi (de fato, ele não parece figurar entre os terrenos vendidos posteriormente por seu filho Iddin-Nanaya). Por outro lado, sabemos que o pomar herdado por Eshtar-ilî foi aumentado graças a uma compra de seu filho Iddin-Amurrum, cinco anos mais tarde (TCL,10,37, de 24/XII/RS 13). Com efeito, o pomar herdado e o pomar comprado deviam, certamente, ser contíguos ou, ao menos, muito próximos um do outro, pois, além de se situarem nas margens do mesmo Mami-dannat, tinham como um dos vizinhos o porteiro de Shamash. Assim, uma vez mais, Iddin-Amurrum comprou de um estranho, Pilâlum, a fim de aumentar o domínio familiar. E, também aqui, tudo indica que este acréscimo participou plenamente de uma atividade produtiva, pois as tamareiras estavam sendo cultivadas sob a responsabilidade de um chefe[344].

Como em um jogo de cartas, a cada novo lance, as ações do comprador eram influenciadas – por vezes, limitadas ou entravadas – pelas decisões tomadas por seus parentes e vizinhos. Quando era possível, o comprador devia, como o jogador, antecipar os movimentos. Talvez tenha sido esta capacidade de antecipação que levou Eshtar-ilî a adquirir a propriedade vizinha de seu irmão Sîn-shêmi, em sociedade com seu sobrinho Ilî-turam. Um segundo exemplo possível pode ser citado aqui: no ano 16 de Rîm-Sîn, Iddin-Amurrum comprou de seu próprio pai um pomar de tamareiras (TCL,10,42, de _/II/RS 16). Ocorre que este pomar fazia fronteira com um terreno que ele já possuía, sem que possamos saber como o obteve. Se foi por meio de herança, ele o aumentou por meio de uma compra; mas se se tratava de uma antiga compra, esta pode ter sido feita já na expectativa de, mais tarde, adquirir o outro terreno vizinho, ainda conservado por seu pai na época, o que poderia se dar quer por herança quer, como efetivamente veio a ocorrer, por meio de uma segunda compra.

Essas aquisições imobiliárias partilham, então, de uma mesma lógica, na qual a busca de contigüidade espacial devia, a um só tempo, acomodar os movimentos da geometria variável dos grupos domésticos, as relações – por vezes, turbulentas – entre os diversos ramos da família e, enfim, os caminhos – horizontais, verticais e mesmo diagonais – seguidos pelos bens no interior do grupo que formava a descendência de Sanum. As articulações espaciais relativas aos domínios tradicionalmente ocupados pela família e os fatores de parentesco tiveram, assim, uma influência primordial nas estratégias de compra de Iddin-Amurrum, como havia ocorrido com seu pai.

A presença do grupo nos domínios rurais assim criados ou consolidados inscrevia-se na longa duração e não parece ter sido profundamente alterada pelos eventos políticos que ocasionaram a transferência do centro de decisões de Larsa para a Babilônia. Para além das mudanças na superfície do poder real, os laços de parentesco e as práticas espaciais dos grupos domésticos da cidade asseguraram uma ocupação estável do território: sob o reinado de Rîm-Sîn, Eshtar-ilî e Sîn-shêmi partilharam pomares às margens do canal Mami-dannat (TCL,10,31, de _/IV/RS 8), como fizeram Iddin-Amurrum e Iblutam, seja durante o período de independência (TCL,10,55, de _/ IV/RS 22), seja sob Hammu-rabi (TCL,11,141, de 20/III/Ha 30), e também a geração seguinte, dos filhos de Iddin-Amurrum (TCL,11,174, de 4/VI/Ha 40). É verdade que Ibni-Amurrum, o primogênito e membro mais ativo da última geração antes da destruição da cidade, não foi um grande comprador de imóveis. Entretanto, a única compra que efetuou, de um pomar inundável, durante o reinado de Samsu-iluna, é bastante característica das tendências que acabamos de estabelecer. Esta operação representou uma operação intrafamiliar, pondo em cena duas gerações, pois Ibni-Amurrum comprou de seu tio Iblutam. Contudo, apesar desta venda, Iblutam conservou ainda uma pequena parcela do terreno, tornando-se, assim, vizinho de seu sobrinho. Por outro lado, Lipit-Eshtar, um dos irmãos de Ibni-Amurrum, também possuía terras na vizinhança. Como estes terrenos estavam igualmente situados às margens do Mami-dannat, o mais provável é que eles faziam parte das antigas propriedades controladas pela família, que, depois, foram partilhadas entre as sucessivas gerações e tornaram-se o centro de interesse da estratégia de aquisição imobiliária de vários de seus membros[345].

Às margens do canal Hurus-Irra, constatamos a mesma continuidade, durante pelo menos 70 anos, entre a aquisição de pomares por Iddin-Amurrum em RS 9 (TCL,10,33, mas eles já pertenciam ao outro ramo da família) e a partilha da herança de Ibni-Amurrum por seus irmãos no ano 7 de Samsu-iluna (TCL,11,218). Em outra região, chamada Dunnum, em que a família havia partilhado pomares e prados entre RS 22 (TCL,10,55) e Ha 40 (TCL,11,174), a permanência durou até a época de Samsu-iluna: alguns terrenos que aí se encontravam pertenciam a Iblutam (TCL,11,206). A região de Dunnum é, aliás, bem conhecida, pois era nela que se situavam os pomares reais sob responsabilidade de Shamash-hâzir, após a conquista babilônica (TCL,11,157, 175 e 190). O terreno de Iblutam encontrava-se ao lado dos pomares palacianos[346].

O fato de que os canais Ishmellum, Mami-dannat e Hurus-Irra sejam quase exclusivamente conhecidos por contratos da família Sanum reforça a idéia de uma ligação privilegiada do grupo com estas regiões[347].

A tendência a reunir terrenos rurais adjacentes levava o comprador a voltar-se também para fora do círculo familiar. Assim, no ano 20 de Rîm-Sîn, Iddin-Amurrum adquiriu um outro terreno vizinho, que incluía um pomar de tamareiras e um terreno inculto, situado na região dos pomares do palácio de Larsa (TCL,10,51, de _/IX/RS 20). O vendedor, um homônimo de Iddin-Amurrum, filho de Kunnatum, não pertencia à família Sanum. No entanto, ao menos no caso de Iddin-Amurrum, este tipo de compra teve apenas uma importância secundária em relação às transações intrafamiliares, seja por ter sido mais tardio, seja porque o número de terrenos envolvidos era menor.

Observemos, agora, alguns aspectos quantitativos.

A importância do critério de contigüidade espacial é manifestada nas compras urbanas de Eshtar-ilî:

Quadro 9: Compras de terrenos urbanos contíguos – Eshtar-ilî

Contigüidade	Número de terrenos	Medida (em sar)
Atestada	6	4,167
Provável	1	0,325
Não atestada	3	3,167
Total	**10**	**7,659**

Se incluirmos o contrato TCL,10,6 (classificado sob a categoria de 'Provável'), no qual o terreno certamente é adjacente aos demais terrenos adquiridos, a orientação de compras de propriedades vizinhas cobria 70% dos casos e 58,5% das superfícies. Entretanto, os dados repertoriados derivam necessariamente das informações cadastrais disponíveis nos contratos e é possível que certos fatos tenham sido mascarados. D. Charpin (2003a: 315 ss.), por exemplo, propôs que todos os terrenos urbanos comprados por Eshtar-ilî, assim como aqueles adquiridos por seu filho Iddin-Amurrum, faziam parte de uma única unidade territorial, que permitiria a construção da habitação que, mais tarde, seria partilhada entre os cinco filhos deste último. Pode-se, com efeito, supor que a continuidade espacial entre o domínio do comprador e os imóveis adquiridos tenha sido muito maior do que as fontes permitem estabelecer.

Conclusões similares podem, aliás, ser tiradas da análise das aquisições urbanas de Iddin-Amurrum, mesmo se a situação é, aqui, mais complexa e uma falta de dados não nos permite elaborar uma estimativa comparativa mais precisa. Sobre um total de oito imóveis urbanos comprados (6,247⁺ sar), quatro terrenos (3,331 sar) correspondiam seja a vizinhos[348], seja a aquisições que visavam a aumentar o domínio residencial criado por seu pai, Eshtar-ilî. Os outros quatro imóveis não adjacentes mediam 2,916⁺ sar, sem que tenhamos razão para crer que estas dimensões incompletas (por causa de uma lacuna no tablete TCL,10,73) pudessem alterar radicalmente a situação:

Quadro 10: Compras de terrenos urbanos contíguos – Iddin-Amurrum

Contigüidade	Número de terrenos	Medida (em sar)
Atestada	3	3,165
Provável	1	0,166
Não atestada	4	2,916⁺
Total	**8**	**6,247⁺**

Em relação às áreas rurais, a conta é ainda mais difícil, pois é preciso não apenas considerar os terrenos diretamente adjacentes, como também aqueles situados nas zonas de ocupação tradicional da família. Além disso, quatro dos seis terrenos comprados por Iddin-Amurrum de Iddin-Nanaya não indicam nenhuma localização e não serão levados em consideração aqui (mesmo se o mais provável é que esta ausência de explicitação nos contratos indique que eles estavam situados, como os dois outros, nas regiões de implantação da família). Os números, de todo modo, são bastante eloqüentes:

Quadro 11: Compras de terrenos rurais contíguos – Iddin-Amurrum

Contigüidade	Pomares[1]		Terrenos incultos[2]	
	Número de terrenos	Medidas (em sar)	Número de terrenos	Medidas (em sar)
Atestada	2	150	1	50
Provável	1	100	1	130
Zona de ocupação familiar	3	850	2	320
Não atestada	3	310	1	20
Total	9	1410	5	520

[1] ^{gish}kiri$_6$; ^{gish}gishimmar; ú-sal-la ^{gish}kiri$_6$ [2] kislah-2; é-ki

As compras de terrenos na zona de ocupação do grupo doméstico ocupavam um lugar significativamente preponderante entre as aquisições rurais de Iddin-Amurrum, representando 60,28% das superfícies dos pomares e 61,54% das superfícies dos terrenos incultos. Se considerarmos os terrenos diretamente adjacentes, estas cifras elevam-se a 78,01% e 96,15%, respectivamente. Sobre o total das superfícies examinadas aqui, ou seja, 1930 sar, apenas 17,1% não eram contíguas a um domínio já pertencente a Iddin-Amurrum. A estratégia aquisitiva do comprador revela uma verdadeira fagocitose.

Para completar essa visão sobre a situação, lembremos que, no outro ramo da família, o único terreno comprado por Sîn-shêmi devia situar-se na proximidade da zona de implantação da família na cidade, pois Iribam-ilî era um de seus vizinhos. Além disso, a única aquisição de Ibni-Amurrum seguia o mesmo modelo. Em suma, da primeira à última geração da família, a contigüidade impôs-se como um dos fatores definidores da compra imobiliária.

A contigüidade também teve seu papel para além dos limites da família Sanum. As deficiências da documentação impedem, porém, reconstruir uma rede de relações de parentela ou de vizinhança, tal como fizemos naquele caso. Mesmo os compradores mais importantes – como Balmunamhe, Ubâr-Shamash, Abu-waqar ou Amurrum-shêmi – permanecem como personagens muito isolados, difíceis de serem encaixados em um conjunto mais vasto de relações. Assim, a maneira mais segura de avaliar o papel da contigüidade nestes casos é considerar apenas as situações em que o comprador era diretamente vizinho do terreno comprado. Isto pode ser constatado em cinco dos imóveis que aparecem nos arquivos de Iddin-Amurrum (TCL,10,29, 42, 51, com 2 terrenos, e 128), em quatro das compras de Amurrum-shêmi (Limet,5, 6 e 8 e SAOC,44,19), em duas de Ubâr-Shamash (VS,13,78 e 87), também em duas de Apil-ilishu (VS,13,66 e 70), e uma vez entre as aquisições de Balmunamhe (Riftin,15), de Abuwaqar (YOS,5,138), de Warad-Zugal (TLB,1,15), de Sîn-bêl-aplim e Shêp-Sîn (Riftin,19), de Apil-Amurrum (Riftin,16) e de Ilam-pilah (TCL,10,26).

No total, entre os 170 terrenos negociados durante os reinados de Warad-Sîn e Rîm-Sîn, 17 situavam-se ao lado dos domínios do comprador (ou seja, 10%). Uma outra constatação impõe-se aqui: este comportamento aquisitivo foi muito mais enfático na zona rural (76,47% dos casos) do que no espaço urbano (23,53%). Esta tendência, aliás, já estava presente nas compras de Iddin-Amurrum: entre os 14 terrenos adjacentes adquiridos por ele, dez (71,43%) localizavam-se na campanha.

Os casos em que o comprador era um vizinho não correspondem, entretanto, ao conjunto da busca pela contigüidade. Os dados cadastrais mascaram muitas outras situações que somente uma análise mais profunda pode revelar. Eu me limito a citar um exemplo observado no comportamento de alguns dos maiores compradores de Larsa: trata-se das aquisições consecutivas de terrenos situados na mesma região, sem que o comprador apareça citado como vizinho.

Ubar-Shamash utilizou este método: no ano RS 35, ele comprou um campo nas margens do canal Sianum (VS,13,77, de 10/III/RS 35). Um ano depois, ele ainda avançou sobre a mesma região e comprou um segundo terreno com as mesmas características e que também bordejava o Sianum (YOS,8,143, de 10/IV/RS 36). É possível que este último campo fosse ainda vizinho de um terreno inculto que Ubar-Shamash comprou dois anos e meio mais tarde (YOS,8,65, de 28/XII/RS 38; um certo Ilî-iddinam era vizinho dos dois terrenos). Mesmo se a continuidade física não possa ser diretamente inferida dos dados cadastrais, as três operações sugerem uma estratégia de reagrupamento por parte de Ubar-Shamash, visando a reunir seus terrenos rurais irrigáveis.

A troca de terrenos também podia servir à mesma intenção. O rico Balmunamhe não hesitou em combinar compra e troca a fim de criar domínios urbanos mais vastos. Como no caso precedente, os dados cadastrais não são explícitos, mas a análise das operações não deixa dúvida sobre a intenção de concentrar os lotes até então dispersos[349].

Na zona rural, Balmunamhe reproduziu a mesma estratégia. M. Van De Mieroop (1987: 16) já havia notado os vínculos entre as operações realizadas entre RS 19 e RS 21 e chamou a atenção sobre o *"esforço orquestrado de Balmunamhe para adquirir lotes adjacentes"*. O autor acabou por renunciar a determinar o posicionamento relativo dos terrenos. No entanto, se concentrarmos a atenção sobre os pomares adquiridos por Balmunamhe – seja por compra, seja por troca –, os dados cadastrais permitem sugerir algumas configurações espaciais em que a lógica da contigüidade é evidente. Eu retenho, aqui, apenas duas restituições que me parecem as mais plausíveis[350].

Figura 10 (a e b): Distribuição espacial hipotética das aquisições de Balmunamhe

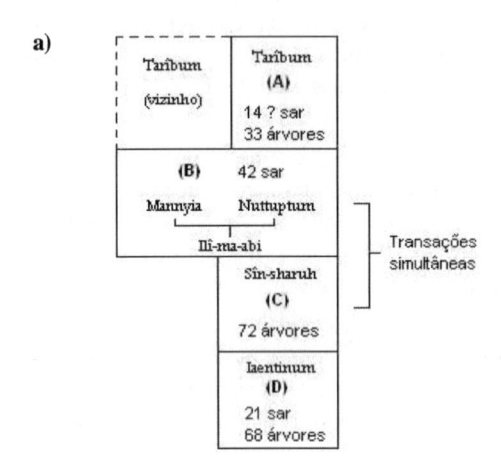

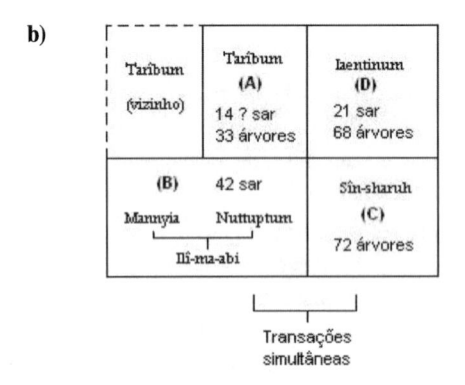

a)

```
┌─────────┬──────────┐
│ Tarîbum │ Tarîbum  │
│(vizinho)│   (A)    │
│         │ 14 ? sar │
│         │33 árvores│
└─────────┼──────────┤
   │  (B)    42 sar  │ ┐
   │Mannyia  Nuttuptum│ │
   │    Ilî-ma-abi    │ ├ Transações
   ├──────────────────┤ │ simultâneas
   │    Sîn-sharuh    │ │
   │       (C)        │ │
   │    72 árvores    │ ┘
   ├──────────────────┤
   │    Iaentinum     │
   │       (D)        │
   │     21 sar       │
   │   68 árvores     │
   └──────────────────┘
```

b)

```
┌─────────┬──────────┬──────────┐
│ Tarîbum │ Tarîbum  │ Iaentinum│
│(vizinho)│   (A)    │   (D)    │
│         │ 14 ? sar │  21 sar  │
│         │33 árvores│68 árvores│
└─────────┼──────────┼──────────┤
    │  (B)   42 sar  │Sîn-sharuh│
    │Mannyia Nuttuptum│  (C)    │
    │   Ilî-ma-abi   │72 árvores│
    └────────────────┴──────────┘
           └────────┘
            Transações
           simultâneas
```

Seja qual for a disposição espacial real dos pomares, eis a descrição das operações segundo a ordem cronológica:

A) Primeiramente, Balmunamhe fez uma troca com Tarîbum (Riftin,28, de _/VIII/RS 19). Ele recebeu um pomar plantado com 33 árvores (cuja superfície devia ser de 14 sar) e deu a Tarîbum dois pomares menores, mas com um total equivalente de árvores: um terreno com 20 árvores e um outro com 13; este último pomar era vizinho de um certo Iaentinum, personagem que tem um importante papel na seqüência dos eventos.

B + C) Alguns meses depois, Balmunamhe comprou um pomar medindo 42 sar (B nos esquemas). Os vendedores formavam uma família: Manniya, sua esposa Nuttuptum e seu filho Ilî-ma-abi (YOS,8,38, de _/III/RS 20). Este pomar era vizinho de Tarîbum, o que demonstra que ou este havia conservado uma parte dos seus domínios após a transação com Balmunamhe, alguns meses antes, ou que o pomar agora adquirido por Balmunamhe era vizinho de suas antigas posses, que haviam sido cedidas a Tarîbum na troca. Na mesma data, Balmunamhe realizou também uma outra troca (YOS,8,37, de _/III/RS 20): graças a ela, obteve de Sîn-sharuh um pomar com 72 árvores, vizinho de Manniya e de Iaentinum (C). Note-se que este mesmo Sîn-sharuh foi testemunha na operação precedente, o que reforça a tese da simultaneidade das duas operações. Em troca, Balmunamhe deu a Sîn-sharuh um pomar que continha igualmente 72 árvores, vizinho de Tarîbum e de Iaentinum, o que indica tratar-se da mesma região da primeira transação (A). Para compreender estes movimentos de bens, é preciso estar atento às duas conseqüências do caráter simultâneo das duas operações: em tais situações, os escribas registravam a localização cadastral de cada terreno tal como era antes das negociações. Em segundo lugar, é preciso notar que o chefe do grupo de vendedores de (B), Mannyia, é o mesmo personagem citado como vizinho em (C). Por conseqüência, os terrenos atribuídos a Mannyia pelos dois contratos – o terreno vendido em (B) e o terreno vizinho em (C) – são, na verdade, um só.

D) Finalmente, um ano após, Balmunamhe efetuou uma nova troca, desta vez, com Iaentinum, que era vizinho dos terrenos adquiridos anteriormente (C) e do qual ele próprio já era vizinho antes do início da série de transações (A). Deste modo, ele obteve um último lote adjacente, que media 21 sar ocupados por 68 árvores, em troca do qual ele teve de oferecer um terreno maior, de 35 sar, mas que continha o mesmo número de árvores.

No fim dessas negociações com seus vizinhos, Balmunamhe pôde reunir um domínio de mais de 77 sar, contendo mais de 177 árvores[351]. Não é surpreendente ver que a lógica que levava Balmunamhe a juntar territórios produtivos contíguos podia também orientar o comportamento de seus vizinhos. Evidentemente, não se pode descartar uma dificuldade de resistir à pressão para alienar os bens, particularmente em uma situação desfavorável. No entanto, para os proprietários que tinham condições de negociar em condições mais equilibradas com Balmunamhe, as trocas de terrenos podiam ser a oportunidade de reduzir, também para eles, a fragmentação de seus territórios. Assim, no final desta série de deslocamentos, Tarîbum, Iaentinum e, talvez, Sîn-sharuh podem ter trocado terrenos dispersos por outros com uma localização mais vantajosa para a exploração das terras produtivas. Se esta tendência é mais explícita entre os grandes compradores (em grande parte, por razões documentais), o procedimento parece ter sido característico para o conjunto dos proprietários de Larsa.

E também de outros lugares: o mesmo mecanismo de troca visando à aglutinação do patrimônio familiar é observado em Kutalla, onde a tendência a reagrupar os terrenos dispersos para formar uma unidade contígua é ainda mais clara do que permitem ver as fontes de Larsa (D. Charpin, 1980a: 100 s. e 1986a: 129).

Os comportamentos aquisitivos identificados aqui eram bastante difundidos e os exemplos poderiam ser multiplicados. É preciso dizer, porém, que as incertezas decorrentes dos dados cadastrais não encorajam uma apreciação estritamente quantitativa do fenômeno. Seja como for, a tendência à acumulação patrimonial e ao alargamento do domínio familiar através de uma aquisição imobiliária (por compra ou troca) visando ao aumento da base territorial já possuída (por herança ou aquisição anterior) confirma-se como uma das características principais da circulação fundiária em Larsa, na vizinha Kutalla (Charpin, 1980a: 116 s.), mas também em Dilbat (Jones, 1967: 152 ss.; Desrochers, 1978: 152 e Yoffee, 1988a: 123), em Nippur (Stone, 1981: 24 s.) ou, alguns séculos mais tarde, em zonas periféricas, como, por exemplo, Nuzi (Zaccagnini, 1979a: 44).

É, no entanto, difícil estabelecer a origem dessa tendência aglutinante. Certamente, ela foi uma das respostas à dispersão ocasionada pelas regras de herança do patrimônio imobiliário que não excluíam nenhum dos descendentes masculinos. A partilha podia fragmentar consideravelmente a superfície habitável e, caso as negociações entre os herdeiros não fossem suficientes para recompor uma unidade residencial adequada, cada um dos herdeiros, particularmente o primogênito aquinhoado com mais recursos, era incitado a adquirir os cômodos vizinhos. Uma situação semelhante podia ocorrer na zona rural e, neste caso, as compras representavam um mecanismo de preservação da capacidade de produção agrícola do grupo. É preciso, portanto, ser prudente quando se fala em expansão: uma parte considerável das aquisições significava apenas a recomposição do patrimônio pulverizado devido às partilhas entre os irmãos (e, em menor grau, pela dotação das filhas)[352].

Principalmente no universo rural, a tensão entre a dispersão e a concentração pode estar associada igualmente às modalidades de ocupação do território. Em uma situação em que a distribuição das terras era assegurada por critérios mais comunitários, implicando um acesso menos individualizado ao solo, a dispersão das parcelas controladas por uma mesma família pode ser considerada positiva, pois agia como um mecanismo de minimização dos riscos: em caso de salinização ou seca, por exemplo, a queda da produção em uma região afetaria de modo menos dramático cada um dos produtores, que podiam ainda contar com as colheitas de outras regiões[353]. Além disso, em um contexto de exploração coletiva, o parcelamento dos lotes não impõe grandes empecilhos à produtividade, pois os meios de produção não são necessariamente distribuídos segundo as unidades familiares e, conseqüentemente, sua administração no conjunto do território a ser cultivado é facilitada. Diferentemente, em um quadro de ocupação mais individualizada do espaço, a fragmentação tende a ser um obstáculo à exploração baseada na unidade doméstica. Os grupos procuraram, então, unificar os lotes: isto implica assumir um risco mais elevado, mas parece que este fator negativo era menos importante do que aumentar a produtividade concentrando os recursos fundiários[354]. Na transição entre o III e o II milênios, Larsa compartilhava com o conjunto da Mesopotâmia uma substituição dos modos comunitários de acesso ao solo por formas mais individualizadas, baseadas em grupos domésticos mais restritos. A tendência de unificação dos lotes pode ter sido um dos resultados deste processo mais geral. É verdade que podemos nos interrogar sobre o seu alcance. A concentração rural que verificamos aqui diz respeito, sobretudo, a terrenos destinados à cultura especializada, como os pomares: é possível que, neste empreendimento – que se situa além da economia de subsistência dos grupos domésticos –, os empreendedores se sentissem livres para adotar uma lógica mais comercial e, por conseqüência, a consideração dos riscos fosse menos inibidora[355].

3. Aquisição imobiliária

Estabelecer que a vontade de aumentar o patrimônio familiar orientou a estratégia de aquisição não esgota, contudo, a questão. Se nos interrogarmos sobre a finalidade dos investimentos, por vezes consideráveis, observaremos, com efeito, dois movimentos paralelos, para os quais deveremos buscar motivações distintas. De um lado, eram adquiridos superfícies construídas (casas, cômodos, imóveis em ruínas) e pequenos terrenos desocupados; de outro, pomares ou vastos terrenos rurais incultos (os campos estando raramente presentes nas transações). De um modo geral, pode-se associar o primeiro grupo de terrenos a um uso residencial (construção ou aumento das casas, constituição de jardins ou de espaços livres destinados a atividades domésticas), enquanto que o segundo grupo teria essencialmente uma destinação produtiva, vinculada, em particular, à cultura especializada de tâmaras. É preciso, portanto, considerar as diferentes funções que cada um dos grupos de terrenos preencheu quando de sua inserção no patrimônio familiar, assim como seus respectivos pesos no conjunto de aquisições de um comprador específico: haveria uma tendência geral de concentração das compras sobre um tipo de terreno? Pode-se falar de um comportamento sistemático para cada um dos compradores, ou pelo menos para os grandes compradores?

De modo ainda mais global, pode-se tentar uma caracterização de cada um dos circuitos, urbano e rural, em função de algumas variantes: os diferentes tipos de bens que aí circulavam, as diferentes motivações dos agentes implicados e, enfim, o padrão de circulação de cada um. Esta abordagem permitirá evitar uma visão monolítica das transações imobiliárias e demonstrar que o sistema de alocação de imóveis em Larsa era bem mais heterogêneo do que se acreditou até aqui, pois ele respondia a estímulos provenientes não apenas das necessidades do domínio produtivo, mas também de outras expectativas sociais.

3.1. Aquisições urbanas e consumo ostentatório

No quadro abaixo, são apresentados alguns dados quantitativos concernentes às aquisições (por compra) dos seis compradores mais ativos durante os reinados de Warad-Sîn e de Rîm-Sîn:

Quadro 12: Tipos de terrenos adquiridos pelos grandes compradores

	Tipo de terreno	Compradores					
		Iddin-Amurrum	Balmunamhe	Ubar-Shamash	Amurrum-shêmi	Warad-Zugal	Eshtar-ilî
u	é-dù-a	6	7			3	5
r	Kislah-1	1	8	1		1	3
b	é-ki-shub-ba		1	2			
a	é		1				
n o s	é-gal^{lam}	1					
	^{gish}kiri$_6$	12	3	8	9	4	
	Kislah-2	7	2	1	2	1	
	kankal		1	2			
	a-shà			2			
r	a-shà kankal				1		
u r	a-shà kankal ^{gish}kiri$_6$			1			
a i	ú-sal	1					
s	^{gish}kiri$_6$-kankal			1			
	é-ki	1					
	ambar		1				
	Indeterminado		2	1			
	Total de terrenos comprados	29	26	19	12	9	8

Com exceção de Amurrum-shemi, cinco dos maiores compradores de Larsa compraram terrenos urbanos de caráter residencial. A atividade imobiliária de Eshtar-ilî, da família Sanum, esteve voltada exclusivamente para este tipo de imóvel: por cinco vezes, ele comprou terrenos construídos (é-dù-a) e, outras cinco, ele adquiriu pequenos terrenos vazios (kislah-1)[356], alguns dos quais eram próximos uns dos outros, como vimos. É interessante notar que, ao fim deste processo, que se prolongou por duas décadas, o total de suas aquisições limitou-se a 157 m² de superfícies construídas e menos de 120 m² de terrenos vazios. Por outro lado, Eshtar-ilî jamais é atestado como comprador de terrenos produtivos, embora ele os possuísse, como mostram as partilhas entre seus herdeiros e a venda que fez para seu filho Iddin-Amurrum.

O caso de Eshtar-ilî constitui o exemplo mais claro de uma ação aquisitiva que visava prioritariamente os terrenos urbanos. Na geração seguinte, seis dos 29 terrenos comprados por Iddin-Amurrum são deste mesmo tipo. Qual era a finalidade destas operações e qual a trajetória destes terrenos depois de integrados no patrimônio do grupo doméstico? Na maior parte do tempo, as informações são muito lacunares, mas o perfil dos contratos existentes e algumas ausências significativas nos arquivos oferecem alguns elementos de resposta.

Poder-se-ia pensar, de início, em uma atividade econômica que visasse multiplicar o capital em prata por intermédio de investimentos imobiliários[357]. Por exemplo, toda a visão de Susan Harris (1983: 63) sobre a circulação dos imóveis em Larsa repousa sobre a suposição de tal mecanismo: falando de Eshtar-ilî, a autora afirma que os terrenos urbanos adquiridos *"poderiam ser construídos e alugados ou vendidos com lucro"*. Vários argumentos permitem, no entanto, contradizer esta hipótese.

Em princípio, a aquisição imobiliária urbana poderia tornar-se um investimento rentável de duas maneiras: a revenda e a locação[358].

Comecemos por esta última. Desde logo, é preciso notar uma constante ausência de contratos de locação na documentação de Larsa. Este fato pode ser explicado pela própria natureza deste tipo de registro: ao contrário dos contratos de compra ou partilha, conservados por gerações a fio como prova da relação apropriativa, os contratos de locação tinham um efeito temporal limitado e eram descartados ao fim do período de aluguel ou arrendamento[359]. É, portanto, impossível demonstrar que um terreno urbano comprado foi, em seguida, objeto de locação pelo comprador: no estado atual das fontes, nenhum caso pode ser confirmado[360]. Uma segunda possibilidade poderia ser que as locações não fossem feitas pelos compradores, mas por pessoas em dificuldade, procurando evitar a alienação definitiva do bem. Um modo de demonstrar isto seria encontrar locadores que, após verem falhar sua primeira estratégia, tivessem sido forçados a, finalmente, vender o imóvel. Mas, também aqui, os dados são muito incertos e um só caso pode ser evocado, mesmo assim com muita precaução: no ano 7 de Rîm-Sîn, um certo Tizqarum aparece entre os vendedores de um terreno construído comprado por Balmunamhe (YOS,5,112, de 8/IV/RS 7). Ora, em outro contrato, um homem chamado Tizqarum (o mesmo?) figura como locador de uma casa, mas a data referida no tablete está incompleta e não se pode saber se a locação precedeu a venda (TCL,10,131, de 19/VI/_); os demais dados (vizinhança e testemunhas) também não permitem ligar os dois contratos.

Se considerarmos, agora, a hipótese da revenda, veremos que ela também se defronta com dificuldades consideráveis. Uma atividade imobiliária fundada sobre compras e vendas consecutivas pelo mesmo agente teria como conseqüência, no nível dos arquivos, registros sucessivos que permitiriam seguir a trajetória de um mesmo terreno: a transferência do primeiro vendedor para o primeiro comprador da cadeia documentada; depois, deste (agora, na posição de vendedor) para um novo comprador, e assim por diante. Pelo menos teoricamente, em função da transmissão dos documentos relativos ao terreno alienado, todas as etapas anteriores que implicaram uma alteração da relação apropriativa deveria estar representadas nos arquivos do último comprador. Nós sabemos, porém, que nem sempre o vendedor estava em condições de apresentar os antigos tabletes e que algumas destas situações levaram à redação de um documento substituto, que recapitulava as operações anteriores (ver Charpin, 1986a: 123). Em todo caso, uma observação completa do conjunto de contratos de compra disponíveis por um período delimitado deveria fornecer uma visão, mesmo incompleta, do movimento de terrenos. Ora, isto está longe da realidade de nossos arquivos e a razão me parece clara: a circulação imobiliária em Larsa não era caracterizada por transferências sucessivas dos terrenos. É preciso, portanto, explicá-la de outro modo.

Uma vez que alguns casos, totalmente excepcionais, serviram de base para formular e reforçar a idéia de um fluxo do tipo venda-compra-revenda, muito presente na literatura especializada, seria útil analisá-los cuidadosamente.

O primeiro caso é citado por S. Harris (1983: 110 e 171) como a prova da existência de uma intenção lucrativa (*intended to profit*) do empreendedor (no caso, Balmunamhe), o qual, por intermédio de duas transações sucessivas – que, por sua vez, representariam uma operação de crédito (*entreprenurial credit transactions*) –, teria adquirido uma superfície construída, cujo valor teria sido depreciado pela vizinhança de um terreno abandonado, e teria melhorado o conjunto para vendê-lo, depois, com lucro. É possível, no entanto, analisar estas operações sob uma ótica bem diferente.

De fato, no final do ano WS 7, Balmunamhe comprou um terreno composto de uma construção e de uma superfície vazia. Os vendedores foram Tarîbum e uma mulher, Erishtum, filha de Sîn-gâmil. Talvez, Tarîbum fosse o marido ou irmão de Erishtum (YOS,5,125, de /XIIi/WS 7).[361] No mesmo mês, Balmunamhe recebeu do pai da vendedora um terreno com as mesmas características (é-dù-a + kislah-1), em uma operação de troca (YOS,5,134, de _/XIIi/WS 7)[362]. O mais provável, parece, é que Balmunamhe comprou a parte do domínio recebida em herança ou, mais provavelmente, como dote pela filha (que, no contrato, é secundada por uma figura masculina) e, ao mesmo tempo, através de uma troca, adquiriu a parte que fora preservada pelo pai. Não houve, portanto, duas operações sucessivas de compra e venda de um mesmo terreno, entre as quais Balmunamhe teria exercido o papel de mercador de imóveis, como pensou S. Harris[363]. Ao contrário, estamos face a duas operações simultâneas, que se referem aos terrenos de uma mesma família, certamente contíguos e que, no mais, se conservaram no patrimônio de Balmunamhe: de fato, os terrenos cedidos por Balmunamhe na troca não eram os mesmos que ele havia adquirido pela negociação com o grupo[364]. Não se trata, então, de um fenômeno de circulação, mas somente do resultado do comportamento aglutinante que caracterizava os grandes compradores de Larsa[365]. Em seu entusiasmo, S. Harris também não percebeu que, nas duas operações, os parceiros de Balmunamhe foram os mesmos e que eles eram parentes. Finalmente, quando as coisas são vistas desta outra maneira, tem-se dificuldade de acreditar na existência de uma operação de crédito por trás das operações imobiliárias[366]: mesmo se os dias exatos da venda e da troca não foram registrados nos contratos (certamente porque sua simultaneidade era evidente para os agentes), pode-se supor que o pagamento da compra foi realizado no próprio momento da transação, ao passo que, por definição, para a troca, nenhuma soma de prata estava envolvida. Não há, portanto, nenhum motivo para falar em crédito e muito menos em lucro em relação ao preço de compra[367].

Este foi o único exemplo das pretensas alienações sucessivas (*subsequent alienations*) de terrenos urbanos identificado por S. Harris (1983:171). L. Matoush (1950: 31) já havia, no entanto, identificado um segundo caso. Desta vez, trata-se realmente da revenda de um terreno comprado anteriormente e a análise deste caso, único entre as transações urbanas, pode oferecer algumas informações úteis.

No final do ano RS 19, um certo Ahu-kînum comprou um terreno construído de Sîn-magir (YOS,8,58, de XI/RS 19). Doze anos mais tarde, ele vende o mesmo terreno a um comprador cujo nome foi perdido (YOS,8,128 de _/_/RS 31)[368]. Estaríamos diante de um investimento especulativo feito por um negociante de imóveis? Alguns indícios parecem contrariar esta possibilidade. Em primeiro lugar, o tempo transcorrido entre as duas operações dificilmente seria compatível com uma situação de negociações sucessivas exigida por um mercado imobiliário no qual a rapidez da circulação é um fator importante para a maximização da prata investida. Em segundo lugar, mesmo após a segunda transação, Ahu-kînum continuou como vizinho dos terrenos: assim, ele ocupava a região e nela permaneceu, o que sugere que a primeira aquisição tinha finalidade residencial efetiva e que, apesar da alienação posterior, esta intenção original perdurou. No mais, Ahu-kînum, como a maioria dos compradores, é apenas um agente casual, que compra apenas uma única vez e que dificilmente poderia ser considerado um mercador de terras. Mais uma vez, o padrão distancia-se da aquisição com finalidade lucrativa. Por fim, a análise dos valores implicados nas duas operações não é conclusiva. L. Matoush acreditou poder ver, neste caso, uma alta dos valores deste tipo de terreno. O problema é que o terreno construído, comprado por 1 1/2 mina de prata[369] na primeira transação, depois foi vendido juntamente com um outro terreno (é-nun-na). É, pois, difícil saber se a maior quantidade de prata envolvida na segunda operação (2 1/3 mina e 4 siclos) é explicada por este acréscimo de bens ou por um real aumento dos preços[370].

A estes dois casos, poderíamos acrescentar um terceiro: em WS 11, Awil-ilî comprou um terreno construído de uma família formada por Nadin-ishtalmum, Shibaya, sua esposa, e o filho Sîn-eresh (YOS,5,121, de _/IV/WS 11). Um ano e três meses mais tarde, Awil-ilî, agora explicitamente identificado como mercador, vende o mesmo terreno a Balmunamhe (YOS,5,129, de _/VII/WS 12)[371]. É bastante interessante notar que, neste caso único em que um mercador revende um imóvel, a soma paga em prata diminuiu de uma operação para outra: O terreno foi comprado por 1/2 mina e 6 siclos e revendido por 1/2 mina.

Além de serem casos isolados, é preciso reconhecer que as características dessas transações oferecem argumentos muito fracos para defender a tese de que as aquisições imobiliárias urbanas seriam movidas pela intenção de multiplicar os recursos financeiros por intermédio da circulação incessante de terrenos. Não parece que os agentes envolvidos considerassem esses investimentos como a etapa de um processo mais vasto de crescimento do capital, mais do que uma finalidade em si mesma. Dito de outro modo, na mentalidade e na prática aquisitivas, o valor de uso sobrepunha-se ao valor de troca e, em consequência, a circulação de imóveis urbanos foi caracterizada por uma lógica de acumulação, mais do que por um movimento rotativo.

Estas conclusões levam a reconsiderar uma visão muito difundida, que considera as transferências de terrenos urbanos em Larsa um setor particular do comércio, entendido como uma atividade geradora de sobrevalor pela revenda e organizada a partir do mesmo modelo de circulação de outras mercadorias. É justamente o caráter mercantil que está ausente no movimento de imóveis: no conjunto de relações econômicas, essas transferências devem ser, antes, consideradas como o resultado de um fenômeno de consumação, ligado às camadas da elite urbana.

Uma fonte de grande confusão para a historiografia econômica que se empenhou em analisar o comércio imobiliário é, justamente, o fato de que, muito freqüentemente, os compradores de bens fundiários também eram mercadores. Isto levou alguns autores a pensar que a compra de imóveis fazia parte das atividades comerciais desta categoria. Em outros termos, acreditou-se que, à imagem de tantos outros bens, a terra fosse uma mercadoria que um grupo de mercadores fazia circular. Vimos, porém, que um exame das operações não sustenta esta interpretação e, mais adiante, procurarei inserir a aquisição de terrenos em um perfil mais amplo das atividades materiais dos agentes econômicos. Por ora, notemos simplesmente que é necessário separar, de um lado, as atividades dos mercadores que se encontram no coração de sua ocupação comercial e que os levam a se posicionarem como intermediários em um processo de circulação de bens e, de outro lado, as atividades que são resultantes da acumulação de capital gerada pelo comércio. O incremento da consumação imobiliária participa, sem dúvida, desta segunda categoria[372].

Os capitais acumulados pelo comércio permitiam que as camadas comerciantes aumentassem e diversificassem suas despesas. Uma grande parte desta destinação de recursos é praticamente invisível devido ao caráter de nossas fontes, bastante discretas sobre o universo do consumo cotidiano. Pode-se, no entanto, supor a existência de uma maior sofisticação no nível da vestimenta, do mobiliário ou dos elementos de aparato, como as jóias. Por vezes, os registros de partilhas de herança e de dote deixam entrever este fenômeno. Por outro lado, tanto a documentação contratual, que estudamos, como os dados arqueológicos sobre o quarteirão nordeste do sítio de Senkereh não deixam dúvidas acerca dos efeitos deste aumento de sofisticação também no nível das estruturas residenciais. Mesmo que a correspondência exata entre as informações escritas e os vestígios arquitetônicos não seja simples de ser estabelecida, as duas séries de dados apontam no mesmo sentido: a acumulação consecutiva de terrenos, os esforços prolongados durante anos e a quantidade considerável de prata despendida, os materiais e as técnicas de construção empregues, a disposição espaçada das casas, que faz deste quarteirão um caso único na história da arquitetura doméstica mesopotâmica, tudo, enfim, permite falar de um investimento pelas camadas superiores da cidade em um consumo residencial ostentatório[373].

Concentrando a atenção sobre um dos elementos evocados – os recursos metálicos aplicados nas aquisições –, uma comparação mostrará que as quantidades utilizadas pelas compras urbanas foram globalmente muito mais consideráveis do que os mobilizados pelas aquisições de imóveis rurais[374]: enquanto que, nas 57 operações relativas a terrenos urbanos, o montante eleva-se a 12,302 quilos de prata (ou seja, uma média de 216 gramas por operação), a soma dispensada nas 61 transações rurais não passou de 7,582 quilos (124 gramas por operação). Esta tendência geral não se repetia para todos os compradores considerados individualmente, pois alguns, como Eshtar-ilî, concentraram suas despesas na compra de terrenos urbanos e outros, como Amurrum-shêmi, grande comprador da segunda metade do reinado de Rîm-Sîn, deram prioridade aos pomares e outros terrenos rurais. Mas a estratégia de compra dos grandes compradores foi, em geral, fortemente marcada por uma propensão a concentrar recursos na expansão do domínio residencial. Iddin-Amurrum, por exemplo, consagrou 1,883 quilos de prata à compra de terrenos urbanos, contra apenas 1,442 kilos à aquisição de terrenos rurais. Isto poderia parecer como um perfil de despesas relativamente equilibrado, mas é preciso não esquecer que, antes dele, seu pai havia comprado exclusivamente lotes urbanos, gastando com isso mais de 1,569 quilos de prata[375] e que Iddin-Amurrum beneficiou-se em função da herança: o caminho estava já bem pavimentado para que ele pudesse construir a vasta residência que seus filhos partilharão anos mais tarde.

Um outro caso, tomado dentre os grandes compradores, permite avaliar a importância da tendência de que falamos. De fato, Balmunamhe constitui um excelente exemplo. Sabemos que ele era um produtor agrícola muito importante, que possuía vastos domínios produtivos[376]. No entanto, enquanto suas despesas com a compra de pomares e terrenos rurais limitaram-se a 299 gramas de prata, ele não hesitou em gastar 2,702 quilos para alargar seu patrimônio urbano (ou seja, uma proporção de 1 por 9,4). E, como vimos, esta grande quantidade de prata investida nos terrenos urbanos não pode ser explicada pela busca de uma rentabilidade econômica.

As diferenças entre os montantes destinados aos dois tipos de terrenos mostram as orientações de compra prevalecentes para cada comprador e fazem parte de uma estratégia particular e variável. Em outro nível, o da formação do valor dos terrenos, vemos um outro aspecto desta concentração de recursos metálicos na aquisição urbana: mesmo se não estamos em medida de falar de variação de preços, no sentido próprio do termo, é preciso notar que a oscilação da quantidade de prata paga pelos terrenos urbanos é muito mais acentuada do que aquela atestada para os terrenos rurais, como mostram os gráficos abaixo:

Gráfico 3: Variação de preços – terrenos urbanos

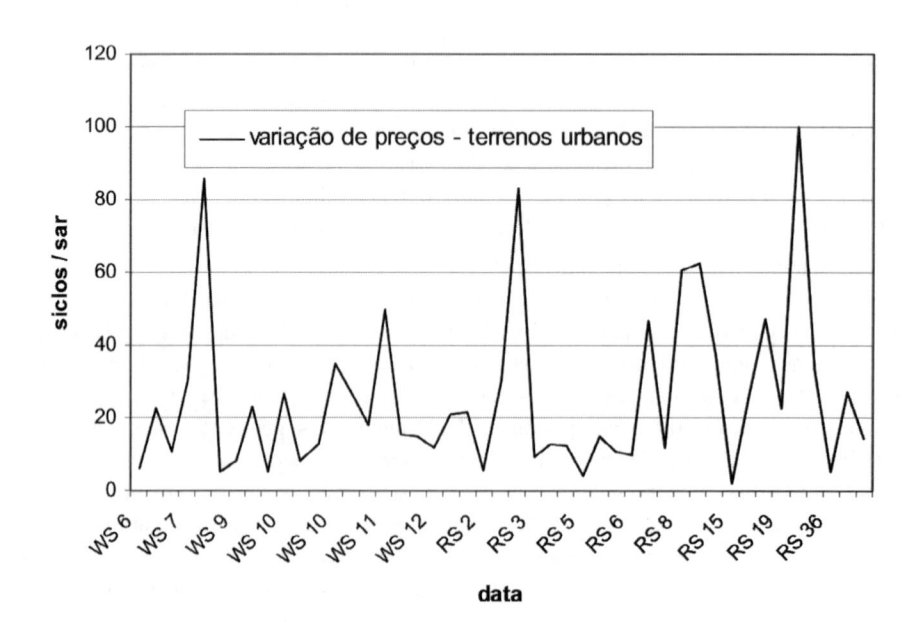

Gráfico 4: Variação de preços – terrenos rurais

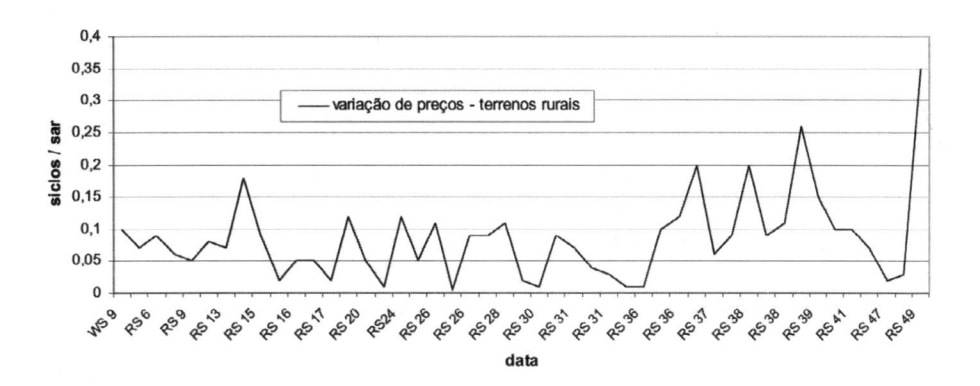

O distanciamento na margem de variação é devido à diversidade de fatores que contribuem para a formação do valor de imóveis de tipos diferentes. No caso de terrenos rurais, as imposições dos custos de produção têm um efeito homogeneizante sobre as avaliações dos agentes implicados, resultando em um cálculo mais propriamente econômico. Diferentemente, no caso dos imóveis urbanos, as estimativas de valor são mais subjetivas, mais distantes de uma apreciação estritamente econômica, mais subjetivas. Se, nos dois casos, o cálculo sobre o valor de troca era fraco, mesmo inexistente, é no segundo que constatamos esta característica que fazia da economia mesopotâmica um conjunto de relações incrustadas nas estruturas sociais: os fatores puramente econômicos não são suficientemente autônomos para se impor às considerações dos agentes e, em conseqüência, a formação do valor depende fundamentalmente de apreciações ligadas ao jogo social, tais como a concorrência pela ocupação de espaços de prestígio[377]. Os compradores de Larsa não apenas despenderam consideravelmente mais para adquirir os terrenos urbanos, como também o fizeram de modo muito mais afetivo: eles raciocinaram em virtude dos benefícios não-materiais que poderiam obter[378].

A residência aparecia, com efeito, como a sede do espaço familiar, mesmo que o domínio doméstico se estendesse para além da casa. E, como tal, ela era a manifestação física da posição social do grupo e um dos seus principais sinalizadores externos: a residência permitia concentrar e tornar visíveis as estratégias de conquista e consolidação do lugar social, em um processo de emulação ao mesmo tempo material e simbólico. A riqueza material expressa pela ocupação conspícua do espaço residencial não pode ser considerada independentemente do prestígio, do poder de autoridade e da importância moral que formam o capital simbólico da família. Um capital simbólico cuja preservação e expansão orientam uma parte considerável das estratégias materiais, e espaciais, do grupo[379].

No mais, o valor ostentatório da casa é um fenômeno bastante sensível nas sociedades sedentárias e a presença de grupos domésticos mais ou menos alargados, em particular de grupos urbanos, faz com que a fixação territorial baseada na unidade residencial torne-se um dos fatores centrais da organização social. Em tal situação, a casa transforma-se no espaço privilegiado da ação familiar. Tudo se passa diferentemente nas sociedades não sedentarizadas, por exemplo, em que as estratégias de territorialidade são bem menos centradas na unidade residencial[380].

Por outro lado, em uma sociedade palaciana como a de Larsa, um interessante antagonismo se produz. O próprio poder soberano funda-se largamente em um monopólio, pelo menos tendencial, das estratégias públicas de manifestação da ostentação. A arquitetura palaciana é testemunho disto e a ideologia real soube desenvolver o tema[381]. Por outro lado, o contato contínuo e a adesão das elites urbanas à estrutura palaciana tiveram um efeito de estímulo: seguindo uma atitude consciente ou por simples propensão à imitação, as unidades domésticas tendem a reproduzir, em menor escala, as estratégias de representação social próprias ao meio palaciano. Ao mesmo tempo que o palácio pretende concentrar os aparatos de prestígio, ele não pode se impedir de servir como modelo de um consumo arquitetônico ostentatório no nível familiar[382].

E quanto mais as oportunidades de obtenção de prestígio pela elite são limitadas, mais a competição entre seus membros é intensa. A ascensão de uma camada social apoiada na nova dimensão alcançada por suas atividades econômicas pode, em grande parte, explicar esta concorrência e o enfático investimento residencial ocorrido em Larsa durante os reinados de Warad-Sîn e Rîm-Sîn. Se o triunfo dos mercadores no quadro de um desabrochar da economia privada – nos termos em que o concebeu W. F. Leemans – é uma visão a ser abandonada, resta o fato de que este autor soube, desde seus primeiros trabalhos, destacar a atividade imobiliária dos *tamkâru* de Larsa (Leemans, 1950). Não é decisivo, para nosso propósito, que Leemans não tenha isolado a especificidade das transações imobiliárias e as tenha imergido em um pretenso mercado generalizado de caráter capitalista. Retenhamos apenas a idéia da existência de uma categoria corporativa provida de recursos disponíveis, fato talvez sem precedente na história mesopotâmica se excetuarmos as camadas superiores dos palácios e os altos dignitários religiosos. Uma categoria, aliás, bastante atenta em dar de seu poderio econômico uma demonstração social inequívoca. Temos, aqui, todos os ingredientes necessários à formação de um comportamento de compra urbana tal como observamos em Larsa[383].

Um segundo elemento pode ser evocado, sem, no entanto, excluir o que foi dito precedentemente: a disputa pelos espaços urbanos limitados pode ser também o resultado de uma busca de fixação, física e social, de novas populações em via de sedentarização. Tendo analisado um vasto conjunto de impressões de selos da baixa Mesopotâmia na época babilônica antiga, N. Kozyreva (1999: 355 s.) notou que a maior parte das pessoas, em particular as que tinham um papel ativo nas transações imobiliárias, estava associada a uma divindade oeste-semítica, sendo que o deus Amurrum ocupava o primeiro lugar dentre os nomes teofóricos, com um terço das ocorrências, seguido pela deusa Ninsiana (12%)[384]. A autora conclui *"que uma proporção considerável de compradores de imóveis urbanos foi composta por pessoas que mudaram para a cidade recentemente, isto é, recém-chegados ou seus descendentes"*. No início do segundo milênio, a formação demográfica de Larsa esteve, sem dúvida, marcada por um forte componente amorrita, antes mesmo da chegada ao poder da nova dinastia dos irmãos Warad-Sîn e Rîm-Sîn. A família Sanum já estava instalada na cidade na época do rei Sîn-iqîsham (segundo TCL,10,2, 129 e 130), mas suas origens étnicas são incertas: o deus Amurrum é a divindade mais presente na onomástica do grupo (3 ocorrências em 13 nomes, dos quais 8 teofóricos[385]), seguido por duas divindades do panteão tradicional acadiano, Eshtar e Sîn (2 ocorrências cada); por outro lado, em seus selos, Iddin-Amurrum e Mâr-Amurrum apresentam-se como *"servidor do deus Amurrum"*. Os dados onomásticos são, entretanto, muito limitados e seria temerário basear-se apenas neles para afirmar que a família era originária de uma das tribos amorritas que transitavam no vale e haviam recentemente se instalado em Larsa, onde seus membros teriam adotado nomes acadianos (com exceção de Urdukuga, que possuía um bom nome sumério), ainda que isto seja o mais provável. T. B. Jones (1967: 149) havia sugerido uma trajetória semelhante para a família de Iddin-Lagamal, em Dilbat. Um outro dos grandes compradores de Larsa também tinha um nome formado a partir da grande divindade amorrita: Amurrum-shêmi; sua esposa tinha um nome acadiano, Hunabatum (cf. Limet,1, 2 e 8), assim como seu pai, Ubayatum (SAOC,44,19). Tais misturas não são raras. Seja como for, a tese de Kozyreva tem o mérito de levantar a questão do ponto de vista da formação étnica das cidades e de seus grupos sociais.

No quadro relativamente instável do período babilônico antigo, o movimento de populações entre as diversas cidades e regiões podia estar, igualmente, na origem de uma busca de integração através da aquisição imobiliária. Analisando as compras de imóveis urbanos em Dilbat, N. Yoffee sugeriu que os estrangeiros recém-chegados começaram adquirindo pequenos lotes em associação com habitantes da cidade a fim de contornar interdições de alienação que recaíam sobre os não-parentes; depois, continuaram a aumentar seus domínios com novas aquisições, terminando por consolidar o processo pela transmissão dos imóveis aos seus descendentes (Yoffee, 1988a e 2000: 52 s.; contra: Goddeeris, 2002: 240 e 378).

Camadas corporativas em ascensão econômica, imigrantes em vias de se converterem ao modo de vida urbano, populações em deslocamento... qualquer que seja a realidade social por trás da aquisição urbana, é preciso analisá-la para além de uma visão estritamente 'economicista', que tende a reduzi-la a um dos fatores da circulação mais geral de bens, bem como a uma atividade comercial geradora de capital, apanágio de uma camada de mercadores. Vimos, ao contrário, que em suas propensões primeiras, em suas modalidades de realização e em seus objetivos, as compras urbanas correspondem a critérios que classificaríamos voluntariamente de não-econômicos. A relação que as transações imobiliárias entretinham com o universo mercantil era, assim, muito particular: a aquisição urbana representava o elo final de uma cadeia de acumulação de recursos financeiros (em prata), servindo a tesaurizá-los de modo improdutivo, mas jamais a multiplicá-los. Mais do que um investimento, ela deve ser considerada como uma despesa. Com efeito, ela situava-se nos antípodas do investimento produtivo e é legítimo indagar-se sobre os efeitos restritivos que podia ter sobre a expansão do empreendimento econômico do grupo doméstico. A análise das aquisições rurais pode fornecer alguns elementos de resposta a esta questão.

3.2. Aquisições rurais e reforço da produção agrícola

Do mesmo modo que os investimentos em áreas urbanas, a aquisição de terrenos rurais não é orientada pela multiplicação do capital mobilizado através de operações sucessivas de compra e venda. A quantidade deste tipo de terrenos transferidos durante os reinados de Warad-Sîn e de Rîm-Sîn (81 lotes em 73 anos) pode dar uma impressão de circulação intensiva. Mas, também aqui, o modelo era marcado por um deslocamento unitário de cada terreno, pela transmissão única de seu controle do antigo para o novo proprietário. A integração do terreno no patrimônio do comprador tendia a ser definitiva e, a partir daí, o único movimento desejável era a transmissão intergeracional. A compra seguida da partilha é, aliás, a característica principal das transferências de pomares da família Sanum.

A compra de um terreno rural seguida de uma venda existiu, mas foi extremamente rara[386]. O primeiro caso claramente identificado entre os contratos de Larsa é o de um pomar que se situava ao lado do templo de Shamash[387]: em um primeiro momento, no ano 26 de Rîm-Sîn, ele foi comprado por Shamash-tappê (VS,13,99)[388], que o vendeu, menos de dois anos depois, a um dos grandes compradores de Larsa, Ubar-Shamash (VS,13,93, de _/IV/RS 28)[389]. Não é desinteressante notar que a quantidade de prata paga (14 1/2 siclos) foi exatamente a mesma nas duas operações[390].

Um segundo caso de revenda de terreno rural pode ser considerado. Nesta ocorrência, entretanto, o vendedor da segunda operação não é o comprador da primeira transação, mas seu herdeiro. Em RS 29, Ikun-pî-Adad comprou um campo inundável às margens do Edin de um certo Kibri-Adad (Mesopotamia,10/11: 26). Mais tarde, este mesmo terreno foi herdado por Ikun-pî-Shamash, filho de Ikun-pî-Adad[391]. Finalmente, cinqüenta anos após a compra paterna, no ano 6 de Samsu-iluna, Ikun-pî-Shamash vendeu o mesmo campo a um cultivador (*ishshakkum*) chamado Alum (Mesopotamia,10/11: 10 = Totten,26)[392]. Com toda evidência, este caso nada tem de uma revenda comercial.

Existe uma diferença notável entre a aquisição de terrenos urbanos e rurais, em particular de pomares: neste último caso, a terra, sem se tornar um bem mercantil, produz bens que podem ser convertidos em mercadorias, produtos cuja circulação gera recursos em metal. É, portanto, pela inclusão da terra adquirida no empreendimento produtivo doméstico que os investimentos rurais eram reembolsados ou se tornavam rentáveis. Para combater uma visão tradicional e bastante difundida que defende a existência de um mercado de terras, jamais será excessivo insistir sobre este ponto: a dimensão econômica do investimento fundiário residia na produção, não na circulação.

A produção especializada de tâmaras nos domínios dos grandes compradores imobiliários superava, sem dúvida, as quantidades necessárias ao consumo do grupo doméstico, gerando um excedente destinado à comercialização (de frutos, diretamente, ou após a transformação, por exemplo, em cereja de tâmaras). Esta comercialização era feita sob a forma de operações cotidianas, por vezes em quantidades limitadas e contrapagamento no ato, dispensando a redação de um contrato escrito. Assim, nos arquivos da família Sanum, nenhum traço da venda de produtos de seus pomares é visível[393] e o mesmo se repete em outros casos, como, por exemplo, o de Amurrum-shêmi, que, no entanto, investiu prioritariamente na compra de pomares (ver Limet, 1989 e Pozzer, 1996: 80 ss.). O caso de Balmunamhe é mais rico em informações sobre esta atividade, mas a situação não é completamente clara: em seus domínios, uma estimativa era feita para calcular a colheita de tâmaras[394]; o procedimento era comum na época e visava calcular a produção de tâmaras maduras a partir dos frutos presentes nas árvores[395] e estabelecer, assim, a quantidade devida pelos cultivadores[396]. O problema é saber se estes pomares pertenciam efetivamente a Balmunamhe e, neste caso, se eles tinham uma relação com as compras rurais que nos interessam aqui ou, ao contrário, se Balmunamhe agia como um intermediário, coletando as taxas nos pomares do palácio. Temos uma incerteza semelhante para estabelecer a exata posição de Shamash-hâzir durante a época de dominação babilônica, como já dissemos. W. F. Leemans (1950: 66, n. 197) havia aproximado os dois casos, mas sem se posicionar sobre o estatuto dos pomares. D. Cocquerillat (1967: 168, n. 1), por seu lado, defendeu que os dois personagens agiam como administradores dos domínios reais: Balmunamhe cuidando dos pomares de Rîm-Sîn em Bad-tibira e Shamash-hâzir fazendo o mesmo em Larsa para o conquistador Hammurabi. Mas M. Van De Mieroop (1987: 21) observa – talvez com razão – que os dados não são conclusivos a este respeito. Por outro lado, se é certo que Balmunamhe recebia tâmaras como pagamento (YOS,8,10, 18 e 43), é impossível saber se se tratava de reembolsos de empréstimos, também realizados em tâmaras (produzidas em seus próprios pomares), ou de pagamentos que eram feitos por cultivadores que trabalhavam os pomares de Balmunamhe[397].

As informações relativas à exploração dos pomares adquiridos são, portanto, lacunares, mas não há motivo para duvidar que eles acabassem integrando os recursos produtivos da família do comprador. A menção de certos responsáveis pelos pomares, que seguiam os terrenos na transferência, mostra que as aquisições representavam a obtenção do controle de um empreendimento agrícola, para além da propriedade da terra[398].

Uma segunda questão diz respeito ao nível de investimento nos terrenos rurais. O modelo de tesaurização que caracterizou as compras urbanas implicava uma taxa de retorno econômico quase inexistente, ao mesmo tempo que potencializava os ganhos não-econômicos. Aos investimentos rurais correspondia, porém, uma expectativa de retribuição material concreta. Foi, certamente, este cálculo que contribuiu para manter as variações de valores dos terrenos rurais em uma faixa bem mais estreita do que ocorria nos lotes urbanos[399].

Por outro lado, constatamos que, globalmente, os investimentos rurais são bastante baixos, o que fica bem claro quando os comparamos com a soma de prata dispensada nas aquisições de casas e pequenos terrenos urbanos, mas também quando podemos confrontá-los com o montante de prata utilizado na compra de escravos, o que só é possível em poucos casos mais bem documentados. Citemos novamente o exemplo de Balmunamhe: este grande senhor de terras (*manor lord,* para retomar o título que lhe é aplicado por Leemans) gastou somente 1/2 mina e 6 siclos (cerca de 300 gramas) de prata para suas aquisições rurais, quantidade menor do que aquela implicada na aquisição de sete escravos: 1 5/6 mina e 1/2 siclo (820 gramas)[400]. Se compararmos, igualmente, com o montante de prata registrado como garantia nos contratos de aluguel de escravos (ou seja, a soma dos pagamentos aos quais Balmunamhe teria direito se os escravos arrendados não lhe fossem restituídos), as cifras são ainda mais surpreendentes: potencialmente, ele poderia receber a considerável quantidade de 11 2/3 minas (5,833 quilos)[401].

Sejam quais forem os limites dessas comparações, permanece o fato de que, no conjunto das atividades econômicas, os investimentos no domínio rural eram muito baixos. Isto é válido para as aquisições fundiárias, mas também para tudo que diz respeito à mão-de-obra (compra de escravos, contratação de trabalhadores assalariados ou dependentes[402]) e à inovação tecnológica. Se estas considerações são aceitáveis, encontramo-nos diante de um modelo razoavelmente difundido por toda a Antigüidade: a existência de uma elite urbana cujos rendimentos dependiam fundamentalmente do mundo rural, mas que concentrava suas despesas nas cidades; o estilo de vida citadino convivia, assim, com uma falta de interesse quanto à ampliação e desenvolvimento da base produtiva rural[403].

Sabemos, há muito tempo, que as despesas materiais de todas as categorias de agentes econômicos são, em grande parte, orientadas por suas expectativas sociais. O mesmo ocorre com os investimentos produtivos. A alocação de recursos em uma atividade depende das considerações – não necessariamente econômicas – que os agentes fazem sobre esta atividade. Considerações que se inscrevem na representação coletiva sobre a vida material e a forma de obter o sustento: disso resulta que certas atividades pareçam mais adequadas e prestigiosas que outras para uma categoria social, ao passo que outras eram consideradas impróprias, o que poderia gerar diversas formas de menosprezo ou mesmo de interdições morais ou legais. Estes fatores devem ter exercido um papel considerável na formação do comportamento econômico dos habitantes de Larsa, mas nossos conhecimentos a este respeito são, uma vez mais, muito limitados. O desequilíbrio, observado aqui, entre os investimentos rurais e urbanos dão, em todo caso, uma idéia das consequências da intervenção de tais variantes.

CAPÍTULO 6

OS AGENTES SOCIAIS

Ancorada em uma base territorial precisa e condicionada por articulações e estratégias sociais complexas, a lógica apropriativa doméstica colocava em cena diversos atores. Cada um deles exercia um papel específico nas transferências imobiliárias, tinha interesses particulares e trazia consigo as marcas de suas filiações sociais. Suas ações não eram aleatórias ou isoladas: pelo contrário, em cada operação, o papel dos agentes era definido por elementos duráveis, estruturais. Assim, é possível identificar tendências mais ou menos regulares, como, por exemplo, o fato de que um grupo de pessoas tenha ocupado a posição de compradores sem jamais se confundir com o grupo de vendedores. Ao mesmo tempo, certos fatores conjunturais intervêm: a presença de algumas testemunhas, mas não a maioria dentre elas, parece determinada pelo acaso das circunstâncias em que o contrato foi redigido.

Nos contratos imobiliários, quatro tipos de atores são normalmente citados de modo explícito: os compradores, os vendedores, os vizinhos do terreno e as testemunhas[404]. É preciso, no entanto, não esquecer que a redação do contrato é apenas um momento singular do processo de transferência e que outras pessoas que participaram deste não tinham o nome registrado no tablete: é o caso, por exemplo, dos parentes que compartilhavam da decisão de comprar ou vender. Nesta parte, eu procurarei estabelecer os papéis de cada uma dessas categorias nas operações imobiliárias, bem como delinear alguns elementos de sua posição no contexto social e econômico da época.

1. Os compradores

Os compradores formam um grupo que está longe de ser homogêneo. Alguns dados permitirão captar, ainda que parcialmente, a diversidade que caracteriza esta categoria.

São conhecidos 55 nomes diferentes de compradores em Larsa durante os reinados de Warad-Sîn e Rîm-Sîn[405]. A freqüência com que uma pessoa atuou como comprador, no entanto, variou consideravelmente: de uma única compra a um máximo de 19 compras, no caso de Balmunamhe. É essencial, portanto, isolar os compradores ocasionais, que formam o grupo mais numeroso, e o grupo de compradores habituais. Eis o quadro completo:

Quadro 13: Freqüência de compra de imóveis

Número de operações de compra	Comprador(es)
1	39
2	4
3	3
4	2
5	1
8	2
11	1
16	2
19	1
Total: 147*	**Total: 55**

* A cifra difere do total de contratos conhecidos para o período (143), pois, em oito casos, uma única compra envolve dois compradores, o que aumenta artificialmente a quantidade de compras. Ao contrário, em quatro casos, o nome do comprador não pode ser conhecido devido ao estado do tablete (assim: 147 – 8 + 4 = 143).

Como se vê, a grande maioria dos compradores é constituída por pessoas que não fizeram da aquisição de imóveis uma atividade constante: 70,9% compraram apenas uma única vez; 78,18% compraram entre uma e duas vezes (é este grupo que designarei, aqui, como compradores ocasionais). Além do patamar de três compras, os índices diminuem consideravelmente e apenas 21,82% dos compradores integram este grupo, no qual reconhecemos imediatamente os grandes compradores de Larsa: Balmunamhe, Eshtar-ilî, seu filho Iddin-Amurrum, Ubar-Shamash, Amurrum-shêmi e outros.

Esse grupo minoritário de grandes compradores realizou, porém, a maior parte das operações de transferência de terrenos:

Quadro 14: Compradores ocasionais e compradores habituais

Tipo de comprador	Total de operações efetuadas	%
Compradores ocasionais (1 a 2 operações)	47	31,98%
Compradores habituais (3 a 19 operações)	100	68,02%

Em outros termos, isso significa que um grupo restrito de 12 pessoas[406] efetuou quase 70% de todas as compras imobiliárias de Larsa e que o menos de um terço restante foi partilhado entre os outros 43 compradores conhecidos. Esta tendência à concentração, que privilegia os grandes compradores, vale tanto para os terrenos urbanos quanto para os rurais e é constatada ao longo de todo o período considerado (a exceção sendo a última década do reinado de Rîm-Sîn, na qual os dois únicos terrenos foram adquiridos por compradores ocasionais, mas as informações sobre este intervalo são muito limitadas)[407].

Se passarmos da taxa de participação nas operações de compra para uma reflexão sobre a quantidade e o tipo dos terrenos transferidos, notaremos uma outra diferença entre os compradores ocasionais e habituais. Entre os primeiros, nota-se uma certa estabilidade na proporção de imóveis uranos e rurais: após ter voltado sua atenção sobretudo para os terrenos urbanos durante o reinado de Warad-Sîn, este tipo de comprador tendeu a repartir de modo equilibrado sua demanda imobiliária durante a época de Rîm-Sîn; entre a segunda e a quarta década do reinado deste soberano, verifica-se uma tendência constante de aumento das compras por parte dos compradores ocasionais, mas o crescimento reparte-se de maneira eqüitativa entre os imóveis rurais e urbanos. Estas tendências são mostradas no gráfico seguinte:

Gráfico 5: Compradores ocasionais – compras por tipo de imóvel

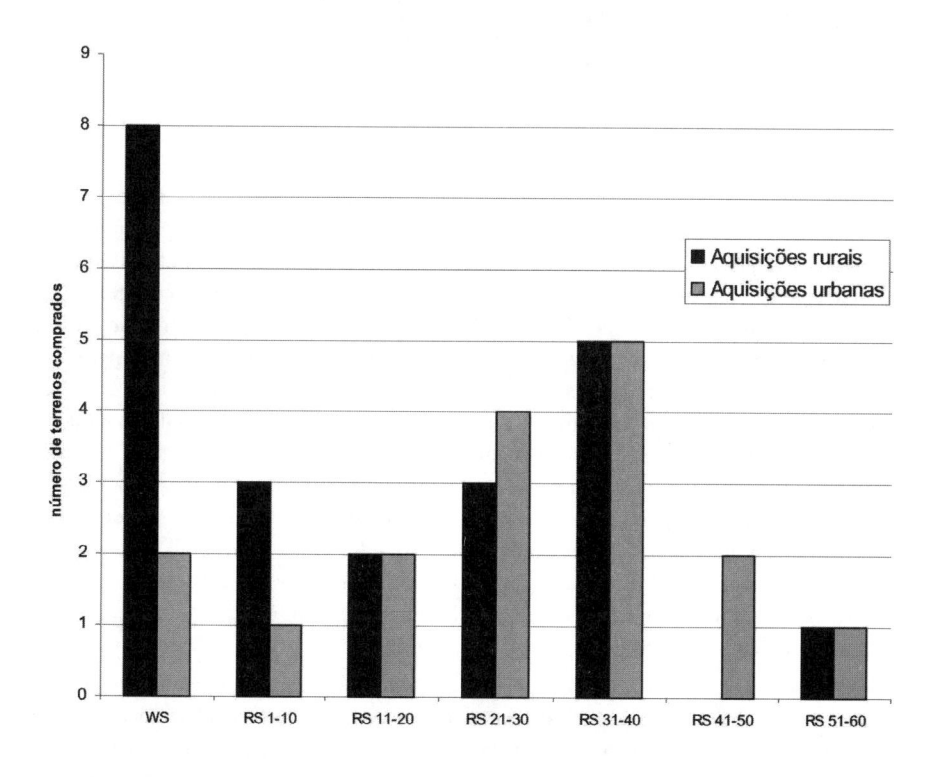

Por outro lado, entre os compradores habituais, a concentração inicial nos terrenos urbanos prolonga-se por mais tempo, para além do reinado de Warad-Sîn até a primeira década do reinado de Rîm-Sîn. A partir da segunda década, contudo, a tendência inverte-se de modo decisivo: as aquisições rurais superam as urbanas e mantêm-se em um nível duas vezes superior a estas até a quinta década do reinado. Para a última década de Rîm-Sîn, faltam informações sobre os grandes compradores.

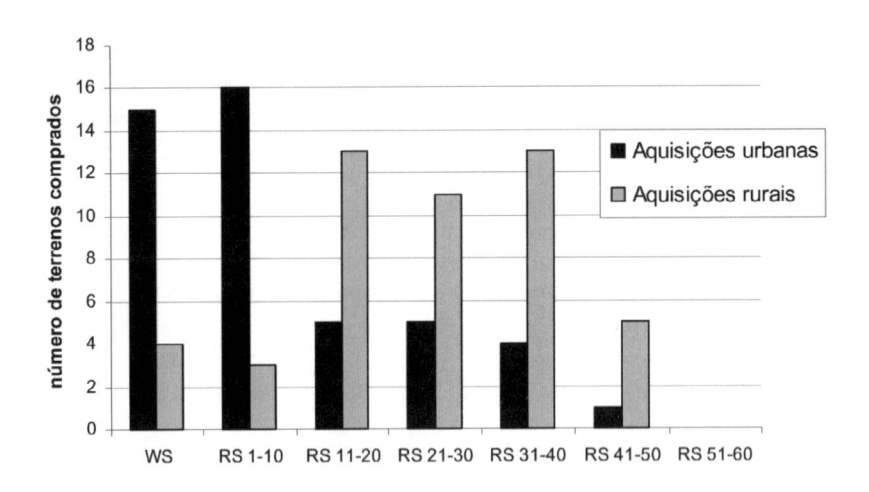

Gráfico 6: Compradores habituais – compras por tipo de imóvel

As implicações desta diferença de comportamento aquisitivo entre os compradores ocasionais e habituais serão consideradas posteriormente. Por ora, pode-se antecipar a hipótese de que, entre os compradores ocasionais, a repartição equilibrada parece ser o resultado de um comportamento de compra mais espontâneo, portanto menos sensível às tendências gerais que presidem a concentração fundiária. Este tipo de comprador fortuito intervém no circuito de maneira pontual e suas aquisições são realizadas com uma intenção precisa, mas sem estar submetida a uma estratégia elaborada a médio ou longo prazo. O resultado é uma demanda equilibrada entre os dois tipos de imóveis. Em revanche, pode-se imaginar facilmente que as aquisições dos grandes compradores seguiam uma estratégia mais planejada, na qual a articulação entre as diversas compras é mais consistente; neste quadro, o direcionamento (ou redirecionamento) das compras era mais sensível aos movimentos globais. Pode-se formular a hipótese de que a mudança do comportamento aquisitivo dos grandes compradores durante a segunda década do reinado de Rîm-Sîn corresponde, provavelmente, a uma adaptação das elites de Larsa a uma nova realidade criada pela expansão territorial, após uma primeira década consagrada à consolidação das estruturas internas do reino.

Outra característica importante, válida para o conjunto dos compradores, é que este grupo é formado por pessoas que não se encontram entre os vendedores. Trata-se, evidentemente, de um resultado do modelo de circulação que estabelecemos acima e que implica que as posições dos agentes na cadeia de transferência não são intercambiáveis, ou o são apenas em grau limitado.

Aqui, também, o problema da eventual presença de homônimos impede-nos de saber com certeza se um comprador e um vendedor com o mesmo nome correspondiam ou não à mesma pessoa. Convém, portanto, esclarecer a situação do melhor modo possível, pois a idéia de que existia um mercado imobiliário generalizado em Larsa repousa, em grande parte, sobre o postulado, nem sempre explícito, da atuação dos mesmos personagens nas duas pontas do circuito. Para tanto, em um primeiro momento, a metodologia levará em conta apenas a coincidência nominal entre comprador e vendedor. O quadro abaixo resume a situação tal como se apresenta nos contratos. Nos comentários posteriores, procurarei fazer a distinção entre os personagens, tanto quanto possível, através de uma análise prosopográfica.

Quadro 15: Ocorrência de homônimos entre compradores e vendedores

	Nome	Comprador em	Vendedor em
1	Ahu-kinum	YOS,8,58 (_/XI/RS 19)	YOS,8,128 (_/_/RS 31)
2	Apil-Amurrum	Riftin,16 (5/XI/RS 31)	YOS,8,134 (_/_/RS_)
3	Apil-ilishu	1. VS,13,66 (4/VI/RS 31) 2. VS,13,67 (2/V/RS 31) 3. VS,13,70 (_/X/RS 31)	
	Apil-ilishu, filho de Silli-Irra		YOS,8,124 (18/IX/RS 38)
	Apil-ilishu, filho de Aham-arshi		YOS,8,65 (28/XII/RS 38)
4	Awiatum	Riftin,20 (_/XII/RS 30⁺)	VS,13,74 (_/X/RS 36)
5	Awil-ilî	YOS,5,121 (_/IV/WS 11)	1. Limet,8 (20/_/RS 30⁺) 2. TLB,1,16 (_/X/RS 31) 3. YOS,5,129 (_/VII/WS 11)
6	Munawwirum	YOS,8,166 (30/X/RS 58)	YOS,5,143 (18/XII/RS 6)
	Munawwirum, filho de Enki-namti-mansum	YOS,8,156 (25/XI/RS 39)	
7	Qîshti-Irra	VS,13,74 (_/X/RS 36)	1. VS,13,79 (_/XI/RS 38) 2. VS,13,80 (10/IX/ RS 39)
8	Saphum-liphur	SAOC,44,18 (_/VIII/RS 37)	SAOC,44,19 (_/_/RS _)
9	Sarriqum	1. TLB,1,1 (_/IV/WS 9) 2. TLB,1,2 (_/IV/WS 9) 3. TLB,1,3 (_/XIIi/WS 10) 4. RA,85:13 (_/_/RS 26)	YOS,5,112 (8/IV/RS 7)
10	Sîn-bêl-ilî	TCL,10,10 (_/XII/WS 11)	TCL,10,11 (_/XI/WS 12)
11	Sîn-irîbam	1. VS,13,57 (_/VIII/RS 13) 2. YOS,5,131 (_/VI/WS 5)	VS,13,77 (10/III/RS 35)
	Sîn-irîbam, filho de Ubar-Shamash		TCL,10,14 (_/XII/WS 7)
	Sîn-irîbam filho de Puzur-Enlil		TCL,10,18 (_/XIIi/RS 2)
12	Sîn-litallal	Riftin,23 (_/V/RS 10)	RA,85:13 (_/_/RS 26)
13	Sîn-rîm-Ur	TCL,10,12 (_/XI/WS 13)	Riftin,20 (_/XII/RS 30⁺)
14	Shamash-tappê	VS,13,99 (20/VII/RS 26)	VS,13,93 (_/IV/RS 28)
15	Ur-Kesh	TCL,10,15 (_/II/WS 6)	TCL,10,6 (_/XI/WS 9)

Apesar das aparências, esse quadro não deve dar a entender que muitas pessoas atuavam como compradores e vendedores ao mesmo tempo. Uma análise caso a caso permite refutar esta primeira impressão e trazer à luz uma realidade bem diferente:

– desde o início, é preciso notar que não incluí na listagem os três casos relativos à família Sanum. Além do fato de que estes casos já foram tratados, há também outras razões: quanto a Iddin-Amurrum, pode-se descartar de imediato a possibilidade de que comprador e vendedor que portam o mesmo nome fossem uma única pessoa, pois o vendedor de TCL,10,51 é o filho de Kunnatum; trata-se, portanto, de um caso de homônimo[408]. Ocorre o mesmo com Sîn-shêmi: o vendedor homônimo era filho de Sayum e irmão de Ahushunu (TLB,1,3). Portanto, os compradores Iddin-Amurrum e Sîn-shêmi, da família Sanum, jamais são encontrados entre os vendedores. Eshtar-ilî, outro comprador habitual (nove terrenos em nove operações), aparece apenas uma vez como vendedor (TCL,10,42), mas a situação está longe de ser um negócio comercial, pois ele vende ao seu próprio filho primogênito, Iddin-Amurrum. Trata-se de uma transferência intrafamiliar na forma de venda;

– n° 1, 5 e 14: não se trata de desvendar, aqui, os casos em que a mesma pessoa compra e revende o mesmo terreno (como vimos, somente três casos são atestados: o de Ahu-kînum (n° 1), o de Awil-ilî (n° 5) e o de Shamash-tappê (n° 14). Nesta demonstração, eu procuro somente estabelecer a eventual participação de um agente nos dois pólos do circuito. Assim, é de pouca importância que as vendas de um personagem tenham ou não precedido cronologicamente as compras;

– n° 2: sendo que Apil-Amurrum já era vizinho do terreno inculto que ele comprou em RS 31, a operação parece constituir uma expansão de sua base territorial rural, mais do que um investimento visando uma revenda. Por outro lado, o contrato em que Apil-Amurrum (o mesmo?) figura como vendedor parece corresponder a uma alienação do patrimônio familiar, mais do que a uma revenda comercial, pois seu irmão Ilî-ishmeanni também participa como vendedor;

– n° 3: as compras de Apil-ilishu concentram-se em um único ano, RS 31, e manifestam uma estratégia de alargamento dos antigos domínios rurais: o comprador já era vizinho de, ao menos, dois dos três terrenos adquiridos. A atestação deste mesmo Apil-ilishu como vendedor dependeria de sua identificação com um dos dois homônimos que venderam terrenos a Ubar-Shamash ao longo do ano RS 38. O primeiro pode, sem dúvida, ser descartado: trata-se de Apil-ilishu, filho de Silli-Irra[409]. Ele pertence a uma família que vende seu bem patrimonial e é citado entre os vendedores como herdeiro ou como alguém que possui direitos sobre o terreno (com efeito, a casa parece pertencer a três pessoas e Apil-ilishu não fazia parte do grupo, portanto, ele não pode tê-la comprado anteriormente[410]). Este bem certamente não era na origem um bem comprado anteriormente pelo(s) vendedor(es), e a venda não correspondia a uma intenção lucrativa. Muito pelo contrário, esta família parece ter passado por dificuldades, sendo obrigada a dispor de uma parcela da casa paterna: o grupo, aliás, vendeu uma parcela a um outro comprador, Lipit-Eshtar[411]. A prova de que não se tratava de um negócio puramente comercial é dada pelo fato de que, alguns anos mais tarde, em RS 44, Ubar-Shamash é compelido a indenizar a família em decorrência de um edito real[412]. O segundo Apil-ilishu conhecido como vendedor é o filho de Aham-arshi: no ano RS 38, ele vendeu ao mesmo Ubar-Shamash um pomar, enquanto que o outro Apil-ilishu, o comprador, havia adquirido exclusivamente terrenos urbanos. Por outro lado, o nome é extremamente comum em Larsa, o que multiplica as possibilidades de ocorrência de homônimos. Em todo caso, não se pode descartar definitivamente a hipótese de que se trata da mesma pessoa;

– n° 4: embora a compra e a venda em que Awiatum está envolvido refiram-se ao mesmo tipo de terreno, um pomar (acompanhado de um terreno inculto no primeiro caso), os dados não permitem dizer se comprador e vendedor eram a mesma pessoa. Além disso, a venda foi efetuada por Awiatum e seu irmão, o que sugere que o terreno alienado era, mais provavelmente, um bem familiar;

– n° 6: o mesmo pode ser dito de Munawwirum. Na única ocasião em que ele figura como vendedor, é como integrante de um grupo familiar composto de quatro homens e uma mulher[413]. No mais, a considerável distância temporal entre os dois contratos de compra (sem que possamos saber se se tratava de um mesmo personagem nos dois casos) e o contrato de venda (33 e 52 anos, respectivamente) sugere que estejamos diante de homônimos;

– n° 7: a única compra de Qîshti-Irra foi feita de Awiatum e seu irmão (ver n° 4, acima). Este pomar de tâmaras, comprado no ano RS 36, estava localizado perto dos domínios de Shamash-hâzir. Dois anos mais tarde, foi justamente a Shamash-hâzir que um certo Qîshti-Irra vende um pomar. Pode-se, então, crer que se tratava, neste caso, da mesma pessoa. O terreno vendido era, entretanto, muito mais vasto (1 eshè) do que aquele comprado (1/2 gán e 10 sar), o que permite supor que outras aquisições (compras, heranças, aportes matrimoniais etc.) intervieram entrementes, sem que estejam documentadas. A segunda venda, realizada um ano após a primeira, certamente punha em cena o mesmo agente, pois os dois pomares alienados por Qîshti-Irra eram vizinhos dos pomares do templo do deus Nanna[414]. Nesta segunda operação, Qîshti-Irra estava acompanhado de sua mulher Hinubtum, o que pode esclarecer a diferença de tamanho entre os dois terrenos: tratar-se-ia de um aporte matrimonial vindo da família da esposa;

– n° 8: no caso de Saphum-liphur, comprador e vendedor devem, igualmente, ser a mesma pessoa. O terreno urbano comprado por ele em RS 37 era vizinho de Ubayatum. Ora, sabemos que Ubayatum era o pai de Amurrum-shêmi, a quem Saphum-liphur vende o mesmo tipo de terreno na segunda operação. Entre a primeira e a segunda transações (cuja data exata perdeu-se), Amurrum-shêmi deve ter-se tornado senhor dos domínios, substituindo seu pai. Em todo caso, estamos diante de uma negociação entre vizinhos;

– n° 9: o perfil da maior parte das compras de Sarriqum é bastante homogêneo; ele compra sobretudo pequenos terrenos urbanos (dois terrenos construídos e um terreno vazio) e suas aquisições concentram-se em dois anos, WS 9 e 10. É muito pouco provável que o vendedor Sarriqum seja a mesma pessoa, pois este é filho de uma família que se viu obrigada a alienar sua casa a Balmunamhe. Do mesmo modo, é difícil estabelecer qualquer ligação entre estas operações e a aquisição rural feita por um certo Sarriqum, sobretudo porque ela é muito mais tardia (RS 26);

– n° 10: as transações de Sîn-bêl-ilî são, igualmente, arranjos de vizinhança. No ano WS 11, ele compra a parte de herança de Warad-Amurrum; trata-se de um terreno construído situado ao lado da casa de Eshtar-ilî, da família Sanum. Seis meses mais tarde, Sîn-bêl-ilî vendeu a Eshtar-ilî o mesmo tipo de terreno (talvez seja simplesmente o mesmo terreno, mas as superfícies dadas são ligeiramente diferentes). Com efeito, um ano antes desta compra, Eshtar-ilî já havia adquirido um pequeno terreno vazio na vizinhança de Sîn-bêl-ilî[415]: sua estratégia era, manifestamente, avançar pouco a pouco pela região contígua, às expensas de seus vizinhos;

– n° 11: o caso de Sîn-irîbam é bastante complexo. Entre os vendedores, existiam pelo menos duas pessoas com este nome: o filho de Ubar-Shamash (que não deve ser confundido com o grande comprador da segunda metade do reinado de Rîm-Sîn) e o filho de Puzur-Enlil. Estabelecer a correspondência entre um destes dois e o nomeado Sîn-irîbam citado sem patronímico é difícil; o nome é, aliás, bastante comum em Larsa[416]. Quanto à transferência de terrenos rurais (YOS,5,131 e VS,13,77), nenhuma relação pode ser estabelecida. O mesmo ocorre com as operações relativas aos terrenos urbanos e os dados cadastrais permitem apenas notar que Eshtar-ilî, da família Sanum, teve negócios com dois Sîn-irîbam diferentes: o filho de Ubar-Shamash era seu vizinho – pelo menos até o momento em que transferiu seu terreno construído para Adad-rabi (TCL,10,14) – e o filho de Puzur-Enlil vendeu-lhe um terreno do mesmo tipo (TCL,10,18). Neste quadro, é impossível saber se o dito Sîn-irîbam foi, ao mesmo tempo, comprador e vendedor de imóveis;

– n° 12: nada permite estabelecer uma relação entre Sîn-litallal, o comprador de um terreno urbano, e o personagem com o mesmo nome que vende um pomar a Sarriqum (ver n° 9, acima). Dezesseis anos separam as duas operações;

– n° 13: o caso de Sîn-rîm-Ur também deve pertencer à categoria em que a ocorrência de uma pessoa como vendedor não significa que ela fosse um mercador de imóveis, mas simplesmente que pertencia a uma família que alienou seu bem patrimonial. Durante a segunda metade do reinado de Rîm-Sîn, Bîtum-shêmi, Bîtum-gamil, Warad-Enlil e Sîn-rîm-Ur venderam um pomar; o contrato não explicita a relação de parentesco entre eles, mas sabemos por outra fonte que Sîn-rîm-Ur era o filho de Bîtum-shêmi (TCL,10,14: 19). No mais, a distância entre as duas operações é bastante grande (mais de trinta anos);

– n° 15: do mesmo modo que as operações envolvendo Sîn-bêl-ilî (n° 10), as ações de Ur-Kesh estão intimamente ligadas à família Sanum, em particular a Eshtar-ilî, e por isso já foram analisados. Relembremos simplesmente que, neste caso, comprador e vendedor eram provavelmente a mesma pessoa e que Ur-kesh não cedeu completamente seu patrimônio, pois continuou sendo vizinho de Eshtar-ilî.

Apesar das incertezas, uma análise das operações permite reduzir consideravelmente o número de casos em que um mesmo agente atua como comprador e vendedor. Do mesmo modo, uma consideração da especificidade de cada transferência mostra que esses agentes são muito pouco implicados em uma lógica mercantil. O que caracteriza o comércio é fazer da circulação dos bens uma atividade econômica em si a fase intermediária privilegiada entre a produção e o consumo. No que diz respeito aos agentes econômicos, o comércio supõe a presença de intermediários: são eles que podem assegurar a regularidade das operações, fazendo com que as trocas superem o estágio de pontualidade esporádica, que impediria o comércio de se afirmar como um setor econômico autônomo. São também os intermediários que contribuem para despersonalizar as transações: evitando o contato direto entre o vendedor inicial e o comprador final, o comércio limita, ou mesmo elimina, os fatores sociais restritivos existentes entre os agentes (elementos de parentela, de vizinhança, de solidariedade comunitária etc.) e cria as condições necessárias para que as operações desenrolem-se em um quadro que potencialize os aspectos estritamente econômicos. A ausência de uma rede de intermediários em Larsa decorre, precisamente, do fato de que as transferências imobiliárias não estavam completamente destacadas da trama de relações sociais. Pelo contrário, como vimos, os agente estão freqüentemente implicados em relações intrafamiliares ou em negociações de vizinhança. No mais, se, da parte dos compradores, as intenções comerciais eram praticamente inexistentes, os vendedores, por sua parte, dispõem de bens fundiários que não tinham sido comprados com a intenção de realizar lucros com a revenda; ao contrário, freqüentemente, os terrenos faziam parte do patrimônio de grupos familiares obrigados a alienar seus bens.

Neste quadro, ninguém fez da circulação de bens imóveis sua atividade econômica principal. E isto é igualmente válido para os mercadores. Um dos erros dos que defendem a tese da existência de um mercado imobiliário em Larsa foi tratar de modo indistinto as atividades comerciais dos mercadores e suas aquisições imobiliárias. Considerada como sendo da mesma natureza que o movimento de outras mercadorias, a circulação imobiliária foi analisada segundo os mesmos critérios e a partir da suposição de que era regida pelos mesmos mecanismos e intenções. Entretanto, são precisamente os mercadores os que parecem menos dispostos a fazer circular os terrenos; daí sua presença constante entre os grandes compradores, que, entretanto, não praticam a revenda[417]. Para eles, a compra imobiliária, urbana ou rural, constituía uma finalidade em si e não um meio de reproduzir e aumentar o capital por intermédio da circulação. Seu comportamento como intermediários de mercadorias não podia se reproduzir como tal no domínio fundiário, pois as condições, aqui, eram completamente diferentes. Como, na prática, os limites não são muito rígidos, a presença dos mercadores certamente influenciou as transferências imobiliárias: por exemplo, podemos supor que o estabelecimento de um formulário de contrato inspirou-se nos registros dos procedimentos comerciais. No entanto, em sua essência, os dois domínios permaneceram separados.

Separados, mas interdependentes, pois, do ponto de vista econômico, a atividade comercial dos mercadores e a acumulação de capital que ela permitia constituíram uma importante fonte dos recursos investidos na aquisição imobiliária. Um outro ponto de contato teria sido o seguinte: podemos pensar que uma categoria profissional que tinha o comércio como sua principal ocupação tenha tentado controlar diretamente as condições de produção dos bens que comercializava. Assim, os mercadores de tâmaras teriam penetrado no universo da produção através da compra de pomares. Se, na dinâmica da economia do período, podemos encontrar uma camada de possuidores fundiários pouco atraída pelo mercado (à imagem da nobreza de raiz face ao dinamismo da moderna burguesia[418]), poderíamos postular, então, pelo menos a título de hipótese, que o processo de transferência imobiliária em Larsa seria caracterizado por uma renovação do tipo de proprietário rural com os antigos proprietários fundiários cedendo lugar aos mercadores, o que poderia, inclusive, estar relacionado à chegada de um novo elemento étnico na população. Entretanto, no atual estágio dos estudos sobre a economia babilônica antiga, seria temerário ir mais longe neste tipo de raciocínio.

A fim de aprofundar esta análise sobre os compradores, podemos interrogar também sobre as formas de obtenção da prata utilizada nas compras de terrenos, o que permitirá determinar algumas características de sua posição social, de suas atividades econômicas e de suas relações com as estruturas de poder.

1.1. Atividades econômicas e origem dos recursos

É quase impossível estabelecer o papel econômico dos compradores ocasionais: sua fraca ocorrência nas transações imobiliárias é freqüentemente acompanhada por uma ausência de informações sobre suas demais atividades. Aliás, quanto mais restrito é o número de atestações de um personagem, mais difícil torna-se diferenciá-lo dos homônimos e formar um quadro consistente de informações. A dificuldade em vincular este tipo de comprador aos mercadores é um exemplo disto: entre os 47 compradores ocasionais (com uma ou duas compras), nenhum *tamkârum* pode ser identificado com certeza[419]; a única provável exceção seria Munawwirum, um dos chefes dos mercadores de Larsa[420]. Isto nos impede de situar este tipo de comprador ocasional em um contexto econômico mais amplo.

Na maior parte do tempo, a situação documental é igualmente restritiva quanto aos grandes compradores, mas alguns casos permitem ter uma idéia da origem dos recursos investidos nas transações imobiliárias.

Balmunamhe controlava uma vasta rede econômica e encontrava-se envolvido em atividades variadas. Segundo os dados disponíveis, parece que a origem principal de sua riqueza era rural, mais precisamente a produção de grãos e de tâmaras. Como vimos no capítulo anterior, é possível que se tratasse, ao menos em parte, de uma atividade em associação com o palácio. O pastoreio também ocupava um lugar importante e era igualmente feito em ligação com o palácio[421]. Os negócios de escravos parecem ser uma ocupação secundária. De um lado, porque a quase totalidade das 'compras' de escravos de Balmunamhe representa, na verdade, uma redução à escravidão de devedores inadimplentes ou de membros de suas famílias; era, portanto, um resultado dos empréstimos (de prata ou outros bens) feitos por Balmunamhe. Como em relação aos terrenos, estas 'compras' não levavam a uma revenda. De outro lado, o arrendamento de escravos contra uma garantia em caução era mais uma maneira de evitar as despesas com o sustento de uma mão-de-obra excedente, sobretudo devido ao caráter sazonal das atividades agrícolas e pastoris, do que um mecanismo para tornar rentável o capital aplicado em escravos (uma aplicação que, aliás, praticamente não existiu).

Esse mesmo tipo de operações com escravos caracterizava as atividades de Ubar-Shamash. Notar-se-á que a quantidade desse tipo de contratos em seus arquivos é bastante pequena (quatro contratos), o que sugere uma prática limitada. K. Pozzer (1996: 282 ss.) demonstrou que esta prática era concentrada no período de atividades agrícolas mais intensas (três contratos datam do mês V), mas isto não deve significar, como pensou a autora, que Ubar-Shamash, não estando envolvido na atividade agrícola, podia arrendar seus escravos durante os trabalhos rurais: ao contrário, uma grande parte de suas aquisições imobiliárias visou terrenos rurais (pomares, terrenos incultos e mesmo campos) que se integraram ao seu patrimônio produtivo. Como mercador e, depois, como chefe dos mercadores, Ubar-Shamash tinha relações econômicas privilegiadas com o palácio, cujos traços em seus arquivos são, porém, muito apagados: nós o vemos como responsável pela transferência de grãos em uma operação aparentemente institucional (TCL,10,79)[422] e sabemos que ele recebeu um escravo por decisão régia (VS,13,68)[423]. Em geral, a natureza de suas atividades econômicas não difere muito daquelas de Balmunamhe.

Um terceiro caso é o de Abuwaqar. W. F. Leemans (1950: 37 e 63 s.) descreveu o domínio de Abuwaqar (*bît Abuwaqar*) como uma '*trading house*'[424]. Com efeito, este *tamkârum* aparece implicado em várias operações comerciais e financeiras, algumas consideráveis. As transações em prata e a comercialização de perfumes têm um papel de destaque. Ele também financiou expedições comerciais em sociedade com o templo do deus Shamash (YOS,8,96).

A origem dos recursos de Amurrum-shêmi é ainda mais difícil de estabelecer, pois seus arquivos conhecidos concentram-se nas aquisições imobiliárias. Lembremos apenas que um campo *ilkum* lhe foi concedido pelo rei Rîm-Sîn (Limet,11), o que sugere possíveis relações com o palácio de Larsa, do qual ele não era necessariamente um funcionário (para Amurrum-shêmi, ver H. Limet, 1989 e K. Pozzer, 1996).

No que diz respeito à família Sanum, o estado de nossas informações apresenta um desequilíbrio quase paradoxal. Os documentos conservados pela família formam um quadro bastante característico do processo de formação dos arquivos familiares mesopotâmicos no qual a maior parte das atividades econômicas gera, no melhor dos casos, registros provisórios, que são descartados dos arquivos assim que a ação seja concluída ou tenha gerado seus efeitos[425]. Podemos assinalar, aqui, duas conseqüências desta lógica, que se revelam decisivas para a formação dos arquivos da família Sanum: primeiramente, a preservação e a transmissão sistemática dos documentos relativos à trajetória dos imóveis, que servem como títulos comprobatórios (partilhas e compras), e, em segundo lugar, a concentração dos demais tipos de registros no período final da vida dos arquivos. Assim, para as primeiras gerações, que reúnem os compradores mais ativos, Eshtar-ilî e Iddin-Amurrum, muito poucas informações sobre as atividades econômicas do grupo são disponíveis, embora possamos deduzir que os terrenos rurais adquiridos fossem postos em cultivo e produzissem bens agrícolas, em particular tâmaras. Por outro lado, um grupo homogêneo de contratos relativos à alocação de mercadorias do palácio permite conhecer uma parte dos negócios daquele que foi o detentor final dos arquivos, Ibni-Amurrum, mas que foi apenas um comprador casual de terrenos. Há, portanto, um descompasso temporal entre a fase mais ativa do grupo em termos de aquisições imobiliárias e os principais dados que possuímos sobre as demais atividades econômicas de seus membros, o que nos impede de estabelecer uma relação direta entre a origem dos recursos financeiros e o investimento imobiliário[426]. Em todo caso, a análise dos negócios de Ibni-Amurrum permite situar a família na rede de economia palaciana controlada pelos conquistadores babilônicos após a queda da dinastia local. Não há razão para acreditar que, na época de Rîm-Sîn, a situação tenha sido radicalmente diferente: o mesmo mecanismo de alocação dos produtos palacianos por intermédio da corporação de mercadores existia então. A participação da família Sanum neste esquema desde a época de independência não é atestada documentalmente, mas o fato de que um de seus membros tenha sido cooptado pelos novos senhores parece indicar uma continuidade. Aliás, o aproveitamento das antigas famílias de mercadores de Larsa pelos babilônios – como também ocorre com Bala, filho de Balmunamhe – é um dos exemplos de como Hammu-rabi e Samsu-iluna construíram um sistema de controle da economia local a partir dos fundamentos já existentes[427].

A identificação de Iddin-Amurrum como *tamkârum* em um documento datado do ano 28 de Rîm-Sîn nos fornece uma idéia muito imprecisa de suas atividades, pois este título podia estar associado a esferas econômicas muito diversificadas[428]. A única certeza é que ele manipulava grandes valores em prata: no ano 30 de Rîm-Sîn, Iddin-Amurrum consignou em crédito a considerável quantidade de 1 1/2 mina (750 g.), a fim de financiar uma operação comercial[429]; dois outros mercadores foram registrados como testemunhas. Alguns anos mais tarde, Ibni-Amurrum sucedeu a seu pai. Ele jamais é atestado formalmente como *tamkârum*, mas a natureza de seus negócios demonstra que, sem dúvida, ele participava intensamente na comercialização dos produtos do palácio depois da conquista babilônica. Este é o pano de fundo sobre o qual devemos projetar sua atividade econômica ou, pelo menos, uma parte dela.

Desde 1918, V. Scheil havia notado que o comércio de peixes era um dos setores importantes da circulação de produtos em Larsa sob os reinados de Hammu-rabi e Samsu-iluna[430]. Em um artigo de 1927 e em sua posterior monografia sobre Larsa, Ch.-F. Jean (1927: 1 e 1931: 100) voltou sua atenção para o problema: os novos textos do Louvre, que ele acabara de publicar, permitiram-lhe acrescentar alguns elementos sobre a organização e a hierarquia dos agentes deste comércio, mas o quadro geral permanecia ainda muito confuso. Na seqüência, G. Boyer (1928: 30) insistiu sobre esta constatação que permanecerá importante: as mercadorias correspondiam a excedentes provenientes do palácio, fossem eles rendimentos provenientes do domínio real ou produtos resultantes de tributos. As publicações de Boyer e Jean mostraram, igualmente, que o comércio de peixes era apenas uma parte de um sistema mais vasto, no qual também circulavam lã, tâmaras, cebolas e outros produtos.

No início dos anos 1940, P. Koschaker (1941-2) empreendeu o primeiro estudo sistemático do *"comércio estatal do peixe"* no quadro da *"economia estatal na época paleobabilônica"*[431]. Estas expressões são bastante representativas da visão do autor, em relação à qual é importante sublinhar dois aspectos. Primeiramente, a idéia geral de um vasto controle do palácio sobre a atividade econômica, que se traduziria na existência de verdadeiros monopólios estatais em diversos domínios: a pesca ao sul, em particular nas mediações de Larsa, ou o pastoreio de ovinos e a produção de lã, especialmente ao norte, na região de Sippar. Segundo esta visão, a coleta e a distribuição dos produtos também fariam parte das atribuições do Estado: os mercadores (*tamkârum*), assim como seus chefes (*wakil tamkârî*) e sua corporação (o *kârum*), teriam sido afiliados ao quadro administrativo palaciano. No entanto, ao mesmo tempo, Koschaker considerava que, na comercialização dos produtos palacianos, havia lugar para a participação de agentes independentes, pequenos comerciantes privados (*Kapitalisten*, segundo Koschaker), que recebiam as mercadorias para a venda no varejo: esta seria, justamente, a posição de Ibni-Amurrum (1941-2: 164 s.).

Esses dois componentes da teoria de Koschaker tiveram uma influência variável sobre os estudos que se seguiram. Enquanto certos autores enfatizaram o controle palaciano da economia, outros preferiram sublinhar o papel do setor privado no comércio, amplificando, assim, a importância limitada que lhe havia dado o próprio Koschaker. Ao mesmo tempo, uma interpretação mais adequada e o aporte de novos documentos permitiram corrigir e afinar alguns aspectos do problema. Eu citarei, aqui, apenas um exemplo importante, pois se trata da identificação das pessoas que entregavam as mercadorias aos empreendedores para a comercialização final. Koschaker acreditara que eles eram pobres pescadores submetidos ao tributo do palácio, mas, hoje, sabemos que eram intermediários pertencentes à estrutura do *kârum*, os pentadarcas, chefes de grupos compostos por cinco mercadores e que são bem atestados alhures.

Desde Koschaker, os estudos multiplicaram-se, a documentação cresceu e as etapas do comércio puderam ser mais bem definidas. A questão encontra-se, com efeito, no centro do debate sobre a articulação econômica entre o palácio e os grupos domésticos. Assim, não é surpreendente que as opiniões divergentes perdurem. Não se trata de enfrentar, aqui, o complexo problema do sistema de alocação dos produtos palacianos e do papel dos mercadores de Larsa após a conquista, mas de apresentar um quadro geral que possa tornar inteligível o caso de Ibni-Amurrum, bem como de apontar alguns elementos que me parecem importantes e que, por vezes, foram deixados à margem do debate[432].

Eu começaria, aliás, por um aspecto sobre o qual é necessário insistir: não nos encontramos, neste caso, face a uma comercialização ordinária de produtos, e sim diante de mecanismos de alocação controlados por um poder central. Os produtos que circulam neste sistema (peixes, tartarugas, tâmaras, cebolas, lã) são provenientes de um controle direto do palácio sobre certos setores da economia ou de sua capacidade de impor tributos em uma região conquistada. Assim, a lã podia provir dos rebanhos palacianos confiados a pastores e as tâmaras podiam originar-se nos pomares régios. No mais, toda sorte de produtos podia ser resultado da cobrança de tributos. Esta origem palaciana é indelével e influencia decisivamente o tipo de circulação dos produtos, pois podemos dizer que a série de operações é caracterizada por uma recusa do comércio por parte do palácio, que prefere uma via administrativa, sob seu controle mais ou menos direto, e busca igualmente reduzir os riscos da flutuação dos valores ao optar pelo recebimento de um valor preestabelecido. O que reforça esta escolha palaciana, no caso de Larsa, é que, além do sistema tributário habitual que encontramos em cada cidade mesopotâmica, temos também os imperativos de uma situação de incorporação territorial: tendo Larsa como o centro de captação e redistribuição de produtos, os babilônios construíram uma vasta rede de administração e exploração da Província Inferior[433]. Era para Larsa que afluíam produtos originários de outras províncias do sul ou de regiões que já há muito tempo faziam parte do antigo reino de Rîm-Sîn, como Lagash[434]. E era a partir de Larsa que os produtos podiam ser distribuídos para fins de comercialização nas cidades vizinhas, como Kutalla[435], ou, segundo as necessidades da metrópole, seguiam caminho para a Babilônia.

É, sobretudo, a produção em grãos que é requisitada pelas autoridades babilônicas, às vezes pelo próprio rei, como mostra abundantemente a correspondência oficial entre Babilônia e Larsa (E. Bouzon, 1986). Esta é uma característica importante deste sistema de exploração babilônica: do ponto de vista material, a atividade do palácio tinha por objetivo, de um lado, aprovisionar-se em grãos, um produto elementar do consumo interno do palácio e que também compunha grande parte das rações distribuídas aos funcionários, e, por outro lado, obter prata. Em ambos os casos, para o palácio, tratava-se de aumentar suas reservas em meios de pagamento. Pode-se dizer que o excedente em grãos proveniente das regiões anexadas servia menos à consumação direta do palácio do que à reprodução e reforço das estruturas de dominação e, por conseqüência, para sustentar o próprio processo de expansão.

A própria noção de excedente deve, aliás, ser reconsiderada: ela não corresponde a um excesso em relação à capacidade de consumação do palácio, simplesmente porque a finalidade da incorporação de novos territórios não era suprir as deficiências de uma produção local (babilônica). Neste quadro, além de alimentar o próprio sistema de dominação, o excedente servia, sobretudo, para diversificar o consumo. É isto que explica os esforços do palácio para transformar os demais produtos provinciais em recursos metálicos: a prata permitia obter bens numerosos e extremamente variados, necessários ao consumo palaciano; abastecer-se das matérias-primas raras na planície mesopotâmica, como a madeira e a pedra; comprar escravos; ou, ainda, ter os recursos necessários para contratar mão-de-obra sazonal[436]. A exploração econômica provincial seguia, portanto, os imperativos e as estratégias do palácio.

Mas o palácio também agia sob pressão material.

A primeira constrição era o custo do transporte. Os produtos transferidos de Larsa para a Babilônia deveriam perfazer os 200 quilômetros que separavam as duas cidades, em uma viagem contra a corrente, caso se optasse pela via fluvial, como era hábito. Todos os problemas relacionados ao transporte de grãos mencionados pela correspondência oficial são suficientemente eloqüentes e permitem pensar que os benefícios do empreendimento podiam ser dramaticamente reduzidos pelos custos implicados pela mobilização de pessoal e barcos. O palácio tendia a reservar estes meios para o transporte do produto mais necessário, os grãos, e converter o restante em prata *in situ*[437]. A este problema vem juntar-se, ainda, o de custos de armazenamento[438]. Mesmo que os babilônios se apropriassem dos depósitos e entrepostos anteriormente utilizados pelos reis de Larsa[439], o acúmulo de produtos gerava despesas consideráveis e as necessidades de escoamento nem sempre eram respondidas à altura pela estrutura existente. O palácio também devia fazer face aos problemas de conservação, bastante delicados para produtos como os peixes, mesmo que estes pudessem ser salgados (um artifício custoso devido à escassez de salinas) ou secos[440]. A venda na própria região de produção apresentava, então, uma dupla vantagem: de um lado, o escoamento mais ágil reduzia os custos de transporte e de estocagem[441]; de outro, ela possibilitava ao palácio babilônico aproveitar também o potencial de consumo da região conquistada. O processo de controle econômico era, portanto, amplo: começava com a apropriação dos recursos produtivos (campos, pomares, rebanhos etc.), passava pela substituição do palácio local pelo palácio babilônico como centro tributário e completava-se pelo confisco dos benefícios gerados no comércio local[442].

Essas transações em larga escala envolviam agentes e organismos que atuavam sob as ordens do palácio. Cada um deles situava-se em um nível diferente da cadeia de controle cujo ponto culminante era o rei, seguido pelos altos servidores babilônicos. Neste sistema em cascata[443], em que as decisões eram, em geral, transmitidas degrau por degrau até atingir os níveis mais baixos, podemos distinguir três escalões que participam diretamente da alocação dos produtos palacianos em Larsa.

O primeiro escalão é formado pelo chefe dos mercadores (*wakil tamkârî*). Ele era o responsável pela corporação dos mercadores da cidade (*kârum*) e controlava o fluxo das mercadorias que pertenciam ao palácio. Apesar das dúvidas sobre o exato estatuto do *kârum*, é certo que ele era um dos mecanismos fiscais do palácio babilônico em Larsa e, portanto, fazia parte de sua estrutura administrativa. O *kârum* de Larsa já existia antes da conquista e foi incorporado, com muitos de seus membros, pala administração dos conquistadores[444]. Durante a época de Hammu-rabi, o chefe dos mercadores de Larsa foi Shêp-Sîn[445]. Ele permaneceu no posto entre os anos 36 e 42 do reinado e suas atividades ao serviço do palácio são bem conhecidas. Uma carta de Hammu-rabi a Shamash-hâzir (TCL,7,3 = AbB,4,3) ordena que um campo de sustento (a-shà shuku) lhe seja alocado, o que corresponde à maneira usual de remunerar os servidores do palácio na província: o mesmo tipo de concessão era feita aos chefes dos mercadores de Ur (TCL,7,2 = AbB,4,2). Na época de Samsu-iluna, parece que Shêp-Sîn foi rebaixado à condição de simples *tamkârum* e o posto de chefe dos mercadores foi, então, ocupado por Shamash-sulûlî, personagem que esteve envolvido nos negócios de Ibni-Amurrum (TCL,11,197: 15). Entre as diversas atividades dos chefes de mercadores de Larsa, e também de Ur, estava a responsabilidade de transferir para Babilônia os bens exigidos pelo palácio e, sobretudo, a prata resultante da comercialização local dos produtos. Em uma carta em tom severo (LIH,1,33 =

AbB,2,33), remetida a Sîn-iddinam, seu governador na província inferior, Hammu-rabi exige que os chefes dos mercadores de Larsa e de Ur partam para a Babilônia com grandes quantidades de sésamo e prata relativas a pagamentos em atraso: os montantes elevam-se a 3600 gur de sésamo (1.080.000 litros) e 26 minas de prata (13 quilos)[446].

Em um escalão intermediário, no interior do *kârum*, encontram-se os mercadores, organizados em equipes de cinco sob a direção de um pentadarca (nam 5). Cada mercador recebia um lote de produtos do palácio a fim de comercializá-los. Esta operação gerava uma obrigação de pagamento em prata fixada para uma data preestabelecida ou para um momento indeterminado, quando o palácio o exigisse. Este lote de produtos comissionados era objeto de uma estimativa de valor e o pagamento devido ao palácio equivalia, em geral, a um terço desta estimativa.

Ocorre que os mercadores que recebiam os produtos comissionados, por intermédio do *kârum*, podiam não os comercializar diretamente, mas repassá-los a comerciantes locais. Na prática, eram estes comerciantes, que efetuavam as vendas no varejo, que assumiam a obrigação de pagamento face ao palácio. É no nível deste terceiro escalão que se encontrava Ibni-Amurrum.

Algumas das operações eram realizadas entre Ibni-Amurrum e um único agente. Os documentos redigidos nestas ocasiões assemelhavam-se a contratos de compra de mercadorias. No entanto, duas particularidades os diferenciavam: indicava-se explicitamente que os produtos faziam parte do 'lote' (*sûtum*[447]) recebido do palácio e acrescentava-se que o preço (quer dizer, o equivalente à obrigação de pagamento estabelecida antecipadamente e que correspondia, geralmente, a um terço da estimativa do valor das mercadorias) devia ser pago ao palácio pelo comprador. Assim, no decorrer dos anos 3, 5 e 6 do reinado de Samsu-iluna, Ibni-Amurrum 'comprou' de um certo Nûr-Shamash seu lote de mercadorias composto por lã, tartarugas, tâmaras e cebolas, assumindo, em decorrência, as obrigações de pagamento junto ao palácio[448]. Sabemos, aliás, que Nûr-Shamash recebia diretamente do *kârum* os produtos a serem comercializados, por intermédio de Shêp-Sîn e de Liblut, um dos chefes (TCL,11,205).

Outras vezes, as operações eram ainda mais vultosas, o valor estimado dos bens era mais elevado – indo de 2 1/2 minas (1,250 kg.) a 3 2/3 minas e 3 siclos (1,858 kg.) – e o número de pessoas que repassavam os bens a Ibni-Amurrum era maior, podendo chegar a mais de dez. Os arquivos atestam a existência de tais operações ao longo dos anos 2, 3 e 5 de Samsu-iluna[449]. Ao menos em um caso, a grande quantidade de mercadorias provinha do *kârum* de outra cidade, Lagash[450].

Segundo a cronologia desses dois tipos de contratos, não parece que tenha havido uma evolução nas atividades de Ibni-Amurrum: ao contrário, os negócios mais limitados, realizados com um único agente, e as grandes operações concluídas com grupos de vários mercadores distribuem-se igualmente por todo o período que vai de Si 2 a Si 6. Em revanche, são as permanências, em um caso como em outro, que são notáveis. Quando das negociações com Nûr-Shamash, a cada ano, o lote de mercadorias transferidas era avaliado no mesmo valor em prata, 2/3 mina e 5 siclos (c. 375 g), o que sugere que este mercador tinha direito a uma quota fixa na distribuição (possivelmente anual) de mercadorias feita pelo *kârum*[451] e que um acordo qualquer fazia com que ele transferisse os produtos sistematicamente a Ibni-Amurrum[452]. Já nas negociações com os grupos de mercadores, vemos que Ibni-Amurrum tratava habitualmente com as mesmas pessoas[453] e que o nível de transações permanecia estável de um ano para outro[454], embora certas condições estipuladas nos contratos pudessem ser ligeiramente modificadas. É o caso, por exemplo, da proporção entre a estimativa do valor das mercadorias e o montante a ser versado ao palácio: a constância da *ratio* de 1/3[455] é, por vezes, quebrada por outras proporções. O quadro completo que se pode construir a partir dos arquivos de Ibni-Amurrum é o seguinte (em ordem cronológica):

Quadro 16: Pagamentos de 1/3 nos arquivos de Ibni-Amurrum

Data	Estimativa das mercadorias	Obrigação de pagamento	Porcentagem	Documento
15/VI/Si 2	3 2/3 minas e 2 siclos	1 mina e 14 siclos	1/3	TCL,11,193
[x]/VI/Si 3	3 2/3 minas e 3 siclos	1 mina 5/6 siclo	29,52 %	TCL,11,199
24/VII/Si 3	2/3 mina e 5 siclos	17 1/2 siclo	38,88 %	TCL,11,194
30/VI/Si 5	2 ½ minas	5/6 mina	1/3	TCL,10,13
1/VIII/Si 5	2/3 mina e 5 siclos	15 siclos	1/3	TCL,11,208
9/VIII/Si 6	2/3 mina e 5 siclos	15 siclos	1/3	TCL,11,210

Notar-se-á que as exceções em relação à proporção de 1/3 concentram-se no ano 3 de Samsu-iluna, mas seria temerário tirar conclusões quanto a uma eventual instabilidade econômica em Larsa ao longo daquele ano, ainda mais que as variações se situam seja acima (para a transação coletiva), seja abaixo (para a transação individual) do patamar habitual[456].

É preciso considerar também que a documentação contratual que possuímos é resultado de um momento preciso do processo, ou seja, a transferência dos produtos ao comerciante local para que efetuasse a venda àqueles que seriam, ao que tudo indica, os consumidores finais. Discutiu-se muito sobre o estatuto deste comerciante e sobre a natureza de seus negócios. Como vimos, o próprio P. Koschaker havia considerado Ibni-Amurrum como um 'capitalista'. A maior parte dos autores defendeu a idéia de que, pelo menos a partir deste nível, o comércio das mercadorias seguisse um modelo privado. W. F. Leemans, por exemplo, reconheceu que Ibni-Amurrum era totalmente dependente do palácio para obter os produtos e que ele atuava em estreita colaboração com os organismos do Estado, mas insistiu sobre o fato de que o arranjo entre ele e o palácio só teria sentido se o considerássemos um comerciante privado, detentor de meios privados, pois para além da soma fixa de 1/3 da estimativa, devida ao palácio, ele assumia todos os riscos da transação. Esta interpretação enfrenta várias dificuldades. Desde logo, um problema documental: é preciso reconhecer que nós não possuímos dados sobre esta fase final do comércio de varejo, que, certamente, dispensava os registros escritos. Assim, nós estamos muito mal informados acerca das trocas econômicas cotidianas e é preciso evitar a projeção sobre elas dos modelos mais bem conhecidos do comércio administrado pelos templos e palácio. Em segundo lugar, mesmo se admitirmos que Ibni-Amurrum e seus negócios remetem às categorias do privado (o que ainda seria preciso definir, mas digamos, a título de hipótese, que se trate de um comércio de risco, dependente de flutuações de preços em um mercado de oferta e demanda e que visava a maximização dos ganhos, segundo um modelo clássico), não é menos verdadeiro que toda a atividade desses comerciantes estava enquadrada pelos mecanismos de uma alocação administrada dos bens e que, no mais, ocorria em uma situação de exploração de um território conquistado. Do ponto de vista de Ibni-Amurrum, isto significa, muito concretamente, que se ele podia comportar-se e pensar como um comerciante privado, as oportunidades para fazer negócios dependiam da relação privilegiada que entretinha com as estruturas palacianas, o que fazia dele um membro associado à estratégia econômica babilônica em Larsa. Posição, aliás, bastante corriqueira entre as elites cooptadas. Por outro lado, para Ibni-Amurrum, a noção de custos de produção ou de aquisição não tinha nenhum sentido e cedia lugar a uma obrigação de pagamento que, além de ser invariável e estabelecida antecipadamente, podia mostrar-se muito flexível no momento do vencimento, pois este nem sempre era claramente definido[457]. Em outros termos, todo o ganho que ele podia obter com este comércio era definido em função de um tributo. Um tributo cuja quitação, é preciso lembrar, deveria ser realizada na forma estabelecida pelo palácio: em uma situação de grande diversidade dos meios de pagamento e na ausência de uma moeda propriamente dita, os organismos centrais impunham suas escolhas aos agentes econômicos[458]. Finalmente, todo o processo transcorre sem que haja qualquer investimento de capital privado, pois as mercadorias são adiantadas pelo palácio em uma espécie de operação de crédito[459]. Neste contexto, se um mercado de caráter privado intervinha na comercialização final, o que resta provar, é mais razoável considerar, contra a opinião de Leemans e outros, que ele tinha um papel apenas limitado e que, estando subordinado aos imperativos da rede mais ampla e poderosa do comércio administrado, não poderia absolutamente impor suas orientações ao conjunto da circulação de bens. Este mercado limitava-se à escala do comércio interno das regiões anexadas; no que diz respeito à lógica global da economia, ele permanecia residual.

Uma grande parte da dificuldade para compreender essa situação vem do fato de não ser simples definir a posição do *kârum* em relação ao palácio. Do mesmo modo, nem sempre o papel de cada agente implicado no processo de comercialização é totalmente claro. Talvez, tenha-se insistido demasiadamente em uma distinção muito rígida entre público e privado, uma dicotomia que raramente se mostra operacional para a realidade mesopotâmica. A meu ver, este é, uma vez mais, o caso da abordagem de W. F. Leemans. Um dos resultados desta dicotomia pouco defensável é o seu embaraço diante da figura de Balmunamhe: este personagem viveu durante a primeira metade do reinado de Rîm-Sîn, período em que, sempre segundo Leemans, o *tamkârum* seria completamente independente do palácio, contando com grande autonomia de empreendimento em moldes privados. Ora, ao mesmo tempo, Balmunamhe esteve associado ao mesmo tipo de atividades que foram típicas dos mercadores vinculados ao palácio na época de Hammu-rabi, de onde a reticência de Leemans (1950: 66 e 68) em classificá-lo entre os mercadores de seu tempo, preferindo vê-lo como um *'manor lord'* e um *'outsider'* em relação aos *tamkârû*. A mesma rigidez obriga Leemans a imaginar duas categorias de *tamkârû* para a época do domínio babilônico: aqueles que estavam a serviço do palácio e aqueles, como Ibni-Amurrum, que eram comerciantes independentes. A natureza e o funcionamento da estrutura administrativa do palácio convida, porém, a temperar esta oposição. E isto em dois sentidos. De um lado, porque o fato de pertencer ao quadro administrativo do palácio não impedia os servidores de realizar seus próprios negócios[460]; ao contrário, esta filiação lhes oferecia os meios e as oportunidades, e, como bem notou Max Weber, a apropriação dos meios administrativos é uma das características de um Estado patrimonial como o mesopotâmico[461]. Por outro lado, porque, como vimos, a esfera que se pode chamar de 'privada' dependia sensivelmente dos contatos (e dos contratos) com o palácio para existir economicamente[462].

Parece-me, em todo caso, que o binômio central / local seja muito mais pertinente do que aquele que opõe público e privado. Sobretudo no caso de Larsa sob domínio babilônico, é a articulação entre as estruturas locais e o poder central e seus representantes que permite compreender o essencial das relações econômicas e, particularmente, da circulação de produtos. É interessante ver como a dominação política e a exploração material da zona conquistada repousam sobre uma constante negociação com os agentes econômicos autóctones. O cenário está longe da imagem, freqüentemente falsa, de uma imposição unívoca e ilimitada do direito do conquistador sobre um vencido completamente passivo. Entre a voracidade do palácio babilônico em angariar os tributos e a efetiva cobrança em Larsa, existe um complexo conjunto de relações formadas por chamadas à ordem por parte da Babilônia, mas também por resistências larseanas, em um jogo que não é desprovido de tensões. Os atrasos nos pagamentos de tributos são freqüentes e algumas requisições do poder central babilônico permanecem sem efeito, obrigando o rei a insistir de modo mais enérgico uma segunda vez[463]. A origem das pessoas que ocupavam os cargos após a conquista já esclarece uma boa parte desta situação. Sabemos que, na época de Hammu-rabi, o chefe de mercadores de Larsa, Shêp-Sîn, respondia diretamente ao 'Filho do Governador' (*mâr shakkanakkum*), que tinha um bom nome babilônico: Marduk-nasir[464]. Shamash-lamassashu, a quem Shêp-Sîn entregava a prata resultante das transações do *kârum*, devia ser igualmente babilônico: em seu selo, ele é descrito como 'servidor de Hammu-rabi'[465]. Por outro lado, o próprio Shêp-Sîn parece ter sido um mercador larseano antes da chegada dos babilônios. Se este é o caso, tratar-se-ia de mais uma cooptação por parte dos conquistadores. Ibni-Amurrum, por sua vez, fazia parte de uma família enraizada na cidade pelo menos há um século e que encontrou um lugar na nova ordem, de cujas engrenagens econômicas faziam parte babilônios e larseanos. Esta situação também é, sem dúvida, a da família de Balmunamhe.

Essas considerações nos permitem revisitar uma tese que provocou intenso debate entre alguns assiriólogos e historiadores da economia mesopotâmica.

Em 1957, em um livro coletivo que se tornou a declaração de princípios do grupo interdisciplinar reunido em torno de Karl Polanyi na Universidade de Colúmbia, este autor publicou um capítulo sobre "*o comércio sem mercado na época e Hammu-rabi*" (Polanyi, 1957). Este texto polêmico permaneceu como a única reflexão mais elaborada de Polanyi sobre a economia mesopotâmica, pois, a seguir, ele preferiu dedicar-se preferencialmente a questões teóricas e, no domínio da Antigüidade, ao caso grego. Dois exemplos serviram de base para Polanyi, mas foram objeto de um tratamento muito desigual. O primeiro, que mereceu um longo desenvolvimento, foi o comércio páleo-assírio com Kanesh, na Anatólia. O segundo, evocado apenas rapidamente, foi, justamente, o comércio de Larsa, que Polanyi conhecia graças ao texto de P. Koschaker. Em ambos os casos, os especialistas saberão identificar, logo ao primeiro olhar, as imprecisões e os limites do trabalho de Polanyi e não é o caso de discuti-lo em detalhe aqui[466]. Eu gostaria, porém, de chamar a atenção sobre dois elementos da tese de Polanyi: entre as características do 'comércio sem mercado', o autor identificara o fato de que ele seria 'administrado' e desenvolvia-se 'sem risco econômico'.

O 'comércio administrado' implica o controle de uma rede de circulação de produtos pela instituição central, no caso, o palácio. Da obtenção à distribuição das mercadorias, os procedimentos são realizados por organismos oficiais ou semi-oficiais, sob o controle mais ou menos direto do rei e de seus servidores. Em decorrência, os agentes do comércio atuam como um elemento da estrutura centralizada e com meios que lhes são comissionados. É importante notar que tal sistema não é completamente fechado à participação de comerciantes independentes, providos de motivações e métodos próprios. Há, portanto, uma simbiose entre o comércio por disposição, dirigido pelo palácio, e os procedimentos transacionais de outros agentes econômicos, que permanecem, no entanto, subordinados à lógica da instituição central.

A noção de 'comércio sem risco', por sua vez, refere-se à fraca, ou mesmo inexistente, incidência dos mecanismos de preço sobre a natureza dos negócios. Esta é, com efeito, uma conseqüência do caráter administrado da circulação dos bens: no quadro de uma ausência de variações em função da oferta e demanda, a autoridade central tende a estabelecer os parâmetros de valores por via administrativa (como no caso das equivalências fixadas pela lei ou por proclamação, e das cotações acordadas entre dois ou mais Estados através de tratados de comércio). Se procurarmos aplicar estes princípios ao caso de Larsa, a visão de Polanyi é, certamente, excessivamente rígida, e por duas razões: a estimativa antecipada das mercadorias funcionava, é verdade, nos limites do comércio administrado pelo palácio babilônico, mas nada indica que existisse uma fixação generalizada dos valores e preços pelo poder régio[467]; em segundo lugar, a partir do momento em que as mercadorias saem do sistema administrado (portanto, do campo da documentação escrita) e passam para as mãos dos comerciantes do varejo, as disposições do procedimento administrado diluem-se consideravelmente e cedem lugar às possibilidades de transações, às habilidades pessoais de negociação, às variações locais que conferem a uma mercadoria um valor maior ou menor e que fazem com que seja vendida mais ou menos rapidamente. Estas variações, porém, não são suficientes para a institucionalização de um mercado de tipo capitalista. Qualquer que seja a margem de manobra do comerciante, as disposições administrativas originais, com a estimativa antecipada de valores, impõem-se sobre a organização geral da circulação dos bens.

Poderíamos acrescentar, ainda, um terceiro aspecto à discussão, que também deriva das idéias de K. Polanyi: a utilização da prata como dispositivo de conta (*account*), mais do que como meio efetivo de pagamento. Em certos domínios, e sobretudo nos procedimentos contábeis das grandes organizações, como o palácio, as referências à prata teriam correspondido não a uma circulação real do metal, mas a uma utilização da prata como unidade de medida homogênea e formalizada para todos os produtos. No caso do comércio assírio, K. R. Veenhof (1977: 399) criticou duramente esta hipótese e afirmou que a prata *"serviu a propósitos puramente comerciais e funcionou como moeda em todos os sentidos da palavra"*, mas reconheceu, ao mesmo tempo, a importância dos dispositivos administrativos (*administrative devices*) na economia. A utilização da prata como forma de estimativa dos produtos palacianos nos contratos do arquivo de Ibni-Amurrum confirma esta última função. É preciso dar razão a N. Yoffee (1977: 16 s.) em sua crítica aos excessos de Polanyi (em particular, a negação, ou quase, da existência de pagamentos em prata), mas também aos de Veenhof (que simplificou de maneira excessivamente modernista uma situação muito mais complexa na realidade, na qual a economia administrada pelo palácio tinha um peso mais importante do que aquele que este autor estaria pronto a reconhecer).

Esses três exemplos mostram que certos conceitos de Polanyi conservam ainda um potencial analítico, sob condição de situá-los em um contexto mais exato. Assim, a necessidade imperativa de se livrar de numerosos equívocos de informação e de calibrar alguns de seus modelos em dimensões mais pertinentes não deveria engendrar uma recusa *a priori* de sua construção teórica. Há, em Polanyi, uma manifesta deficiência na exploração dos dados mesopotâmicos, mas uma reavaliação da documentação demonstra que, em numerosos pontos, suas noções são adequadas e auxiliam a conhecer melhor a natureza da economia da época. É o caso do comércio palaciano de Larsa. Também há, em Polanyi, uma excessiva tendência à generalização: o que ele tomou como o sistema global de circulação das mercadorias, caracterizando-o como um *comércio sem mercado*, embora importante, era somente um circuito entre outros. Em outros termos, tratava-se de um sistema de alocação administrada sob Hammu-rabi e Samsu-iluna.

Para concluir retornando ao problema da origem dos recursos investidos nas aquisições imobiliárias e da posição social dos compradores, lembremos que o caso de Ibni-Amurrum não pode ser generalizado. Entretanto, a verossímil continuidade entre suas atividades comerciais comissionadas pelo palácio e as de seus ancestrais, apesar das mudanças políticas, e a semelhança com os negócios de muitos outros compradores, sobretudo os maiores, sugerem que a participação na atividade econômica administrada pelo palácio e a proximidade com as estruturas do poder agiam como um poderoso mecanismo de inserção (ou reafirmação) social e de obtenção de vantagens materiais[468]. A participação destas pessoas no circuito imobiliário de Larsa deve, certamente, muito a esta posição privilegiada.

2. Os vendedores

Foi, sobretudo, a partir da década de 80 do século XX que as transferências de terrenos tornaram-se um objeto prioritário da reflexão dos historiadores da antiga Mesopotâmia, no bojo de uma considerável renovação da historiografia econômica que, para se limitar ao essencial, elegeu os estudos dos arquivos privados como um campo privilegiado da análise da vida material. No entanto, as operações envolvendo imóveis foram analisadas quase exclusivamente do ponto de vista dos grupos familiares que adquiriam os bens. Neste quadro, uma rara exceção é o trabalho de N. Kozyreva (1999). Esta perspectiva teve, evidentemente, grandes conseqüências para a caracterização do próprio fenômeno da circulação imobiliária e, em particular, para a construção de uma visão predominante de um triunfo inexorável dos grupos privados nos reinos semitas ou amorritas que se seguiram à derrocada do período sumério dominado pela terceira dinastia de Ur (2112-2004), visto, por um contraste conveniente, como 'estatizante' por excelência.

Muitos dos problemas que dificultam uma análise mais equilibrada e adequada da circulação imobiliária vêm do fato de que ela se baseia nos arquivos reunidos pelos compradores. Por outro lado, do ponto de vista interno, cada contrato era redigido *ex latere emptoris*, isto é, do ponto de vista do comprador (em oposição a uma formulação *ex latere venditoris*), o que contribuiu para condicionar a visão do historiador a partir da própria natureza da fonte. Estes fatores heurísticos explicam bastante das atuais tendências predominantes nos estudos da economia familiar, mas é preciso também acrescentar que uma orientação teórica privilegiou a ação econômica dos grupos mais bem posicionados da sociedade, em particular das elites urbanas, conferindo, em contrapartida, pouca atenção às famílias que se encontravam em posição de desvantagem. Como, no momento da transferência do imóvel, estes dois pólos correspondem, grosso modo, aos compradores e aos vendedores, respectivamente, a história da economia familiar limitou-se a ser uma história da trajetória dos primeiros. Paradoxalmente, embora a história das famílias e de suas atividades seja considerada como uma contrapartida da história centrada nos grupos dominantes dos templos e palácios, é preciso reconhecer que, no essencial, ela não rompeu com a perspectiva tradicional de uma história "*a partir do topo*".

É possível, entretanto, superar pelo menos algumas das limitações impostas pelo caráter das fontes e, utilizando os dados dos mesmos contratos imobiliários, redigidos sob os auspícios e para o interesse dos compradores, procurar estabelecer alguns padrões do comportamento de alienação. Por que os indivíduos e as famílias dispõem de seus imóveis? Como se apresentam os vendedores? Qual a parte das relações de parentesco na venda do patrimônio? É possível delimitar certas tendências de disposição em função de outras variantes, como, por exemplo, os preços?

As respostas a essas questões só podem ser parciais e indicativas. No entanto, parece-me que uma tentativa bem controlada, a partir de um estudo monográfico e manipulando dados documentais tratados serialmente, pode contribuir para esclarecer alguns aspectos e apontar perspectivas.

O caso de Larsa pode ser considerado um campo de provas privilegiado. Foi ele que serviu de base a várias das primeiras formulações, nos inícios da década de 50, acerca das transferências de imóveis e da economia 'privada' do período Babilônico Antigo, com os trabalhos pioneiros de L. Matoush (1949 e 1950) e W. F. Leemans (1950). Mais recentemente, com o florescimento dos estudos de arquivos privados, a documentação de Larsa proporcionou um conjunto significativo de dados para os autores que centraram sua atenção sobre a 'política imobiliária dos mercadores', os quais, em grande medida, prolongaram a perspectiva 'privatista' mencionada acima: é o caso do estudo de D. Charpin (2003), assim como de algumas teses relativamente recentes sobre Larsa, em particular as de S. R. Harris (1983) e K. M. P. Pozzer (1996).

Quando analisamos as negociações de terrenos em Larsa durante o período considerado aqui (1835-1763 a.C.), notamos um número limitado de compradores: nos 143 registros contratuais, aparecem os nomes de apenas 55 compradores. A situação dos vendedores é inversa: no total, são conhecidos 169 nomes diferentes de pessoas que venderam seus terrenos[469]. Assim, houve, em Larsa, uma média de 0,38 comprador por transação imobiliária, enquanto que a proporção de vendedores eleva-se a 1,27[470]. Isto é o resultado estatístico de dois fatores diferentes e de grande importância para compreender a circulação imobiliária local. Em primeiro lugar, nota-se a ausência de grandes vendedores: do mesmo modo que a recorrência de um mesmo personagem atuando como comprador indica um processo de concentração fundiária na cidade, a ausência da mesma recorrência do lado dos vendedores mostra que o funcionamento do sistema não repousava sobre a presença de negociantes habituais de terrenos, o que é ainda mais verdadeiro quando se constata que os vendedores que aparecem em mais de um contrato não fazem parte do grupo de grandes compradores. Em Larsa, portanto, o vendedor típico alienou seus terrenos uma única vez e não era simultaneamente um comprador. Em segundo lugar, o número elevado de vendedores, em relação à quantidade de operações, é o resultado da presença de grupos de vendedores: em 44 contratos (30,77% do total), a venda é feita por mais de um vendedor explicitamente nomeado no contrato, até um máximo de cinco pessoas (ver gráfico a seguir)[471]. Em contraste, notar-se-á que a presença de grupos de compradores é bem menos importante: dez atestações, ou seja, apenas 7% dos contratos.

Gráfico 7: Vendedores individuais e grupos de vendedores

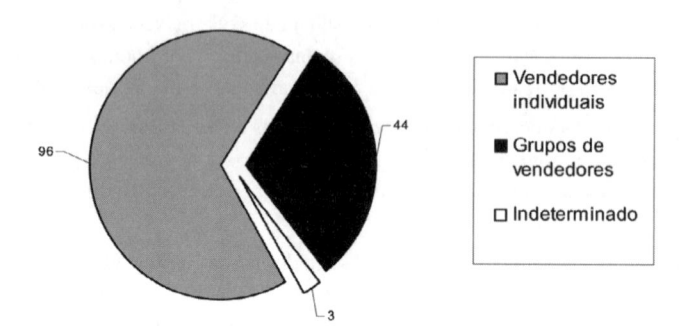

A observação desses grupos merece ser aprofundada. Uma característica importante é que a maior parte é formada por pessoas ligadas por laços de parentesco: em 31 dos 44 casos de vendedores coletivos (ou seja, 70,45%), as relações de parentesco entre os vendedores podem ser reconstituídas com segurança. A porcentagem deve, no entanto, ser ainda maior: entre os demais grupos de vendedores, certamente há famílias, embora o parentesco não esteja explícito no contrato[472]. O quadro seguinte resume todos os casos conhecidos:

Quadro 17: Grupo de vendedores – laços de parentesco e composição sexual

N°	Documento	Número de vendedores	Laço de parentesco entre os vendedores*	Composição sexual**
1	HE,201	2	Irmãos	▲▲
2	Limet,7	2	Pai e filho	▲▲
3	PSBA,34: 9	3	Pai e dois filhos	▲▲▲
4	Riftin,15	2	Mãe e filho	▲●
5	Riftin,19	2	-	▲▲
6	Riftin,20	4	Pai, filho e dois outros (cf. TCL, 10,14: 19)	▲▲▲▲
7	SAOC,44,18	indeterminado	Uma mulher *"e sua família"*	● + X
8	TCL,10,26	2	Mãe e filho	▲●
9	TCL,10,27	2	-	▲▲
10	TCL,10,35	4	-	▲▲▲▲
11	TCL,10,50	3	Pai e dois filhos (cf. TCL,10,67: 9)	▲▲▲
12	TCL,10,128	2	-	▲▲
13	TLB,1,2	3	Mãe e dois filhos	▲▲●
14	TLB,1,3	2	Irmãos	▲▲
15	TLB,1,8	2	Irmãos	▲▲
16	TLB,1,16	2	(contexto fragmentado)	▲■

N°	Documento	Número de vendedores	Laço de parentesco entre os vendedores*	Composição sexual**
17	VS,13,56	3	Pai, mãe e filho	▲▲●
18	VS,13,74	2	Irmãos	▲▲
19	VS,13,75	2	Mãe e filho	▲●
20	VS,13,80	2	Casal	▲●
21	VS,13,88	2	Irmãos	▲▲
22	VS,13,93	2	-	▲▲
23	VS,13,94	2	Dois homens com filiação paterna diferente	▲▲
24	VS,13,99	2	-	▲▲
25	YOS,5,112	3	pai e dois filhos ou pai, filho e neto	▲▲▲
26	YOS,5,121	3	Pai, mãe e filho	▲▲●
27	YOS,5,123	3	Pai, mãe e filho	▲▲●
28	YOS,5,125	2	-	▲●
29	YOS,5,126	2	Pai e filho	▲▲
30	YOS,5,127	2	-	▲●
31	YOS,5,143	5	Quatro homens (irmãos?) e a esposa de um deles	▲▲▲▲●
32	YOS,8,6	2	Irmãos	▲▲
33	YOS,8,38	3	Pai, mãe e filho	▲▲●
34	YOS,8,47	2	-	▲●
35	YOS,8,79	3	-	▲▲●
36	YOS,8,80	2	Pai e filho	▲▲
37	YOS,8,81	3	Pai, mãe e filho	▲▲●
38	YOS,8,124	3	Pai, filho e filho da esposa ***	▲▲▲
39	YOS,8,132	2	Irmãos (contexto fragmentado)	■■
40	YOS,8,134	2	Irmãos	▲▲
41	YOS,8,143	2	Dois homens com filiação paterna diferente	▲▲
42	YOS,8,156	2	Irmãos	▲▲
43	YOS,8,176	2	Casal	▲●
44	YOS,14,129	2	Casal	▲●

* Na categoria "pai, mãe e filho", eu considero todas as ocorrências documentais da seqüência "X (homem), Y (mulher) dam-a-ni Z dumu-ni"; a rigor, Z pode ser filho somente de Y, no caso de X ser o seu segundo marido, mas o próprio fato de o grupo vender coletivamente o imóvel sugere que se trate de uma família biológica.

** ▲ = homem   ● = mulher   ■ = indeterminado

*** Em YOS,8,124, a formulação da filiação de Apil-ilishu poderia sugerir enganosamente que ele fosse filho de Ahum; entretanto, YOS,8,125 permite restituir a árvore genealógica da família assim: Silli-Irra, sua esposa Ahatum e seus dois filhos, Apil-Ilishu e Awil-Adad. No mais, a partir de YOS,8,81, sabemos que Ahum é filho de Ahatum com um outro marido, chamado Uqûa. Assim, Ahum e Apil-ilishu são, de fato, meio irmãos uterinos (isto é, filhos de Ahatum, mas de pais diferentes). Em YOS,8,124, o grupo de vendedores é, portanto, composto pelo pai, Silli-Irra, e dois filhos, Ahum e Apil-ilishu, dos quais apenas o segundo é seu consangüíneo.

As relações de parentesco que ligam os membros de um grupo de vendedores eram, portanto, diversas. Sua tipologia pode ser mais bem visualizada no quadro seguinte:

Quadro 18: Laços de parentesco nos grupos de vendedores

Parentesco	Ocorrências
Irmãos	9
Pais e filhos	7
Mãe e filhos	4
Casais	3
Casais com filhos	5
Outros / Indeterminados	3

A constatação mais importante é que os dados mostram claramente que a decisão de venda é tomada, sobretudo, por grupos de consangüíneos (20 casos), contra uma minoria de grupos por aliança de casamento (três casos). A presença de grupos mistos, formados por aliança e filiação (seis casos), não altera o quadro:

Gráfico 8: Grupo de vendedores – consangüinidade e aliança de casamento

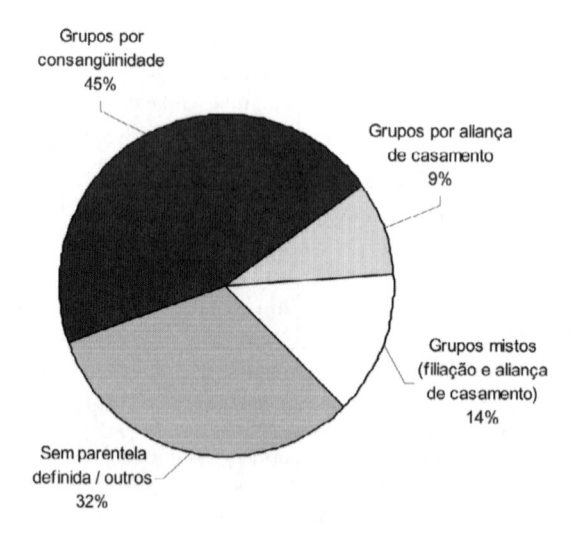

- Grupos por consangüinidade 45%
- Grupos por aliança de casamento 9%
- Grupos mistos (filiação e aliança de casamento) 14%
- Sem parentela definida / outros 32%

A preponderância dos grupos de consangüinidade no processo de disposição dos imóveis é, no mais, perfeitamente compatível com o sistema de controle dos bens fundiários em Larsa, que é definido no quadro das relações de filiação: a transmissão do patrimônio entre as gerações dava prioridade à filiação como instrumento de preservação da unidade territorial do grupo, em detrimento da migração dos imóveis em função da aliança de casamento. O resultado das estratégias de herança era, então, a formação de um grupo de consangüíneos que partilhavam o controle sobre o patrimônio imobiliário da família, concentrando-o nas mãos dos filhos e evitando que se dispersasse com o casamento das filhas. Estas, por sua vez, eram preferencialmente dotadas com bens móveis, prata, escravos, gado etc. A conseqüência é o que acabamos de constatar: nas situações de alienação do patrimônio imobiliário, os que detêm o poder de decisão são, sobretudo, os consangüíneos. No interior desta categoria, o primeiro lugar ocupado pelos grupos de irmãos deriva, sem dúvida, da negociação de imóveis recebidos em herança e cuja venda se apresentava como uma solução mais adequada e atraente do que uma partilha real do terreno ou da casa.

Existe um outro elemento importante que deve ser explicado: a presença de mulheres entre os vendedores. Uma vez mais, a diferença com a composição dos grupos de compradores é sugestiva. Entre estes últimos, as mulheres eram praticamente ausentes: nos dois únicos casos atestados, as mulheres compram imóveis em companhia de um homem: Hunabatum, com seu marido Amurrum-shêmi (Limet,1, 2 e 8), e Shât-Sîn, com seu filho Nabi-ilishu (YOS,5,144). Considerando que Hunabatum aparece como compradora em três ocasiões e que Shât-Sîn comprou uma única vez, a participação feminina reduz-se a somente 2,35% das operações. Em contrapartida, as mulheres participam em 18,88% das transações imobiliárias[473]. Se considerarmos somente as vendas por grupos, elas estão presentes em 18 dos 44 casos (40,9%). Como explicar este contraste?

Um primeiro fator está ligado ao fato de que a diferença de posição entre vendedores e compradores repercute na redação do contrato imobiliário. Um comprador, mesmo agindo em nome de seu grupo familiar, não sente necessidade de mandar incluir no documento os nomes de seus parentes: o bem adquirido pertencia à família e os mecanismos de devolução garantiriam a sua transmissão no interior do grupo (assim, no momento da partilha, os herdeiros seriam nomeados no contrato de herança). Ao contrário, a enumeração exaustiva de todos os nomes dos membros de um grupo de vendedores era desejável, a fim de se evitarem reclamações futuras por parte dos detentores de direito. Isto, sem dúvida, incitou a inscrição nos contratos dos nomes das mulheres das famílias de vendedores[474]. Esta atitude era, no entanto, o resultado de configurações familiares particulares: em geral, nas condições consideradas como normais – quer dizer, de controle masculino sobre o patrimônio imobiliário –, a menção somente do homem titular de direito era suficiente para legitimar o ato de alienação. Nos demais casos, em que as mulheres eram citadas, é possível supor a existência de situações mais ou menos alternativas, nas quais a regra do predomínio masculino cedia lugar a várias práticas que integravam a mulher no controle dos bens fundiários. Nós podemos tentar isolar algumas destas situações.

A primeira era a viuvez[475]. Em Larsa, o nascimento de um filho contribuía para reforçar a posição da mulher em relação ao patrimônio do casal, pois sua descendência tornava-se herdeira legítima e prioritária dos bens, em detrimento da linhagem do marido. Se a mulher não era considerada como a titular do direito sobre o patrimônio fundiário, ela era contemplada pelo usufruto dos bens que, no futuro, deveriam ser repassados aos filhos. Assim, a presença de filhos no casamento poderia garantir às mulheres um papel no controle de bens imóveis difícil de imaginar de outro modo. Na prática, entretanto, vários motivos podiam incitar, ou mesmo obrigar, a uma alienação da casa ou dos terrenos antes que os filhos tomassem plena posse da herança. Neste caso, mãe e filho(s) – pois as filhas jamais aparecem em tal situação – deviam entrar em acordo para fazer a venda. Foi, provavelmente, o caso dos quatro contratos em que mãe e filho são registrados como vendedores. Um outro exemplo mostra que a ausência do marido permite à mulher aceder a uma posição excepcional de controle e, por conseqüência, de disposição dos bens fundiários, ao mesmo tempo que mostra os limites do seu poder: um dos terrenos adquiridos por Iddin-Amurrum, grande comprador de terras de Larsa, foi vendido por uma mulher chamada Nihdushim, mas o contrato precisa que se tratava de um bem que pertencia a seu marido, Sîn-gaia, provavelmente morto (TCL,10,89). Ora, neste caso, nenhum filho do casal está presente e parece que é justamente por isso que um homem da parentela (certamente, o irmão da esposa) intervém como intermediário da operação[476].

A viuvez pode, igualmente, estar na origem de situações em que as mulheres vendiam os bens provenientes da herança de seus maridos[477]. É possível que a ausência de potenciais herdeiros na linhagem do marido (pais, irmãos, sobrinhos etc.) acabasse por beneficiar a mulher, mesmo se o casal não tivesse tido filhos. Pode-se dizer, portanto, que a mulher se beneficiava das lacunas na linha de devolução e era uma herdeira secundária dos bens fundiários, fossem eles da sua própria família, fossem da família de seu marido.

Por sua vez, as vendas realizadas pelos grupos com ou sem filhos (cinco e três casos, respectivamente) podem corresponder a situações diferentes, mas há grande probabilidade de que estejam ligadas à posição da mulher no processo de devolução de seu próprio grupo de parentela. Em uma primeira hipótese, os imóveis do casal podem ter sido comprados, ao menos em parte, com o dote (não-imobiliário) da esposa; em uma segunda possibilidade, o patrimônio do casal pode ter sido formado por terrenos recebidos pela mulher, cuja família carecia de herdeiros do sexo masculino. Em ambos os casos, a posição excepcional da mulher no controle dos imóveis justificaria sua menção explícita no contrato como vendedora ao lado do marido e dos filhos. Em particular, no caso de ausência de filhos, o procedimento serviria para prevenir reivindicações dos membros da linhagem da mulher, sobretudo os colaterais (irmãos) e seus descendentes (sobrinhos).

Uma última possibilidade, que também poderia explicar parcialmente o desequilíbrio da composição sexual entre os grupos de compradores e vendedores, é a de certos terrenos que podem ter sido adquiridos por homens e que, em caso de morte ou de ausência destes, foram vendidos pelas mulheres. Esta hipótese não é, entretanto, atestada nos contratos de Larsa: em certos casos, uma mulher aparece como a única vendedora registrada, mas nem sempre se pode adivinhar o contexto que explica a situação ou a origem do imóvel alienado.

Outra questão importante no que diz respeito às vendas realizadas por grupos é a natureza do terreno negociado. Os dados disponíveis mostram que os fatores que conduzem à cessão imobiliária pelos grupos atingem de modo eqüitativo o patrimônio urbano e rural: em 44 casos, 21 correspondem à alienação de terrenos urbanos (casas, pequenos terrenos vazios, imóveis em ruínas) e 21 referem-se à venda de terrenos rurais (pomares, grandes terrenos incultos, campos):

Gráfico 9: Tipologia dos terrenos alienados pelos grupos de vendedores

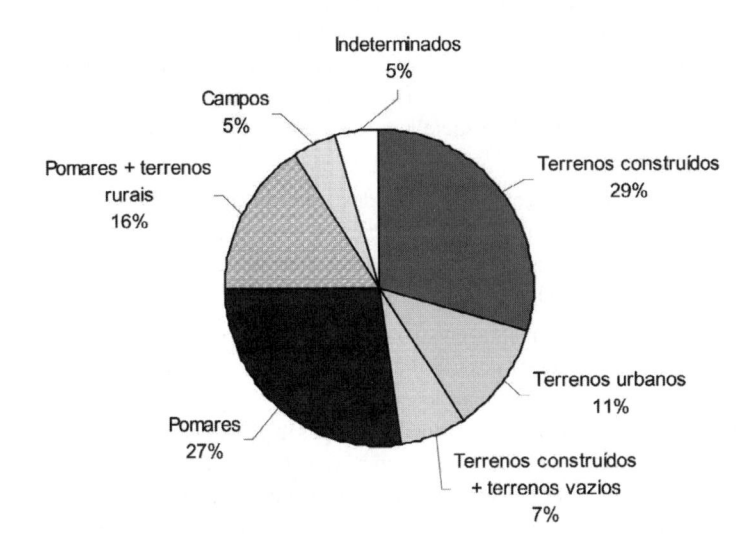

- Indeterminados 5%
- Campos 5%
- Pomares + terrenos rurais 16%
- Pomares 27%
- Terrenos construídos + terrenos vazios 7%
- Terrenos urbanos 11%
- Terrenos construídos 29%

Para os grupos de vendedores, e particularmente para as famílias, a cessão imobiliária representou, portanto, a perda ou diminuição do espaço residencial, mas igualmente do espaço produtivo[478]. Parece, por outro lado, que a presença das mulheres no interior de grupos de vendedores modificava consideravelmente o quadro: a proporção de terrenos urbanos vendidos pelos grupos sexualmente mistos era mais importante do que a de terrenos rurais (ver Quadro 19 abaixo). Isto poderia ser interpretado como uma tendência mais pronunciada das mulheres em alienar os bens urbanos. No entanto, a meu ver, uma outra explicação é possível: tal situação reflete, mais provavelmente, o fato de que, nos grupos da elite urbana de Larsa representados pelas fontes, a presença do controle feminino era maior no espaço doméstico, citadino e mais voltado para a família, enquanto que o domínio rural e exterior da produção permanecia sob controle predominantemente masculino. Por decorrência, é natural que as mulheres fossem mais presentes nas negociações de terrenos urbanos.

Quadro 19: Tipologia dos terrenos alienados pelos grupos sexualmente mistos

Tipo de terreno	Ocorrências
Terrenos urbanos	11
Terrenos rurais	6
Indeterminado	1
Total	**18**

A presença, nos contratos, de vários vendedores não deve ser absolutamente considerada uma formalidade. Em primeiro lugar, ela manifesta um acordo coletivo para a alienação do bem e testemunha uma forma de solidariedade na tomada de decisão sobre o destino do patrimônio familiar. Em segundo lugar, ela visa a extrair o bem fundiário da rede de relações na qual ele está incrustado: o acordo de irmãos, esposas ou filhos funcionava como um mecanismo de legitimação da transferência que deveria reduzir ou eliminar, ao menos potencialmente, futuras reivindicações fundadas sobre direitos familiares, embora saibamos que tais precauções não evitavam totalmente as contestações[479].

Para se ter uma visão mais ampla do papel dos vendedores, pode-se tentar, igualmente, identificar suas práticas de disposição mais constantes. Seria possível, na miríade de formas singulares de alienação de terrenos, delimitar algumas tendências que permitam estabelecer comportamentos que correspondam, em maior ou menor grau, a padrões de alienação?

Logo de início, notaremos um antagonismo no processo de compra e venda de terrenos em Larsa: enquanto uma das estratégias dos compradores é a de avançar sobre os territórios de seus vizinhos, visando acumular cada vez mais lotes contíguos, o comportamento dos vendedores é marcado por uma forte resistência a dispor totalmente de seu patrimônio fundiário. As negociações podem, assim, durar décadas e atravessar gerações. Um vendedor como Ribam-ilî, filho de Hunubum, alienou seus terrenos paulatinamente, em pequenas parcelas e com uma grande distância temporal entre cada operação: a primeira vez, no ano 2 do reinado de Sîn-iqîsham, e a segunda, no ano 10 de Warad-Sîn, sempre para o mesmo comprador, Eshtar-Ilî, da família Sanum (TCL,10,129 e TCL,10,8, respectivamente). Entrementes, no ano 6 de Warad-Sîn, ele vendeu uma parcela de seus domínios a Ur-Kêsh (TCL,10,15, de _/II/WS 6), mas, três anos mais tarde, também este terreno terminou sob controle da família Sanum (TCL,10,6, de _/XI/WS 9). O mesmo comportamento foi adotado por um outro vendedor, Sîn-ishmeanni, filho de Sîn-abî, quando o mesmo Eshtar-ilî tentou ampliar ainda mais o domínio familiar: entre suas duas vendas, passaram-se cinco anos (TCL,10,7, de _/XII/WS 10 e TCL,10,22 de _/IX/RS 2). Finalmente, um terceiro vendedor, Sîn-bêl-ilî, cedeu um terreno na mesma região para Eshtar-ilî, mas guardou uma parcela deste pelo menos por três anos após a primeira venda (TCL,10,11, de _/VI/WS 12)[480].

Iddin-Nanaya, filho de Sîn-shêmi e único membro da família Sanum a vender habitualmente terrenos, procedeu da mesma maneira quando, a partir do ano 8 de Rîm-Sîn, começou a alienar o seu patrimônio imobiliário, certamente recebido como herança: os dois terrenos urbanos que ele vendeu a seu primo Iddin-Amurrum foram transferidos com mais de um ano de intervalo (TCL,10,29 e TCL,10,36)[481].

Esta resistência a vender os terrenos pode ter razões políticas e simbólicas que, infelizmente, não chegamos a entender completamente. A associação feita por Nely Kozyreva entre a posse de terrenos na cidade, o fato de pertencer à comunidade e o gozo de direitos dela decorrente sugere que conservar a propriedade urbana era uma condição indispensável para garantir o laço "cívico"[482]. Por outro lado, pode ter havido também a interferência de fatores religiosos que contribuíam para atrelar os habitantes a suas casas: a presença das tumbas dos ancestrais no subsolo e de capelas de culto familiar, em particular, pode ter sido considerada como um fator inibidor da alienação do imóvel, mesmo se isto nem sempre impediu as vendas[483].

A venda parcial do imóvel também era praticada na zona rural. Para se dar um exemplo envolvendo o já citado Iddin-Nanaya, a venda de seus pomares às margens do canal Ishmellum foi feita em duas vezes: uma primeira parcela foi vendida a um certo Ubar-Shamash (TCL,10,32, de _/III/RS 9), e a outra, a seu primo Iddin-Amurrum (TCL,10,33, de _/IV/RS 9). A distância entre as duas operações foi de apenas um mês e é possível que, neste caso, a divisão do terreno em dois lotes seja o resultado de uma busca de condições mais vantajosas de venda, finalmente encontradas junto a vendedores diferentes.

A fragmentação dos lotes para venda era um fenômeno bastante comum. No entanto, em virtude dos limites dos dados cadastrais disponíveis, nem sempre é possível identificar as situações em que uma venda corresponde apenas a uma parcela do terreno original. Nos casos mais explícitos, os contratos registram que o vendedor continuava sendo, após a venda, um dos vizinhos do terreno; isto ocorre em dez casos (ou seja, 7,87% dos contratos em que a vizinhança é explicitada)[484]. Aqui está a lista de ocorrências:

Quadro 20: Terrenos fracionados para a venda

N°	Documento	Data	Tipo de terreno
1	Limet,6	_/VI/RS 48	Rural
2	RA,12: 201	15/V/RS 36	Rural
3	TCL,10,6	_/XI/WS 9	Urbano
4	TCL,10,89	22/XI/RS 36	Rural
5	VS,13,79	_/XI/RS 38	Rural
6	VS,13,87	15/IX/RS 49	Rural
7	VS,13,88	26/III/RS 49	Rural
8	YOS,8,68	18/III/RS 14	Urbano
9	YOS,8,124	18/IX/RS 38	Urbano
10	YOS,8,128	_/_/RS 31	Urbano

Em 60% dos casos acima, os terrenos fracionados para a venda eram rurais; isto pode indicar que a resistência a alienar totalmente o patrimônio seria mais forte quando se tratava dos meios de produção do que do espaço habitacional. Notar-se-á, igualmente, que o fenômeno da fragmentação dos terrenos rurais concentra-se entre os anos 30 e 40 do reinado de Rîm-Sîn, justamente quando a venda deste tipo de imóvel aumenta em relação à de imóveis urbanos: parece, então, que houve, neste período, uma intensificação das condições que constrangeram certas famílias a alienar seus bens fundiários, acompanhada, em contrapartida, por uma reação à perda completa da capacidade produtiva do grupo: a fragmentação para a venda pode ter sido, assim, um mecanismo de defesa que permitia ao grupo salvaguardar uma fração mínima para a sua subsistência. A presença, entre estes terrenos fragmentados, de campos de cultivo de cereais (a-shà) – que são, no entanto, muito raros entre os imóveis vendidos – não seria, portanto, uma coincidência.

Uma outra série de dados parece confirmar esta tendência mais acentuada da fragmentação no meio rural: apesar de algumas oscilações, a superfície média de terrenos incultos e de pomares alienados diminuiu com o tempo (ver gráfico abaixo). Ela era de 78,8 sar durante o reinado de Warad-Sîn, mas aumentou consideravelmente durante a primeira década do reinado de Rîm-Sîn (265,3 sar); porém, depois, ela caiu a menos da metade entre os anos 11 e 20 de Rîm-Sîn (100,2 sar); uma recuperação momentânea é verificada na década seguinte (167,5 sar), mas as dimensões entram novamente em ritmo decrescente após a metade do reinado (os dados, porém, são inexistentes entre os anos 50 e 60 de Rîm-Sîn). Por oposição, a superfície média dos lotes urbanos negociados (casas e terrenos vazios) mostra um comportamento inverso: ela é crescente desde o reinado de Warad-Sîn até a segunda década de Rîm-Sîn. Os valores relativos aos anos 31-40 de Rîm-Sîn corroboram a tendência de aumento da superfície, mas nenhuma informação é disponível para os anos 21-30 e uma única ocorrência é preservada para a última década deste soberano.

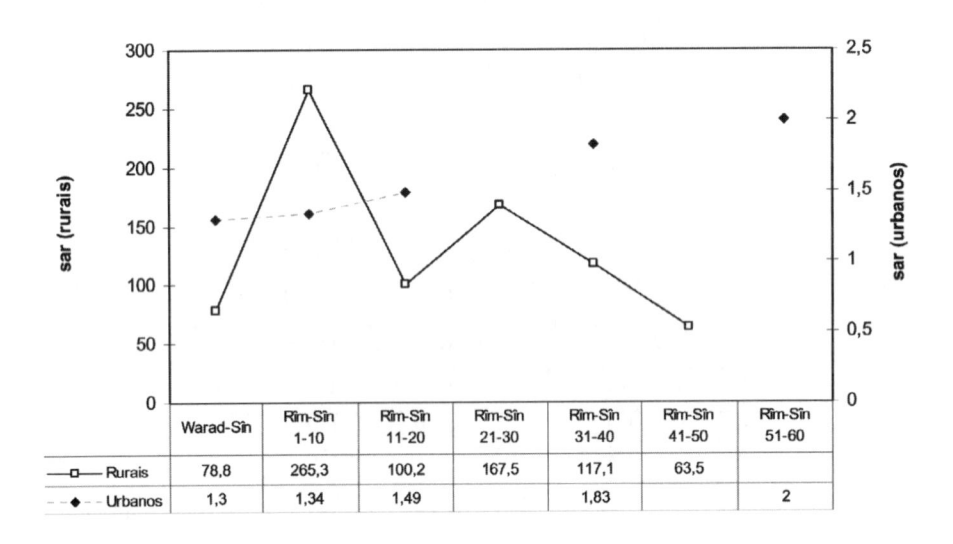

Gráfico 10: Dimensões dos terrenos vendidos – superfície média

	Warad-Sîn	Rîm-Sîn 1-10	Rîm-Sîn 11-20	Rîm-Sîn 21-30	Rîm-Sîn 31-40	Rîm-Sîn 41-50	Rîm-Sîn 51-60
Rurais	78,8	265,3	100,2	167,5	117,1	63,5	
Urbanos	1,3	1,34	1,49		1,83		2

Um outro modo de identificar as alienações graduais do patrimônio é verificar a recorrência de um mesmo vendedor em duas ou mais operações ao longo do tempo. O procedimento é metodologicamente dificultado pela presença de homônimos: nem sempre é possível saber, com certeza, se, por trás de um mesmo nome, temos o mesmo personagem[485]. Dentre os vendedores que aparecem nos 143 contratos de Larsa, há 18 nomes que se repetem mais de uma vez. Em dez destes casos, os dados não permitem distinguir entre os homônimos ou afirmar que se trata de um mesmo vendedor que alienou seu patrimônio imobiliário em parcelas. Ao menos em um caso, a homonímia é certa. Assim, para a atestação de um mesmo vendedor atuando mais de uma vez, restam seis casos seguros e um outro bastante provável. Este total de sete casos corresponde a apenas 3,55% dos vendedores conhecidos: uma taxa manifestamente baixa, que dificilmente permitiria sustentar a idéia de que existiu, em Larsa, uma camada de agentes imobiliários que teria feito do comércio de terrenos uma atividade constante e sistemática de sua vida econômica. Por outro lado, se compararmos as situações em que um mesmo vendedor aparece repetidamente com aquelas em que os terrenos são fracionados para a venda (Quadro 20), notaremos algumas coincidências esperadas: dos dez terrenos, quatro foram vendidos de modo parcelado por vendedores que atuaram mais de uma vez. Isto sugere que a venda fragmentada está associada a uma reincidência de certos proprietários obrigados a alienar os bens fundiários e que a participação repetida no circuito imobiliário como vendedor não impediu uma resistência a dispor do imóvel.

Um último aspecto do comportamento dos vendedores está ligado à quantidade de terrenos alienados e sua relação com o montante de prata obtido pela transferência. É impossível saber, em cada ocorrência, se uma necessidade circunstancial de prata impeliu à venda do patrimônio imobiliário e, neste caso, se a quantidade de prata a ser obtida foi o critério que determinava os limites das superfícies que o vendedor estaria disposto a alienar. Nos casos de endividamento, por exemplo, pode-se pensar que o vendedor tenderia a reduzir a venda de imóveis ao mínimo necessário para pagar suas dívidas, evitando, assim, a perda completa de seu terreno. Witold Kula (1974) chamou a atenção para um fenômeno corrente nas sociedades pré-capitalistas: entre os camponeses, verifica-se um comportamento bastante diferente daquele que caracteriza os proprietários fundiários modernos; estes últimos são levados a dispor de uma quantidade mais importante de terrenos durante a alta de preços, pois a terra funciona como um investimento intermediário em um mercado em que o objetivo último é o aumento do capital. A preocupação primordial da população camponesa pré-capitalista era, ao contrário, conservar sua base produtiva: assim, face a um aumento de preço das terras, ela tende a satisfazer sua necessidade momentânea de recursos metálicos com a alienação de uma proporção menor da propriedade. O resultado global é que o montante das superfícies alienadas é inversamente proporcional ao nível de preço que pode ser alcançado com a venda. Em um comentário a esta passagem, Robert McC. Adams (1984: 96) apontou, apropriadamente, a dificuldade para verificar tal hipótese na realidade mesopotâmica, dado o silêncio do mundo rural nas fontes escritas disponíveis. Nós podemos, entretanto, tentar avaliar a reação dos vendedores de Larsa diante das variações do valor em prata dos terrenos negociados.

O movimento geral confirma a hipótese de W. Kula, e não há, neste aspecto, diferenças notáveis entre a alienação de terrenos urbanos e rurais. Evidentemente a superfície dos terrenos vendidos variou consideravelmente, mas é possível constatar que tal variação era bastante sensível à relação prata/superfície: maior a quantidade de prata que se podia obter por cada sar vendido, menor era a dimensão dos terrenos negociados. Os vendedores limitaram a disposição em função de uma alta efetiva, como mostram os gráficos a seguir, nos quais as tendências são dadas separadamente em relação aos terrenos urbanos e rurais:

Gráfico 11: Relação entre superfície vendida e valor pago – terrenos urbanos

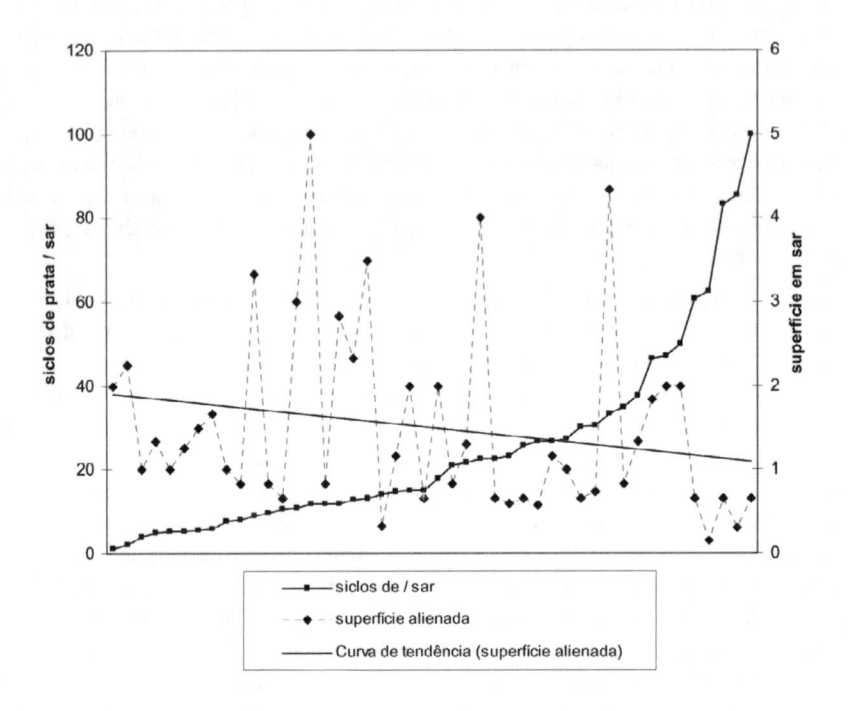

- siclos de / sar
- superfície alienada
- Curva de tendência (superfície alienada)

Gráfico 12: Relação entre superfície vendida e valor pago – terrenos rurais

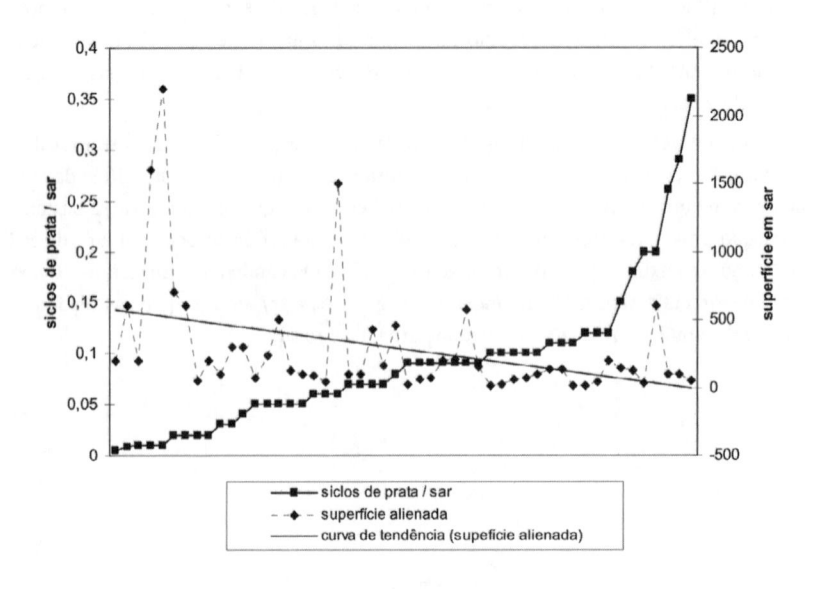

- siclos de prata / sar
- superfície alienada
- curva de tendência (supefície alienada)

Se isolarmos os terrenos em função de seu tipo, notaremos uma única exceção importante. Para as vendas de pomares, o aumento do montante de prata não parece ter implicado uma mudança significativa do comportamento dos vendedores: estes não venderam mais para aproveitar a alta de preço, mas tampouco reduziram a superfície negociada. Como se vê no gráfico abaixo, a curva de tendência da variação das superfícies alienadas mantém-se praticamente inalterada, apesar das variações de valor:

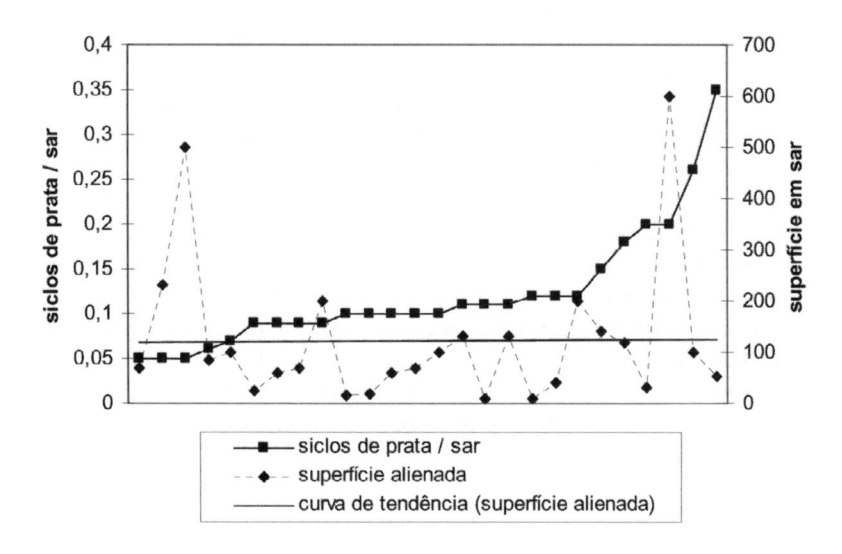

Gráfico 13: Relação entre superfície vendida e valor pago – pomares

Como explicar esta diferença no comportamento de alienação? Parece que o fator decisivo está ligado ao processo de formação do preço. Os valores dos terrenos produtivos da zona rural são mais sensíveis a razões econômicas do que os terrenos urbanos e, portanto, seu perfil de variação flutua em função de fatores relativamente estáveis, determinados mais racionalmente. Neste quadro, a margem de manobra dos vendedores de pomares era menor, pois as variações de preço não lhes permitiam limitar consideravelmente as superfícies vendidas em função de eventuais altas. Em contrapartida, um processo de formação de preço menos fundado sobre a racionalidade econômica e no qual as variações eram não somente mais acentuadas como também mais aleatórias, como é o caso dos terrenos urbanos e casas, oferecia uma possibilidade de negociação que poderia beneficiar o vendedor. No caso de Larsa, compatível com a lógica pré-capitalista, o benefício não significou um lucro mais elevado, mas, sim, a possibilidade de vender uma parcela menor do imóvel. O caso dos pomares aparece, então, como uma exceção que confirma a regra geral do comportamento de alienação, que tendia a ser conservador. Mas é preciso enfatizar que, mesmo no caso dos pomares, não se verifica um aumento oportunístico em função da alta dos valores: o que predominou foi a invariância. Estamos, aqui, nos antípodas de um sistema de mercado em que os preços se impõem como medida universal e orientam o comportamento dos agentes econômicos. No sistema predominante em Larsa, a formação do valor certamente sinalizava aos vendedores as condições de realização da venda, mas a incorporação destes sinais era condicionada por outros princípios de racionalidade, em particular a preservação do patrimônio do grupo doméstico, que se traduzia através de um mecanismo de resistência à alienação.

Assim, do ponto de vista do funcionamento do sistema econômico, a moral doméstica – o conjunto de valores tradicionais que orientavam as práticas da unidade doméstica como grupo – era um fator de desestímulo à expansão da base produtiva, ao menos no sentido da economia clássica[486]: uma ampliação da demanda, tendo como manifestação mais imediata a alta dos preços, não garantia uma resposta equivalente no nível das ofertas de terras disponíveis no mercado. Os efeitos observados eram até mesmo inversos, pois a moral doméstica reagia às flutuações do valor a partir de um dispositivo mental particular, para o qual a conservação do patrimônio era prioritária. A simples indicação dos compradores de uma vontade de aquisição a preço majorado não era suficiente para assegurar as condições de negociação. Certamente, ao menos em muitos casos, as necessidades materiais impuseram a alienação do patrimônio familiar. No entanto, para compreender corretamente o comportamento de disposição, é preciso integrá-lo em um quadro mais amplo de valores e práticas costumeiras que insistiam sobre os efeitos nocivos da venda, que encorajavam a evitá-la e que, nos casos em que ela se tornava inevitável, prescreviam uma alienação tão parcial quanto possível. O resultado foi, enfim, um mercado de bens imóveis em que os estímulos da alta de preço não geravam forçosamente uma maior oferta dos bens em circulação. Em geral, foi o contrário que ocorreu. A descoberta destes movimentos, por vezes inesperados face à nossa sensibilidade econômica moderna, obriga a reconsiderar certas idéias persistentes nas interpretações sobre a vida material da Baixa Mesopotâmia do início do segundo milênio.

Conclusão – Parte II

As transações imobiliárias e a economia política de Larsa

É sempre difícil passar do nível da ação material dos grupos domésticos àquele das tendências mais gerais da vida econômica, assim como também é tarefa delicada estabelecer as conexões entre o fenômeno da apropriação imobiliária e os movimentos políticos, seja no interior da cidade, seja no cenário regional mais amplo da época.

A análise feita aqui permite, porém, sugerir algumas generalizações e examinar certas idéias anteriores e, por vezes, muito sedimentadas acerca da relação entre a circulação dos terrenos em Larsa e os eventos políticos e econômicos que marcaram os reinados dos irmãos Warad-Sîn e Rîm-Sîn e a troca de poder com a conquista babilônica. Duas questões merecem ser consideradas atentamente.

A primeira diz respeito à suposta alteração do curso da história de Larsa após a conquista de Isin.

Após o colapso da terceira dinastia de Ur, em 2004 a.C., o vazio político foi preenchido por algumas potências regionais, muitas das quais governadas por dinastias amorritas, como Babilônia, Larsa, Eshnunna e, mais ao norte, Mari. Em um primeiro momento, antes da ascensão babilônica, a cena política foi polarizada pelos reinos de Larsa e Isin. Foi Ishbi-Irra (2017-

1985), fundador da dinastia de Isin, que se apresentou como o herdeiro da terceira dinastia de Ur, e que procurou conservar parte de sua estrutura administrativa e beneficiar-se com seus tradicionais mecanismos simbólicos de legitimação do poder real. Foi Isin, com efeito, que controlou Nippur, o prestigioso centro religioso votado a Enlil, que conferia a chancela divina aos soberanos sumérios. As constantes disputas entre Larsa e Isin, sobretudo pelo controle de Nippur e de Ur, marcaram o período, até que, por fim, Rîm-Sîn abateu sua rival em 1794[487]. Este evento, situado na metade de seu longo reinado de 60 anos, serviu de referência aos historiadores modernos, que repartem o período de governo em duas etapas de 30 anos cada. A adoção de um novo sistema de datação pelo próprio Rîm-Sîn, tendo como base a vitória sobre Isin, contribuiu para reforçar esta periodização.

Quais são as relações entre esses eventos políticos e a vida econômica da cidade e, em particular, com a trajetória dos grupos domésticos que aparecem nas negociações de imóveis?

Para W. F. Leemans (1950: 113 ss.), a evolução econômica de Larsa teria mudado consideravelmente com a tomada de Isin. Em sua visão, a primeira metade do reinado de Rîm-Sîn fora marcada por um forte desenvolvimento do setor privado, sobretudo da atividade comercial dos mercadores que agiam independentemente do palácio, enquanto que os negócios palacianos seriam controlados por agentes de um outro tipo, o *wakil tamkârî*. Para Leemans, o movimento de transferência imobiliária fazia parte desta tendência de reforço da economia mercantil privada, em detrimento da economia do Estado. Personagens como Iddin-Amurrum, da família Sanum, e Balmunamhe representariam uma elite que consolidou sua posição econômica e social durante essas primeiras três décadas do reinado de Rîm-Sîn. Mais tarde, a conquista de Isin teria permitido, sempre segundo Leemans, um reforço do poder real no plano regional e conferido os meios de reagir a esta situação interna: do ponto de vista econômico, as reformas reais, a partir do ano 30, teriam como objetivo consolidar a posição econômica do palácio e limitar a importância dos homens de negócios privados. Teria sido por isso que, durante a segunda metade do reinado de Rîm-Sîn, o número de mercadores caiu, seus representantes mais proeminentes desapareceram da documentação e cederam lugar a outros personagens que Leemans não considera mercadores, como Ubar-Shamash. Paralelamente, doravante, os negócios comerciais são controlados por negociantes ligados ao palácio, como Mannia e Sîn-rama, e a multiplicação da documentação administrativa sugeriria a ampliação do papel econômico do palácio. Por fim, em conseqüência da nova situação, as transações imobiliárias teriam diminuído drasticamente.

A idéia de uma relação entre a consolidação do poder de Rîm-Sîn e suas reformas foi aceita pela maioria dos especialistas. Entretanto, em uma reavaliação da história do período, M. Van De Mieroop (1993: 48 e 55 ss.) sugeriu que as mudanças internas promovidas pelo rei teriam suas raízes, ao contrário, em uma posição de debilidade, resultado do esgotamento da expansão de Larsa após a conquista de Isin e, ao mesmo tempo, da crescente pressão exercida pela Babilônia, cujo rei, Hammu-rabi, avançava em direção ao sul. Como conseqüência, encontramos a repetição tautológica da última grande conquista de Rîm-Sîn nas fórmulas de datação dos trinta anos que se seguem e constatamos o quase desaparecimento das menções a grandes trabalhos nas inscrições régias[488]. Em particular, Van De Mieroop não segue a tese de Leemans sobre o quase desaparecimento dos empreendedores privados, argumentando que, em Larsa, os personagens em evidência durante a primeira metade do reinado foram substituídos por outros, alguns dos quais agindo em estreita ligação com o palácio. De fato, na visão de Van De Mieroop, é necessário distinguir entre a situação na capital do reino e o restante da região controlada por Rîm-

Sîn: assim, as profundas alterações – nas esferas política e econômica, mas também religiosa – representariam uma estratégia de recuo do palácio larseano para seu centro administrativo, em detrimento da periferia, onde a situação lhe escapava rapidamente ao controle.

Diante dessas opiniões contraditórias, quais são as contribuições que podemos dar?

A análise de Leemans sobre os eventos da metade do reinado de Rîm-Sîn baseava-se, nota-se facilmente, em uma visão dicotômica da economia mesopotâmica: para ele, a expansão do setor privado só podia ocorrer em detrimento da economia palaciana; em sentido inverso, o reforço da posição do Estado na vida material implicava necessariamente um avanço sobre os domínios privados e um enfraquecimento de seus agentes. Trata-se, poderíamos dizer, de uma 'teoria da gangorra'. Esta oposição não parece, porém, confirmada pelo estudo das transações imobiliárias: a camada social favorecida pelas compras de imóveis consolidou-se paralelamente à expansão do poder político de Larsa e, em grande parte, participava das atividades econômicas do palácio, também beneficiando-se dela privadamente. É o caso da elite de compradores que agia, em gruas variados, em associação com o esforço econômico do soberano. Há, assim, uma profunda solidariedade entre os dois setores. Por conseqüência, parece-me que o declínio da atividade imobiliária em Larsa deve ser relacionado mais a uma retração da expansão política e econômica do reino, o que reduzia drasticamente as oportunidades de negócios para a elite vinculada ao palácio, do que a uma crise do setor doméstico em virtude de uma intervenção do rei.

Por outro lado, os dados apresentados aqui sugerem uma alteração da cronologia aceita destes eventos, deslocando em uma década inteira as mudanças na economia política de Larsa. Apesar das diferenças sensíveis em suas interpretações, Leemans e Van De Mieroop estão de acordo em situar o momento decisivo imediatamente após a conquista de Isin. Entretanto, se observarmos o movimento de transferências imobiliárias durante os dez anos que se seguiram à vitória de Larsa, constataremos uma curva ascendente do número de imóveis negociados:

Gráfico 14: Transferências imobiliárias – RS 20 a RS 40

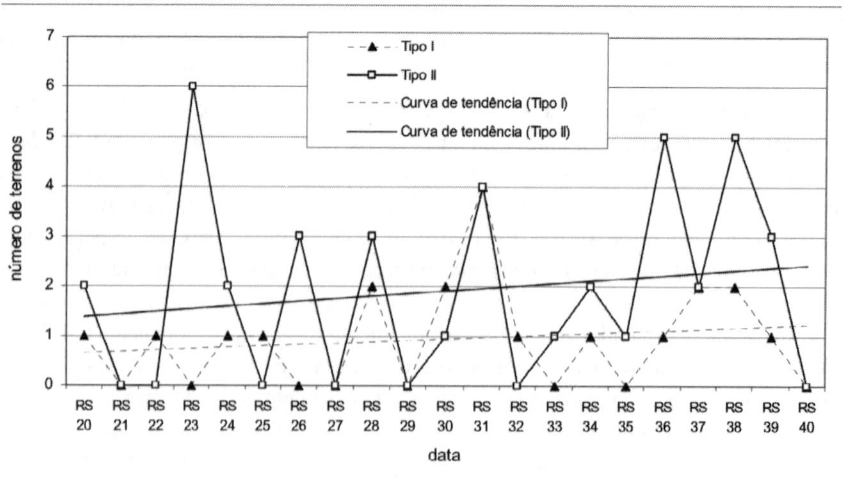

Logo após a conquista, houve mesmo um aumento acentuado da quantidade de imóveis transferidos, seguido de uma queda particularmente aguda; os anos seguintes assistiram, porém, a uma retomada e a curva de tendência instala-se em um nível superior àquele do decênio anterior, entre RS 20 e RS 30. Este aumento é válido tanto para os imóveis urbanos quanto para os rurais. A verdadeira queda só ocorreu no ano RS 40 e, desta vez, sem retorno. É interessante notar que os imóveis urbanos quase desaparecem das transações (nenhum deles é negociado entre RS 40 e RS 50), o que pode ser um resultado do desmoronamento da capacidade de investimento da elite urbana. Por outro lado, se os terrenos rurais ainda aparecem nos registros após RS 40, embora de modo muito episódico, isto se deve ao fato de que os recursos, agora escassos, são destinados preferencialmente às terras produtivas[489]. Assim, parece que a teoria do enfraquecimento do poder de Rîm-Sîn deva ser apoiada, mas sob condição de um ajuste cronológico: a década imediatamente posterior à tomada de Isin permitiu um reforço temporário da posição do rei e, ao contrário do que pensou Leemans, proporcionou benefícios à elite urbana que, por sua vez, aumentou sua participação nos negócios imobiliários. Na história da monarquia local, foi um último alento: a situação não iria durar. A ascensão de Hammu-rabi ao trono da Babilônia, pouco após a conquista de Isin por Larsa, tornar-se-á, em breve, um motivo de inquietação: com efeito, seis anos depois, Hammu-rabi tomou a própria Isin e também Uruk. Mesmo que a conquista babilônica tenha sido efêmera, ela era suficiente para mostrar que, doravante, Larsa não seria a única a reinar no cenário meridional. Aliás, nem mesmo ao norte: Hammu-rabi, durante o seu nono ano de governo (correspondente a RS 39), destruiu Malgium, aproximando-se do Yamutbal e da capital setentrional do reino de Larsa, a cidade de Mashkan-shapir. A situação regional após RS 40 torna-se mais e mais difícil para os antigos reinos do sul, apesar das alianças de circunstância com a Babilônia, o que, no caso de Larsa, impõe um refluxo da economia, seja palaciana, seja dos grupos domésticos: a elite que se havia beneficiado da adesão ao palácio durante o reinado de Warad-Sîn e os primeiros quarenta anos do reino de Rîm-Sîn não consegue desvincular seu destino da decadência que prenuncia a conquista final pela Babilônia[490]. Nem sempre isto significou a ruína: nós vimos que, para alguns, como Ibni-Amurrum da família Sanum e os descendentes de Balmunamhe, a anexação apresentou novas oportunidades econômicas e a possibilidade de conservar seu *status* social.

A segunda questão relaciona-se, justamente, à situação desses grupos domésticos após a derrota de Larsa. As numerosas cartas enviadas pelos reis da Babilônia aos funcionários em posto na província do sul, assim como a troca de correspondência entre os servidores, informam sobre vários aspectos da vida econômica, mas limitam-se, na maior parte dos casos, ao domínio palaciano. A vida material dos grupos domésticos permanece bastante obscura.

Como já afirmamos, muitos indícios apontam para uma ação deliberada de Hammu-rabi no sentido de conservar as estruturas existentes, tanto no nível econômico quanto no nível político. Entretanto, no que concerne às conseqüências da mudança de poder para a vida doméstica, alguns autores enfatizaram supostas rupturas, uma das quais se situaria, justamente, nas condições de apropriação do solo pelas famílias larseanas.

L. Matoush (1949: 145 s.) considerou que *"a terra que estava até então nas mãos dos particulares tornou-se propriedade do rei"* e sugeriu que a conquista engendrou um *"confisco geral dos imóveis"* ou, pelo menos (concede ele entre parêntese na seqüência), a interdição das alienações. Seu argumento central foi a pretensa ausência de documentos atestando a transferência de imóveis e as partilhas após a conquista[491]. Deve-se, sobretudo, ser prudente diante da tese do autor (1949: 152), segundo a qual as partilhas atestadas na família Sanum durante a época de ocupação babilônica seriam apenas uma exceção à regra, devida às boas relações do grupo com os novos governantes.

É interessante notar que, nos início dos estudos sobre Larsa, E. Cuq (1929: 151) defendia uma idéia totalmente oposta à de Matoush: *"A conquista do reino de Larsa não teve por resultado a atribuição ao rei da Babilônia da totalidade das terras da região anexada: a propriedade privada dos habitantes foi respeitada. Apenas as terras pertencentes ao rei vencido entraram para o domínio real de Hammu-rabi"*. Por sua vez, I. M. Diakonoff (1971: 18, n. 13, seguido por J. Klíma, 1983: 125, n. 54) considerou pouco provável que Hammu-rabi tenha promovido uma expropriação extensiva das terras não-palacianas, preferindo acreditar na imposição de limites à alienação de imóveis. Mais recentemente, D. Charpin (1980a: 189), opondo-se igualmente a Matoush, defendeu a idéia de uma preservação da capacidade de transmissão dos bens imobiliários pelas famílias da vizinha Kutalla, admitindo a existência de "restrições à venda". A oposição à idéia de um confisco brutal dos bens privados já estava presente em Leemans (1950: 117), mas, para este autor, as medidas de restrição do comércio fundiário já fariam parte da reforma de Rîm-Sîn, trinta anos antes da chegada dos babilônios. Por outro lado, embora os arquivos epistolares do palácio sejam pouco sensíveis à circulação doméstica, algumas situações registradas pelas cartas deixam entrever que a idéia e a prática da transferência de imóveis não estavam completamente ausentes após a conquista[492].

Uma resposta definitiva a esse problema é difícil, mas a análise feita aqui sugere algumas pistas de entendimento.

Desde logo, é preciso insistir sobre a distinção entre os diversos tipos de terrenos implicados: é pouco provável que a ação palaciana babilônica tenha sido homogênea. As divergências entre os especialistas não parecem ter considerado que os imóveis presentes nos contratos da época de independência de Larsa não são os mesmos que as terras que vemos na correspondência posterior de Hammu-rabi. Não se podem simplesmente comparar as duas situações sem levar em conta esta diferença, que não é apenas de ordem documental, mas da realidade das relações fundiárias. A base territorial representada nas cartas é composta pelos campos de cultura de grãos (a-shà) controlados pelo palácio e que se encontram, grosso modo, em três situações: cultivados pelo palácio através de arrendamentos tributáveis (sistema-*biltum*); distribuídos aos servidores, fazendo parte de sua remuneração (sistema-*ilkum*); ou à disposição do palácio, aguardando uma destinação. Evidentemente, este vasto domínio foi constituído graças ao confisco, pelo vencedor babilônico, de uma extensão considerável da terra agrícola de Larsa. O mais provável, porém, é que a maior parte proviesse dos antigos domínios já controlados pelo palácio na época de Rîm-Sîn. O palácio babilônico substituía, assim, o palácio de Larsa. Isto não exclui, entretanto, que uma outra parte, certamente mais modesta, tivesse origem nas terras das famílias de Larsa, seja nos campos pertencentes ancestralmente aos particulares, seja nas terras comunais ocupadas e exploradas pelos grupos domésticos. Terrenos vagos, abandonados durante as batalhas, também devem ter sido incorporados pelos babilônios. Não há, portanto, nenhuma necessidade de se pensar em um confisco das terras privadas para entender a ausência dos campos de cultivo familiares durante a época babilônica: já na época de Warad-Sîn e de Rîm-Sîn, este tipo de terra estava praticamente excluído da circulação doméstica, seja da transmissão em herança, seja das transações imobiliárias. A situação em relação a este tipo de terreno agrícola não deve ter mudado radicalmente com a conquista: no universo doméstico, eles continuaram sendo residuais, salvo como possessões comunitárias, cuja circulação era, justamente, limitada por interdições à alienação.

Permanece, no entanto, o fato de que as transações com outros tipos de terrenos – pomares e terrenos rurais, pequenos imóveis urbanos – tendem a desaparecer da documentação após a conquista. No entanto, este fenômeno já era uma característica das últimas décadas do reinado de Rîm-Sîn. É difícil saber se estamos diante de uma baixa contínua da circulação, atravessando as duas épocas, ou se cada uma das situações corresponde a razões diferentes. Para a época de domínio babilônico, a raridade dos contratos é de tal modo acentuada que eu prefiro me alinhar àqueles que sugeriram interdições formais à circulação imobiliária. Nem por isso houve confisco e as famílias puderam continuar a transmitir seus imóveis de geração em geração.

III – TENSÕES PATRIMONIAIS

CAPÍTULO 7

AS INTERVENÇÕES PALACIANAS E A APROPRIAÇÃO DOMÉSTICA

Durante o III milênio a.C., na região sul da Mesopotâmia, surgiram ou consolidaram-se diversos centros urbanos formados por uma população predominantemente suméria: Uruk, Eridu, Ur, Kish, Shuruppak, Lagash etc. Na paisagem destas aglomerações, destacava-se uma organização complexa cuja natureza nem sempre é fácil de estabelecer, uma vez que a delimitação (mas também simbiose) entre templos e palácios, que seria a marca dos dois milênios posteriores, ainda não se configurava claramente. Do ponto de vista econômico, esta organização central foi, por vezes, concebida como uma estrutura englobante e monopolizadora, que teria controlado a totalidade dos fatores de produção – em particular, as terras e os recursos hídricos – e grande parte da mão-de-obra. Tal visão extrema deve, sem dúvida, ser relativizada, em benefício de uma consideração mais adequada do papel das instâncias domésticas e comunais na vida econômica suméria. Sem que seja necessário falar de uma economia privada triunfante ou subestimar a importância da economia templária ou palaciana, o panorama que emerge no estado atual das pesquisas é muito mais nuançado e complexo, reconhecendo a função articuladora dos templos e palácios na vida material, mas também enfatizando a importância dos empreendimentos econômicos à margem daquelas instituições. A transição do III para o II milênio operou transformações consideráveis nas sociedades espalhadas nos vales dos rios Tigre e Eufrates. A chegada maciça de populações amorritas levou a uma nova configuração dos centros de poder e de suas relações com as comunidades locais. Os palácios e os templos continuam ocupando uma posição central, mas, ao mesmo tempo, a economia doméstica expande-se e consolida-se. Nas cidades-reinos que se firmam neste novo cenário – Babilônia, Isin, Larsa, Sippar, Eshnunna, Assur, Mari –, as tensões geradas pela dinâmica das relações econômicas podem levar os soberanos a intervir não apenas na própria esfera palaciana, como também no âmbito familiar e nas relações privadas. Durante o chamado período babilônico antigo (primeira metade do II milênio), alguns exemplos desta intervenção são conhecidos e foram objeto de amplo interesse por parte dos especialistas.

Quando observamos as relações que regem a apropriação do solo urbano e rural na antiga Babilônia, notamos que o acesso das famílias aos terrenos nasce e desenvolve-se no interior da rede de parentesco e nos contatos com os demais grupos domésticos, especialmente na vizinhança. Em outros termos, são relações profundamente marcadas pela proximidade. A apropriação familiar é, portanto, um universo bem delimitado e bastante autônomo, mas não completamente independente: ela sofre, igualmente, as influências do mundo exterior, provenientes dos contatos que o grupo doméstico entretém com os templos, com o palácio e com a comunidade. Assim, as alienações e as transmissões em herança dos terrenos constituem apenas uma parcela do controle do espaço praticado pelas famílias e não devem ser confundidas, como ocorre freqüentemente, com o conjunto da chamada 'propriedade familiar'.

Neste quadro, as intervenções do palácio e dos organismos comunitários no universo fundiário limitam-se, normalmente, aos problemas que afetam os terrenos (e, eventualmente, também construções) que se encontram em suas respectivas jurisdições: é assim, por exemplo, que o rei pode interferir sobre as disputas dos campos palacianos que foram distribuídos aos funcionários como forma de pagamento ou, por outro lado, que a assembléia e o conselho de anciãos de uma cidade procuram regulamentar o acesso aos campos comunais e resolver eventuais disputas de posse. Evidentemente, estas ingerências afetam a economia familiar na medida em que os terrenos de origem palaciana ou comunal fazem parte da vida material do grupo: servidores do rei e membros da comunidade são, ao mesmo tempo, integrantes de grupos domésticos, de modo que há uma tendência a diluir os recursos provenientes de fontes diversas no empreendimento da família, sem levar em conta as diferenças de origem. Em muitos casos, esta diluição acaba implicando uma confusão quanto ao estatuto apropriativo de um terreno, gerando conflitos. Para o historiador, este é um elemento de complicação, pois nem sempre é possível distinguir claramente a situação de um bem fundiário sob controle familiar, já que este pode provir do patrimônio ancestral do grupo, de uma cessão comunitária ou, ainda, de um benefício outorgado pelo soberano. No entanto, o que nos interessa diretamente, aqui, não é esta complexidade da base fundiária dos grupos domésticos, e sim o fato de que, em situações relativamente excepcionais, o palácio pudesse interferir nas relações apropriativas familiares, alterando-as consideravelmente. Esta é a substância dos decretos reais[493] do período babilônico antigo: de tempos em tempos, um ato do soberano põe em causa as transações imobiliárias realizadas, conferindo legitimidade às reivindicações daqueles que alienaram seu patrimônio, ou de seus descendentes, obrigando os compradores a firmarem um novo acordo.

O caso do reino de Larsa apresenta uma dupla vantagem estratégica para a reavaliação da questão dos editos reais: em primeiro lugar, uma documentação contratual única permite a verificação minuciosa das decorrências diretas da aplicação dos decretos reais no universo imobiliário; em segundo lugar, do ponto de vista historiográfico, foi a situação de Larsa que, juntamente com a da própria Babilônia, esteve no centro das formulações dos especialistas que trataram do assunto. Assim, embora não se trate, aqui, de propor uma teoria geral do complexo problema dos editos reais, acredito que as conclusões estabelecidas possam ser, com certo cuidado e em algum grau, generalizadas para o período Babilônico Antigo[494].

Há duas evidências documentais principais do fenômeno: os próprios editos reais, cujos textos muito raramente sobreviveram até nós, como veremos, e os contratos conservados nos arquivos familiares[495]. Começarei, então, evocando as ocorrências e seu contexto no caso de Larsa, em particular na família Sanum; depois, buscarei propor uma nova interpretação sobre a natureza e o alcance das intervenções do palácio no sistema doméstico de apropriação do espaço.

1. Os dados de Larsa

Para uma família de compradores de imóveis, como os Sanum, as dificuldades decorrentes das anulações das transações pelo rei começaram tardiamente, apenas na terceira geração que conhecemos. No entanto, talvez isto se deva a uma ilusão proveniente do caráter lacunar dos arquivos familiares: é pouco provável que os membros das duas primeiras gerações, como Eshtar-ilî e Sîn-shêmi, tenham permanecido ao abrigo de todas as reivindicações por parte de vendedores descontentes amparados por um eventual edito real. Em todo caso, não se deve descartar totalmente a hipótese de que nenhum edito deste tipo tenha existido durante a época de Warad-Sîn: com efeito, não conhecemos nenhum indício mostrando o contrário[496] e é mesmo duvidoso que o rei Rîm-Sîn tenha tomado tal medida antes do 25º ano de seu reinado[497].

Foi justamente a partir deste ano que Iddin-Amurrum foi obrigado a pagar compensações a fim de preservar os terrenos adquiridos anteriormente. No mês IX do ano Rîm-Sîn 25, ele deu 16 siclos de prata a Ilî-littul e seu irmão Iliyatum, no intuito de evitar que estes retomassem a casa vendida por eles e por seu pai, Abi-iddinam (TCL,10,67). Neste caso, felizmente, conhecemos a operação original (TLC,10,50): ela ocorrera cinco anos antes e Iddin-Amurrum pagara, na ocasião, 1 mina e 6 siclos de prata pelo terreno construído; a compensação foi equivalente, portanto, a quase 25% do preço inicial do imóvel. Parece que, entretempo, o pai havia falecido e que a reclamação de um pagamento suplementar baseada no decreto real fora feita exclusivamente pelos filhos.

Em um segundo caso, possuímos igualmente o contrato de transferência do imóvel e o contrato de compensação. No ano Rîm-Sîn 16, Iddin-Amurrum havia comprado de dois vizinhos, Nûr-Sîn e Nûr-Shamash, um terreno construído pelo valor de 17 siclos de prata (TCL,10,128). Algum tempo mais tarde, Nûr-Sîn obteve uma compensação de 5 siclos de prata, fundando sua reivindicação em um decreto do rei (TCL,10,132)[498]. Como no caso precedente, um dos vendedores parece ter morrido entre a venda original e o momento da compensação[499].

No ano Rîm-Sîn 29, Iddin-Amurrum ainda pagou uma compensação, mas, desta vez, ele não deu prata ao antigo proprietário: em vez disto, cedeu-lhe um terreno que, segundo os dados cadastrais, devia situar-se na região em que o pai de Iddin-Amurrum, Eshtar-ilî, havia concentrado suas aquisições urbanas (TCL,10,76)[500]. Neste caso, não temos o contrato de compra, mas o documento de compensação nos assegura que o vendedor original era a mesma pessoa que recebeu o terreno como ressarcimento, Shamash-tabba-iliya.

Outras vezes, as pessoas que reclamam uma reparação por um terreno alienado não são os vendedores originais. É o caso da compensação de 10 siclos de prata dada por Iddin-Amurrum a Lamassatum e seu marido Ilî-iddinam, no ano 27 de Rîm-Sîn (TCL,10,70)[501]: não se pode saber quais os laços de parentesco que os uniam ao vendedor do terreno, Iribam-Sîn[502]; um dos dois era, certamente, seu descendente e herdeiro, o que teria legitimado a demanda. O caso é, portanto, paralelo ao de uma decisão judicial que obrigou Iddin-Amurrum a dar um pomar e um terreno inculto em compensação por um pomar adquirido anteriormente, pois, também aqui, não é possível estabelecer com exatidão o vínculo entre vendedor e recompensado. Este último caso, que conhecemos a partir de um resumo do processo (TCL,10,105, de 18/X/RS 30), é um tanto intricado: no ano 30 do reinado de Rîm-Sîn, Iddin-Amurrum foi processado por causa de um pomar que havia comprado anteriormente. O requerente era um homônimo, Iddin-Amurrum, filho de Shamash-tappê, mas é difícil estabelecer a relação entre ele e o vendedor original do terreno, chamado Shu-Nanaya[503]. Talvez algum laço de parentesco legitimasse sua reivindicação e, seja como for, Iddin-Amurrum, o comprador, foi condenado a pagar o suplemento na forma de terrenos[504].

Todas as compensações pagas por Iddin-Amurrum parecem, portanto, ser resultado de um mesmo decreto real, datado do ano 25 de Rîm-Sîn (ou pouco anterior), e que afetou grande parte de sua atividade imobiliária, pois suas aquisições de terrenos haviam ocorrido principalmente antes do ano 20. Por outro lado, nos arquivos da família, não há traços de contestações das transferências de terrenos fundadas em decretos posteriores de Rîm-Sîn[505]. Também não há traço de reivindicações contra os herdeiros de Iddin-Amurrum. É possível que este tenha conseguido resolver todas as disputas com os antigos vendedores e, assim, transmitir a seus descendentes um patrimônio imobiliário livre de contestações.

Outros compradores de Larsa, em particular os grandes, sofreram igualmente as conseqüências das intervenções do soberano nos negócios imobiliários. Abumwaqar teve, assim, de entregar um terreno como compensação a Apil-Sîn e Tigilum (YOS,8,94, de 24/VI/RS 28)[506]. Por sua vez, Ubar-Shamash confrontou-se com uma reivindicação decorrente do terceiro decreto de Rîm-Sîn: no ano 44 do reinado deste soberano, ele não apenas foi obrigado a dar um terreno à família de Silli-Irra, como desembolsou 5 ½ siclos de prata (VS,13,82, de 30/XI/RS 44)[507]. Este reembolso decorre, certamente, da aquisição de um imóvel em ruínas pertencente à mesma família, feita por Ubar-Shamash no ano 38 de Rîm-Sîn, antes, portanto, do decreto real (YOS,8,124, de 18/IX/RS 38)[508].

Os contratos de compensação refletem um estágio de acordo entre as partes, mas, por vezes, as disputas são resolvidas nos tribunais: uma carta da época de Samsu-iluna, filho e sucessor de Hammu-rabi, informa sobre a constituição de comissões e tribunais para analisar os casos afetados pelo decreto real[509]. De acordo com este documento, a assembléia (*puhrum*) da cidade parece ter algum papel no processo[510]. É, aliás, interessante notar que a aplicação do decreto poderia envolver, igualmente, as instâncias comunais, como o conselho de anciãos, e engendrar práticas de conciliação entre as partes em conflito[511]. Além do caso já citado, em que Iddin-Amurrum estava implicado (TCL,10,105), conhecemos dois outros exemplos de Larsa que dizem respeito a bens imobiliários: no primeiro, um certo Elmêsum reivindica, por causa de um decreto real (*ash-shum si-im-da-at shar-ri-rim ib-qú-ru*), um pomar que ele havia anteriormente vendido e recebe, a título de compensação, 8 siclos de prata (YOS,8,52, de 19/VIII/RS 25). O segundo exemplo (BIN,7,166, de 18/VI/RS 28) é interessante, pois mostra que o pomar reivindicado com base na decisão real (*i-na a-wa-at shar-ri-im*) foi ele próprio restituído, o que era uma prática rara, como veremos mais tarde. A julgar pela documentação disponível, parece que as reivindicações de compensação levadas aos tribunais tinham grande chance de obter um desfecho favorável ao pleiteante, pois são raros os casos em que os juízes pendem pelo comprador[512].

As potenciais intervenções do palácio nos negócios imobiliários criaram, sem dúvida, esperanças entre os vendedores e precauções entre os compradores[513]. Estas precauções acabam transparecendo nos contratos de compra: em certos casos, é explicitado que a transferência ocorreu "*depois do decreto do rei*" (*warki simdat sharrim*), numa tentativa de evitar que a negociação pudesse ser questionada a partir de uma *mîsharum* decretada anteriormente. O comprador Ubar-Shamash, em especial, teve o cuidado de incluir esta cláusula preventiva em alguns de seus contratos. O primeiro data, justamente, do ano 41 de Rîm-Sîn, o que demonstra que o comprador quis se precaver contra as medidas que acabavam de ser anunciadas pelo soberano

(VS,13,81, de _/I/RS 41). A inquietude podia, no entanto, durar muito tempo e, oito anos após, Ubar-Shamash continua a exigir a inclusão de uma cláusula similar nos contratos que conclui[514]. Por outro lado, o formulário dos contratos de Larsa não conheceu as cláusulas pelas quais os compradores buscavam se subtrair aos efeitos de futuros decretos reais[515], como acontece em alguns lugares, sobretudo mais tarde[516].

2. Babilônia e Larsa: a consolidação de um modelo comparativo

Como compreender essas manifestações da intervenção real no universo da apropriação familiar do espaço?

O primeiro problema que enfrentamos é a dificuldade de captar exatamente a forma original dessa interferência: se as disposições dos soberanos de Larsa foram postas por escrito, os textos dos decretos não nos são conhecidos até agora e, do ponto de vista documental, somos obrigados a raciocinar seja a partir dos ecos dos editos nos contratos e em outras fontes contemporâneas, seja a partir da comparação com situações babilônicas similares, porém mais tardias[517].

Mais de um século após o fim da dinastia de Larsa, o rei babilônico Ammi-saduqa (1646-1626) promulgou uma *mîsharum* que estabelecia um vasto reordenamento econômico do reino. Este texto foi, com efeito, o primeiro do gênero a ser conhecido pelos pesquisadores modernos e, a partir daí, serviu de parâmetro para todos os estudos sobre a questão[518]. Uma parte do Edito de Ammi-saduqa dizia respeito à administração do domínio real: no período babilônico antigo, a presença palaciana nas atividades econômicas era largamente baseada na cessão de recursos a diversos agentes em troca do pagamento de parte da produção na forma de tributos; assim, rebanhos, pomares e campos eram explorados sob a responsabilidade de pastores, jardineiros e cultivadores, todos concessionários dos recursos pertencentes ao palácio e, ao mesmo tempo, seus devedores[519]. Os primeiros parágrafos do Edito de Ammi-saduqa, tal qual o conhecemos, estabelecem a abolição dos tributos não pagos. As parcelas atrasadas acumuladas pelos mercadores que comercializavam as mercadorias do palácio também foram anistiadas. Uma outra parte das medidas implicava, ao contrário, uma intervenção fora do domínio palaciano, nos negócios privados. Tratava-se, em primeiro lugar, de uma remissão das dívidas: no entanto, era uma revogação apenas parcial das obrigações, que se limitava ao endividamento dito de necessidade ou de consumo, o que excluía, por conseqüência, os empréstimos comerciais[520]. Recentemente, D. Charpin (2005) demonstrou que esta medida atingia igualmente os empréstimos feitos pelos templos[521]. Em segundo lugar, o decreto previa que as pessoas que haviam sido reduzidas à escravidão por dívidas retornariam à sua condição original. Isto era válido seja para o devedor insolvente, seja para um membro da família entregue como garantia[522]. Também aqui, a abrangência do edito era limitada. Ao contrário do que por vezes se pensou, não se tratava de uma manumissão geral: as pessoas previamente livres podiam reganhar sua liberdade, mas as demais deveriam retornar à sua condição anterior; assim, um escravo dado em pagamento por uma dívida deveria retornar ao seu antigo proprietário[523]. Outras medidas secundárias, que nos interessam menos aqui, completavam o edito[524].

No entanto, o Edito de Ammi-saduqa não diz absolutamente nada das transações imobiliárias. Dois outros editos babilônicos similares, ambos mais próximos da época da dinastia de Larsa, são igualmente conhecidos[525], mas seu estado atual é muito fragmentado e eles também não mencionam a questão das transferências de terrenos[526].

Em decorrência desta situação documental, a visão que se formou sobre a situação de Larsa na época de Rîm-Sîn – tal qual ela aparece nos contratos e processos – repousa sobre uma comparação com uma realidade babilônica bem posterior. É verdade que a suposição de que existiram editos reais larseanos que justificaram as reivindicações é, sem dúvida, correta; de outro modo, seria difícil entender os casos de compensações expostos acima. Ao menos neste aspecto, a analogia entre Larsa e Babilônia oferece a chave para compreender o fenômeno em geral[527], mas permanecem ainda algumas dificuldades, e não menores, que a comparação não permite elucidar. A principal é a seguinte: como vimos, nos decretos, há uma diferenciação entre duas categorias de operações de crédito; algumas operações, consideradas como empréstimos de necessidade, eram anuladas, mas outras, de tipo comercial, não eram afetadas pelo edito. Se aceitarmos a analogia entre as situações larseana e babilônica, duas questões interligadas emergem: primeiramente, devemos nos perguntar se, no caso dos negócios imobiliários, a intervenção do rei operava a mesma distinção entre uma venda tida como normal e, portanto, aceitável e, por outro lado, uma venda decorrente de um empobrecimento e que deveria ser revertida; aliás, uma das tarefas das comissões nomeadas pelo rei para a aplicação do decreto era, justamente, a de distinguir entre os dois casos (cf. Charpin, 1980a: 3 2 s. e 1986: 74 s.); em segundo lugar, é preciso saber se as transferências de terrenos eram completamente anuladas, como acontece com as dívidas, ou se o impacto do edito sobre a transação era apenas parcial.

3. Bens protegidos *versus* bens de livre circulação?

As respostas que podemos dar a essas questões não são decisivas, mas alguns elementos devem ser sugeridos no sentido de avançar na solução do problema.

É difícil apreciar a incidência dos decretos reais sobre a venda de terrenos. A situação documental pode sugerir que ela seria limitada, pois, para o conjunto dos contratos de compra e venda, apenas um número pequeno de contestações é conhecido: assim, em Larsa, para os reinos de Warad-Sîn e Rîm-Sîn, são conhecidos 143 contratos de alienação imobiliária e somente seis de compensação ou restituição; a cifra eleva-se a nove se considerarmos os processos. No entanto, outras razões, para além da lacuna das fontes, permitem explicar a situação: é possível que muitas transações não tenham sido postas em causa porque os vendedores já estavam mortos no momento do decreto e não tivessem herdeiros para reclamar o terreno alienado; por outro lado, certamente, algumas disputas foram resolvidas através de um acordo verbal entre vendedor e comprador, sem que um contrato escrito tenha sido redigido e sem recurso a um processo nos tribunais.

Entretanto, também é possível que a grande diferença entre o número de alienações e o de contestações esteja ligada ao fato de que a maior parte das transações imobiliárias encontrava-se, por princípio, fora do alcance das medidas do rei. A analogia com a remissão das dívidas sugere fortemente que apenas as vendas feitas sob pressão de uma coerção econômica seriam passíveis de serem atingidas pelos decretos, do mesmo modo que só eram anuláveis os empréstimos de necessidade. Na verdade, não se trata apenas de analogia entre as dívidas e as vendas imobiliárias, pois é possível supor uma ligação concreta entre as duas atividades: a alienação do terreno podia ser, simplesmente, o resultado da impossibilidade de saldar um empréstimo[528]. Teríamos, assim, uma equação entre devedor/vendedor, de um lado, e credor/comprador, de outro. Por consequência, se a anulação das dívidas visasse não somente o próprio ato de crédito, mas também seus possíveis efeitos econômicos e jurídicos, as alienações imobiliárias decorrentes da dívida também seriam atingidas. A situação dos terrenos seria, então, paralela à das pessoas entregues como garantia de pagamento e que terminavam reduzidas à escravidão. Se, como quiseram certos autores, as alienações de imóveis mascaravam sempre acertos de dívidas, então, todas as vendas seriam atingidas pelo decreto real. Entretanto, à luz do que sabemos sobre as condições que levam à venda, esta visão parece exagerada. Isto não significa que nenhuma venda de terreno fosse decorrente do pagamento de um empréstimo, mas tal situação deve ter sido minoritária, mesmo excepcional[529]. Por outro lado, seguindo o mesmo raciocínio, se a venda fosse conseqüência de um empréstimo comercial, ela não deveria ser anulada pelo decreto, como não o era este tipo de empréstimo[530].

Na verdade, as considerações dos próprios mesopotâmios não parecem demonstrar uma visão clara sobre a questão. Ou, talvez, as coisas fossem tão evidentes aos seus olhos que o laconismo dos escritos não levantava maiores problemas. Eu me limito a dar dois exemplos tirados da correspondência palaciana, um tipo de fonte de que poderíamos esperar uma descrição das situações mais detalhada do que aquela que aparece nos contratos, por definição, limitados a um formulário rígido. Em uma carta enviada pela administração babilônica a Shamashhâzir, representante de Hammu-rabi em Larsa, é dito que o destinatário devia estar a par (*'como tu o sabes'*) do decreto real (*simdat sharrim*); depois, a propósito das terras, afirma-se que *'os campos comprados são restituídos'*[531]. A afirmação é de ordem geral e nenhuma restrição clara é feita quanto aos tipos de operações imobiliárias concernidas pelo decreto do rei. A partir deste documento, nós poderíamos supor que a anulação se limitaria aos campos agrícolas (a-shà), os únicos citados explicitamente, deixando de lado os demais imóveis. Sendo os campos a base da subsistência, eles justificariam a intervenção direta do soberano. O problema com esta hipótese é que, nos próprios contratos de compensação provenientes de Larsa, nenhum campo agrícola é atestado. Além disso, em uma segunda carta, mais tardia, vê-se que as vendas revisadas pelos juízes incluem não só campos, como também casas e pomares[532]. A base fundiária sobre a qual os decretos babilônicos incidiam parece, portanto, mais ampla. Ao mesmo tempo, esta mesma carta afirma que, entre todos os contratos examinados, *'foram quebrados* [ou seja, invalidados] *aqueles que eram anulados pelo edito'*[533]. Em outros termos, parece claramente que algumas operações permaneciam à margem da intervenção palaciana e os tabletes que as registravam não deveriam ser quebrados. A disputa ocorrida neste caso demonstra, aliás, que os limites do alcance do decreto nem sempre eram evidentes.

O método proposto a seguir não é, certamente, decisivo, mas uma das maneiras de verificar se as vendas anuladas eram aquelas concluídas por necessidade é analisar o perfil dos beneficiários das compensações e, quando isto for possível, o perfil dos vendedores cujas alienações acabam sendo contestadas. Isto poderia, ao menos, fornecer alguma pista sobre a camada social favorecida pela ação do rei e sobre o tipo de operação visada pelo decreto.

Dentre os seis contratos de compensação de Larsa, encontramos apenas um caso em que as posições de vendedor original e de beneficiário da compensação são ocupadas por um mesmo indivíduo[534]. Em todos os demais casos, grupos estão envolvidos, seja na primeira posição, seja na segunda:

Quadro 21: Os beneficiários das compensações

Documento	Tipo de vendedor	Tipo de beneficiário da compensação
TCL,10,67	O pai e dois filhos (cf. TCL,10,50)	Os filhos
TCL,10,132	Dois indivíduos cujo parentesco é desconhecido	Um dos dois vendedores
TCL,10,70	Um indivíduo	Casal (herdeiros?)
YOS,8,94	(sem informação*)	Dois indivíduos (irmãos?)
VS,13,82	Família (cf. YOS,8,124 e 125)	Família
TCL,10,76	Um indivíduo	Um indivíduo (o vendedor)

(*) Provavelmente, os dois beneficiários da compensação tinham sido, eles próprios, os vendedores do terreno; na linha nove do contrato, lê-se: *'em compensação pela sua* [deles] *propriedade'* (*[pu-ha]-at bi-ti-shu-nu*).

Esses dados permitem duas reflexões. Primeiramente, sugerem que as operações de venda efetivamente atingidas pelos decretos reais foram realizadas por um grupo, mais especificamente por uma família. É muito provável que estas alienações tenham sido feitas sob coerção material em um grau maior do que as alienações por indivíduos isolados: elas poderiam, então, ser classificadas como potenciais vendas por necessidade. Poder-se-ia argumentar que, nos contratos de transferência imobiliária de Larsa em que figuram as cláusulas que garantem que a operação fora feita após o decreto real, os vendedores são individuais; no entanto, o número de casos é muito reduzido e, sobretudo, trata-se de situações potenciais, de prevenção contra futuras ações, e não de casos concretos de contestações fundadas sobre uma *mîsharum*, como ocorre nos contratos de compensação e nos processos. No mais, é preciso considerar, aqui, a hipótese formulada recentemente por C. Zaccagnini (2002: 189 s.) para explicar a presença bastante difundida de cláusulas similares de prevenção contra decretos futuros (chamadas *shûdûtu*) nos contratos de Nuzi. Segundo este autor, as medidas do soberano não teriam tido, na prática, a amplitude sugerida pelos contratos: seus efeitos teriam sido mais limitados, mas, ao mesmo tempo, teriam contribuído para engendrar um medo generalizado entre os agentes econômicos, sobretudo nas elites que adquiriam imóveis. Como reação, ter-se-ia difundido uma utilização obsessiva de cláusulas preventivas visando proteger os negócios em geral, mesmo nos domínios em que a intervenção do rei (ou dos editos locais) não era comum[535]. Sem dúvida, tal como foi formulada, a idéia de Zaccagnini não pode ser aplicada ao caso estudado aqui: em Larsa, contratos e processos mostram um efeito concreto dos editos sobre o universo fundiário. Há, assim, uma diferença entre a cláusula de prevenção *shûdûtu*, que se refere a eventuais decretos futuros, e as cláusulas de Larsa (*warki simdat sharrim* etc.), que remetem a um edito passado, embora não seja desejável exagerar as nuanças formais, pois as últimas também eram preventivas em relação a uma possível contestação futura[536]. No mais, não se pode descartar preliminarmente a hipótese de que, também em Larsa, a recorrência dos editos palacianos tenha causado um temor psicológico entre os compradores e levado à inclusão de expressões preventivas, mesmo nos contratos referentes a certas transações imobiliárias que, *a priori*, não estavam sujeitas à intervenção do rei. Se este raciocínio é correto, a presença destas cláusulas em contratos firmados por vendedores individuais não contradiria o fato de que, na realidade, o alvo preferencial dos decretos seria a alienação efetuada por grupos.

Em segundo lugar, o quadro acima mostra que o direito de questionar a alienação com base em um decreto real e de reivindicar uma compensação não se limitava ao vendedor (ou vendedores). Não é possível estabelecer, para cada um dos casos, os laços entre os vendedores e os detentores de direito presentes nos contratos de compensação e nos processos, mas, na maior parte do tempo, trata-se, sem dúvida, de laços de parentesco. A proteção contra uma venda por necessidade beneficiava, portanto, mais o grupo familiar do que os indivíduos.

Conseqüentemente, somos tentados a pensar que os editos faziam a distinção entre duas categorias de bens fundiários: de um lado, o patrimônio paternal (*bît abi*, literalmente, 'casa do pai'), cuja posse era familiar por excelência, que se transmitia de geração em geração por meio dos mecanismos de herança e cuja alienação era sentida como anormal; de outro lado, os terrenos adquiridos por meio de negociações de compra e troca, para os quais a circulação mais livre era a regra socialmente aceita[537]. A diferenciação entre os tipos de bens controlados pela família é sugerida também por outras situações: por exemplo, em Kutalla, na periferia de Larsa, parece ter sido corrente a distinção entre bem patrimonial (designado pelo termo sumério equivalente a *bîtum*: é) e bem comprado (shám-kù)[538]. Assim, é possível que tais oposições tenham sido importantes e tenham influenciado a prática e a mentalidade apropriativas mesopotâmicas. É preciso, em todo caso, ter cuidado para não considerar as duas categorias como realidades estáticas: se considerarmos que a *bît abi* era o conjunto de bens, especialmente terrenos, que vieram dos ancestrais e pertenciam à família há muito tempo, o problema de sua origem continua obscuro. Sobretudo em situações de grande mobilidade das populações, no quadro de formação dos reinos amorritas no início do segundo milênio, haveria, forçosamente, um momento de aquisição da terra (por conquista, compra etc.) e, ainda mais importante, haveria também um momento em que, depois de algumas gerações, os bens adquiridos passariam a ser considerados como patrimônio familiar e ancestral. É preciso, então, considerar que o fato de ser adquirido ou familiar não está inscrito na própria natureza do bem: é, ao contrário, o resultado de um processo de apropriação, prática e mental, por parte do grupo. A terra, assim como os demais elementos da cultura material, tem uma biografia variável: as características lhe são acrescentadas e subtraídas, atribuídas e alteradas socialmente, em cada etapa de sua existência. Se observarmos a trajetória das famílias, vemos, justamente, que os terrenos adquiridos pelas primeiras gerações são incorporados ao patrimônio do grupo, formando um cabedal posteriormente transmitido em herança; a partir de certo ponto, as diferenças em função da origem tornam-se imperceptíveis, até que, finalmente, se diluem em benefício de uma homogeneização que faz considerar todos os bens como sendo familiares e ancestrais. Assim, quando analisamos os contratos de partilha de herança, nenhuma menção distingue entre bens ancestrais e bens adquiridos: todos fazem parte, indistintamente, da parcela de herança (há-la) que cabe a cada descendente e a expressão *bît abi*, neste contexto, inclui certamente os dois tipos de bens[539]. A situação era, portanto, complexa. É por isso que o estatuto de certos terrenos é nebuloso e objeto de disputa. Se for verdade que os bens da *'casa paterna'* gozavam de uma proteção especial por parte do poder central contra as alienações forçadas, como acreditam vários autores[540], então, nós compreendemos melhor os casos em que a condição dos terrenos era motivo de um vivo debate, assim como os esforços para incluí-los nesta categoria, por vezes de modo injustificado, pois parece que a expressão conheceu uma utilização tendenciosa como argumento nas disputas judiciárias: alegar que um terreno fazia parte da *'casa paterna'* significava evocar antigos laços moralmente (para não dizer religiosamente) inquebrantáveis que deveriam proteger a relação de posse.

4. Dívidas, vendas imobiliárias e compensações: articulações e limites

Passemos, agora, à segunda questão evocada acima. Sejam quais forem os tipos de patrimônio imobiliário sobre o qual incidiam os editos reais, é preciso considerar, ainda, os limites desta incidência. Haveria uma anulação completa da venda ou a reivindicação estaria limitada a uma compensação parcial em relação ao valor original da operação de venda?

No caso de anulação completa (1), três resultados do decreto são possíveis:

1a) a devolução total do terreno ao vendedor (ou detentores do direito);

1b) a substituição por um terreno de valor equivalente ao alienado;

1c) um segundo pagamento do preço completo.

Prevalecendo uma compensação restrita (2), podemos ter duas possibilidades:

2a) o pagamento de um valor por definição menor do que o valor da venda;

2b) a entrega de um imóvel de valor menor do que o do imóvel da venda original.

Situações híbridas seriam também possíveis: por exemplo, uma compensação composta, ao mesmo tempo, de prata e terrenos.

É difícil estabelecer se, em Larsa, a regra era a anulação completa ou parcial da operação de venda. Os casos conhecidos parecem corresponder a qualquer uma das possibilidades previstas acima. Algumas situações são, no entanto, mais explícitas do que outras. Em pelo menos um caso (BIN,7,166, de 18/VI/RS 28), o próprio terreno vendido é devolvido ao antigo proprietário (hipótese 1a). Outra situação bastante clara é aquela em que o valor da compensação pode ser comparado ao preço original da venda:

Quadro 22: Relação entre valor da venda e compensação

Valor da venda	Valor da compensação
1 mina e 6 siclos (TCL,10,50)	16 siclos (TCL,10,67)
15 siclos (TCL,10,128)	5 siclos (TCL,10,132)

Nos casos de compensação parcial em prata (hipótese 2a), a quantidade de metal reembolsada pelo comprador situa-se entre cerca de 25 e 30% do valor de venda do terreno. Por outro lado, quando não possuímos o contrato de alienação para efetuar a comparação, é impossível saber se a compensação correspondia a um segundo pagamento do preço completo (1c) ou a uma compensação parcial (2a)[541]. Do mesmo modo, quando a compensação era paga sob a forma de um outro terreno, não podemos, por falta de informações mais precisas, estabelecer se o lote entregue equivalia completamente ao terreno adquirido (hipótese 1b) ou somente a uma fração deste, o que significaria um reembolso parcial (hipótese 2b)[542].

No limite, não podemos descartar a possibilidade de que a compensação fosse até mesmo superior ao valor original da venda. Neste caso, a *mîsharum* teria engendrado não apenas o reembolso do valor completo do terreno alienado, mas também uma compensação suplementar (que, eventualmente, serviria para reparar uma situação de venda em que o valor do bem havia sido injustamente depreciado). Este pode ser, justamente, o caso da única compensação híbrida de Larsa que conhecemos (VS,13,82): o terreno construído dado como reembolso era da mesma dimensão (1 sar) do imóvel vendido (YOS,8,124; este, no entanto, encontrava-se em ruínas no momento da venda, seis anos antes, o que pode sugerir que ele valesse menos que o terreno dado em compensação); além disso, o comprador pagou 5 ½ siclos de prata. Mas se considerarmos que o imóvel em ruínas era particularmente precioso (seu valor estava, com efeito, acima da média), o conjunto das compensações posteriores teria ficado ainda abaixo do valor original da venda.

Como se vê, toda dificuldade dessas avaliações reside na incapacidade de estabelecer uma comparação segura entre os valores implicados nos diversos contratos, de compra e de compensação. Uma segunda dificuldade, não menos importante, é a impossibilidade de situar cada dado em uma linha temporal de evolução dos preços[543]. F. R. Kraus (1984: 41 s.) havia sugerido que os valores das compensações corresponderiam a uma baixa do preço de mercado dos terrenos após a promulgação de um edito. Neste caso, mesmo que o valor das compensações fosse nominalmente menor do que o da venda, seria preciso considerar que a anulação seria total e não parcial. Por outro lado, como certas vendas foram feitas sob coerção, K. Veenhof supôs que o preço original foi depreciado em relação ao valor médio praticado. Os dados de Larsa, no entanto, não confirmam tal hipótese: até onde podemos julgar, os preços dos terrenos supostamente vendidos em condição de pauperização não eram demasiadamente depreciados em relação aos terrenos similares[544]. No mais, seja qual for o preço original, houve compensações que foram inferiores ao preço original de venda e, portanto, parciais, ao menos nominalmente. É preciso enfatizar este 'nominalmente', pois os cálculos são complicados pelo nosso desconhecimento das flutuações de preços da época: por exemplo, em um quadro de queda dos valores de terrenos, uma compensação de 10 siclos poderia corresponder efetivamente a um preço original de venda de, digamos, 15 siclos, pagos anos antes. Neste caso, valores nominalmente diferentes corresponderiam a compensações totais, apesar das aparências.

Por outro lado, se as vendas de terrenos mascaravam pagamentos de empréstimos de necessidade por devedores insolventes, existiria, segundo A. Goddeeris, um fosso entre os valores das duas operações: a autora lembra que os empréstimos de necessidade limitavam-se a somas reduzidas e que, em comparação, os preços dos terrenos seriam muito mais elevados. Goddeeris também propõe uma explicação para o processo: quando da venda de um terreno em virtude de um endividamento, o montante transferido ao vendedor/devedor seria, na verdade, a diferença entre o valor da dívida e o preço efetivo do terreno. Como os contratos de empréstimo que teriam ocasionado a venda do terreno não sobreviveram, nós só poderíamos descobrir os valores implicados nos casos em que, posteriormente, as vendas tivessem sido questionadas com base no decreto real: o valor ao qual o vendedor teria direito como compensação deveria ser, justamente, a diferença não recebida no momento da venda do terreno e corresponderia, por conseqüência, ao valor da dívida[545]. Assim, por exemplo, no caso de TCL,10,50 citado no Quadro 22, embora o contrato registre um *'preço completo'* de 66 siclos (= 1 mina e 6 siclos) de prata, o vendedor teria recebido apenas 50 siclos quando da transferência original; os 16 siclos restantes corresponderiam à dívida não paga e teriam sido retidos pelo comprador/credor. No momento da compensação (TCL,10,67), o comprador teve de pagar 16 siclos, equivalentes, portanto, à dívida efetivamente anulada pelo decreto do rei.

Particularmente, sou muito cético quanto à tese de que *todas*, ou mesmo a *maior parte*, da vendas imobiliárias teriam derivado de uma dívida[546]. Na melhor das hipóteses, a explicação de Goddeeris seria válida *apenas* para as alienações decorrentes de insolvência. Há, no entanto, uma conseqüência importante para o problema de que tratamos aqui e que não é desenvolvida pela autora. O resultado lógico de seu raciocínio é que, no que diz respeito à dívida, a anulação promovida pelos decretos seria total: do mesmo modo que o valor completo da dívida era deduzido do preço pago pelo terreno, posteriormente, no momento da *mîsharum*, ele seria totalmente reembolsado ao devedor anistiado. Por outro lado, no que diz respeito à transferência do imóvel, a *mîsharum* teria apenas efeitos parciais: a anulação seria limitada ao valor (total) da dívida, o que explicaria o fato de os valores de certas compensações situarem-se abaixo dos preços originais de venda, como vimos em alguns casos citados. Mas, ainda uma vez, isto só seria válido para as vendas decorrentes de empréstimos não liquidados.

Uma alternativa radical pode ser aventada: os editos jamais teriam anulado diretamente as vendas de terrenos. Neste caso, seja no caso de Larsa, seja durante a primeira dinastia babilônica, os editos teriam apenas incidência indireta sobre as operações imobiliárias, na medida em que estas representavam o resultado de um processo de insolvência que o decreto do rei buscava reverter. Isto explicaria a ausência de parágrafos referentes aos negócios imobiliários nos editos conhecidos até aqui. Por outro lado, entretanto, seria de se estranhar que nenhum dos contratos de compensação de Larsa faça referência à situação de endividamento que estaria na origem do problema.

Infelizmente, nossas incertezas não param aqui. Como foi dito, todas as tentativas para estabelecer a relação entre as compensações e os valores das vendas esbarram em nosso desconhecimento do processo de formação dos preços imobiliários e das tendências de flutuação durante um determinado período. Em geral, supomos que o preço de venda dos terrenos era o normal, quer dizer, o preço praticado correntemente na época da transferência. Mas, como também vimos, certos autores consideram que, nos casos de venda sob pressão, os valores estivessem depreciados. É em função destes dois raciocínios diferentes que são julgadas as compensações decorrentes do decreto real. Ora, na verdade, nada impede que tenha ocorrido uma situação praticamente inversa: no caso de alienações imobiliárias ligadas ao endividamento, os preços registrados formalmente nos contratos poderiam ser superfaturados em relação aos preços praticados normalmente; o mecanismo visaria fazer coincidir nominalmente o preço da venda do terreno e o valor das dívidas acumuladas[547] por um devedor junto a um credor, o qual se tornaria o comprador do terreno. Pode-se supor, com efeito, que os empréstimos de necessidade fazem parte de uma rede de solidariedade ativa, sobretudo, entre pessoas próximas, parentes ou vizinhos. Isto não significa, porém, que as dívidas não devessem ser reembolsadas quando de seu vencimento. A transferência dos terrenos podia ser uma das formas de pagamento e, neste caso, o preço registrado teria servido para zerar artificialmente as contas entre devedor e credor, não coincidindo com o valor praticado correntemente. Teoricamente, este dispositivo permitiria uma variação do preço nominal, seja para baixo, seja para cima do valor real do imóvel. Em uma primeira hipótese, teríamos uma baixa artificial do preço nominal para equipará-lo ao nível da dívida:

Figura 11: Subavaliação do preço nominal do terreno

diferença =

preço real do terreno | preço nominal registrado (subavaliado) | valor da(s) dívida(s)

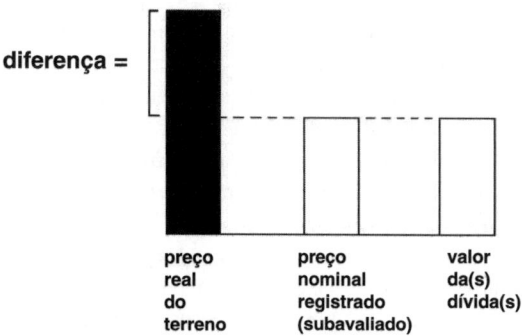

Esse procedimento teria criado uma diferença (valor real *menos* preço nominal). Se esta diferença fosse paga (à margem do contrato), então, a operação teria uma finalidade apenas formal (fazer coincidir, no nível contratual, o valor da dívida com o preço do terreno), mas, na prática, o preço final do terreno estaria nos níveis considerados normais (corresponderia a: dívida *mais* diferença em prata efetivamente recebida). Se, ao contrário, a diferença não fosse paga, teríamos uma operação imobiliária a preço realmente depreciado: em outros termos, o endividamento teria tido o efeito de desvalorizar os terrenos negociados nestas condições.

Na segunda hipótese, sobre a qual eu gostaria de chamar a atenção aqui, teríamos, ao contrário, um aumento artificial do preço nominal para elevá-lo ao valor da dívida. Neste caso, a diferença corresponde a: dívida menos preço real do terreno, como se vê na figura abaixo:

Figura 12: Sobrevalorização do preço nominal do terreno

diferença =

preço real do terreno | preço nominal registrado (sobreavaliado) | valor da(s) dívida(s)

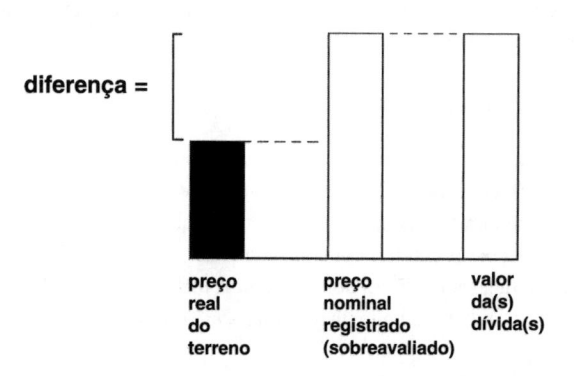

Se esta diferença fosse retida pelo comprador/credor (não sendo paga ao vendedor ou sendo devolvida por este), a prática seria, igualmente, um dispositivo estritamente formal, devido à necessidade de fazer coincidir os valores dos dois contratos (de empréstimo e de venda do terreno). Se, ao contrário, a diferença fosse realmente paga, isto significa que o comprador estaria absorvendo um excedente no preço do terreno (além de zerar a dívida do vendedor/devedor): a compra do imóvel seria, então, mais um ato de solidariedade a ser considerado na seqüência dos benefícios que o credor já havia concedido ao devedor, fazendo-lhe empréstimos de necessidade[548].

Essas várias possibilidades são hipotéticas, mas servem para mostrar que, se algumas vendas estavam vinculadas a empréstimos, não é preciso supor necessariamente que os preços fossem realmente depreciados. Ainda mais importante, elas mostram que, se a situação de endividamento pode levar à alienação de um bem fundiário familiar, isto nem sempre representa uma exploração perversa do devedor pelo credor. Ao contrário, ela pode permitir a manifestação de mecanismos de assistência benévolos e socialmente eficazes[549]. Talvez devêssemos dizer parcialmente eficazes, pois sua existência não traz solução definitiva e estrutural para o problema do endividamento. Eles situam-se no nível das medidas paliativas. Aliás, esta é uma característica que compartilham com a *mîsharum* do rei; a diferença é que os mecanismos de solidariedade são pulverizados no tecido social, operando caso a caso na rede de laços interpessoais, enquanto que o edito real impõe-se aos agentes sociais vindo de cima.

Antes de passarmos às interpretações mais gerais, é preciso considerar as conseqüências da diversidade de situações por trás dos contratos de compensação sobre a natureza deste tipo de contrato. Normalmente, este tipo de documento é percebido como o resultado da aplicação direta de uma norma emanada do palácio sobre as transações imobiliárias. Vimos, no entanto, que as soluções foram muito variadas, por vezes no interior de um mesmo arquivo. Assim, ou as normas às quais estas soluções contratuais remetem não são as mesmas, o que é pouco provável, ou cada contrato corresponde a uma norma única, mas com resultados diversos, decorrentes de negociações específicas. Isto mostra que, na prática social, os agentes não se submetem passivamente aos efeitos das regras jurídicas, e sim estabelecem entre eles um jogo em que a 'lei' do soberano era apenas um dos elementos. Um elemento importante, sem dúvida, pois tinha a capacidade de provocar a negociação, mas que partilhava a cena com diversos outros fatores. Na maior parte do tempo, não temos uma visão clara da natureza e da importância destes fatores, mas é sua articulação cambiante que faz com que, em cada caso, compradores e vendedores tivessem chegado a soluções diferentes para seus conflitos, mesmo se todos tivessem partido de um mesmo impulso original, o decreto real. Assim, os contratos de compensação de Larsa nos ensinam tanto sobre a própria 'lei' quanto sobre os modos como ela é manuseada pelos agentes sociais[550].

5. Crise econômica e justiça social?

A intervenção do palácio na vida social e econômica através dos editos reais foi objeto de uma literatura vasta e diversificada. Entre os diversos aspectos do problema, dois, intrinsecamente ligados, mereceram uma atenção constante: em primeiro lugar, a relação dos editos com a situação econômica, em particular nos contextos de crise, e, em segundo, o papel dos decretos como mecanismo de justiça social. Estes dois elementos tornaram-se, desde cedo, os ingredientes centrais de uma visão tradicional que visou situar a *mîsharum* e os atos semelhantes em seu contexto histórico.

Os editos, com efeito, representavam uma ingerência do palácio em uma zona bastante sensível da vida material e é mais do que provável que a situação econômica tenha se tornado crítica de tempos em tempos, exigindo a atenção do rei. Os problemas parecem ter sido cumulativos e a necessidade de uma intervenção tornava-se recorrente. A anistia sobre a cobrança de tributos atrasados mostra que a situação de insolvência podia se impor no interior da própria economia do Estado: os produtores agrícolas e os pastores do domínio palaciano nem sempre conseguiam assegurar o pagamento do percentual fixado sobre a produção e os mercadores que trabalhavam para o rei acumulavam dívidas referentes às cotas palacianas que não eram quitadas. Entre a população, os empréstimos vencidos tornavam-se, igualmente, freqüentes e tinham por conseqüência o arresto de bens dados em garantia e mesmo a redução dos devedores ou de seus familiares à escravidão por dívida. Tais situações de pauperização e as pressões dos credores podem, certamente, ter provocado uma parte das vendas de terrenos. Estas condições teriam afetado de modo decisivo o sistema de produção e engendrado uma forte instabilidade social. O quadro de 'desordem econômica', como o chamou J. Bottéro (1961), forneceu os parâmetros para compreender as razões da intervenção do rei e foi objeto de poucas contestações entre os especialistas. O ceticismo de R. Westbrook (1995b: 159 s.) parece uma manifestação relativamente isolada: Westbrook não nega os fatores de empobrecimento enumerados por Bottéro, mas considera-os como sendo traços endógenos ao sistema econômico babilônico, que não poderiam explicar (não mais do que para qualquer outra época) a intervenção real. O autor prefere, ao contrário, enfatizar a responsabilidade religiosa do rei em manter o equilíbrio social[551].

As crises econômicas do período babilônico antigo foram objeto de consideração de vários autores que pretenderam estabelecer sua natureza e seu alcance. E. C. Stone (1977: 286), por exemplo, procurou estabelecer a relação entre os eventos que estavam na origem da perda do controle babilônico do sul mesopotâmico, a partir do ano 11 de Samsu-iluna, e os efeitos de uma profunda crise socioeconômica na região. No que diz respeito especificamente à estrutura fundiária, Stone nota, a partir dos documentos de Nippur, uma concentração da terra e a degradação das condições de vida dos pequenos agricultores que dependiam diretamente de seus lotes para a subsistência. Esta crise e as demais ocorridas posteriormente na região meridional determinaram, como sabemos agora, grandes deslocamentos populacionais em direção ao norte[552]. T. B. Jones (1967: 163 s.) preferiu, por sua vez, enfatizar a dinâmica interna das formações sociais amorritas: a expansão destes reinos, que se instalaram na Mesopotâmia na virada do terceiro para o segundo milênio, havia permitido o desenvolvimento de uma economia rural fundada sobre um campesinato que não teria resistido à divisão de seus pequenos lotes de terra determinada pelos costumes de herança, o que teria levado à concentração fundiária sob Samsu-iluna. O caso de Larsa mostra, justamente, que esta fragmentação, constatada em Dilbat pelo autor, não era um exemplo isolado. Para A. Goddeeris (2002: 335), as razões das ações dos reis deveriam ser procuradas nas profundas mudanças da estrutura da sociedade babilônica, especialmente no processo de urbanização e de substituição da família extensa pelos grupos nucleares. Na perspectiva 'modernista' que caracteriza sua abordagem, M. Silver (1995: 184 s.) defendeu que a ingerência do palácio visava restabelecer, por intermédio de *'welfarist type reforms'*, um mercado momentaneamente desequilibrado.

Esses são apenas alguns julgamentos destoantes ou mesmo contraditórios e verificar a pertinência de cada um quanto à articulação entre os editos e as condições econômicas nos levaria longe de nosso propósito aqui[553]. Retenhamos, apenas, que esta articulação entre crise e *mîsharum* é um primeiro elemento importante e recorrente na argumentação da maioria dos especialistas que trataram do assunto[554].

O segundo elemento é a ligação entre os editos e uma concepção do poder real que prevê que o soberano seja um promotor da justiça social. A noção de *'rei de justiça'* foi, com efeito, um ingrediente maior da imagem da monarquia na Mesopotâmia[555]. Na composição do discurso real, ela figurava lado a lado com as noções de mediador entre os homens e o sagrado e de guerreiro defensor de seu povo e de seu país[556]. A benevolência prodigalizada pelo rei podia manifestar-se de muitas maneiras: pela construção de templos, abertura e manutenção dos canais de irrigação etc. A distribuição da justiça, porém, ocupava aí um lugar de destaque. Garantindo a boa ordem e aplicando a lei, o rei exercia seu papel na instauração da justiça social[557]. As diversas medidas de reordenamento eram sentidas como uma emanação particular deste poder mais amplo[558]. Evidentemente, o paralelo com a figura do *'rei pastor'* e com as instituições similares do Antigo Testamento contribuiu para reforçar ainda mais esta característica da realeza mesopotâmica[559].

Pode-se, sem dúvida, discutir a correspondência entre a imagem criada pela ideologia real e os atos efetivos do poder, mas seria, creio, precipitado simplesmente descartar o aspecto simbólico sob o pretexto de que ele não reflete uma política social justa e eficaz. Sejam quais forem as realidades que a noção de *'rei de justiça'* evoca, ela funcionava como um ingrediente importante na construção da imagem do soberano e da própria realeza[560]. Vários autores chamaram a atenção para o fato de que as assim chamadas reformas dos reis babilônicos não correspondiam a nenhum programa de mudança social profunda e tinham, ao contrário, um caráter conservador, de retorno à ordem estabelecida, momentaneamente conturbada, e de retomada dos parâmetros estáveis e seguros do passado (por exemplo, Charpin, 1990b: 24; Foster, 1995: 168 e Olivier, 1998: 97). A restauração de uma ordem original estabelecida pelos deuses é, aliás, um dos elementos da imagem da ação real em si, e não apenas em tempos de crise (Liverani, 1995: 2361). Nada disso diminui, portanto, a eficácia simbólica da imagem do 'rei de justiça'[561].

Do ponto de vista econômico, é preciso entender as intervenções reais no quadro da articulação entre o palácio e a vida material nos inícios do segundo milênio a.C. Neste sentido, a opinião emitida por G. J. Selz me parece relevante: o impulso original da ação do palácio foi de autopreservação; a instituição procurava evitar que os elementos de uma crise econômica se transformassem no motor de uma crise do Estado. Selz opõe duas situações diferentes: na época da terceira dinastia de Ur, em fins do terceiro milênio a.C., o controle do palácio sobre domínios consideráveis da economia induzia-o a uma ação direta sobre o universo da produção, mas, ao mesmo tempo, o modelo revelava-se ineficaz para os setores privados que persistiam à margem do palácio. Ao contrário, a situação sob os soberanos do período babilônico antigo representaria uma espécie de retorno aos postulados sumérios arcaicos, dos inícios e meados do terceiro milênio, anteriores à dinastia de Akkad, segundo os quais a intervenção do rei visaria reduzir, para as estruturas de poder, os riscos causados pela disfunção econômica exterior ao palácio. Para tanto, dentre outras coisas, era preciso reforçar a legitimação do rei junto à sociedade, o que gerou um discurso de justiça social[562].

Embora os conceitos de crise econômica e de justiça social precisassem ser estabelecidos de uma maneira mais refinada, parece claro que, para a historiografia em geral, os editos reais estabeleciam uma ligação entre uma causa (a crise) e um efeito (a justiça), fornecendo uma lógica aos eventos. Do meu ponto de vista, o problema desta abordagem é o de ser aplicada indistintamente ao conjunto de disposições existentes (ou que supostamente existiram) nos decretos reais, sem levar em consideração a diferença de natureza e de alcance dos numerosos fenômenos implicados. Assim, a ausência de medidas fazendo referência explícita aos negócios imobiliários nos editos babilônicos deixou a via livre para uma generalização em que estes dois elementos – a ligação com uma crise econômica e o papel do soberano como garantia de justiça social – orientassem a análise das compensações atestadas nos contratos a partir de esquemas que lhes eram estranhos, ou seja, aqueles aplicados à anulação das dívidas e à anistia dos tributos palacianos. Seria necessário, porém, separar estes diversos pontos em, ao menos, duas categorias distintas.

Primeiramente, existiu uma intervenção do rei cujos efeitos eram, sem dúvida, consideráveis, pois ela atingia o próprio coração da extensa atuação palaciana na vida material. O soberano renunciava a receber uma grande quantidade de tributos. Esta renúncia ganha todo seu sentido quando colocada na perspectiva histórica das mutações do sistema econômico mesopotâmico. Durante a terceira dinastia de Ur, o papel econômico do palácio também era marcado por mecanismos tributários: por intermédio destes tributos, os palácios (e, em certos casos, os templos) absorviam uma parte da produção, especialmente os bens agrícolas e pastoris. Nessa época, no entanto, o controle direto de amplos domínios da produção e da circulação de produtos era muito mais importante do que seria no início do segundo milênio. Já na época babilônica antiga, ao contrário, com a retração da atividade propriamente produtiva do palácio, os dispositivos tributários tornam-se a forma privilegiada de sua ação econômica. A economia dos palácios, como os da Babilônia e de Larsa, repousava sobre uma ampla intervenção na alocação dos recursos e dos produtos. Neste quadro, a distribuição de recursos produtivos do palácio (terras e rebanhos, por exemplo) em troca de pagamento de tributos tornou-se essencial. Um outro procedimento era a concessão de produtos palacianos aos mercadores comissionados, que os comercializavam e entregavam uma parte do resultado da venda ao palácio[563]. Em ambos os casos, o sistema babilônico antigo engendrava obrigações de pagamentos que deviam ser feitos ao palácio e que, em certas circunstâncias desfavoráveis, poderiam acumular-se perigosamente. Aplicando a *mîsharum* às taxas devidas por agricultores, pastores e outros, freando a ação de seus coletores e anistiando os pagamentos atrasados dos mercadores, o palácio renunciava a uma fonte importante de rendimento. Além disso, do ponto de vista dos beneficiários, a medida gerava efeitos imediatos sobre suas atividades econômicas, que se faziam sentir particularmente em caso de crise conjuntural. Não estamos bem informados sobre a jurisdição coberta pelos decretos, nem sobre o grau de sua aplicação na prática, mas podemos supor que o impacto desta renúncia tributária sobre a produção e a circulação foi considerável[564]. Evidentemente, não é preciso ver neste movimento uma atitude filantrópica do palácio: renunciando provisoriamente aos rendimentos, o rei criava as condições para uma reorganização da economia dos domínios submetidos aos tributos e garantia a recomposição de sua base tributária. Na verdade, esta poderia ser a única alternativa viável para o palácio, uma vez que a insistência no recolhimento dos atrasados poderia levar à ruptura do sistema social.

Por outro lado, a intervenção palaciana que determinou as compensações nos casos de transferências imobiliárias é de natureza completamente diferente e sua incidência econômica se dá em outra escala. A princípio, poderíamos crer que a necessidade de uma intervenção real estivesse ligada aos resultados perversos de um livre mercado de terras sobre a economia. Em um quadro predominantemente não-mercantil, as transferências imobiliárias seriam um elemento de mercado corrosivo, cujos efeitos poderiam atingir negativamente o conjunto das relações econômicas, pois introduziria uma dinâmica comercial em contradição seja com a lógica de redistribuição, que articulava a economia dos organismos complexos (templos e palácios), seja com os mecanismos de reciprocidade, que orientavam as trocas no nível familiar e comunitário. Entretanto, a natureza do circuito de compra, venda e troca de terrenos em Larsa não era a do mercado. Assim, não podemos continuar a pensar a intervenção palaciana sobre os negócios imobiliários a partir do modelo, freqüentemente implícito, das ações dos Estados modernos para a regulamentação dos mercados. Se as disposições palacianas não podem ser assimiladas às redes de proteção contra os efeitos sociais deletérios do jogo de mercado, a resposta deve, por conseqüência, ser buscada alhures.

6. Circulação de terrenos e intervenção palaciana: por uma nova articulação

A questão inicial deve ser recolocada, parece-me, em outros termos: quais são as relações sociais eventualmente deterioradas pelas transferências de terrenos? Onde se situam exatamente as tensões introduzidas na sociedade pela circulação imobiliária? É a resposta a estas indagações que deveria orientar nossa percepção sobre os decretos reais.

O quadro em que se desenrolavam os negócios imobiliários de Larsa não é o de um mercado impessoal, no qual os agentes entretinham apenas relações engendradas pela própria operação de transferência do imóvel. Pelo contrário, a análise dos negócios mostra que laços preliminares, de parentesco ou vizinhança, são mobilizados e constituem até mesmo uma condição essencial para a realização das trocas entre os grupos. As relações de parentesco não se limitavam a um papel importante, e previsível, na transmissão do patrimônio entre as gerações: elas estavam, igualmente, presentes nos arranjos implicados pelas alienações. Por outro lado, uma parte considerável das transações imobiliárias desenvolvia-se no interior de uma rede de vizinhança em que os contatos sociais podiam ser muito próximos e durar por longo tempo. Pode-se dizer, assim, que as transferências de terrenos realizavam-se no quadro das *relações de proximidade*, colocando em cena membros de uma comunidade bastante limitada e coesa, cujos vínculos estavam constituídos antes mesmo do ato econômico da alienação do imóvel.

Os laços preexistentes de parentesco e vizinhança não dispensam, porém, as negociações entre as partes no processo de apropriação, nem eliminam as tensões que resultam dele. As situações em que as alienações eram feitas sob pressões internas da família agravavam o problema: é o caso, por exemplo, da morte do patriarca, pois esta gerava a necessidade de reorganizar territorialmente o grupo em um momento delicado de ruptura e de comoção. A morte põe a família diante da necessidade de negociar as condições de sua continuidade, material e imaterial. Assim, a partilha do patrimônio entre os herdeiros poderia levar a que o primogênito (privilegiado, em Larsa, com uma parte dupla da herança) recebesse recursos suficientes para colocá-lo em uma posição de força face aos demais irmãos, para não falar das prerrogativas simbólicas e religiosas que ele normalmente concentrava, como, por exemplo, herdar as incumbências referentes ao culto dos ancestrais. Do mesmo modo, os negócios concluídos entre vizinhos em períodos de dificuldades, assim como os endividamentos, contribuíam para criar disputas e tensões.

As implicações dessas considerações impõem-se naturalmente para o problema que analisamos aqui. Se admitirmos esta caracterização da circulação de terrenos e suas conseqüências, é preciso, então, situar a ruptura das relações sociais que elas engendram no âmbito dos contatos de proximidade, em particular, os laços de parentesco e vizinhança. Isto permitirá ver sob uma nova luz as intervenções do palácio no domínio das transações imobiliárias.

Intervindo na revisão das vendas fundiárias, o rei não agia sobre um conjunto de relações econômicas entre agentes impessoais. A ingerência real era, de certo modo, mais delicada, pois alterava o modo de contato entre pessoas próximas: mesmo se as regras palacianas não substituíam completamente, no dia-a-dia, os costumes sedimentados e as práticas tradicionais, elas impunham-se momentaneamente e obrigavam parentes e vizinhos a redefinirem suas interações. A finalidade dos decretos não era, portanto, o reequilíbrio social de um mercado institucionalizado, mas a recomposição dos laços de proximidade no interior de grupos sociais delimitados. A comparação com as constantes restrições à escravidão por dívidas no decorrer da história mesopotâmica é instrutiva a este respeito. Ao contrário da chamada escravidão-mercadoria, na qual o escravo provém de fora (sendo, assim, o *estrangeiro* por excelência, em diversos sentidos), a escravidão por dívidas atingia, em geral, os membros da própria comunidade, o próximo, alguém que, no mais, não era excluído dos demais laços que definiam sua posição na sociedade local (parentesco, de início, mas também a participação nas diversas esferas sociais, como, por exemplo, o exercício dos direitos políticos). A difusão exagerada deste tipo de relação de dependência servil criava, no interior da comunidade, uma forte zona de tensão e é este o motivo por que foi freqüentemente limitada, e mesmo abolida, pelos poderes constituídos em diversas partes do mundo antigo. No terceiro milênio mesopotâmico, a escravidão por dívidas será objeto de restrições desde, pelo menos, as reformas de Urukagina, rei de Lagash por volta de 2350. Os decretos da época babilônica antiga continuarão a prever manumissões para este tipo de escravo e o código de Hammu-rabi (§ 117) chega a limitar o período de cativeiro a três anos[565]. A intervenção palaciana neste domínio não buscava eliminar os efeitos corrosivos das relações inerentes ao mundo do trabalho, mas restaurar as condições de convivência no interior da comunidade. Isto é verdadeiro mesmo se um cálculo político por parte do palácio não devesse ser totalmente excluído. A. Testart (2001: 163) nos lembra o interesse do Estado em limitar, ou mesmo suprimir, a escravidão por dívidas: com efeito, a condição do escravo tende a subtrair o súdito dos mecanismos de controle do poder central (incluindo pagamento de imposto, conscrição militar etc.) e a consolidar o poderio de grupos à margem do Estado.

Do ponto de vista das intenções do palácio, as intervenções sobre os negócios imobiliários não representavam uma reação de autopreservação contra uma crise mais geral, como era o caso de outras ações palacianas, tal qual havia notado Selz. No caso das vendas de terrenos, o palácio precavia-se contra os efeitos de uma tensão social que tinha sua origem no desequilíbrio das relações de parentesco e de vizinhança. Na escala reduzida da cidade ou das aldeias, tal desequilíbrio poderia ocasionar tumultos que punham em causa a autoridade real em seu papel de guardiã da boa ordem e de mantenedora da justiça social. Por outro lado, pode-se imaginar que o palácio buscava, igualmente, limitar a influência da elite urbana que se beneficiava com a concentração fundiária. A importância crescente dos grandes compradores de terrenos – em termos materiais, mas também de prestígio – podia tornar-se rapidamente um motivo de inquietação para o rei. É sintomático que, a julgar pelas compensações conhecidas, os efeitos dos decretos reais não recaíam sobre os campos de cultivo de cereais, mas, sim, sobre os terrenos urbanos e, em menor grau, sobre os pomares destinados a uma arboricultura especializada. Parece que os grupos atingidos eram, sobretudo, as elites urbanas. É igualmente notável que as intervenções reais só tenham ocorrido a partir da terceira década do reino de Rîm-Sîn: durante o reinado de Warad-Sîn e os vinte primeiros anos de Rîm-Sîn, esta elite havia assegurado sua posição no interior da capital, beneficiando-se do processo de expansão do reino. A necessidade de administrar a nova dimensão da economia palaciana, delegando uma parte de suas tarefas, criou oportunidades para grupos situados à margem do quadro tradicional de funcionários e fez nascer uma camada social de empreendedores intimamente associados às atividades econômicas do palácio. A partir de um certo momento, que podemos situar por volta do ano 25 de Rîm-Sîn, o palácio tentou limitar os efeitos deletérios que esta nova situação criara para as relações de proximidade, em particular no âmbito da disputa pelo controle do espaço urbano e rural pelas famílias: a resposta encontrada foram os sucessivos decretos reais que, embora comuns na tradição babilônica, parecem ter sido uma inovação no caso de Larsa.

Não é necessário, entretanto, pensar em um conflito entre o poder real e os grupos privados, tal como aparece inerentemente no modelo explicativo proposto por W. F. Leemans (1950: 115 ss.). Do mesmo modo que as intervenções palacianas não resolviam definitivamente os problemas das camadas que haviam sido obrigadas a alienar o seu patrimônio, elas tampouco tinham como efeito enfraquecer a posição dos compradores. Estes, aliás, freqüentemente faziam parte dos segmentos mais próximos do projeto palaciano[566]. A finalidade do palácio era, como vimos, de outra natureza: limitar a corrosão nos níveis elementares da organização da comunidade (parentesco e vizinhança), mas sem alterar significativamente a condição econômica dos autores. Ao contrário da renúncia tributária, o impacto econômico global das intervenções no universo imobiliário era pequeno e nada indica que pudesse alterar de modo significativo a estrutura social.

O resultado jurídico dos decretos reais vai, aliás, no mesmo sentido. As intervenções do rei não representaram uma contestação da legalidade das transações entre as pessoas privadas; elas apenas deram margem a um ajuste de caráter compensatório. Na prática, por intermédio de uma nova negociação entre as partes contratuais, as compensações – que foram, em Larsa, o resultado habitual dos decretos – terminavam por legitimar a antiga operação de transferência e garantiam, para o comprador, a continuidade da relação apropriativa[567].

CONCLUSÃO

> Se nós quiséssemos verdades caseiras,
> deveríamos ter ficado em casa.
>
> C. Geertz (2001: 65)

Como as conclusões propriamente históricas foram apresentadas ao final dos capítulos e nas conclusões parciais, eu gostaria de insistir, aqui, sobre alguns pontos de natureza metodológica que me parecem fundamentais para repensar a historiografia econômica da antiga Mesopotâmia.

A análise prosopográfica – que marcou indelevelmente os estudos de arquivos privados nas últimas décadas – é uma tarefa útil e indispensável. A observação dos nomes, dos termos de parentesco, dos títulos profissionais, dentre outras informações, permite a identificação dos personagens, a separação dos homônimos, a delimitação dos grupos e de suas relações. Do mesmo modo, a consideração dos dados cadastrais pode revelar muito acerca da posição dos terrenos nos contextos urbano e rural, assim como sua trajetória ao longo de diversas transações. Em outros termos, a análise prosopográfica permite superar os arquivos como unidade de observação heurística e constituir verdadeiras unidades sociológicas de observação. Tais unidades não são, absolutamente, estáticas, mas têm uma dinâmica temporal que, em grande parte, pode ser captada por um arranjo cronológico rigoroso dos dados disponíveis. Trata-se de identificar os indivíduos e os grupos (familiares, de vizinhança, profissionais, de poder, religiosos etc.). No entanto, esta é apenas uma primeira tarefa na análise do movimento dos agentes sociais, das transações, das estratégias coletivas.

A compreensão da natureza da circulação dos imóveis, em Larsa, deve muito ao estabelecimento de uma base de dados prosopográficos que permitiu mostrar, dentre outras coisas, que os agentes econômicos que participavam do processo como compradores não atuavam como vendedores. A visão de uma classe mercantil que teria feito da negociação de terrenos uma fonte de renda e lucro encontrava-se, assim, enfraquecida e ultrapassada. Do mesmo modo, a organização dos dados cadastrais dos terrenos negociados revelou um comportamento aquisitivo cumulativo e voltado para espaços contíguos, em uma zona marcada socialmente por relações de parentesco e vizinhança. A esta estratégia de expansão fundiária dos compradores correspondia, por parte dos vendedores, especialmente das famílias, um comportamento de disposição caracterizado pela resistência à alienação e pela alienação parcial ao longo dos anos.

O estudo da ação social dos grupos domésticos exige, no entanto, a intervenção de outros instrumentos de pesquisa. Os fatos observados na documentação correm o risco de serem vistos como uma miríade de comportamentos individuais e caóticos, se não se buscar revelar e entender os padrões a partir dos quais eles se constituíram historicamente. A identificação destes padrões não é, porém, tarefa simples, e o bom entendimento (epigráfico e filológico) de cada documento não é suficiente para que se faça uma generalização confiável. É necessário, portanto, ultrapassar a abordagem prosopográfica e estudar os eventos singulares a partir de modelos antropológicos da ação social. Não se trata, absolutamente, de preencher com a teoria as lacunas de uma documentação fragmentária e de um conhecimento factual precário. Pensar que a teoria tenha esta função e este potencial é enganar-se, e muito, acerca de sua natureza e de seu papel historiográfico. A teoria – de inspiração antropológica, neste caso – serve, sobretudo, para orientar a interpretação de eventos que, de outro modo, permaneceriam enclausurados em sua singularidade e impotentes do ponto de vista do conhecimento, sem que pudessem ser integrados em uma visão coerente do processo histórico.

Foi assim que uma orientação antropológica do olhar possibilitou mostrar as interações entre, de um lado, o universo das alianças de casamento e das prestações matrimoniais que lhe são inerentes e, de outro, a transmissão do patrimônio familiar. O primeiro resultado desta abordagem foi, com efeito, reconsiderar, sob nova luz, a visão tradicional de uma exclusividade masculina e situar as mulheres de um modo mais adequado na cadeia de transmissão dos bens. O dote revelou-se o mecanismo privilegiado e inclusão da linhagem feminina na partilha do patrimônio. Esta inserção não se dá, porém, sem suscitar problemas, especialmente pelo que ela implica em termos de fragmentação da base material do grupo doméstico. Assim, o mesmo sistema que prevê a devolução divergente opera a exclusão das filhas do controle dos imóveis do grupo. Podemos, então, opor, de um lado, a circulação das mulheres e do mobiliário e, de outro, a tendência à preservação dos terrenos na linhagem masculina. A oposição sexual não é, entretanto, o único mecanismo de limitação da pulverização patrimonial: os direitos de primogenitura – genericamente presentes na Mesopotâmia e particularmente severos em Larsa – não excluem radicalmente os cadetes, mas oferecem as condições para que o primogênito reúna uma parte considerável dos bens fundiários da família. A posição simbólica distintiva que lhe parece estar assegurada pelo culto aos ancestrais e pelos ritos funerários contribuía para reforçar sua posição.

Assim, em uma perspectiva comparativa, a presença da devolução divergente em um quadro de parentela bilateral nos convida a aproximar o caso mesopotâmico das realidades da Eurásia e opô-lo aos sistemas de devolução e prestações matrimoniais predominantes na África negra.

A abordagem antropológica, tal qual aplicada neste estudo, tem uma característica principalmente comparativa. A apreciação de outros fenômenos aqui analisados requeria uma metodologia capaz de explicitar alguns de seus aspectos quantitativos. É verdade que a própria natureza de nossos dados impõe limites drásticos ao tratamento serial. Esta limitação não deve, todavia, impedir completamente uma tentativa de estudo estatístico de certas informações dos contratos, que são, em grande medida, quantificáveis. Se a projeção para simular comportamentos de variantes fracamente representadas deve ser evitada, a análise das flutuações dos valores em prata e das superfícies dos terrenos, por exemplo, revelou aspectos que um estudo individualizado dos documentos e dos casos dificilmente permitira vislumbrar. Assim, as oscilações de valores mais acentuadas para os terrenos urbanos indicou um componente importante da formação de preços deste tipo de imóvel, mais afetado por considerações de consumo ostentatório que os terrenos rurais, cujos preços se formavam nos limites mais restritos da produção econômica. A tendência cronológica de queda da dimensão dos terrenos negociados parece, por sua vez, reforçar a idéia de uma disposição à divisão dos lotes por parte dos vendedores. Um último exemplo dos resultados promovidos pela abordagem serial mostra que os vendedores tendiam a vender uma quantidade mais limitada de superfície quando os preços subiam. Estes são alguns elementos quantificáveis que ajudam a entender um circuito deveras diferente dos mercados imobiliários modernos.

O cruzamento complementar das abordagens arquivística, antropológica e serial revelou-se de grande potencial para a compreensão da apropriação do espaço pelos grupos domésticos e contribuiu para decifrar alguns fenômenos que se encontram no centro da vida material do período babilônico antigo. Parece-me que esta mesma metodologia seria útil no estudo de outros domínios da economia mesopotâmica. O comércio e a circulação dos bens em geral, as questões relativas aos modos de pagamento e à vida 'financeira', bem como o espinhoso problema das formas de trabalho apresentam-se, a meu ver, como escolhas privilegiadas para testar os limites e as potencialidades destes instrumentos analíticos.

NOTAS

[1] Karl Marx. *Elementos fundamentales para la crítica de la economía política (borrador) 1857-1858*. Trad. José Aricó et alii. México: Siglo XXI, 1971. I, pp. 7-8, 15, 19, 452.

[2] Michael Hudson; Baruch A. Levine (orgs.). *Privatization in the ancient Near East and Classical world*. Cambridge (MA): Peabody Museum of Archaeology and Ethnology, 1996, p. 66.

[3] Ver, a este propósito, C. Scott (1988: 36) e a noção de *'tenure'* em T. Ingold (1986: 136): *"tenure is an aspect of relations between persons as subjects (...) tenure engages nature in a system of social relations"*.

[4] M. Godelier (1978: 11), reeditado em Godelier (1984); a mesma noção será apresentada pelo autor em seu artigo *'Proprietà'* da Enciclopédia Einaudi, cf. Godelier (1986: 367).

[5] Para a definição da cultura material a partir do processo de apropriação social, ver U. B. de Meneses (1985).

[6] Notemos que isto implicaria uma incursão em domínios muito distantes da história econômica praticada aqui, especialmente nos estudos das mentalidades coletivas. A este respeito, citemos o artigo seminal, mas imerecidamente esquecido, de Elena Cassin (1952) sobre os símbolos de cessão imobiliária na Mesopotâmia. Ver, igualmente, M. Malul (1988, sobretudo os capítulos 7 e 8).

[7] A ambigüidade, no pensamento marxista, entre a propriedade como uma relação social de produção e, de outro lado, como uma expressão legal é derivada, justamente, da influência das formulações do direito romano sobre Marx (cf. J. A. Cahan, 1994-5).

[8] Este seria, por exemplo, o caso no Egito antigo: ver B. Menu (1988); no mesmo sentido, cf. J. G. Manning (1995: 247), mas ver também A. Théodoridès (1977), para quem o desmembramento dos direitos não revogaria a noção de propriedade.

[9] Ver, por exemplo, G. Cardascia (1959). Se E. Szlechter (1958) evita uma comparação tão marcada com o 'direito moderno', ele chega a conclusões similares às de Cardascia, colocando o acento sobre o caráter fragmentário da noção mesopotâmica de propriedade. É interessante notar que, como resultado de uma visão formalista do problema, os dois autores valorizam, em suas argumentações, a ausência de um vocábulo sumério ou acadiano para indicar a idéia de 'propriedade'. Malgrado os inconvenientes, a noção romana é o ponto de partida da maior parte dos estudos assiriológicos e bíblicos sobre a propriedade (ver, por exemplo, o artigo *'Propriété'* de P. Maon no *Supplément au Dictionnaire de la Bible* (Maon, 1972).

[10] Para a problemática da construção social do espaço, ver, dentre outros: D. L. Lawrence e S. M. Low (1990) e M. Gottdiener (1985), que fornecem um quadro das tendências presentes no estudo da espacialidade em antropologia. Ver, igualmente, R. D. Sack (1986), A. Rapoport (1994) e S. Kent (1990).

[11] Paradoxalmente, esta concentração não facilitou o reconhecimento do caráter verdadeiramente urbano dos sítios mesopotâmicos pela arqueologia nascente no século XIX, cuja ideologia predominante associou o 'despotismo oriental' à ausência de verdadeiras cidades (cf. M. Liverani, 1997: 85 s.). A ausência de quarteirões residenciais nas primeiras capitais assírias escavadas tornava as coisas ainda mais complicadas (p. 88).

[12] Este foi, dentre outras razões, um resultado das abordagens orientadas pela '*gender archaeology*' e pelos estudos sobre os espaços femininos na sociedade; ver R. Matthews (2003: 25).

[13] Ver, sobretudo, os trabalhos de Yves Calvet sobre o espaço doméstico em Larsa (Calvet, 1993, 1994, 1997 e 2003).

[14] Para a época babilônica antiga, além dos trabalhos de Y. Calvet citados na nota anterior, ver E. C. Stone (1981, 1987 e 1991a); E. M. Luby (1990); K. E. Keith (1999); L. Battini-Villard (1999) e P. Brusasco (1999-2000). Alguns aspectos da dimensão religiosa da casa foram tratados por K. Van Der Toorn (1999: 143 s.). Para a região siro-palestina: M. S. Chesson (1997). Para as épocas posteriores, citemos F. G. G. Deblauwe (1994a e 1994b), M. W. Chavalas (1988) e P. H. Wright (1994) para Larsa neobabilônica e aquemênida. Para a arquitetura doméstica no terceiro milênio, ver M. Robert (1995). Uma primeira tentativa de sistematização tipológica das plantas das residências mesopotâmicas foi feita por V. Müller (1940). Ver, ainda, os trabalhos reunidos por K. R. Veenhof (1996, em particular as contribuições de O. Aurenche e J. C. Margueron).

[15] Este caráter complementar da abordagem arqueológica é, contudo, essencial, pois é a arqueologia que tem o potencial de "testar e afinar" as teorias sobre a propriedade propostas pelas ciências sociais, como afirma T. Earle (2000). Para a contribuição dos dados arqueológicos na reconstituição de sistemas de propriedade, ver A. Gilman (1998). Para a utilização conjunta de dados textuais e arqueológicos no estudo do espaço romano, ver P. M. Allison (2001). Para o caso mesopotâmico, ver C. Castel e D. Charpin (1997).

[16] Infelizmente, estamos muito mal informados acerca das repercussões da concubinagem sobre a forma da família mesopotâmica. No caso da incorporação de uma esposa secundária com funções reprodutivas (quando a esposa é uma sacerdotisa a quem seja proibido parir, por exemplo), a estrutura nuclear não parece ser seriamente afetada. Em todo caso, se a concubinagem é admitida, ela permanece pouco difundida. Para os aspectos legais da concubinagem, ver R. Westbrook (1988: 103 ss.). Para a poligamia, na Mesopotâmia, em geral, ver: C. Friedl (2000).

[17] Para as definições, ver, por exemplo, Ph. Laburthe-Tolra e J.-P. Warnier (1993: 82 s.); R. Deliège (1996: 13 ss.); R. Parkin (1997: 28 ss.); M. Segalen (2000: 36 s.). O estudo assiriológico mais completo é ainda o de I. J. Gelb (1979).

[18] Ver, em geral: I. M. Diakonoff (1969a: 20 s.; 1982: 37 ss. e 1996). Para o terceiro milênio, ver sobretudo: I. M. Diakonoff (1974: 8; e também 1971: 15 ss.; 1991: 80). Para o segundo milênio: Diakonoff (1971: 22 ss.; 1972: 43 s.; 1975: 125 e 132 e, sobretudo, 1985: 47 ss.) e N. B. Jankowska (1969).

[19] M. Van De Mieroop (1992a: 215) reconhece a existência da família alargada em Ur, nos inícios do segundo milênio, mas sem lhe conferir um papel econômico relevante na cidade. D. Charpin (1996a: 225 n. 17) pensa que não há indicações de coabitação de famílias extensas em Ur e que a regra era a residência fundada sobre grupos nucleares. Contra esta visão, ver a tese de P. Brusasco mais adiante.

[20] Ver também E. C. Stone (1996: 234). No mesmo sentido, para o terceiro milênio sírio, ver P. Pfälzner (1996), que sugere também a presença de estruturas poligâmicas. O problema da dimensão da família tem atraído a atenção dos arqueólogos nos últimos anos; para um balanço, ver R. Matthews (2003: 167 ss.).

[21] As associações entre membros dos dois ramos (talvez, com conseqüências no nível residencial) e a possível existência de membros celibatários em coabitação ou em situação de indivisão de herança não alteram esta interpretação.

²² Um dos fatores seria o fato de que as estruturas alargadas eram mais importantes na zona rural, muito menos representadas em nossas fontes.

²³ No código de Hammu-rabi (§ 166), as disposições que prevêem uma parte suplementar para os cadetes celibatários, no momento da partilha, destinam-na explicitamente ao pagamento do dom nupcial (*terhatum*); esta parte muito dificilmente poderia ser considerada como um subsídio para uma instalação neolocal.

²⁴ As informações são, infelizmente, muito fragmentárias. Em um texto encontrado em Ur (UET,5,636), a noiva deixa a casa de seus pais para viver com seu marido, que habita em Larsa. A transferência é feita depois que os familiares do noivo deslocaram-se até Ur para entregar os presentes de casamento (*biblum*) para a casa da noiva. Antes de retornar com sua futura esposa, o noivo morou na casa de seu sogro durante quatro meses (para a edição do texto, ver S. Greengus, 1966, a completar com D. Charpin, 1986b: 61 ss.). Para P. Brusasco (1999-2000: 117), este caso poderia indicar que o modelo de residência, na época babilônica antiga, fosse patrilocal. O texto não explicita, porém, se, em Larsa, o casal habitaria na casa dos pais do noivo ou em uma nova residência (o próprio Brusasco havia sugerido um modelo neolocal para o caso de uma outra família que habitava na mesma rua de Ur, cf. p. 116; esta dualidade está, evidentemente, ligada à presença simultânea de famílias nucleares e alargadas em Ur: ver quadro 2.5 e figura 2.18). É preciso considerar também que o documento considerado aqui remete a uma aliança entre duas famílias que habitam cidades diferentes, o que pode ter influenciado a escolha do modo de residência. Por seu lado, o parágrafo 141 do código de Hammu-rabi prevê que, no caso de o marido repudiar legitimamente sua esposa, ele não seria obrigado a pagar-lhe suas despesas de viagem (*harrânum*), o que parece indicar que, normalmente, era a mulher que se deslocava para o casamento.

²⁵ Para a problemática da '*household*' e suas relações com a noção de família, ver os artigos reunidos por R. McC. Netting, R. R. Wilk e E. J. Arnould (1984) e por P. Laslett e R. Wall (1972), em particular o de J. Goody e a introdução de P. Laslett (reeditado nos *Annales*, 27, 1972); ver também R. McC. Netting (1993, principalmente o capítulo 2). Para a Mesopotâmia, ver Ch. K. Maisels (1998: 171 ss.).

²⁶ Ver inicialmente C. Lévi-Strauss (1979 e 1984). Para uma apreciação do conceito de 'maison' em Lévi-Strauss, ver os artigos reunidos por J. Carsten e S. Hugh-Jones (1995) e R. A. Joyce e S. D. Gillespie (2000).

²⁷ L. S. Barry *et alii* (2000: 727); a noção de '*maison*' apresentada, com efeito, é quase literalmente a de Lévi-Strauss no artigo homônimo do *Dictionnaire de l'Ethnologie et de l'Anthropologie* editado por P. Bonte e M. Izard (cf. Lévi-Strauss, 1991: 434 ss.). Neste mesmo dicionário, G. Lenclud (*s.v. groupe domestique*) faz distinção entre '*famille*', '*maisonnée*' e '*groupe domestique*'. Se estou de acordo em considerar separadamente a primeira, pois ela "*remete aos laços de parentesco*", como afirma o autor, estou menos convencido da necessidade conceitual e das vantagens analíticas de se operar uma clivagem entre a estrutura "*partilha da habitação e da residência em geral*" (a '*maisonnée*', na definição do autor) e, de outro lado, "*o conjunto de indivíduos que realizam em comum e cotidianamente as tarefas de produção necessárias a sua subsistência e que consomem juntos os produtos de seu trabalho*" (o '*groupe domestique*').

²⁸ Uma das características reparadas por Lévi-Strauss foi, justamente, que a realidade da '*maison*' é expressa pela linguagem do parentesco e da aliança, o que dificultou o reconhecimento desta dimensão pelos analistas (por exemplo, entre os Kwakiutl, que serviram de ponto de partida de seu estudo). Na Mesopotâmia, um fenômeno análogo é a utilização dos termos do parentesco

para exprimir relações políticas entre os soberanos; ver M. Liverani (1994: 168 s. e 17 8 s. e 2000: 1 8 s.) e J. D. Schloen (2001: 256 s.).

²⁹ Para a terminologia, ver I. J. Gelb (1979: 2 s.). Para o termo *bîtum*, o CAD (B: 282) registra, entre outros: *house, dwelling place, manor, estate*, mas também *household, family, aggregate of property of all kinds*. A mesma ambigüidade é atestada pelo AHw (1: 132 s.)*: Haus, Familie, Hausgemeinschaft* etc. Para o termo *kimtum*, os dicionários tendem a reconhecer somente o sentido estrito de 'família' ou de conjunto de parentes (CAD,K: 375; AHw,1: 479), mas vários contextos sugerem um sentido mais abrangente, próximo de 'grupo doméstico' (ou *'maisonnée'*). J.-J. Glassner (1986: 109 s.) nos lembra que o primeiro significado de im-ri-a poderia ter sido, justamente, 'espaço'. Ver, em último lugar, K. Van Der Toorn (1996a: capítulo 2).

³⁰ Assim, vemos que os controles comunal e familiar não representam dois estágios de uma evolução linear, mas constituem combinações que variam segundo a inserção da família no complexo quadro da ocupação e da exploração do espaço (ver R. McC. Netting, 1993: 18 7 s.).

³¹ Mesmo estando plenamente de acordo com Liverani sobre este ponto, eu gostaria de insistir sobre o fato de que as relações de parentesco são preponderantes em uma parcela das lógicas de apropriação doméstica, mas não em todas.

³² Esta é uma característica dos sistemas tradicionais, segundo M. Weber (1968: 1028 ss.), por oposição à administração burocrática moderna, em que os bens administrativos são estritamente separados das prerrogativas dos funcionários e não se confundem com sua propriedade pessoal. J. Goody (1962: 30 5 s.) inclina-se, ao contrário, a pensar que os sistemas tradicionais também operavam uma distinção, embora menos desenvolvida, entre bens pessoais e bens institucionais (do mesmo modo que entre a propriedade ancestral e a adquirida por compra), mas admite a tendência da lógica familiar em absorver a propriedade corporativa.

³³ Problemas semelhantes são também comuns quando da sucessão do patrimônio mobiliário dos funcionários palacianos mortos: as disputas entre as autoridades e os descendentes são exemplares desta situação; ver a este propósito B. Lafont (2001) e F. Van Koppen (2002).

³⁴ Para uma avaliação das teorias e das reações contrárias, ver B. Foster (1981); para as diferentes posições a respeito do controle das terras, ver M. A. Powell (1994).

³⁵ Citando apenas alguns exemplos: A. Falkenstein (1954); F. R. Kraus (1954b); G. Pettinato (1968, mas ver as posições sensivelmente alteradas do autor em Pettinato, 1999); H. Limet (1979); A. Tyumenev (1969). Outros autores, como P. Koschaker, M. David e B. Landsberger, forjaram expressões representativas desta tendência e que, ao mesmo tempo, revelam suas claras influências contemporâneas: *Staatssozialismus; etatistiche Wirtschaft; etatistisch organisiertes Stadtstaatentum; state socialism on a sacral basis* (cf. I. J. Gelb, 1969: 146 ss.).

³⁶ Entre os trabalhos da escola de Leningrado, ver I. M. Diakonoff (1972; 1974; 1975; para as sínteses mais recentes, ver: 1991: 21 ss. e 1999: 80 ss.). J. Pecirkóvá (1979) oferece um balanço dos estudos soviéticos sobre a história social e econômica mesopotâmica (concentrando-se, no entanto, sobre o primeiro milênio); ver também J. Klíma (1975).

³⁷ Ver também W. F. Leemans (1983). Por sua vez, G. Komoróczy (1978) sublinhou a importância da propriedade privada na transição entre o terceiro e o segundo milênios. I. J. Gelb coordenou o importante trabalho de reunião e edição da documentação referente às transferências imobiliárias durante o terceiro milênio (ver: I. J. Gelb, P. Steikeller & R. M. Whiting, 1991).

³⁸ Em um outro domínio, desta vez arqueológico, ver-se-á com proveito as críticas à tese do templo-Estado formuladas por H. J. Nissen (1982). Para a questão do controle das terras, além

dos trabalhos de G. Pettinato e o volume organizado por I. J. Gelb, P. Steinkeller e R. M. Whiting, citados na nota anterior, ver também J.-P. Grégoire (1981); J.-J. Glassner (1985 e 1995); P. Steinkeller (1988, 1999a e 1999b); H. Neumann (1988); G. Van Driel (1998); D. O. Edzard (1996); G. Buccellati (1996) e, especificamente para a época de Akkad, B. Foster (1982) e S. J. Bridges (1981). Os dados para a região setentrional durante o terceiro milênio são raros; ver, entretanto, T. J. Wilkinson (2000) e G. Van Driel (2000). Para o funcionamento da agricultura, ver sobretudo os trabalhos de K. Maekawa (1974, 1977, 1986 e 1987). Para uma visão panorâmica da economia suméria, ver B. Lafont (1999a) e, para os problemas teóricos, ver S. J. Garfinkle (2000: 1 ss.)

[39] Em seu livro sobre a emergência do mercado moderno, K. Polanyi (1944) já enunciava os princípios de sua teoria. O manifesto programático do grupo ligado a Polanyi e a seu projeto na Universidade de Columbia foi publicado em 1957 (cf. K. Polanyi, C. M. Arensberg & H. W. Pearson, 1957; tradução francesa de 1975, com um importante e alentado prefácio de M. Godelier). O próprio Polanyi escreveu um capítulo tratando da economia mesopotâmica. A. L. Oppenheim foi o único assiriólogo a participar desta publicação com um capítulo cuja leitura mostra, porém, a distância que o separava do grupo. Muito mais próxima das idéias de Polanyi seria a tese de R. F. G. Sweet (1958) sobre os preços e a moeda durante o período babilônico antigo (orientada, aliás, por Oppenheim). M. I. Finley, que participava do grupo de Polanyi e teve, mais tarde, uma importância capital no debate sobre as economias da Antigüidade clássica, não colaborou no volume. Sobre a obra de K. Polanyi, ver J. R. Stanfield (1986) e os ensaios reunidos por J. -M. Servet, J. Maucourant e A. Tiran (1998).

[40] Algumas avaliações sobre a influência de Finley e Polanyi no estudo das economias clássicas: S. C. Humphreys (1978: 31 ss.); J. Andreau e R. Etienne (1984); R. Descat (1995); J. Andreau (2002), além dos trabalhos reunidos por duas coletâneas recentes: W. Scheidel e S. Von Reden (2002) e J. G. Manning e I. Morris (2005). Para um balanço marxista, ver M. Vegetti (1977: 35 ss.) e, em antropologia, M. Godelier (1974: XI ss. e 1975).

[41] A abordagem de Warburton foi avaliada por diversos autores: ver as resenhas de T. A. H. Wilkinson (1997) e, sobretudo, de C. Eyre (1999) e M. Römer (2000). As reações do autor encontram-se em Warburton (2000b). Para a oposição entre Polanyi e Keynes no trabalho de Warburton, ver E. Eichler (1992).

[42] Para um panorama, ver M. Van De Mieroop (2004).

[43] Por outro lado, parece-me que a abordagem de D. C. North (1977 e 1981) sobre as economias antigas é bem mais próxima do 'substantivismo' do que quis admitir M. Silver (1983), apropriando-se de maneira bastante tendenciosa, é preciso dizê-lo, da noção de 'custos de transação' de North; ver a este propósito, C. Zaccagnini, 1994b: 215 ss.; J. Maucourant (2000: 11), por seu lado, prefere classificar Silver e North no interior do mesmo paradigma, mesmo reconhecendo diferenças entre os dois.

[44] Ph. Clancier, F. Joannès, P. Rouillard e A. Tenu (2005); ver, particularmente, as contribuições de B. Lafont, C. Michel, M. Rede e M. Jursa. Ver também a resenha crítica de D. Charpin (2006).

[45] Curiosamente, em sua resenha do volume organizado por K. Polanyi, logo após sua publicação, Leemans não parece reconhecer as profundas implicações, contrárias ao seu próprio pensamento, dos trabalhos de Polanyi e sua equipe (cf. W. F. Leemans, 1957-1958). O inverso não é, todavia, verdadeiro: ver a resenha de Polanyi e Sweet (1962) a propósito do livro de Leemans sobre o comércio exterior.

⁴⁶ É interessante ver que os contratos imobiliários da época de Rîm-Sîn, então recentemente descobertos e traduzidos, têm um certo papel no debate que forjou, no fim do século XIX, a doutrina social da Igreja Católica sobre a propriedade! (ver: M. Hudson, 1996: 6).

⁴⁷ Contrariamente ao que se poderia pensar, o procedimento não se limita às situações em que os indivíduos são nominalmente identificáveis, sendo igualmente útil para a análise de grupos anônimos: ver M. Van De Mieroop (1999b: 89 ss.).

⁴⁸ Assim, por exemplo, através de uma análise prosopográfica e diplomática, D. Charpin (1980a) pôde identificar a origem exata dos documentos do British Museum, considerados até então como provenientes de Kutalla (Tell Sifr), mas que vinham, na verdade, de Ur (Tell Muqqayar). É preciso, justamente, notar que o estudo de R. D. Ward sobre os mesmos arquivos familiares, terminado em 1973, não havendo reconhecido corretamente a origem distinta dos dois lotes, encontrou-se consideravelmente enfraquecido em seus desenvolvimentos e conclusões.

⁴⁹ Ver C. Saporetti (1979: 8); D. Charpin (1986a e 2000a); C. Michel (1995). Evidentemente, a confrontação das informações prosopográficas com os dados arqueológicos permite afinar a enquete sobre a vida dos arquivos familiares; ver a este propósito: E. C. Stone (1981 e 1987); D. Charpin (1986b: 28 ss.); J. N. Postgate (1990); C. Janssen, H. Gasche e M. Tanret (1994); M. Sauvage (1995); C. Castel (1995); C. Castel e D. Charpin (1997); R. Zettler (1996); O. Pedersen (1987 e 1998).

⁵⁰ Ver, porém, as observações de P. Koschaker (1941/2: 165), que já supõem uma idéia parcial do conjunto.

⁵¹ Para a importância da abordagem arquivística na superação de uma perspectiva estritamente filológica na história da Mesopotâmia, ver I. J. Gelb (1967: 3 ss.) e P. Steinkeller (1982: 639).

⁵² É preciso, porém, salientar a situação relativamente privilegiada da Mesopotâmia, ao menos em certos domínios, em relação a outras sociedades antigas. Para nos limitarmos à situação dos arquivos fundiários, lembremos, por exemplo, os graves problemas da história romana; ver: C. Moatti (1993: 79 ss.).

⁵³ Para as diferenças entre as estatísticas descritivas e analíticas, ver P. Saly (1997: 5 s.).

⁵⁴ Reeditado em W. K. Loftus (1971).

⁵⁵ Para estas primeiras explorações do sítio, ver L. Bachelot (1983/4). Para a expedição de Loftus, ver ainda H. V. Hilprecht (1904).

⁵⁶ A. Parrot (1939; para Larsa, ver p. 12). Os relatórios desta primeira expedição jamais foram publicados; ver, em todo caso, o relatório preliminar de Parrot (1933).

⁵⁷ Sobre as descobertas epigráficas, ver D. Arnaud (1971 e 1976). Para as duas missões de 1967, ver Parrot (1968). As duas missões seguintes, a 4ª (em 1969) e a 5ª (em 1970), foram conduzidas por J.-C. Margueron (ver Margueron, 1970 e 1971, respectivamente). A partir de 1974, J.-L. Huot foi o responsável pelo canteiro: 6ª missão (em 1974), ver Huot et alii (1976); 7ª missão (em 1976), ver Huot et alii (1976) e Huot (1977); 8ª (de 1978) e 9ª (em 1981) missões, ver Huot (1983); 10ª missão (em 1983), ver Huot (1985b e 1987); 11ª missão (em 1985), ver Huot (1989); 12ª missão (em 1987), ver Huot (1991a). Para a 13ª missão (em 1989), ver Huot (1991a e 1991b), Y. Calvet (1993 e 1994) e Y. Calvet, J.-P. Thalman & J.-L. Huot (1991/2) e, sobretudo, o relatório final das missões de 1987 e 1989: Huot (2003).

⁵⁸ Sobre estas raras descobertas epigráficas, ver a contribuição de D. Charpin (2003: 313 ss.) ao relatório de escavações.

[59] Ver E. Bouzon (1986) para uma tradução feita diretamente a partir das cópias cuneiformes.

[60] Para as informações sobre Babilônia (e de Larsa) encontradas nas cartas de Mari, ver: D. Charpin (1988: 147 e 187) e M Birot (1993: 34 ss.).

[61] As cartas da época babilônica antiga, reais ou privadas, vêm sendo sistematicamente editadas, em transcrição e tradução, na série *Altbabylonische Briefe* (AbB), com 13 volumes publicados até o momento.

[62] Alguns documentos esparsos de YOS,8 já haviam sido publicados por E. Grant (1919).

[63] Na espera, ver os catálogos dos textos de Yale publicados por G. Beckman (1995 e 2000).

[64] Os textos larseanos de Berlim foram incluídos nos importantes volumes das *Hammurabi's Gesetz*, de J. Kohler & A. Ungnad, fornecendo o material contratual complementar para o estudo das leis babilônicas.

[65] Sobre Balmunamhe e suas atividades econômicas, ver W. F. Leemans, 1950: 64 ss., M. Van De Mieroop, 1987, M. Pers, 1996 e 1997/8 e C. Dyckhoff, 1999.

[66] Assim, por exemplo, desde 1914, H. H. Figula havia reparado os arquivos de Ubar-Shamash (Figula, 1914: iii) e, em 1916, E. Grant notou a existência de um lote de tabletes que formavam uma parte dos arquivos de Balmunamhe (Grant, 1917/8), amplamente enriquecidos, alguns anos mais tarde, com a publicação dos contratos de Yale.

[67] A única exceção é TCL,10,2, uma compra de terreno feita por Sîn-shêmi.

[68] É por isso que L. Matoush (1949) falou dos 'arquivos de Iddin-Amurrum' para designar os arquivos da família.

[69] É provável que este documento tenha sido, na verdade, redigido após a morte de Ibni-Amurrum (ver abaixo os comentários sobre TCL,11,215).

[70] Como reconheceu G. Colbow em seu estudo sobre as impressões de selos nos documentos de Ibni-Amurrum (1995: 91, n. 83), não se pode provar que TCL,11,215 pertenceu aos arquivos da família. Apesar desta dúvida, o autor integrou-o 'sob reserva'. No que diz respeito a este documento, sou da mesma opinião de Colbow. Em minha edição dos tabletes do Louvre, eu incluí ainda TCL,11,204, com as mesmas precauções (M. Rede, 2004, volume 2).

[71] Um quarto documento deste tipo (TCL,10,4) diz respeito apenas a uma soma de prata.

[72] Para um paralelo em Nippur, onde os arquivos pertenciam igualmente ao último ocupante da casa, ver D. Charpin (1989: 103).

[73] Ver C. Saporetti (1979: 8) e D. Charpin (1986a).

[74] Esta é, justamente, a situação que temos nos dois casos identificados nos arquivos da família Sanum; cf. abaixo.

[75] A realidade dos arquivos familiares é, certamente, bem mais complexa. Eles podem incorporar vários tipos de tabletes: documentos oficiais (do palácio ou dos templos), armazenados por algum motivo nas casas, documentos deixados em depósito por terceiros etc.

[76] TCL,10,10 e 15, que teriam sido transmitidos a Eshtar-ilî quando das compras registradas, respectivamente, em TCL,10,11 e 6; cf. D. Charpin, 2003a: 316. Evidentemente, na falta de informações precisas sobre o lugar de achado, não se pode saber com certeza se os documentos encontravam-se fisicamente nos arquivos da família Sanum.

[77] A expressão gráfica da genealogia que é adotada aqui é aquela há muito consagrada pelos estudos antropológicos. É preciso dizer, no entanto, que ela não é isenta de reservas e críticas.

Recentemente, por exemplo alguns autores propuseram uma representação da rede de parentesco (*kinship network*) a partir de uma formulação gráfica completamente diferente, em que os indivíduos seriam substituídos por núcleos mais complexos (relações de casamento, casais, indivíduos não-celibatários etc.) e na qual as linhas poderiam representar relações mais ramificadas (e instáveis) do que as de filiação ou casamento, como é feito tradicionalmente (penso, sobretudo, nos trabalhos de D. R. White e Th. Schweizer, 1998, que retomam as proposições originais de D. R. White e P. Jorion, 1992). Com o auxílio da aplicação sistemática de instrumentos informáticos e de métodos matemáticos, este tipo de gráfico parental (PGRAPH = *parental graph*) pode ser consideravelmente complicado pela superposição de outras relações à rede inicial: por exemplo, aquelas relativas à circulação de bens (herança, dons, trocas), ao movimento de pessoas (por ocasião do casamento etc.), à transmissão do conhecimento etc. Sem dúvida, pode-se concordar com alguns elementos de crítica desta nova abordagem (particularmente, porque ela oferece a visualização de uma realidade mais dinâmica, enquanto que as representações clássicas nos mostram uma visão bem mais estática da estrutura familiar). Se permaneço apegado à esquematização antropológica tradicional, é porque os "*computer-assisted kinship network mapping*" devem ainda provar que os consideráveis recursos utilizados serão justificados pelos resultados obtidos no nível da análise. Em todo caso, procurarei levar em conta algumas das sugestões no interior do texto. Minhas considerações acerca das heranças e das trocas matrimoniais buscarão visualizar o movimento dos bens entre os grupos, mais do que entre os indivíduos diretamente implicados. Nesta perspectiva, a ênfase será colocada sobre a relação entre pessoas morais detentoras de riquezas (" *wealth-holding corporated groups*") e os indivíduos serão identificados como "*incumbents of person-categories within socially constructed collectivities*" (D. Bell, 1998).

[78] O caso da família de Balmunamhe mostra, porém, que o primogênito não é o único a poder receber o selo paterno: neste caso, o pai possuía dois selos, herdados cada qual por um dos filhos (cf. D. Charpin, 1990c: 73).

[79] Ver *RlA*,5: 297 ss. *s.v. Kalender*; DCM: 151 ss. *s.v. Calendrier*; B. Lafont (1994: 28 ss.) e, mais recentemente, M. J. A. Horsnell (1999) e D. Charpin (2002).

[80] Para uma apreciação geral, ver F. Cryer (1995); P. Garelli *et alii* (1997: 226 ss.), com bibliografia anterior, e H. Hunger (2000).

[81] Ver, sobretudo, H. Gasche *et alii* (1998a; a completar por 1998b) e as comunicações apresentadas no *International Colloquium on Ancient Near Eastern Chronology*, publicadas em *Akkadika*, vol. 119-120.

[82] Por exemplo, alguns argumentos astronômicos são criticados por J. Koch (1998); ver a réplica de V. G. Gurzadyan e S. W. Cole (1999) da equipe de Gand.

[83] Ver a contribuição de C. Michel e P. Rocher (2001) a partir dos dados de Mari. Outras contribuições chamam a atenção para a articulação com os dados exteriores à Mesopotâmia, por exemplo, no Egito (cf. D. Warburton, 2000a).

[84] Para as abreviações, ver a lista no início do livro. Quando isto é possível e em caso de necessidade, notaremos igualmente o dia e o mês dos contratos citados. Assim, por exemplo, 12/IV/RS 13 corresponde ao décimo segundo dia do quarto mês do décimo terceiro ano do reinado de Rîm-Sîn. O mês intercalar, que era adicionado de tempos em tempos a fim de eliminar o descompasso entre o calendário lunar e as estações do ano, foi assinalado por um 'i': assim, XIIi significa o mês intercalar que sucedeu ao décimo segundo mês. No que diz respeito aos nomes dos meses, o calendário de Larsa, em geral, não apresenta problemas, uma vez que o sistema

utilizado é o do calendário padrão de Nippur. O estranho sistema de notação dos meses que existiu em certos textos da segunda metade do reinado de Rîm-Sîn, reparado por F. R. Kraus (1959) e confirmado por J. F. Robertson (1981: 86 ss. e 1983), parece limitar-se à administração palaciana e não é atestado nos arquivos familiares (ver também M. Van De Mieroop, 1993: 64 ss.).

[85] A única exceção é que a presença de membros da família Sanum em TCL,10, 129 e 130 reforça a tese segundo a qual a fórmula de ano encontrada nestes dois contratos pertence ao reinado de Sîn-iqisham (como proposto por M. Sigrist, 1991: 27) e não ao reinado de Nûr-Adad (como queria o RlA, 2: 158).

[86] Estes estudos fundavam-se sobre a primeira lista dinástica de Larsa então conhecida, pertencente à coleção de Yale e publicada por Clay em YOS,1,32, em 1915; ver, por exemplo, E. M. Grice (1919b: 22 ss.); S. A. B. Mercer (1946: 25 s.); L. Matoush (1952: 294 ss.). No mesmo sentido, ver Ch.-F. Jean (1931: XII). No prisma do Museu do Louvre publicado por Thureau-Dangin, em 1918, a parte relativa a Warad-Sîn foi quase completamente perdida (cf. F. Thureau-Dangin, 1918: 6); em seu estudo, Thureau-Dangin reteve, no entanto, 12 anos para o reinado de Warad-Sîn.

[87] RlA,2: 160 s. Além das listas publicadas por Clay e Thureau-Dangin (cf. Nota acima), Ungnad considerou também as editadas por C. Gadd em UET,1,165 e 166.

[88] A nova fórmula comemorava a conquista de Malgium pelo rei de Larsa: mu ugnim mà-al-gi$_4$-a ^{gish}t[uk]ul ba-an-sig = *"ano em que as tropas de Malgium foram derrotadas pelas armas"*.

[89] Em seu artigo, Sigrist acrescentou uma nova lista dinástica proveniente de um tablete do British Museum, em que a fórmula relativa à derrota de Malgium estaria ausente (mas o texto é muito fragmentário). A atribuição da fórmula a Sîn-iddinam baseia-se na análise de um tablete administrativo (cf. p. 165 s.). Para o autor, a presença da mesma fórmula entre os anos de Warad-Sîn no tablete recapitulativo de Chicago seria, provavelmente, um erro do escriba, que teria, assim, juntado indevidamente um décimo terceiro ano ao total.

[90] Estes últimos desenvolvimentos, ainda inéditos, estão disponíveis em: http://cdli.mpiwg-berlin.mpg.de/dl/yearnames/yn_index.htm

[91] Com efeito, os seis documentos datados do reinado de Warad-Sîn remetem principalmente ao fim do reinado: WS 9 (TCL,10,4 e 6); WS 10 (TCL,10,7, 8 e 9); WS 12 (TCL,10,11). O período corresponde às atividades econômicas da geração de Eshtar-ilî e de Sîn-shêmi, para as quais há uma lacuna nos arquivos entre o reinado de Sîn-iqisham e o fim do reinado de Warad-Sîn.

[92] Um período de 13 anos para Warad-Sîn foi igualmente proposto pelo projeto de Gand (cf. H. Gasche *et alii*, 1998: quadro cronológico anexo).

[93] Ver, sobretudo, as diversas intervenções de M. Anbar e suas sucessivas reconsiderações do problema (M. Anbar, 1978a; 1978b: 217; 1989: 56 s. e 1995: 57 s.).

[94] Ver M. A. Fitzgerald (2002: 162 ss.), contra: Horsnell (1999: 42; ver, igualmente, a resenha desta obra por D. Charpin, 2001).

[95] Foi, em parte, o resultado irrefletido de uma assimilação entre certas categorias que apareciam na documentação, em que a denominação 'casa do pai' (é a-da/*bît abim*) cobria indiferentemente os três sentidos; ver I. J. Gelb (1979:2 ss.) e R. Westbrook (1991: 14).

[96] Alguns trabalhos antigos conservam interesse, além de terem sido pioneiros neste domínio: J. Bottéro (1965); E. Cassin (1969). Ver também as contribuições reunidas por J.-M. Durand (1987). Um balanço metodológico desta linha de pesquisa pode ser encontrado em J. G. Westenholz (1990).

⁹⁷ Por exemplo, I. J. Gelb (1979); J.– J. Glassner (1986) e K. Van Der Toorn (1996a).

⁹⁸ Evidentemente, a probabilidade de um casal ter exclusivamente filhos do sexo masculino diminui em função do aumento do número de filhos: 50% para um filho; 25 % para dois filhos; 12,5 % para três filhos e assim por diante. A probabilidade de ter cinco filhos masculinos, como o caso de Iddin-Amurrum dá falsamente a impressão, é de apenas 3,12 %.

⁹⁹ A única exceção que conheço, na região de Larsa, vem de Kutalla (TS,35 de _/XII/Ha 34; envelope: 2/XII bis/Ha 34), em que um dom nupcial (*terhatum*) é registrado entre as partes de herança, mas o documento não é um registro típico de partilha; o caso é discutido em detalhe mais adiante.

¹⁰⁰ Uma outra hipótese, não necessariamente contraditória em relação à primeira, tem a ver com uma característica ainda mal estudada da composição dos arquivos familiares, ou seja, as vinculações sexuais: de um lado, sendo amealhada por homens em uma casa de linhagem masculina, a maior parte dos arquivos é marcada por uma forte identidade masculina; por outro lado, os documentos femininos, que seguem suas titulares, são forçosamente mais móveis e, portanto, tendem a nos escapar.

¹⁰¹ As reivindicações baseadas em uma decisão régia não remetem a uma lei, em sentido próprio, mas em decretos circunstanciais (*simdat sharrim*), como veremos no último capítulo, o que invalida o raciocínio de E. Cuq (1929: 10 s. e 72) acerca da existência de uma lei de Rîm-Sîn que teria justificado a reclamação relativa aos direitos sucessórios no caso do documento Warka,30 (cf. B. Meissner, 1893: 42 s.; M. Schorr, 1907: 170 s. e HG, 3: 193).

¹⁰² A tensão metodológica entre a prática e a norma suscita sérios problemas para todas as análises deste tipo: insistiu-se muito sobre as estruturas normativas do parentesco e sobre as regras de casamento (as *estruturas elementares* de Claude Lévi-Strauss, para ficar em um exemplo célebre; de certo modo, é igualmente o caso da abordagem tradicional da história do direito); mas o que realmente interessa, para captar convenientemente o fenômeno social, é apreciar as formas variáveis pelas quais as normas tornam-se práticas cotidianas em um jogo de adequação e desvio. Trata-se, portanto, de estabelecer como as condutas sociais podem ser normalizadas sem serem exclusivamente o resultado das normas formais. Este programa, que está no centro da proposta de P. Bourdieu (1972: 1105 ss. Retomado em 2002: 169 ss.; ver também 2000b: 186), foi observado aqui a fim de estabelecer as regularidades características do sistema mesopotâmico. Mesmo se permanecemos, por imposição das fontes, muito apegados ao nível normativo, um estudo da documentação contratual permite, ao menos, nuançar as primeiras impressões formadas a partir dos textos legislativos. Estes últimos podem ser entendidos de modo mais adequado se deixarem de ser vistos como uma simples formalização de regras e se forem estabelecidas as suas relações com as práticas sociais.

¹⁰³ É interessante notar que um dos juízes deste caso foi Iddin-Amurrum, certamente o membro da família Sanum (VS,18,1: l. 7: ¹*i-din-*ᵈ*mar-tu di-ku₅ dumu sa-nu-um*).

¹⁰⁴ VS,18,101. O termo *nidittum*, utilizado na linha 31, deve, sem dúvida, ser considerado como um equivalente de *nudunnûm*, dote (cf. R. Westbrook, 1988: 24 e 1994: 274). Nesta acepção, e portanto como uma contrapartida da *terhatum*, a palavra é bem atestada em Mari (ver, por exemplo, J.-M. Durand, 2000: 171); para o significado de 'dote', mais do que 'presente', ver Durand (1984: 162, n. 4 e sobretudo 1985: 403).

¹⁰⁵ VS,18,101: l. 29-30: *sha a-na e-li-<ti>-sha a-hu-ta-bu-um i-na é* ᵈ*utu in-na-an-sum-mesh* (*"que Ahu-tabum lhe deu no templo de Shamash como sua parte suplementar"*).

¹⁰⁶ A freqüência dos terrenos nas listas de dotes deve-se a um paradoxo da documentação, bem observado por Westbrook (1991: 143, n. 2): a presença de bens fundiários estimula a compor um tablete que, na ausência de imóveis, não seria escrito. A situação não é diferente quanto aos contratos de casamento: como S. Greengus (1969) demonstrou, na época babilônica antiga, a validade do casamento não dependia de um documento escrito, mas de um acordo que, na maior parte do tempo, era verbal; conseqüentemente, os contratos escritos de casamento remetem a situações familiares e econômicas excepcionais: assim, a necessidade de estabelecer os direitos sobre os bens trazidos pela mulher induzia à redação de um documento (no mesmo sentido, ver M. Stol, 1995a: 125 e, para os contratos paleo-assírios, C. Wilcke, 1976: 197, n. 3).

¹⁰⁷ VS,18,1 de 10/VI/RS 55; tradução em R. Westbrook (1988:135); transcrição e tradução em J. D. Fortner (1996: 957 ss.).

¹⁰⁸ Segundo R. Westbrook (1988: 92), o marido era obrigado a reembolsar os bens perecíveis ou perdidos durante o período do casamento (o gado morto, os utensílios quebrados etc.). Sua interpretação repousa sobre a compreensão do verbo *shullumum*, '*restituir inteiramente, pagar completamente*' (cf. p. 92, n. 21).

¹⁰⁹ A situação do parágrafo 17 é clara: no caso de morte da noiva ou do noivo antes da conclusão do casamento, o dom nupcial (*terhatum*) deve ser restituído à família do noivo(a) sobrevivente. Por outro lado, a situação do parágrafo 18 é obscura e causou incômodo a vários tradutores (por exemplo, R. Yaron, 1988: 179 ss. e M. Roth, 1995: 69 n. 6). Para a interpretação adotada aqui, ver R. Westbrook (1988: 91).

¹¹⁰ Esta ambivalência fez com que Westbrook acreditasse existir uma distinção entre propriedade feminina e posse masculina do dote, mesmo se a extensão desta última não fosse totalmente clara: por exemplo, A. Van Praag (1945: 175) defendia que o marido era proibido de vender os bens do dote (interdição que valia, aliás, também para a própria mulher: § 171b do CH); Westbrook (1988: 94), por sua vez, pergunta-se se, em certas circunstâncias, o marido não adquiria um direito de alienação do dote (por venda ou em garantia de um empréstimo).

¹¹¹ Ver, abaixo, a análise do parágrafo 167 do código de Hammu-rabi.

¹¹² YOS,2,25; traduções em Westbrook (1988: 136 s.) e AbB,9,25:16 s.

¹¹³ A sugestão de C. Wilcke (1982: 441, n. 4) de que o casamento não teria sido consumado parece-me pouco provável. Eu prefiro crer, com Westbrook (1988: 93), que a esposa de Ilshu-ibbishu morreu sem ter dado à luz.

¹¹⁴ Com efeito, se a decisão dos juízes tem o caráter de uma "*regulamentação de um aspecto da lei [babilônica] do casamento*", como pensa K. R. Veenhof (1997/2000: 60 e 73), os efeitos não estão em contradição com as regras correntes em Larsa antes da conquista.

¹¹⁵ Penso nos volumes 3 a 6 de *Hammurabi's Gesetz* editados por J. Kohler, A. Ungnad e P. Koschaker entre 1909 e 1923.

¹¹⁶ Ver, igualmente, o artigo de Koschaker para a *Encyclopaedia of the Social Sciences* (1963: 216 s.v. *Law – cuneiform*).

¹¹⁷ Ver F. Zimmermman (1993: 161), que considera o dote como "*uma forma de herança e um instrumento de estratégia sucessória*". A '*soulte*', no sentido que lhe demos acima, não é prevista nos dispositivos legais mesopotâmicos; o termo pode, porém, indicar também uma compensação em dinheiro vertida por um dos beneficiários da partilha em virtude de uma diferença entre as partes, como ocorre, por exemplo, em uma divisão entre Iddin-Amurrum e seu irmão Iblutam (TCL,11,141): o primeiro pagou 1 siclo de prata como indenização pelas árvores do pomar recebidas acima da parte dupla a que ele tinha direito como filho primogênito.

[118] Sobre a capacidade das mulheres de herdar, ver também a resenha de M. David (1947:4 6 s.) sobre a monografia de Klíma (1940). Klíma levou em consideração as posições de Van Praag e de David em seu artigo de 1950, sem, no entanto, alterar sua visão original.

[119] Ver A. Van Praag (1945: 33) e G. Driver & J. Miles (1952: 336 s.).

[120] A tendência a assimilar as regras sociais às normas de direito é uma constante nos estudos do parentesco (contra este *'juridisme des ethnologues'*, ver as precauções de P. Bourdieu, 1972: 1105 ss. e 2000b: 86); no caso mesopotâmico, tal tendência é agravada pela natureza das fontes. Acompanhando Bourdieu, sugiro compreender 'regra', aqui, em um sentido antropológico, como um conjunto de relações regulares que, de modo mais ou menos decisivo, governam as práticas sociais; sua manifestação em um *corpus* legislativo é secundária.

[121] Como indica, aliás, o campo semântico em que se situam os termos que indicam o dote no período babilônico antigo: *nudunnûm* e *sheriktum*, derivados respectivamente dos verbos *nadânum* e *sharâkum*, 'dar'. Para um estudo da terminologia, ver Westbrook (1988: 24 ss.) e L. Cagni (1984: 30 ss).

[122] Aqui, impõe-se uma precisão terminológica: durante o período que nos interessa, a palavra comum para designar o dote é *nudunnûm*; ora, no código de Hammu-rabi, o dote é sempre nomeado *sheriktum*, termo que não aparece no restante da documentação. Esta situação sempre incomodou os comentadores. A solução proposta por Westbrook (1994: 274) é considerar *nudunnûm* como um termo genérico que indicaria todos os bens cedidos à mulher, inclusive os presentes maritais (enquanto que, justamente, no contexto do código, *nudunnûm* designa somente os bens dados pelo marido à sua esposa: ver parágrafos 171 e 172), e, por outro lado, *sheriktum* como o dote *stricto sensu*, dado pelos pais à filha, por ocasião do casamento.

[123] Esta dupla abordagem – funcional e legal – foi retomada por M. Stol (1995a: 134), que, porém, manifestou uma discordância: Westbrook havia considerado que a investidura da filha como herdeira seria o resultado de uma intervenção especial da lei (1991: 16 2 s.); Stol (p. 134, n. 76) replicou que, ao menos em um caso (TS,18), o fato de que as filhas herdassem não decorria de nenhuma intervenção específica. Com efeito, em sua reedição deste documento de Kutalla, D. Charpin (1980a: 73) observou que a presença das duas filhas na partilha era, certamente, resultado da ausência de herdeiro masculino, sem supor que houvesse qualquer 'intervenção' particular, o que explicaria, no mais, a divisão igualitária.

[124] Além disso, numerosos casos mostram que a possibilidade de receber bens de um ancestral nem sempre é acompanhada de uma sucessão de sua posição social, política etc., o que torna necessária a distinção entre as duas noções (cf. C. Meillassoux, 2001: 363).

[125] Ao contrário do que pensaram alguns autores; ver, por exemplo, A. Goddeeris (2002: 382).

[126] Lucile Barberon me alerta para o fato de que, na fórmula corrente dos contratos – *"no futuro, seus filhos (serão) seus herdeiros"* (u_4-kúr-shè dumu-mesh-*sha ap-lu-sha*) –, é utilizado o possessivo femino singular (seus = dela) e não o possessivo plural (seus = deles).

[127] O conjunto dos parágrafos do código de Hammu-rabi (§§ 178 – 184) que podem reforçar esta posição apresenta a dificuldade, já notada acima, de tratar de diversas categorias de religiosas. Sem querer negar as dificuldades, mas sem poder resolvê-las aqui de modo definitivo, eu diria que minha impressão é que a natureza das práticas costumeiras relativas às mulheres comuns era a mesma. O código apresenta, então, apenas variações de grau (de onde a diferença da parte de herança estabelecida para cada categoria de sacerdotisa). Eu me alinho, aqui, à opinião daqueles que não crêem em diferenças de fundo entre as mulheres comuns e as religiosas no que se refere à sucessão.

[128] No caso de partilha entre dois (ou mais) grupos de filhos, duas regras são normalmente seguidas: a primeira considera que todos os filhos fazem parte de um único conjunto de herdeiros e, portanto, o patrimônio é submetido a uma divisão por cabeça; a segunda regra considera os grupos separadamente e procede a uma partilha por grupo ('divisão por leito') e, somente depois, a uma partilha individual. Embora a documentação disponível não seja conclusiva a este propósito, parece que a antiga Babilônia praticou a primeira regra (como sugere o mesmo parágrafo 167 do CH).

[129] Esta dupla filiação indiferenciada do filho, ao mesmo tempo patrilinear e matrilinear, será importante para caracterizar o sistema de filiação. Aqui, eu me limito a notar suas conseqüências no âmbito sucessório.

[130] Uma formulação que remete à mesma lógica já estava presente no código de Lipit-Eshtar (§ 24), escrito em sumério um século e meio antes de Hammu-rabi. Vários comentadores fizeram, aliás, a aproximação entre os dois parágrafos; ver, por exemplo, R. Westbrook (1988: 28). Isto serviu de argumento a Westbrook para combater a idéia defendida por Koschaker e Wilcke segundo a qual o termo *sheriktum* (*dote* no CH) seria uma inovação hammu-rabiana. Ao contrário, os contextos dos dois parágrafos demonstrariam que se trata de um equivalente de sag-rig$_7$ do código de Lipit-Eshtar. Assim, o código de Hammu-rabi reproduziria uma prática mais antiga.

[131] Eu mantenho, aqui, a tradução 'dom nupcial' para a *terhatum*, mesmo se ela peca pela imprecisão. Em todo caso, o mais importante é evitar os inconvenientes dos termos ingleses *'bridewealth'* e *'brideprice'*, mesmo se estes correspondem, grosso modo, a uma realidade similar à *terhatum*. Por outro lado, o termo 'contradote' sugere uma reciprocidade que, embora presente na maior parte das situações mesopotâmicas, não corresponde a uma realidade sociológica mais vasta, pois existem sociedades em que o dote não é a contrapartida dos pagamentos feitos pelo grupo do futuro marido (ou por este) ou, até mesmo, grupos que praticam estes pagamentos, mas não conhecem o dote, como é a situação original freqüente na África sub-sahariana. Na própria Mesopotâmia, aliás, pôde-se indagar se, em certos casos, a *terhatum* não seria, de fato, a contrapartida da própria esposa (portanto, uma espécie de preço) e não do dote.

[132] No parágrafo 166 do código de Hammu-rabi, lê-se: *e-li-a-at zi-it-ti-shu* = *"em adição à sua parte"*; ver os comentários de Driver e Miles (1952: 346 s.).

[133] Aparentemente, isto ocorre após a mulher ter gerado filhos para seu marido (a este propósito, ver, acima, os comentários aos §§ 163 e 164 do CH). Se, na concepção mesopotâmica, o nascimento de um descendente não é o ato conclusivo da união do casal, parece, ao menos, que ele conclui as prestações matrimoniais (sobre o debate acerca da consumação do casamento, ver R. Westbrook, 1988: 48 ss. e M. Malul, 1991, que defende a tese de que a *copula carnalis* era a etapa conclusiva. Enfim, para a função do contrato de casamento, ver A. Skaist, 1963: 25 ss.).

[134] Ver, por exemplo, BE, 6/2,58 (= HG,5,1200) proveniente de Nippur e datado do ano 23 de Samsu-iluna; ver os comentários de R. Westbrook (1988: 43).

[135] O fato de que a realidade representada nos contratos mesopotâmicos seja sobretudo a da elite urbana – para a qual a importância da força de trabalho da mulher era reduzida ou mesmo inexistente – não deve levar a esquecer que o sistema foi engendrado em uma sociedade agrícola, em que as mulheres participavam ativamente das tarefas produtivas.

[136] Ver D. Bell (1998: 206 ss.). A tendência a uma 'monetarização' da *terhatum* durante o período babilônico antigo está, certamente, relacionada a esta idéia de pagamento: agindo assim, o grupo de doadores evita a transferência de sua riqueza fundiária, de seu gado, de seus móveis etc. em benefício do uso de um modo de pagamento socialmente reconhecido como tal. De fato,

se os terrenos são presentes, embora raramente, entre os bens que compõem o dote, eles jamais são atestados, segundo meu conhecimento, na *terhatum*. No mais, a utilização da prata pode reforçar os aspectos simbólicos que separam os pagamentos das demais prestações sociais. É difícil dizer, em todo caso, se esta 'monetarização' foi uma etapa de um processo evolutivo. R. Westbrook (1988: 99) pende para esta hipótese. Com efeito, um documento do período páleo-acadiano (MAD,1,169) enumera gado, bens comestíveis, prata, vestes e lã como componentes de uma *terhatum*. Por outro lado, a inclusão de um escravo em um documento de Sippar (VAS,8,4-5), de época babilônica antiga, é uma exceção em um período em que a prata era a regra. Mas os indícios são muito frágeis para tirar uma conclusão definitiva. Em todo caso, o pagamento, mesmo 'monetarizado', não significa em nenhum caso um 'preço da noiva' no quadro de um 'casamento por compra'. Quando E. E. Evans-Pritchard (1931: 38) propôs a substituição do termo *'brideprice'* por *'bridewealth'*, ele visava, justamente, esvaziar a noção de sua conotação de transação comercial, ao mesmo tempo que preservava a idéia de valor econômico transferido por ocasião das transações matrimoniais (ver também G. Dalton, 1966: 732 ss.). Mais recentemente, A. Testart, V. Lécrivain e Nicolas Govoroff (2002b: 35) adotaram uma posição intermediária, negando que se tratasse de uma simples compra de esposa, mas enfatizando a existência do pagamento como *"um preço da transferência de direitos do pai para o marido"*.

[137] Esta característica pode contribuir para explicar alguns fenômenos curiosos: por exemplo, esta prática testamental setentrional presente em Assur e suas colônias da Anatólia na mesma época (C. Michel, 2001), mas que será atestada mais tarde também em Nuzi e Emar (K. Grosz, 1987; G. Beckman, 1996), e que consiste em declarar as mulheres (esposas, mas também filhas e irmãs) como 'pai e mãe' da casa após a morte do chefe da família. Este 'hermafroditismo jurídico', como o chamou G. Beckman, pode, justamente, ter suas raízes nesta separação dos bens que compõem o fundo do casal: para essas mulheres, ser 'pai e mãe' significava controlar o conjunto dos bens, qualquer que fosse sua origem (as dotações ou os presentes nupciais, a herança do marido etc.), mesmo que de modo provisório e limitado. Este tipo de ficção é, por vezes, adotada pelos sistemas de devolução preferencialmente masculina, a fim de garantir a passagem dos bens às mulheres da família na ausência de herdeiros masculinos, sem, no entanto, pôr em causa a lógica de transmissão pai-filho (ver G. Augustins, 1989: 341).

[138] Esta situação, na qual o estatuto das prestações do casamento é estreitamente ligado à ausência ou fraqueza de uma comunidade matrimonial, foi notada igualmente por A. Fine e C. Leduc (1998) em seu trabalho comparativo entre Atenas clássica e o Pays-de-Sault entre o fim do século XVIII e 1940.

[139] Mas esta tendência não deve ser exagerada (como permitem crer as críticas de A. Fine e C. Leduc (1998: 24), que relembram que as duas prestações puderam coexistir na sociedade homérica). Na conclusão de seu artigo, o próprio Goody (1973a: 47) havia previsto a possibilidade de uma combinação. É verdade que, para este autor, dote e *'bridewealth'* são elementos importantes de uma tipologia de sociedades diferentes, à qual voltaremos posteriormente.

[140] É, parece-me a particularidade da situação que nos concerne aqui, sobretudo porque outros exemplos, mais ou menos inversos, também são possíveis: por exemplo, uma forma feminina de herança, ao lado do dote, pode ser destacada por uma 'ideologia da descendência' no sentido de fazer crer que filhos e filhas herdam em igualdade (ver os comentários de J. Goody, 1973a: 17 sobre o trabalho de N. Yalman, 1967). Não obstante, não é preciso crer que se tratasse sempre de uma ideologia masculina, que apenas teria como objetivo esconder a realidade de dominação. Com efeito, certos autores sustentaram que o mesmo conjunto de idéias que apresenta a mulher como inferior ou possuindo uma posição mais fraca pode também servir para reforçar suas

reivindicações de direitos e terminar por lhe garantir a atribuição de certos meios (cf. M. G. Peletz, 1988: 199).

[141] A expressão é de E. Conte (2000: 279), que constata o mesmo tipo de problema em estudos do chamado 'casamento árabe', no qual "as representações árabes da filiação, tanto eruditas quanto populares contribuem plenamente para preservar a ilusão de um predomínio universal do agnatismo no quadro de um exercício cognático do parentesco" (p. 279). Ver também o artigo de P. Bonte (2000) sobre o mesmo tema, no qual o autor esforça-se para restringir a influência da noção de filiação (agnática, no caso) sobre as demais dimensões do parentesco.

[142] Por exemplo, na Babilônia, a disposição que as sacerdotisas tinham sobre os bens recebidos da casa paterna dependia de sua categoria religiosa e também da vontade testamentária do pai, como indicam os parágrafos 179-184 do código de Hammu-rabi. Os princípios de herança que regem o dote são, portanto, suficientemente fluidos para serem moldados pelos agentes e, ao mesmo tempo, suficientemente permeáveis para permitirem influências provenientes da diferença entre os diversos tipos de sacerdotisas. Como resultado, a extensão do controle patrimonial desta categoria de mulheres repousa na combinação entre regras de herança e muitas outras variantes, como a posição no interior da corporação religiosa.

[143] A terminologia utilizada nos estudos antropológicos nem sempre é homogênea. As equivalências entre os termos habituais nas diversas línguas modernas também suscitam dificuldades consideráveis: para a nomenclatura francesa,ver L. S. Barry *et alii* (2000); para a inglesa, ver R. Parkin (1997). Evidentemente, as variações podem refletir diferenças bastante profundas de opinião, ancoradas na aceitação de uma ou outra teoria, sobretudo no que se refere à oposição entre a teoria da filiação e a teoria da aliança, como demonstrou L. Dumont (1997). Eu procurei, no entanto, permanecer em um nível descritivo bastante elementar, visando oferecer noções que sejam operacionais para o caso estudado aqui.

[144] Em antropologia, indivíduo tomado como referência para a análise a fim de estabelecer as relações de parentesco em um grupo ou entre grupos.

[145] Este também seria o caso, segundo D. O. Hughes (1978), da Europa mediterrânica durante a Idade Média.

[146] Ver os §§ 180-184 do código de Hammu-rabi.

[147] Para a Europa medieval, a posição de Goody foi reforçada por A. Fine e C. Leduc (1998: 4 1 s.), que enfatizaram o papel do dote na manutenção dos laços de filiação entre o grupo de origem e os filhos postos em circulação. Com efeito, em um sistema patrilinear em que a esposa e sua descendência colocam-se sob a autoridade da linhagem do marido, a preservação de um tal laço não teria nenhum sentido. Na mesma linha, ver, mais recentemente, Lett (2000).

[148] Para um tratamento filológico preliminar, ver K. Wilcke (1985). Sobre a terminologia dos ancestrais, ver T. Götzelt (1995).

[149] Sobre o predomínio do princípio descritivo sobre o princípio classificatório, ver T. Götzelt (2002: 343).

[150] Tanto P. Koschaker quanto J. Klíma conheciam o artigo *'Mutterrecht'* de Thurnwald no *Reallexikon der Vorgeschichte*, mas é surpreendente que nenhum dos dois cite o trabalho clássico de Johann Bachofen, *Das Mutterrecht*, publicado em 1861 (Bachofen, 1996). Sobre Bachofen, ver S. Georgoudi (1991).

[151] Retomando a questão da *'Matrilinearität'* nas áreas periféricas nas páginas do *Reallexikon der Assyriologie*, W. H. Van Soldt (1987/1990: 588 s.v. *Matrilinearität A. In Elam*) e G. Wilhelm

(1987/1990: 590 s.v. *Matrilinearität B. Bei den Hethitern*) limitaram o tratamento à sucessão do rei. De fato, parece que, no Elam da primeira metade do II milênio, a sucessão do *sukkalmah* passava ao filho de sua irmã, sem que por isso implique uma tendência à endogamia sistemática entre irmãos (ver F. Grillot e J.– J. Glassner, 1991: 85 s.). Para o problema da sucessão real matrilinear e a tese do matriarcado entre os hititas, ver G. Beckman (1986). Seja qual for a regra sucessória no nível político, a maioria dos autores está de acordo com o fato de que as estruturas de base da sociedade hitita são patrilineares, com as conseqüências previstas para a sucessão comum; ver: J. Yakar (2000: 45 ss.).

[152] O caso de Sippar, com a grande importância da instituição das sacerdotisas-*nadîtum*, mereceria, por si só, um estudo aprofundado. Eu me limitarei, aqui, a evocar um aspecto que nos interessa. Um dos pilares da análise de R. Harris é o documento CT,47,63. O caso é bem conhecido e foi retomado várias vezes, por razões diversas (remeta-se a D. Charpin, 1986a, para o problema da transmissão dos arquivos familiares e a N. Yoffee, 2000, para o tema da mediação do conflito social. Yoffee oferece a transcrição e tradução do texto, que foi igualmente traduzido por Charpin, 2000b: 75 s.; ver os acréscimos de B. Lion, 2001: 8). No que diz respeito à herança, o caso é o seguinte: uma sacerdotisa-*nadîtum*, Bêlessunu, havia adotado uma outra *nadîtum*, Amat-Mamu, sem dúvida mais jovem, transmitindo-lhe diversos bens (terrenos, casa, escravos, objetos em cobre) que provinham de seu dote paterno e de uma herança recebida da irmã de seu pai, também uma *nadîtum*. Em troca, Bêlessunu devia ser mantida em sua velhice pela filha adotada, que, além disso, também quitou algumas dívidas de sua nova mãe. Após dois anos, uma parte da herança, os campos, foi reivindicada por duas filhas de dois irmãos do pai de Bêlessunu (portanto, suas primas paralelas paternais). Trata-se, também aqui, de duas sacerdotisas-*nadîtum*. O caso foi examinado pelas autoridades de Sippar e foi constatado que Bêlessunu detinha pleno direito sobre seu dote e sobre a herança recebida da tia paterna. Seu patrimônio lhe foi confirmado e, por conseqüência, a adoção de Amat-Mamu e a equivalente transmissão de bens foram consideradas legítimas. Partindo do princípio de que a sociedade mesopotâmica era unilinear e agnática, R. Harris é obrigada a explicar o caso através de um conflito entre dois sistemas opostos de herança: aquele praticado por e entre as mulheres de uma categoria particular (as sacerdotisas-*nadîtum*) e aquele válido no restante da sociedade (p. 132). Assim, os problemas de Bêlessunu derivariam dos direitos potenciais que seus tios paternos teriam sobre os bens do irmão (o pai de Bêlessunu) e da irmã (a tia de quem Bêlessunu havia herdado). Esta interpretação apresenta, porém, duas dificuldades. Em primeiro lugar, ela escamoteia completamente o fato de que as mulheres envolvidas não tinham filiação, ou seja, herdeiros naturais, porque a maternidade lhes era interdita. Neste quadro, era normal que a herança e o dote retornassem ao grupo familiar da mulher (sacerdotisa ou não): e isto era uma conseqüência natural da devolução divergente, não do princípio agnático. Justamente, o caso de Bêlessunu representava uma exceção, pois ela gozava do privilégio de distribuir seus bens como quisesse (o que estaria de acordo, aliás, com os parágrafos 178 e 179 do CH). Em segundo lugar, a oposição, sugerida por Harris, entre as sacerdotisas e seus parentes masculinos deve ser reconsiderada: a reivindicação contra Bêlessunu é feita por suas duas primas, certamente porque, no interior da família, elas acreditavam poder legitimamente postular uma parte do patrimônio, mesmo sendo mulheres. Não há, enfim, oposição entre dois sistemas, um patrilinear e outro que, excepcionalmente, concederia às sacerdotisas o acesso aos bens. Há apenas um único regime, de devolução divergente, que é transposto para a instituição das sacerdotisas-*nadîtum*, na qual ele sofreu algumas adaptações. Por outro lado, R. Harris parece-me ter feito uma sugestão importante, que mereceria ser afinada: no texto, é dito que as pessoas da parentela de Bêlessunu (l. 67: *ni-shu-ut be-le-sú-nu*) não reclamarão contra Amat-Mamu. O termo *nishûtum* é traduzido

normalmente por 'parente', seja consangüíneo, seja por aliança (CAD,N-2: 297: *family, relatives (by consanguinity or by marriage)*; AHw,2: 798: *Blutsverwandtschaft, Sippe*). Neste caso preciso, N. Yoffee (2000: 51) traduziu-o por *'kin'*, glosando em seguida: *'kin-folk'* (p.52). D. Charpin (1986a: 134 e 2000b: 76) preferiu igualmente uma designação genérica: *'parents'*. Por seu lado, R. Harris sugeriu que sua utilização efetiva em Sippar seria mais restritiva: *'first patrilineal cousins, i.e., children of the father's brothers'* (p. 131). Poderíamos acrescentar, ainda, que se trata de primas paternas paralelas, ou seja, filhas do irmão do pai. Considerando a importância que muitos sistemas de filiação conferem à distinção entre as primas paralelas e as primas cruzadas (filhas da irmã do pai ou filhas do irmão da mãe), não seria em vão propor que as pesquisas futuras deveriam estar atentas a esta distinção que pode ter conseqüências na determinação das regras sucessórias e dos costumes de casamento em Sippar. Com efeito, na segunda parte do documento, as cláusulas protegem a própria Amat-Mamu contra as possíveis aspirações de seus primos e, ainda uma vez, trata-se de primos paralelos patrilaterais.

[153] Dada a proximidade com o tema da organização do espaço, acrescentemos o capítulo de E. B. Banning (1997), no qual se lê que a descendência patrilinear era fundamental para a formação do território (p. 27 s.).

[154] É assim, por exemplo, que A. Testart (2001: 176 ss.) sublinhou o laço constante entre o 'preço da noiva' e a escravidão por dívidas.

[155] Para as definições, ver G. P. Murdock (1967: 47). Para a classificação dos 'babilônios', ver páginas 86-89.

[156] A principal e mais recente dessas releituras é o projeto reunido em torno de Alain Testart desde 1996, em Paris, que levou à constituição de uma base de dados atualizada equivalente a cerca de metade da base de Murdock (ou seja, 406 sociedades). O trabalho completo ainda não foi publicado; nos resultados apresentados até aqui, a Mesopotâmia não aparece (ver: A. Testart, N. Govoroff e V. Lécrivain, 2002a).

[157] Além dos trabalhos de J. Goody citados acima, ver também A. Schlegel e R. Eloul (1988).

[158] Assim, dois pais fundadores da sociologia moderna, Marx e Weber, nos dizem, um, que o modo de produção asiático era marcado por obstáculos que o impediam de seguir uma evolução similar à do Ocidente, o outro, que o desenvolvimento do capitalismo moderno seria fundado sobre traços particulares à Europa e ausentes na Ásia.

[159] Ver J. Goody (2000 e 1998: 59 ss.). Por vezes, a tendência de distinguir a Europa do resto do mundo levava os antropólogos a ver nela uma evolução única das formas do 'preço da noiva' (ou do 'serviço da noiva', *'bride service'*) em direção ao dote, um caminho que não teria sido trilhado na África ou pelo Oriente. Para uma crítica desta perspectiva evolucionista, ver Goody (1983: 240 ss.).

[160] Esta caracterização já está presente nos trabalhos de J. Goody desde os anos 1970; ver J. Goody (1972: 121; 1976a: 10 ss. e, sobretudo, 1973a).

[161] Também não é necessário estimar, a todo custo, que a *terhatum* era uma forma mascarada de dote indireto. Se, por vezes, é verdade que, na literatura antropológica, os dotes indiretos foram erroneamente considerados como 'preço da noiva', impedindo assim de apreciar a natureza e o alcance da transmissão de bens às mulheres, no caso mesopotâmico, a transferência da *terhatum* ao grupo de que a esposa é originária ainda predomina.

[162] No artigo de Skaist, há referência apenas ao artigo de Goody sobre os costumes funerários dos LoDagaa, de 1962, e o termo Eurásia não aparece.

[163] Do mesmo modo, o mercado pode também ter um papel nos sistemas dotais, permitindo transformar as parcelas dispersas recebidas pelos esposos em uma unidade fundiária economicamente viável (ver: A. Fine e C. Leduc, 1998).

[164] Para uma visão geral do problema, ver o volume editado por M. Stol e S. P. Vleeming (1998), em particular, o capítulo de Stol (1998) sobre a época babilônica antiga. Em seu estudo sobre a adoção em Nippur, E. C. Stone (1991b: 2 ss.) enfatizou que a obrigação de entreter o adotante é uma característica fundamental de uma forma particular de adoção, que a autora chama de 'econômica' (em oposição à adoção 'familiar', utilizada pelos casais, em geral mais jovens, e que visava suprir lacunas de parentesco, como a ausência de filhos). Para os aspectos jurídicos da adoção, ver R. Westbrook (1993). Para as conseqüências da adoção no nível sucessório, o antigo trabalho de E. Szlechter (1967) é ainda útil.

[165] Como mostra o caso desta 'sucessão turbulenta' na família de Inanna-Mansun, de Sippar, estudado por C. Janssen (1992), para citar apenas um exemplo. Neste caso, aliás, a sucessão no posto do pai (Grande Lamentador da deusa Annunîtum) e suas implicações sobre o controle de certos bens, aparentemente vinculados à função, envenenaram significativamente a situação entre os membros da família. Certamente, a sucessão não é a única área de conflitos que podiam atingir todas as atividades econômicas do grupo, sem que as relações patriarcais fossem capazes de evitá-los completamente, como notou M. Heltzer (1998: 288).

[166] O documento registra somente a parte (há-la) de Iddin-Amurrum, sem mencionar seu irmão Iblutam.

[167] A data corresponde, evidentemente, ao primeiro ano de reinado de Hammu-rabi em Larsa, não em sua cidade natal.

[168] A ausência de Ibni-Amurrum é devida, certamente, à destruição da parte superior do tablete; no contrato, é, certamente, a impressão de seu selo (ou melhor, o selo de seu pai, que fora herdado por ele) que figura ao lado do selo de seu tio Iblutam.

[169] Um segundo caso poderia ser representado por um dossiê composto de dois registros de partilha pertencentes a uma mesma família: YOS,5,148 e YOS,8,74 (do qual YOS,8,75 é uma duplicata). Os editores consideraram que a origem provável destes textos fosse Larsa, baseando-se em informações precárias fornecidas pelos comerciantes de antiguidades (ver E. M. Grice, 1919: 14 para YOS,5 e D. E. Faust, 1941: 3 para YOS,8). Mais tarde, outros autores estudaram o caso no quadro das heranças de Larsa (L. Matoush, 1949: 151 s. e F. R. Kraus, 1969: 56, n. 155). No entanto, mais recentemente, K. Butz (1981) questionou a proveniência larseana dos documentos em favor de uma origem em Ur. Com efeito, no que diz respeito às regras de herança, a primeira partilha (YOS,5,148, datado provavelmente do reinado de Warad-Sîn) entre os três irmãos segue a tradição de Ur, concedendo uma parte suplementar de 10% ao primogênito. Todavia, é possível que a família tenha mudado para Larsa posteriormente, levando consigo seus arquivos. YOS,8,74 e 75 são datados de _/X/RS 27 e representam a divisão da parte de um dos herdeiros mencionados no registro anterior, que agora estaria morto, entre seu irmão e os filhos de um segundo irmão, certamente também já morto. As proporções atribuídas a cada um não foram individualizadas, mas sabemos, por comparação com YOS,5,148, que se tratava da casa e de um pequeno pomar situados em Ur. Em todo caso, durante todo o tempo, apenas homens aparecem como herdeiros.

[170] Scheil (1918: 80, n. 1) já havia notado a unidade destes arquivos (com exceção de Sumer et Akkad, 166, publicado mais tarde). Leemans (1955: 119 s.) retomou o caso e chamou a atenção sobre a presença da família e de seus bens em Ur e Larsa. Ver, mais recentemente Charpin (1986a: 132).

[171] RA,15,80. Scheil (1918) dá apenas uma transcrição parcial do texto; os dois fragmentos do envelope de argila foram copiados mais tarde por J.-M. Durand (1986, fragmentos 316 e 317, pl. 68). O tablete interior foi recentemente identificado por W. Farber, que o publicará em breve.

[172] RA,12,116 (= HG,6,1752).

[173] Sumer et Akkad, 166 (= Jean, 1923: 130 s.). Na seqüência, parece que um dos herdeiros de Sîn-muballit, Ilî-amtahar, comprou de seus irmãos toda a casa de Ur, pois, como sugeriu Charpin (1986a: 132), a disputa registrada em RA,14,95 diz respeito a uma casa situada nesta cidade e cujas dimensões seriam as mesmas daquela partilhada pelos três irmãos (no entanto, a leitura das medidas de Sumer e Akkad, 166, teve de ser amplamente reconstituída). É preciso salientar algo interessante: o caso foi resolvido pelos juízes de Larsa. Ver os comentários de Leemans (1955: 120 ss.) e, igualmente, Fortner (1996: 745 ss.).

[174] A primeira parte da herança (há-la) cabe a Nûr-Shamash, filho de Mannum, que é dito irmão mais velho (shesh-gal); as duas partes seguintes são cedidas aos dois filhos de Warad-gamil; Dushshupum, a mulher, não é designada por uma filiação precisa e é difícil situá-la em relação aos demais herdeiros. Trata-se de uma irmã? No que diz respeito aos homens, uma solução (adotada por L. Matoush, 1949: 154) seria considerar que o ancestral (não nomeado no documento) tinha como filhos Mannum, o primogênito, e Warad-gamil, o cadete, e que, na seqüência (isto é, no momento da partilha), o único filho de Mannum (Nûr-Shamash) e os dois filhos de Warad-gamil (Sîn-imguranni e Shamash-hâzir) teriam partilhado a herança. Ora, esta disposição significaria dizer que o filho cadete teria recebido uma parte superior à do primogênito (o que é, paradoxalmente, contrário ao que Matoush queria demonstrar, ao classificar esta partilha como um exemplo do costume de Larsa, em que o primogênito recebe uma parte dupla!). É preciso considerar, então, que Mannum, Sîn-imguranni e Shamash-hâzir eram todos filhos de Warad-gamil e que o primeiro, certamente morto à época da partilha, tinha como filho Nûr-Shamash (neste sentido, ver Charpin, 1986b: 258, n. 1).

[175] Iddin-Ea, filho de Balmunamhe, é o destinatário de uma carta (TCL,17,63) enviada diretamente por Hammu-rabi para tratar da tosa da lã nas províncias do Sul. Seu irmão, Bal'a, é igualmente mencionado nos documentos da chancelaria de Samsu-iluna (YOS,12,21: um documento bastante peculiar, mistura de carta de convocação real e do formulário contratual que se verá freqüentemente nos arquivos dos mercadores que fazem negócios com o palácio, como Ibni-Amurrum). Em seu tempo, o próprio Balmunamhe também recebia cartas do rei Rîm-Sîn (BIN,7,10). De outro lado, os arquivos pertencentes a Bal'a (cf. Charpin, 1981: 535 e 546 ss.) mostram a continuidade das atividades econômicas dos descendentes de Balmunamhe até a época de Samsu-iluna em diversas regiões do sul, sugerindo, por vezes, relações estreitas com o palácio (cf. Pers, 1996: 103 ss.).

[176] PSBA,29:23. Um detalhe reforça a idéia de que se tratava justamente de um patrimônio da família há, pelo menos, duas gerações: Balmunamhe, o avô de Lipit-Ea, foi obrigado a defender, ao longo de um processo intentado por cinco pessoas (YOS,8,42), o seu controle sobre os pomares da região de Idi-Urash; são estes mesmos pomares que, depois, foram herdados por Lipit-Ea.

[177] No tablete, lê-se: 23) *it-ti ah-hi-shu i-zu-zu* 24) há-la *sha i-zu-zu la i-in-nu-u-ma*.

[178] Quando Iddin-Ea lhe fez a doação de um escravo, ele mandou mencionar no documento (YOS,8,71, do ano 58 de Rîm-Sîn) que se tratava de um presente (níg-ba), dado além do dote (l. 4: *e-zi-ib nu-du-um-né-e-sha*).

[179] Um último texto (PTS,2187), pertencente ao Theological Seminary da Universidade de Princeton e publicado por Lafont (1992: 103 ss.), também é uma partilha da época de Samsu-

iluna (_/VI/Si 7), mas é pouco útil para nossos propósitos, pois trata-se de um rascunho e os nomes dos três herdeiros de Uratum não foram preenchidos. Em todo caso, os herdeiros deveriam partilhar terrenos urbanos e rurais, escravos dos dois sexos e mobiliário.

[180] YOS,8,83 (de 12/IV,RS-II B; ver HG,6,1443): Nabi-Shamash recebeu uma porta a mais, o que o leva a pagar uma indenização de ½ siclo e 15 grãos de prata a seu irmão. A partilha parece, então, ser do tipo igualitário.

[181] Para Kutalla (atual Tell Sifr), ver, em geral, Charpin (1980). Os registros de partilha são: TS,18, 19, 44, 56, 68; por outro lado, TS,35 (uma disposição testamentária) e TS,50 (um tablete de não-reivindicação), mesmo não correspondendo ao formulário clássico das partilhas, fornecem informações sobre a devolução de bens.

[182] TS,18: sigo, aqui, a interpretação da situação proposta por Charpin (1980: 73).

[183] O dossiê de partilhas da família é composto por TS,19, 44, 56 e 68.

[184] Eu considero, aqui, que Amat-Adad e Mâd-gimil-Eshtar sejam filhas de Lamassum e Ilî-sukkallum; mas o texto em questão (TS,35: 17-18) é ambíguo e permitiria igualmente uma outra restituição, pela qual Mâd-gimil-Eshtar seria filha de Amat-Adad.

[185] TS,36 (_/XII/Ha 34), l. 10: *i-na* kù-babbar *um-mi-ia*. D. Charpin (comunicação pessoal) notou, justamente, que não é impossível que se tratasse da prata proveniente de Lamassum, já morta na época da compra do terreno.

[186] L. 1 2 s.: *i-na* kù-babbar *bi-ri-ni la sha-a-um-ú*.

[187] TS,38 (de 13/V/Ha 35); Ch.-F. Jean (1913: 12) havia considerado o documento como um pagamento de dívida, mas, em seu estudo, D. Charpin (1980a: 77) pôs em evidência a relação entre os dois casos.

[188] Para um quadro dos dados, ver L. Barberon (2001: 90 ss.). Os tipos de bens atestados na época babilônica antiga são, em geral, os mesmos que aparecem na época neobabilônica, bem estudada por M. Roth (1989). L. Barberon notou, entretanto, duas diferenças: a presença de bens alimentares e a maior ocorrência de gado nos registros paleobabilônicos (p.90). As prebendas, atestadas uma única vez no período neobabilônico (VAS,6,95, completado por VAS,5,54; cf. Roth, 1989: 56), não aparecem nos dotes de Larsa, mas sabemos por outras fontes que elas podiam ser vinculadas às mulheres, que dispunham delas quando da sucessão (ver D. Cocquerillat, 1955, que é ainda útil para o tema da transmissão das prebendas como um bem).

[189] Isto é verdadeiro sobretudo para os campos de cultura de cereais (a-shà), pois eles são majoritariamente destinados às sacerdotisas-*nadîtum*: dos oito dotes contendo campos arrolados por L. Barberon (2001: 103), cinco são destinados a sacerdotisas-*nadîtum*, um concerne a uma sacerdotisa-*ugbabtum* e somente em dois casos os campos são destinados a mulheres não qualificadas textualmente como religiosas.

[190] Para as transações matrimoniais em Mari, ver J.-M. Durand (1988: 99 ss.); B. Lafont (1987: 113 ss.) e B. F. Batto (1974: 52 s.).

[191] Ver, por exemplo, J. F. Collier (1988: 253, com bibliografia anterior).

[192] A. Schlegel e R. Eloul (1988: 294) acrescentam que o chamado 'dote indireto' pode preencher as mesmas funções. Com efeito, a tendência, na época babilônica antiga, em transferir o valor da *terhatum* ao casal pode indicar uma contaminação de sua lógica pela lógica do dote. Para tal tendência, ver R. Westbrook (1988: 126) e M. Stol (1995: 126).

[193] Ver A. Schlegel e R. Eloul (1988: 294).

¹⁹⁴ A idéia de compensação teve, em certos autores, o efeito de reduzir o dote a uma transação estritamente econômica entre os grupos engajados na aliança de casamento; é o caso, por exemplo, de M. E. Spiro (1975: 98 s.), o que provocou a reação de J. Comaroff (1980: 6 s.), que critica, nesta visão 'economicista' de Spiro, o fato de não se levar em conta a complexidade do fluxo de pagamentos, que faz com que os grupos de doadores e receptores de mulheres não sejam estabelecidos antecipadamente, mas, sim, no próprio processo de trocas. De outro lado, ainda segundo Comaroff, falta, neste tipo de abordagem, uma consideração dos aspectos socioculturais dos pagamentos nupciais, para além do deslocamento de riqueza. Justamente, outros autores enfatizaram os aspectos simbólicos do dote, considerando-o, por exemplo, como um mecanismo de exibição da posição social do grupo da esposa (*"display of social status"*); ver S. Harrell e S. A. Dickey (1985: 111 s.). De minha parte, se eu confiro uma grande importância à transferência de bens, é em função da necessidade de pôr em evidência a posição da mulher no processo de devolução do patrimônio; isto não significa nenhum desprezo pelos elementos imateriais implicados no processo.

¹⁹⁵ Por oposição, num quadro de residência patrilocal, seria de se esperar uma maior importância do dote como fator de subsistência da mulher. A título de hipótese de trabalho, eu sugiro que esta grade de leitura pode ser útil para estudar o caso dos dotes destinados às sacerdotisas-*nadîtum*: de um lado, este procedimento poderia explicar a composição excepcional destes dotes, com a freqüente inclusão de meios produtivos, como os terrenos agrícolas e os pomares, e também a multiplicação dos recursos 'financeiros' que são objeto desta categoria de mulheres; de outro lado, situando o templo no pólo de receptor de mulheres, será possível compreender melhor o esforço do palácio a fim de garantir, pela legislação, a concessão do dote às sacerdotisas e a proteção dos negócios destas, pois, assim, ele se desonera de arcar com a subsistência de um corpo considerável de mulheres. Além disso, o sistema, bastante difundido, de adoção entre as sacerdotisas-*nadîtum* proporcionava uma espécie de mecanismo de devolução do patrimônio (ou da parte que não retornaria ao grupo de origem da mulher, em particular seus irmãos e os descendentes destes) e permitia assegurar a velhice da sacerdotisa a partir do momento em que ela abandonava a atividade econômica.

¹⁹⁶ Uma situação ainda mais desfavorável pode se apresentar se, em razão de sua localização, o terreno continuar sendo explorado pelos membros (em particular, os homens) da família da esposa, o que pode limitar consideravelmente o poder de disposição do marido e criar situações conflituosas entre os dois grupos; ver E. Friedl (1971: 137 s.).

¹⁹⁷ R. Westbrook (1988: 92) havia chamado a atenção sobre esta possibilidade de mobilização dos bens do dote pelo marido. É, justamente, esta situação que cria o problema da restituição em caso de separação, como se vê, por exemplo, no Código de Hammu-rabi, § 138 e § 149. Por outro lado, a preferência por bens mobilizáveis não é limitada às expectativas dos receptores de mulheres; ela pode também se manifestar no grupo de doadores de mulheres e depende de condições econômicas circunstanciais: por exemplo, a inserção da economia doméstica em uma rede larga de troca de produtos funciona como um estímulo às transferências nupciais em prata, ou seja, a uma monetarização do dote (ver T. Hakansson, 1988: 16).

¹⁹⁸ Para os dados, ver L. Barberon (2001: 103). Ver também E. Friedl (1971: 138).

¹⁹⁹ Dois dotes do período babilônico antigo (reino de Ammi-ditana, 1683-1647), provenientes de Sippar, incluem a transferência de uma irmã da esposa (nos dois exemplos, curiosamente, as mulheres acumulam títulos idênticos: *nadîtum* do deus Marduk e *kulmashtum*; a coincidência poderia se explicar, pois, ao que parece, segundo os dados prosopográficos, trata-se, nas duas ocasiões, da mesma família, da qual duas mulheres ocuparam sucessivamente a mesma posição

(BE,6/1,84: 30 s. e CT,8,2a: 12; aos quais, talvez, se deva acrescentar a doação BE,6,1,95, também proveniente de Sippar e datada do ano 13 de Ammi-saduqa; cf. K. R. Veenhof, 1989: 181, n. 2). Em CT,8,2a, a irmã que acompanha a esposa é chamada *shugîtum*, uma segunda esposa (para a etimologia do termo, ver C. Wilcke (1984: 175 s.) O exato estatuto da *shugîtum* é incerto, mas, sem dúvida, ela nem sempre é uma segunda esposa; ver Veenhof (1989: 181) e J. Renger (1967: 176 ss.). Ver também os §§ 144-145 do código de Hammu-rabi. Para além do dote, a poliginia baseada sobre o triângulo formado pelo marido, sua esposa principal e uma irmã que faz o papel de genitora é bem atestada (ver o estudo de C. Friedl, 2000: 86 ss. e também R. Westbrook, 1988, capítulo 6 sobre o que o autor chama de '*sisterhood*').

[200] A utilização de uma escrava, fornecida pela esposa sacerdotisa, para a reprodução do casal é também prevista pelo parágrafo 146 do Código de Hammu-rabi. É possível que a escrava seja uma parte do dote, ainda que isto não esteja explícito no texto. Com efeito, a escrava parece permanecer, como os demais bens dotais, vinculada à esposa: é a esta que recai o direito de punir a escrava que tenha pretendido igualar-se a ela no lar (§ 146) ou de vendê-la, caso ela não tenha gerado filhos (§ 147).

[201] As jóias são de tal modo associadas às mulheres que a expressão '*jóias de mulher*' (*shukutum sha sinnishtim*) parece ser uma redundância inútil e excepcional (justamente, a ocorrência do termo em um único contrato de época bastante tardia é uma influência helênica; cf. K. Abraham, 1992: 313). Por outro lado, na literatura, o termo *shukutum* é freqüentemente ligado a personagens femininas excepcionais (a deusa Eshtar ou Adad-Guppi, a mãe de Nabonido, por exemplo. Para as atestações, ver CAD-SH: 237 s.).

[202] Cf. YOS,8,98, por exemplo.

[203] Certamente, a tipologia dos documentos explica, em certa medida, a diferença entre os conteúdos das partilhas e dos dotes, mas é preciso lembrar que tal tipologia é, ela mesma, o resultado de um processo diferenciado de devolução do patrimônio e do modo como os mesopotâmios o concebiam.

[204] Não existe ainda um estudo a respeito para a época babilônica antiga, mas podemos esperar conclusões semelhantes às dadas por M. Roth (1987) para o primeiro milênio. Roth havia notado a tendência segundo a qual os casamentos dos filhos se situam após a partilha (p. 722), assim como uma presença majoritária das mulheres com pais ainda vivos na época do casamento (p.731). Como resultado, a autora sugere uma diferença entre a média feminina de idade na época do primeiro casamento (situada entre 14 e 20 anos) e a média masculina (entre 26 e 32), válida tanto para o meio urbano quanto para o rural (p. 737).

[205] Acrescentemos as 'palavras' e reencontraremos, aqui, a tríade cuja circulação entre os homens foi considerada por numerosos antropólogos (P. Clastres, M. Sahlins, Lévi-Strauss) como o fundamento da própria sociedade.

[206] A constatação vale como uma regra geral; na prática, numerosas eram as situações em que a posição de uma mulher era definida, ao contrário, pela ausência de um referencial masculino, dando origem ao que M. Roth (1988) chamou apropriadamente de '*mulheres em transição*'. Em todo caso, seu estudo, que se refere ao primeiro milênio a.C., mostra o caráter excepcional, e preferencialmente provisório aos olhos dos contemporâneos, destas situações (orfandade, viuvez, separação etc.) e a que ponto alguns mecanismos comunitários (*bît mâr banî*) exerceram, por vezes, um papel importante na inserção, ou reinserção, social destas mulheres, na ausência de um homem.

[207] Teoricamente, é preciso notar que, se a distinção sexual no processo de sucessão é extremamente marcada, uma linhagem feminina (na qual, por exemplo, o dote seria transmitido exclu-

sivamente da mãe às filhas) nem sempre está presente; sua realidade deve, então, ser verificada em cada caso (A. Gotman, 1985: 64). Os dados de que dispomos não parecem apoiar a idéia de uma transmissão feminina separada na Mesopotâmia, mesmo se alguns bens transitavam preferencialmente entre as mulheres.

[208] A circulação das mulheres como um dos ingredientes da troca entre os grupos estava na base da 'teoria da aliança' de Lévi-Strauss (1967) e suscitou várias críticas relativas ao seu caráter 'sexista' e suas implicações androcêntricas. Eu me limito a citar, aqui, o artigo de S. Yanagisako (1979) que me parece uma avaliação perspicaz e consistente do problema, sem, no entanto, sucumbir às tentações que marcaram a literatura do tipo *'sex and gender history'* das últimas décadas. Se eu conservo esta idéia fundamental de uma circulação de mulheres entre os grupos machos, é porque a considero operacional para a análise dos deslocamentos de bens na sociedade mesopotâmica e não por vê-la como uma realidade transcultural imutável: estudos recentes mostraram, aliás, que a situação em que temos *"hommes échangistes et des femmes echangées"* está longe de ser universal, o que, de resto, corresponde a uma relativização já antecipada pelo próprio Lévi-Strauss (de modo muito tímido, é verdade), o que sugere a necessidade de desvincular a teoria da aliança de uma visão androcêntrica ainda predominante (ver C. Collard, 2000), mesmo que, como mostra o caso mesopotâmico, os homens constituam, na maior parte do tempo, o *"noyau dur des groupes échangistes"* (as expressões são de Collard).

[209] Em seu artigo sobre a circulação de bens no contexto não-institucional, J. Renger (1984: 76 ss.) reúne vários exemplos de troca de mercadorias associados às mulheres, em particular sacerdotisas-*nadîtum*, mas sem avançar nas considerações sobre a definição sexual dos circuitos.

[210] Para este conceito, ver I. Kopytoff (1986).

[211] Evidentemente, tal dualidade ultrapassa os limites da família ou da casa: em seus contatos com a sociedade, os agentes da economia doméstica são ainda marcados pelos laços com certas categorias de bens que se fundam em categorias sexuais. De outro lado, nas esferas da economia institucional do palácio, o fator sexual era também um elemento importante para a definição do tipo de remuneração e a tendência, aqui, era igualmente de separação entre a terra e as mulheres (para a época da terceira dinastia de Ur, no final do terceiro milênio, ver R. P. Wright, 1996: 61). Com efeito, é todo um circuito sexuado de troca que se define então e que, em certos casos, pode estimular, até mesmo exigir, a participação das mulheres nos casos em que proibições e restrições pesam sobre os homens (cf. P. Bourdieu, 1994: 183 e, para o Egito antigo, C. J. Eyre, 1998: 173 ss. que enfatiza a importância da participação feminina nas trocas locais para o funcionamento da economia doméstica). Não é deslocado pensar que a circulação das terras em Sippar deve muito a esta lógica sexual que faz com que a 'economia econômica', para retomar a expressão de Bourdieu, seja um negócio de mulheres. Se o raciocínio é correto, a grande diferença em relação à situação que vimos em Larsa, onde se opera uma clivagem entre a terra e as mulheres, é que, em Sippar, a instituição das religiosas-*nadîtum* permitiu superar esta distância e serviu de instrumento de liberação das terras em relação aos seus possuidores tradicionais, os homens.

[212] Esta disparidade foi vista por certos autores como sendo a própria essência do sistema dotal, em todas suas implicações de desigualdade e de dominação masculina. M. Harris (1979: 306), por exemplo, vê o dote não como uma forma de herança feminina, mas como uma *"female premortem disinheritance"*. Na mesma página, o autor enfatiza, justamente, a exclusão das mulheres do acesso à terra. À luz do que se viu aqui, a afirmação, mesmo sendo justa, merece ser relativizada em seu alcance: o elemento de subordinação existe, sem dúvida, mas em um quadro de devolução divergente, que integra as filhas, ao contrário do 'modelo africano' (ver S. Harrell e S. A. Dickey, 1985: 107).

²¹³ Imobilidade que é, evidentemente, o resultado de uma concepção e de uma prática sedentárias do espaço, já que a noção de território não é necessariamente vinculada à idéia de fixidez. Entre os caçadores, o território é o resultado de uma articulação complexa entre as zonas de habitação e as regiões de caça e não depende de parâmetros físicos estáveis; o território é definido, então, em função do deslocamento do grupo. Se, na Mesopotâmia, o desenraizamento de alguns membros é o preço a pagar para obter alianças, nas sociedades de caçadores, nas quais, aliás, homens e mulheres circulam de modo mais intenso, a aliança de casamento é, ao contrário, um instrumento de ancoragem em um território que é variável por definição, mas sempre ligado a um grupo de pessoas (ver Désveaux, 1994).

²¹⁴ As fontes não são jamais explícitas sobre este ponto e nós podemos hesitar quanto a associar a primogenitura sucessória automaticamente ao primogênito biológico. Há, todavia, indícios que levam a crer que a idade servia de base à definição das posições. Eu pressuponho esta coincidência, embora reconheça que a primogenitura possa ser criada ou alterada artificialmente, sem levar em conta a ordem de nascimento. Em todo caso, esta possibilidade, que podia concretizar-se por via testamental, por exemplo, não é um fato comum na documentação mesopotâmica. Por outro lado, eu me limito, aqui, à transmissão do patrimônio aos herdeiros do sexo masculino pela partilha *post-mortem*, deixando de lado a participação das filhas na sucessão, que se apresentava geralmente sob a forma do dote feito por ocasião do casamento.

²¹⁵ A impressão de um mosaico de costumes concentrados em uma região geográfica limitada não deve absolutamente surpreender: pode-se citar o caso da França, que apresentava igualmente uma enorme variedade de práticas na época moderna (ver Augustins 1989: 5 9 ss. e Le Roy Ladurie 2002: 15 2 ss.). Isso não impede de sugerir uma tipologia, como fizeram estes autores. Seria desejável que os estudos futuros se preocupassem em estabelecer uma *geografia consuetudinária* da devolução patrimonial na Mesopotâmia.

²¹⁶ Para o problema da ausência da primogenitura no código de Hammu-rabi, ver Cuq (1929: 63); Kraus (1969a: 8 ss. e 1969b: 1 8 ss.) e Driver e Miles (1952: 33 1 s.).

²¹⁷ § 165: *a-na* ibila-*shu sha i-in-shu mah-ru* (literalmente: a seu herdeiro que agrada ao seu olho). Alguns autores viram nesta disposição uma manifestação embrionária da prática testamental, em particular se os bens adiantados ao filho preferido proviessem do conjunto do patrimônio familiar (e não de bens adquiridos especialmente para uma doação); ver, por exemplo, Miles (1954: 12 3 s.). É preciso notar que, sendo os costumes babilônicos igualitários, tal prática constituiria não apenas uma alteração da ordem de nascimento, mas também uma verdadeira instituição da diferenciação entre os herdeiros.

²¹⁸ Ver Harris (1975: 36 2 s. e 1976:130). Recentemente, Goddeeris (2002: 74 e 228) emitiu uma opinião contrária, mas o documento citado para apoiar sua posição (é-dub-ba-a: 7,25; cf. Dalley e Al-Rawi 2000) não prova que o filho mais velho teria recebido uma parte privilegiada, pois tratava-se de um filho adotado, cuja primogenitura fora criada artificialmente por um contrato e visava protegê-lo contra reivindicações futuras dos filhos naturais do casal adotivo.

²¹⁹ Para as formas de cálculo, ver Lafont (1992: 10 9 s.).

²²⁰ Ver Stone (1991: 24), Hunter (1930: 2 9 ss.) a propósito de OECT, 8, 17 e 18 e O'Callaghan (1954: 13 9 s.), comentários de NBC,8935 e de Ni,1688, publicado por Cig, Kizilyay e Kraus (1952: 16, 72 e prancha 44). Mais recentemente, Hallo (2002: 148) preferiu falar de uma *'preferential share'*, sem estabelecer sua dimensão.

²²¹ Kraus (1954: 12 5 ss.) e Charpin (1980: 35), comentando TS,6, proveniente de Ur e que mostra uma aplicação aproximativa da regra de 10%; ver também Charpin (1986: 11 0 s.). O

mesmo privilégio é encontrado em YOS,5,148, como demonstrou Butz (1981: 19 9 s.) Van De Mieroop (1992: 218) pensa que a observância do adicional de 10% era mais rígida para os terrenos do que para os demais tipos de bens. Para as transmissões patrimoniais em Ur, ver sobretudo Brusasco (1999/2000: 13 4 s.).

[222] Ver, no entanto, os argumentos contrários de Kraus (1951: 116 e 1969a: 12).

[223] Em primeiro lugar, ver Matoush 1949.

[224] Assim, Boyer considerou os costumes de partilha de Mari, na região síria, mais próximos daqueles do sul mesopotâmico do que daqueles presentes na região babilônica: segundo sua interpretação do contrato de adoção ARM,8,1, o filho mais velho receberia uma parte dupla, como em Larsa. O argumento de Boyer repousa, no entanto, sobre este único documento e a interpretação de *shittan* como 'part double' em vez de 'dois terços' pode ser contestada (cf. CAD,SH-3: 136). O documento em questão atesta, aparentemente, um benefício acordado ao primogênito, mas é preciso considerar que se tratava de assegurar os direitos de um filho adotivo face aos herdeiros naturais do casal. É difícil saber se estamos diante de uma situação corrente de direito de primogenitura ou de condições especiais que derivam de negociações entre as partes do contrato de adoção. A situação sucessória em Mari é, aliás, mal conhecida, em grande parte devido à ausência de arquivos familiares na documentação escavada até aqui. Em geral, a documentação palaciana informa, sobretudo, acerca da transmissão do patrimônio dos funcionários, que se revela a ocasião de inúmeras disputas entre os membros da família e o poder central, pois uma parte dos bens era de origem palaciana. Inspeções e confiscos podiam ser ordenados pelo rei de Mari (ver Durand 2000: 184 ss.; Koppen 2002; Lafont, 2001 e Heimpel 1997: 63 ss.).

[225] Este é exatamente o encadeamento que encontramos na sucessão dos herdeiros de Sîn-shêmi, em Kutalla: uma primeira partilha, com uma dupla parte para o primogênito (TS,56), seguida, quatro anos mais tarde, de uma divisão igualitária (TS,68). Ver Charpin (1980: 64 ss.).

[226] As situações podem multiplicar-se, como mostra este documento de Ur (TS,5, datado do ano 7 de Rîm-Sîn), comentado por Charpin (1980: 37 s.), no qual a regra do adicional de 10% é seguida para os terrenos, mas não para as prebendas do templo, das quais o filho mais velho recebe, pelo menos, uma parte dupla em relação ao cadete, como ocorria em Larsa. O documento é posterior à conquista de Ur por Larsa e podemos indagar se não houve uma contaminação, ainda que parcial, dos costumes locais de Ur pelos da nova cidade hegemônica. Ou, então, considerando a diferença apresentada entre terrenos e prebendas, poderíamos perguntar se a transmissão das últimas não seguiria regras próprias, de acordo com a região em que se localizava o templo. Muitos outros fatores poderiam explicar os desvios da regra. A presença exclusiva de mulheres em uma partilha igualitária de Kutalla (TS,18) poderia sugerir que o adicional de primogenitura só se aplicaria aos homens; ou, ainda, os efeitos de uma intervenção real poderiam explicar uma partilha igualitária de Ur (TS,24a linha 2s: [*a-na si-im-d*]*a*-at** [*sha*]*r-ri-im*; restituições de Charpin 1980: 216).

[227] A menos que nós pensemos em uma terceira possibilidade, fundada sobre a cronologia dos documentos: a família teria praticado a partilha igualitária até a geração dos filhos de Sanum e, depois, a partir do ano 22 de Rîm-Sîn, teria adotado práticas sucessórias discriminatórias. Pessoalmente, creio que esta solução seja pouco provável. Em Kutalla, tem-se também um exemplo de práticas alternativas no interior de uma mesma família, a de Sîn-shêmi, separadas por apenas quatro anos; é interessante notar que, neste caso, a ordem é inversa daquela encontrada na família Sanum: primeiramente, uma partilha diferenciada (TS,56 do ano 42 de Hammu-rabi) e, depois, uma partilha igualitária (TS,68 do ano 4 de Samsu-iluna), o que enfraquece a hipótese

de que os costumes hereditários tenham sido alterados no reino de Larsa devido à conquista babilônica. Ver Charpin (1980: 64 s.).

[228] TCL,11,141 de _/III/Ha 1, ou seja, do primeiro ano de reinado de Hammu-rabi em Larsa, não na Babilônia. É muito provável que esta partilha tenha acontecido algum tempo antes, sem ter sido posta por escrito; com a chegada dos babilônios, os dois irmãos teriam tomado suas precauções e registrado a operação. Uma outra possibilidade é que o antigo contrato, com a fórmula de datação e o juramento em nome do rei deposto tenha sido substituído por um outro tablete, datado e jurado em nome de Hammu-rabi. A presença, nos arquivos da família, de outros documentos redigidos no antigo formulário larseano enfraquece, contudo, esta segunda hipótese.

[229] Tratava-se, certamente, do mesmo pomar que havia pertencido a seu avô e a seu pai, situado às margens do canal Mami-dannat: o porteiro do deus Shamash é registrado como vizinho do terreno nas duas ocasiões (TCL,10,31: 3 e TCL,11,141: 2).

[230] Se este é o caso, o documento permite reconsiderar uma idéia bastante difundida sobre as diferenças de registro das partilhas entre o sul e o norte da Mesopotâmia. Segundo Klíma (1940: 20 ss.), a prática no norte consistiria na redação de um contrato para cada herdeiro, enquanto que, no sul, seria redigido um só tablete descrevendo as partes de cada um dos irmãos. Vários autores seguiram esta hipótese, incluindo Larsa na tradição meridional (Matoush, 1949: 153; Kraus, 1954: 125; Charpin, 1980: 45 e 80, n. b; para Sippar, ver Harris 1975: 363). Kraus e Charpin haviam, no entanto, chamado a atenção para a situação de Ur, onde os tabletes individuais existem apesar do predomínio de registros coletivos. TCL,10,30 pode sugerir uma situação similar em Larsa. Nós teríamos ainda dois outros exemplos: o primeiro é YOS,5,106 (_/I/RS 37) que registra apenas a parte de Ilî-ippalsam (os terrenos situavam-se em Larsa e em Rahabum, na região larseana; cf. RGTC,3: 194; ver Kraus, 1951: 97, n. 18); o segundo exemplo vem da época de dominação babilônica: PSBA,29: 23, para o qual, apesar das lacunas no tablete, pode-se assumir sem risco que apenas a parte de Lipit-Ea, neto do conhecido Balmunamhe, foi registrada.

[231] TCL,10,42 de _/II/RS 16, seis anos anterior, então, à primeira partilha em que Iddin-Amurrum e Iblutam são citados explicitamente. As vendas ao primogênito antes da partilha podem ser vistas como mecanismos eficazes de concentração do patrimônio familiar, sendo, ao mesmo tempo, suficientemente aceitáveis pelo conjunto de cadetes (ao menos, mais aceitáveis do que uma doação), pois eles não são completamente excluídos, uma vez que partilharão o resultado da venda. Para as estratégias familiares visando salvaguardar o patrimônio da pulverização, às expensas das regras de partilha, ver Bourdieu (1972: 1114 ss.).

[232] A proposição de Matoush de traduzir a expressão *ina mitgur-shunu* por "*par portions égales*" não deve ser retida; ver Dombradi, 1996: 98: "*in gegenseitigen Einvernehmen*".

[233] A trajetória deste terreno no interior da família não é totalmente clara, mas a seguinte reconstituição pode ser sugerida: quando de uma primeira partilha (cujo contrato desapareceu, mas é citado nas linhas 16-21 de TCL,11,200), Iddin-Amurrum e seu irmão Iblutam haviam dividido um pomar; as duas parcelas seguiram caminhos diferentes: o lote transmitido a Iblutam foi parcialmente vendido a seu sobrinho Ibni-Amurrum no ano 3 de Samsu-iluna (TCL,11,198), mas Iblutam conservou uma parte do terreno, continuando como vizinho de Ibni-Amurrum; a parcela de Iddin-Amurrum permaneceu indivisa pelos seus filhos, sendo partilhada um ano depois (TCL,11,200). Isto explica por que, neste último documento, Iblutam estava registrado como testemunha (linha 33'), imprimindo nele seu selo: sendo mais novo, ele sobreviveu ao seu irmão Iddin-Amurrum e possuía ainda alguns terrenos nos domínios fundiários da família. De fato, certos dados cadastrais em comum (o fato de Warad-ilishu ser um dos vizinhos e de uma

estrada bordejar o pomar) confirmam a relação entre os dois casos; a ausência de Iblutam como vizinho na partilha (TCL,11,200) pode ser facilmente explicada pelo estado lacunar do tablete, pois ele era justamente o vizinho de Ibni-Amurrum, cujo registro da parte falta hoje no documento. Matoush (1949: 168) fez, corretamente, a aproximação entre os dois casos, mas considerou, de maneira equivocada a meu ver, que TCL,11,200 registraria "*le règlement d'une querelle des copartageants*", à semelhança de TCL,11,218 (ver a nota seguinte).

[234] TCL,11,218 de _/II/Si 7. Matoush (1949: 171) entendeu o caso como a resolução de uma disputa entre dois irmãos co-herdeiros, Ibni-Amurrum e Lipit-Eshtar, o que teria permitido a divisão de terrenos entre eles. De fato, Matoush considerou que as linhas 1-8 do tablete formavam a descrição da primeira parte (há-la), concedida a Lipit-Eshtar e que as linhas 10-13 indicariam os terrenos cedidos a Ibni-Amurrum. Entretanto, vários elementos, constatados em uma verificação do tablete no Museu do Louvre, me permitem propor uma outra interpretação do documento: 1) na linha 9, não há espaço suficiente para a expressão há-la e o sinal cuneiforme, mesmo muito apagado, é claramente um *ù*; 2) na linha 10, não se tem a descrição do primeiro terreno da parte de um segundo herdeiro, como pensou Matoush, mas o recapitulativo dos terrenos citados nas linhas 1-9; 3) ora, este terreno nos é conhecido: trata-se do pomar nas margens do canal Ishme-Enlil, recebido por Ibni-Amurrum em uma partilha anterior (TCL,11,174); 4) um último elemento diz respeito à cronologia da partilha: TCL,11,218 data exatamente do fim dos arquivos de Ibni-Amurrum, o mês II de Si 7; parece, então, que este documento representa, na verdade, a divisão dos terrenos de Ibni-Amurrum, morto recentemente, pelos seus irmãos (o singular "*seu irmão*" na linha 17 parece indicar, simplesmente, que o documento em questão era uma cópia destinada a apenas um dos irmãos; na linha seguinte, a frase encontra-se no plural: *i-na mi-it-gur shu-nu i-zu-zu*).

[235] Os contratos em que o selo de Iddin-Amurrum é utilizado por seu filho são: TCL,11,172, 193, 195, 199, 200, 208 e 210.

[236] O único indício documental é, no entanto, YOS,8,102 (datado de 11/II/RS 28), em que um certo Iddin-Amurrum é citado como sendo *tamkârum*: l. 7: ^{I}*i-din*-^{d}-*mar-tu dam-gàr*. Leemans (1950: 50) inclui Iddin-Amurrum em sua lista de mercadores de Larsa da época da independência de Larsa, acrescentando que algumas de suas atividades (como o empréstimo de prata registrado em TCL,10,75) faziam parte dos negócios típicos desta atividade (p. 58). A atestação do título é, sem dúvida, de menor importância, como demonstra o próprio caso de Ibni-Amurrum, que nunca é chamado de *tamkârum* nas fontes, embora a natureza de seus negócios não deixe dúvidas sobre a sua inclusão na categoria.

[237] A exemplo de Schmidt (1996: 5 s.), eu considero cultos mortuários (*mortuary cult*) o conjunto de ritos executados para os mortos de um modo regular, implicando seu cuidado, alimentação ritual e veneração, por oposição aos ritos funerários (*funerary rites*), que correspondem ao tratamento dispensado aos restos mortais no momento da morte (*burial rites*) e aos cultos que se sucedem imediatamente aos funerais (*mourning rites*). Eu entendo igualmente que o culto aos ancestrais (*ancestor worship*) é um elemento indispensável, ao menos na Mesopotâmia, para a constituição de um verdadeiro culto mortuário que se prolongue além da circunstância mais limitada das exéquias fúnebres. O ritual do *kispum* corresponde, grosso modo, a essa relação mais durável implicada pelos cultos mortuários, mesmo se se pôde demonstrar que, eventualmente, ele pode estar também associado aos ritos funerários propriamente ditos (ver Tsukimoto, 1980: 12 9 s.).

[238] Se, do ponto de vista demográfico, esta barreira se desloca normalmente dos mais velhos para os mais jovens, várias situações podem provocar sobressaltos, como a morte prematura de um primogênito, por exemplo. Nestes casos, alguns mecanismos intervêm a fim de superar o

problema: a transferência da condição de primogênito a um benjamim, ou mesmo a uma filha, ou ainda a adoção. Por outro lado, do ponto de vista simbólico, a separação entre o mundo dos mortos e o dos vivos é menos nítida e, ao menos parcialmente, reversível: a possibilidade de um retorno dos mortos, tópico recorrente da mitologia mesopotâmica, é constantemente objeto de procedimentos mágicos que visam impedi-lo.

[239] É preciso, no entanto, levar em conta a dificuldade de identificar os contextos funerários paleolíticos e de diferenciar os simples abandonos de corpos dos sepultamentos; para um tratamento do problema com um repertório dos casos conhecidos, ver Fedele (1994: 28 ss.).

[240] Eu forço intencionalmente o traço deste quadro a fim de melhor estabelecer o contraste com a situação mesopotâmica. Certamente, as sociedades de caçadores-coletores estabelecem relações específicas com o espaço e não é necessário supor, por causa do deslocamento contínuo, uma completa ausência de ligação no nível da ocupação concreta do território ou da imagem que tais sociedades formam sobre a ocupação territorial; simplesmente, a prática e a representação que lhes são próprias diferem daquelas das sociedades sedentárias. Em todo caso, é somente a partir de sociedades de tipo neolítico que a relação com o espaço ancestral será expressa fisicamente (tumbas, monumentos etc.) e que a morte será incorporada como um elemento importante da paisagem humana (ver a este propósito Pollard 1999: 88 s.). No mais, as situações intermediárias são numerosas e inspiram nuanças nas comparações: basta lembrar que, mesmo nas sociedades urbanas contemporâneas, as formas de espacialização são cada vez mais definidas por uma composição entre as mobilidades e os ancoramentos e que o conceito tradicional de sedentarizacão tornou-se manifestamente inoperante para a análise de situações em que a articulação entre o local e o global se mostra de modo até então inesperado (ver os estudos reunidos por Hirschhorn e Berthelot 1996, em particular os capítulos de Mormont e Remy).

[241] Ver, em geral, Forest (1983).

[242] Para uma tipologia, ver o artigo de Eva Strommenger no *Reallexikon der Assyriologie*, volume 3, s.v. '*Grab*', assim como Barrelet (1980: 7 ss.).

[243] No entanto, algumas escavações recentes parecem sugerir que a cremação foi mais difundida do que se tinha pensado até aqui. Mesmo se ela permanece largamente minoritária no conjunto e limitada à zona hitito-levantina, ela penetrou na região siro-mesopotâmica tardiamente, a partir do final do segundo milênio, num movimento cuja influência hitita (portanto indo-européia) é praticamente certa. Na Síria, um exemplo é a grande necrópole de tumbas de incineração de Tell Shioukh Faouqâni (antiga Burmarina) do início da Idade do Ferro (ver Bachelot *et alii*, 2001: 9 ss.). Por vezes, a prática de incineração aparece de modo residual em contextos majoritários de inumação, como em Tell Sabi-Abyad, no norte da Síria, durante o Bronze Recente (Akkermans e Rossmeisl, 1990: 13 ss.); outras vezes, ela acaba por ter uma importância considerável, como na necrópole de Hama, no início da Idade do Ferro (Riis, 1948: 27 ss.), ou em Deve Hüyük (século VIII), na região de Carkemish (Moorey, 1980: 5 ss.). Na Mesopotâmia, os exemplos são esporádicos e, em geral, atestados por escavações antigas: para Assur na época neo-assíria, ver Haller (1954: 52 s.) e, para a Babilônia, ver Reuther (1926: 189) e Baker (1996: 219).

[244] Para as práticas funerárias mesopotâmicas na época proto-histórica, ver em particular Forest (1983). As inumações sob as estruturas de habitação são atestadas em vários sítios deste período; alguns exemplos: Yarim-Tepe, na região de Hassuna (Merpert, Munchaev e Bader, 1981); Khajaf, a antiga Tutub, no vale do Diyala (Henrickson, 1981: 77); Kish, na região babilônica (Algaze 1983/4); e também no sul: Abu-Salabih. A associação entre os sepulcros subterrâneos e o espaço de habitação é demonstrada ainda por alguns dos sítios mais prestigiosos da literatura

arqueológica, como Çatal-Höyük, por exemplo. Para os períodos tardios do primeiro milênio, na Assíria e na Babilônia, ver Castel (1992: 106 ss.) e, para a Babilônia, Baker (1996: 218).

[245] Para o terceiro milênio, ver Crawford (1977: 37 s.) e Laneri (1999). A tese de Laneri, que considera a multiplicação do fenômeno no início da Idade do Bronze como uma característica do período, na esteira do esboroamento do chamado 'sistema urukiano' do quarto milênio, merece, entretanto, ser relativizada em função de uma bem atestada continuidade arqueológica neste domínio. Por outro lado, Laneri contestou corretamente a idéia, comum entre certos arqueólogos (Woolley, 1952, por exemplo), de que esta prática corresponderia a um estágio primitivo, substituído em seguida por inumações regulares, em cemitérios distantes das zonas de habitação (p. 221 s.). Como Laneri demonstrou, o terceiro milênio assistiu a um desenvolvimento seja de tumbas *intra muros*, seja de cemitérios *extra muros*, ou, ainda, de verdadeiras necrópoles, situadas fora dos centros residenciais (p. 222). Para a presença de tumbas sob as casas na região síria, ver Jean-Marie (1990: 304) e, para a zona do Jerablus-Tahtani, Peltenburg (1995: 71) e Peltenburg *et alii* (1996: 10 s.). É preciso notar, por fim, que, em certos casos, os autores nem sempre compreenderam a importância das caves funerárias como um elemento da arquitetura doméstica, como é o caso do trabalho de Robert 1995 sobre as residências do Período Dinástico Arcaico.

[246] Ver o volume 7 de *The Excavations at Ur* de Leonard Woolley (1976: 33 ss. Catálogo pp. 194 ss.), Luby (1990: 70 ss.), Battini-Villard (1999: 211 ss.) e, em último lugar, Brusasco (1999/2000: 71 ss.), cuja análise estatística dos dados tende a confirmar as idéias preliminares de Woolley quanto à identificação das capelas com os *loci* de concentração dos elementos cultuais (altares, nichos, pedestais, terracotas votivas etc.) e sua ligação com as caves no subsolo, o que reforça o caráter funerário das estruturas cultuais domésticas. Por outro lado, o estudo conjunto dos dados arqueológicos e epigráficos feito por Charpin (1986: 192 ss.) reforça a associação entre os domínios residenciais (de membros do clero) e as práticas funerárias (por exemplo, a presença de listas de oferendas aos defuntos dos sacerdotes-*entum*, cf. p. 208). O caso do *giparum* da grande sacerdotisa do deus Nanna é interessante, pois nos informa sobre um tipo de caso em que a construção está a meio caminho entre a função residencial e a função religiosa. Charpin notou que sua organização reproduz aquela das grandes residências de Ur, associando o espaço de habitação, a capela e as caves subterrâneas, as diferenças sendo apenas de escala (p. 218 e 220).

[247] Genouillac (1936: 14 s.) havia considerado que a estrutura fazia parte de um templo da Nanshe, que dataria do terceiro milênio. Posteriormente, Parrot (1948: 276 ss.) estabeleceu o caráter doméstico da construção e Gasche (1978: 80) propôs uma datação paleobabilônica.

[248] Em seu primeiro estudo do sítio, Gasche (1978) considerou várias das tumbas como intrusivas. Para uma síntese, ver Battini-Villard 1999: 257 ss.

[249] De um ponto de vista arqueológico, o problema é aceitar ou não a contemporaneidade entre a ocupação residencial do imóvel e a utilização das sepulturas do subsolo. Como notou Barrelet (1980), três hipóteses são possíveis: a presença concomitante de vivos e mortos de uma mesma família; a não-concomitância (o que poderia corresponder a duas situações diversas: o abandono da casa, transformada depois em depósito funerário, ou a instalação de sepulturas em uma casa já abandonada) e, enfim, uma terceira situação misturando as duas precedentes, mas em momentos diferentes. Nós poderíamos juntar uma variante da primeira situação: a ocupação da casa por uma família diferente daquela a que pertencem os despojos dos mortos aí presentes (com efeito, alguns dados da documentação epigráfica apontam neste sentido). No caso de Ur, em que a distinção entre os níveis da época de Larsa e da época cassita nem sempre fica clara a partir dos relatórios de escavação, Barrelet mostra-se muito reticente, evitando uma resposta

definitiva acerca da relação entre casa e sepulturas. Por outro lado, retomando o problema, Luby (1990: 70) defendeu a hipótese de uma presença concomitante de vivos e mortos no conjunto dos edifícios que apresentam tumbas *intra muros*; no mesmo sentido, Brusasco 1999/ 2000: 71 ss. No sítio de Larsa, a presença simultânea está acima de qualquer dúvida.

[250] Medidas em Calvet 1997, anexo 1. Durante a campanha de 1989, uma terceira casa (B 54) foi parcialmente escavada, mas o caráter incompleto do trabalho impede-nos de estabelecer com certeza a presença de sepulcros. Estas duas mesmas características – dificuldade de acesso e grande dimensão dos cômodos sobre as caves – repetem-se também em Ur (Brusasco 1999/ 2000: 72 ss.). Para o caráter não fortuito da associação entre as caves funerárias e os maiores cômodos da residência, ver Luby 1990: 77.

[251] Poder-se-ia ver aqui uma contradição com o mecanismo de sorteio das partes, que tenderia a distribuir os lotes aleatoriamente entre os herdeiros. No entanto, é possível que os espaços sagrados fossem separados e reservados ao primogênito antes do sorteio, compondo a sua parte suplementar. De fato, nós estamos bastante mal informados sobre a questão e, nos arquivos da família Sanum, o sorteio jamais é mencionado explicitamente: no caso da partilha TCL,11,200, linha 24, não é possível dizer com certeza se a expressão *ina isqim* (por porções) remete simplesmente aos lotes em divisão ou se ela evoca o sorteio. Charpin (1980: 176) reconhece que, nos dois únicos casos atestados na vizinha Kutalla (TS 29 e 44), "o procedimento de sorteio é evocado apenas (...) de modo muito alusivo".

[252] TCL,11,174: 14: há-la *qá-du-um* zag-gar-ra. O termo zag-gar-ra tem como equivalente acadiano *ashirtum* (AhW,1: 80 *Heiligtum*; CAD,A-2: 436: *a special small room in a private house for cultic proposes*). Prang (1977: 224) propõe uma associação com as capelas domésticas destinadas ao culto dos ancestrais. Para as dificuldades de interpretação, ver Van Der Toorn (1999: 142), que cita a literatura anterior. Para a capela familiar e seu papel na vida religiosa do grupo doméstico, ver em geral Van Der Toorn (1996b: 69 s).

[253] Como Brusasco demonstrou quanto à articulação entre a casa de 2 Church Lane e o contrato de partilha UET,5,112 a-b: os dados cadastrais sugerem que Sîn-tukulti, primogênito de Tâbilishu, recebeu a capela funerária. A interpretação de Van De Mieroop (1992: 145), mesmo propondo outra distribuição espacial das parcelas de herança, atribui igualmente ao primogênito os espaços sagrados da família.

[254] Por isso, para Brusasco (1999/2000: 147), as tensões entre as gerações não teriam gerado, em Nippur, as mesmas expressões arquitetônicas presentes em Ur.

[255] Stone (1987: 41, 81 e 124) interpretou as tumbas situadas sob as casas TA e TB do sítio de Nippur como resultado da invasão de Ishme-Dagan, na época de Isin-Larsa (cuja lembrança estaria preservada, segundo a autora, na famosa Lamentação da Destruição de Nippur), e de uma epidemia da época babilônica antiga. Ver igualmente Stone (1991: 242).

[256] Ver, em geral, Van Der Toorn (1996a: 48 e 1999: 142). Certas atestações em que esta mesa é utilizada durante um banquete de casamento sugerem que o emprego no culto aos ancestrais não é, contudo, exclusivo. Ver também Castel e Charpin (1997: 250, n.45).

[257] Ver, em primeiro lugar, O'Callaghan (1954: 140). Para a família Imgûa, ver Prang (1976: 16 e 28) e para a família Bitûa, ver Prang (1977: 224). Ver também Prang (1980: 45). É verdade que, às vezes, um filho cadete pode, por meio de negociações, conseguir controlar a casa paternal, como notou Charpin (1996: 224), mas, no exemplo citado, o imóvel era desprovido de caves funerárias, como salienta o autor.

²⁵⁸ D. Charpin (1980: 37 s.) comentário a TS,5 com vários paralelos nos textos editados em UET,5; ver sobretudo as observações do autor sobre UET,5,109 em Charpin (1986: 107) e Brusasco (1999-2000: 129, n. 123).

²⁵⁹ O fenômeno, no entanto, parece perdurar, como mostram as atestações em Emar e Nuzi, na segunda metade do segundo milênio.

²⁶⁰ Para a construção desta paisagem fundada na referência aos ancestrais, ver Morphy (1997). Enquanto eu prefiro considerar este fenômeno no nível do grupo doméstico mais restrito, Götzelt (2002), tratando igualmente do período babilônico antigo, enfatiza a mesma ordem de idéias no quadro de uma sociedade segmentária de linhagens.

²⁶¹ Assegurar o repouso dos ancestrais que ainda 'habitavam' a casa e evitar, a todo preço, a sua fuga, com a conseqüente ruína do lar, eram justamente as intenções de certas ações mágicas que se expressavam na forma de canções de ninar e encantamentos visando acalmar o choro das crianças, segundo a interpretação de Van Der Toorn (1999), que guarda certa distância em relação ao estudo de Farber (1989). Ver também Farber (1990). O problema da perturbação dos mortos foi tratado igualmente por Hallo (1993).

²⁶² Ver Gillespie (2000: 474 s.) e Peltenburg (1999: 428 s). Eu me limito a evocar, aqui, as dimensões espaciais deste fenômeno de construção do caráter ancestral que comporta, todavia, outros aspectos, como, por exemplo, o estabelecimento de genealogias, reais ou ficcionais; para as genealogias da dinastia real, ver Finkelstein (1966); por outro lado, Wilson (1977: 71 s.) pretendeu que as genealogias dinásticas mesopotâmicas tivessem um peso reduzido na legitimação do poder real.

²⁶³ Ver Cesari (2002: 36 1 s.). Eu me limito a evocar, aqui, as dimensões espaciais deste fenômeno de construção do caráter ancestral que comporta, todavia, outros aspectos, como, por exemplo, o estabelecimento de genealogias, reais ou ficcionais; para as genealogias da dinastia real, ver Finkelstein (1966); por outro lado, Wilson (1977: 71 s.) pretendeu que as genealogias dinásticas mesopotâmicas tivessem um peso reduzido na legitimação do poder real, o que não parece encontrar sustentação nos dados disponíveis: além do trabalho de Cesari, citado acima, ver Michalowski (1983) e, sobretudo, Jonker (1995).

²⁶⁴ Texto em Luckenbill (1989: 310).

²⁶⁵ Para a etimologia de 'ibila', ver Kraus (1969b: 35 ss.). Para a tese de Koschaker, ver Driver e Miles (1952: 329 ss.) e Klíma (1940 e 1950). Para uma síntese do problema, ver Skaist (1980: 123 ss.). A participação das mulheres como oficiantes nos rituais mortuários, mesmo excepcional, é atestada (K. Van Der Toorn 1994: 46 e 1996a: 49; para o caso de uma sacerdotisa-*nadîtum*, ver Harris 1964: 122).

²⁶⁶ Ainda mais porque tal hipótese implicaria deserdar, ao menos parcialmente, o primogênito, o que é um procedimento bastante limitado pelas legislações mesopotâmicas, como reconhece o próprio Westbrook (1998: 244).

²⁶⁷ É preciso distinguir tal situação da concessão de um benefício a um escravo ou a um filho adotado em troca dos cuidados dispensados ao senhor ou aos pais adotantes durante a velhice (ver Greenfield 2001: 913 s.; Stol 1998: 100 s. e Veenhof 1982: 359 ss.). Os casos de adoção, aliás comuns entre sacerdotisas impedidas de procriar, ou de manumissão de escravos dizem respeito a mecanismos individualizados de autoproteção, que são acionados na ausência de uma rede de segurança pública ou de solidariedade familiar ou comunitária, mas não alteram substancialmente o sistema de herança, pois nenhuma distinção é feita entre os germanos e nenhuma primogenitura deriva de tais dispositivos. Na verdade, os raros casos nos quais uma compensa-

ção sucessória pode ser estabelecida em função de cuidados concedidos aos pais mostram claramente uma disposição testamental excepcional, contra a regra costumeira.

[268] Alguns trabalhos sobre a questão: Heidel (1949); Bottéro (1980 e 1983); Penglase (1996).

[269] Ver Schmidt (1996: 10) e Bayliss (1973: 119). Em contraste, o *kispum* dos reis beduínos do norte mesopotâmico integrava os aliados e mesmo os clientes (Durand 2000/1: 695 e Lafont 1999: 69), o que mostra, justamente, a distância entre as unidades domésticas que formam a base da sociedade da Baixa Mesopotâmia, de que tratamos aqui, e as realidades tribais amorritas da Síria.

[270] Para o desenvolvimento das idéias de Boas, ver Lévi-Strauss (1979: 141 ss.).

[271] Evidentemente, o equilíbrio depende, em larga medida, de fluxos demográficos sobre os quais, infelizmente, estamos pouco informados. Por exemplo, uma diminuição da pressão demográfica pode gerar um afrouxamento nos mecanismos de controle da fragmentação territorial, enquanto que um aumento nas taxas de natalidade pode servir para arrochá-los (para um paralelo moderno, ver E. Le Roy Ladurie, 2002: 165). A princípio, a observação do número de herdeiros presentes nos registros de partilha do sul da Mesopotâmia não me parece permitir estabelecer nenhuma tendência demográfica clara. Entretanto, um estudo mais aprofundado, levando em consideração outras séries de dados, seria necessário para confirmar esta impressão preliminar.

[272] Evidentemente, esta distinção tem apenas um valor didático: os traços físicos não têm significado à margem do processo de apropriação social e os atributos culturais referem-se, de um modo ou de outro, à realidade material. Portanto, o espaço deve ser entendido sempre como o espaço socialmente construído. Cf. A. Rapoport (1994: 460-502) e D. Lawrence & S. M. Low (1990: 453-505).

[273] Sem deixar de mencionar os casos clássicos do *kula*, estudado por B. Malinowski, e os trabalhos de M. Mauss sobre a circulação de dons e contradons, cite-se, mais recentemente, W. H. Davenport (1986).

[274] D. Charpin (1980: 180 s.).

[275] Em 110 contratos, um só terreno é vendido; em 21 contratos, dois ou mais terrenos são transferidos na mesma operação; em seis contratos, a designação do tipo de terreno está ausente no lugar habitual do formulário, mas é possível restituí-lo a partir de outras partes do texto; por fim, nos seis casos em que não é possível restituir a designação do imóvel por causa de lacunas no tablete, eu considerei, para todos os efeitos, que um único terreno foi negociado.

[276] Embora outras árvores fossem também cultivadas, como atestam outros tipos de documentos: em YOS,8,5, pertencente aos arquivos de Balmunamhe, é citado um pomar misto, com tamareiras (^{gish}gishimmar), macieiras (^{gish}hashhur) e romãzeiras (^{gish}nu-úr-ma). Nos arquivos de Shamash-hâzir, além das tamareiras, sempre majoritárias, encontram-se igualmente macieiras (TCL,11,148) e romãzeiras (TCL,11,176). Para uma síntese sobre os pomares no sul mesopotâmico, ver M. Van De Mieroop (1992b: 15 6 s.).

[277] O dossiê reunido por Ch. F. Jean (1931a: 154 ss.) sobre os pomares administrados por Shamash-hâzir aguarda ainda um estudo mais sistemático, a fim de estabelecer se se trata de um domínio propriamente palaciano ou de um domínio pessoas (certamente, recebido do palácio em recompensa por serviços prestados).

[278] Assim, em Riftin, 19, dos arquivos de Balmunamhe, um pomar plantado com 33 árvores é trocado por dois outros, mas o número de árvores é o mesmo. Em YOS,8,37, do mesmo arquivo, a superfície dos terrenos trocados nem mesmo é mencionada, mas o número de árvores é rigo-

rosamente idêntico: 72 de cada lado. Em uma partilha da família Sanum, o primogênito Iddin-Amurrum recebe uma pequena superfície acima de seu precípuo de primogênito e deve pagar uma 'compensação pelas árvores' (*a-na ta-pi-la-at i-si*). Enfim, em Riftin, 29, a situação é mais complexa: dois terrenos de superfícies diferentes (21 e 35 sar, respectivamente) são trocados e ambos possuem o mesmo número de árvores (68 cada), o que poderia levar a pensar que a quantidade de árvores prevalece sobre a superfície; no entanto, os pomares foram trocados juntamente com terrenos incultos (kankal), que mediam 31 ½ e 17 ½ sar, respectivamente; assim, o total da superfície dos terrenos trocados também era idêntico: 52 ½ sar.

[279] Em YOS,8,99, um pomar de 120 sar é trocado por um terreno inculto (kislah) muito maior, 250 sar; nenhuma compensação é prevista.

[280] Limet, 3 e TCL,10,89, ambos medindo apenas 10 sar; Limet, 8 (15 sar); Limet, 7 e YOS,5,120 (20 sar).

[281] O escavador do sítio, J.-L. Huot (1989: 34), hesita em identificar as depressões do terreno como canais ou ruas. E. C. Stone (1991a: 238, n. 33), a partir de paralelos com Mashkan-shapir, inclina-se pela primeira hipótese.

[282] De fato, na terminologia local, os jardins não se distinguem, em geral, dos pomares: embora existissem termos específicos, a designação ^{gish}kiri$_6$ / kirûm era usada indistintamente; para o léxico, cf. J. -J. Glassner, 1991: 10.

[283] L. Matoush (1950: 20) conservou a tradução 'terrain bâti'. Por outro lado, a hipótese do autor, segundo a qual o termo poderia designar um terreno cultivado, não é válida, ao menos em Larsa.

[284] Para uma consideração destes dois pontos à luz dos dados das três casas escavadas pela missão francesa em Larsa, cf. L. Battini-Villard (1999: 240 e 245 s.) e Y. Calvet (1994: 223 ss.).

[285] Poder-se-ia hesitar em classificar alguns terrenos medindo algumas poucas dezenas de sar, mas, dos quatro casos conhecidos, três são vendidos juntamente com pomares, o que sugere que fazem parte dos domínios rurais.

[286] A comparação é estritamente interna, quer dizer, entre os diversos tipos de kislah. Notemos que a desconsideração desta distinção entre os kislah é responsável por certos mal-entendidos, como as disparidades entre os valores médios que surpreenderam S. Koshunikov (1996: 260): 1 siclo/sar em Dilbat; 3 siclos/sar em Nippur e 30! siclos/sar em Larsa, segundo dados do autor. Na verdade, Koshunikov não havia considerado a diferença entre os kislah urbanos e rurais. Se procedermos a uma separação, os valores são bem distintos: para os kislah urbanos, os preços são elevados, mas estão longe daqueles estabelecidos por Koshunikov: 15,59 siclos/sar. Por outro lado, é impossível estabelecer uma média para os kislah rurais, pois este tipo de terreno raramente é vendido isolado; a única ocorrência nos dá um valor de 0,02 siclo/sar; para os terrenos compostos de kislah e pomares, tem-se uma média igualmente modesta: 0,09 siclo/sar. Esta constatação seria, aliás, suficiente para considerar que a tradução proposta pelo autor ('*a store, storage area*') cobre apenas uma parte dos casos. Do mesmo modo, a hipótese de M. J. Desrochers (1978: 116), segundo a qual teria ocorrido um acentuado aumento do preço da terra em conseqüência das guerras de Hammu-rabi, repousa sobre a comparação entre dois terrenos kislah em documentos datados de Sîn-mubalitt 1 (VS,7,3) e Hammu-rabi 41 (VS,7,15); ora, o autor não levou em conta que, no primeiro caso, trata-se de um grande terreno rural 5/6 gán e 5 sar) e, no segundo, de um pequeno terreno urbano, que media apenas 1/3 sar; as diferenças de preço são, portanto, normais.

[287] Para a equivalência é = *bîtum*, cf. SL, 3: 220; para *bîtum,* cf. AHw, 1: 132; CAD, B: 282).

[288] Uma variante ki-shub-ba aparece em um documento, SAOC,44,19.

²⁸⁹ Para ki-shub-ba, ver SL, 3: 898 (*umbebauter Hausplatz*). Para o equivalente acadiano *kishubbûm*, ver CAD, K: 462 (*fallow, uncultivated field or land*, mas também *empty lot for building a house*) e AHw, 1: 493. Sigo, aqui, D. Charpin, 1980a: 160 (*'emplacement d'une maison tombée en ruine'*). Com efeito, YOS, 5,126 faz a distinção entre uma é-dù-a e uma é-ki-shub-ba.

²⁹⁰ O equivalente acadiano *ekallum* significa, em geral, 'palácio', mas também '*main room of a private house*' (cf. CAD,E: 52). Este sentido foi adotado por D. Charpin (2003a: 316: '*pièce principale*'); ver também E. Prang (1977: 226).

²⁹¹ D. Charpin (2003a: 31 7 s.) pensa que este cômodo possa ser aproximado do é-gal^{lam}. Neste caso, ele pode indicar um grande cômodo de recepção da casa ou o cômodo sob o qual estavam as tumbas da família.

²⁹² Para o equivalente acadiano *kummum*, cf. CAD, K: 533: *cella, private room;* AHw,1: 506 registrou apenas o primeiro sentido: *heiliger Raum, Heiligtum*, mas também *Innenraum*.

²⁹³ 60,61 siclos/sar; 37,59 siclos/sar e 33,26 siclos/sar, respectivamente (o último imóvel foi vendido juntamente com uma é-dù-a).

²⁹⁴ Nesta categoria, é preciso citar, ainda, um terreno nomeado, ao que parece, é ^{gish}kisal (YOS,8,81), mas a leitura não é segura e seu sentido exato me escapa. Somos tentados a aproximá-lo do *kisallum*, que designa um pátio (CAD,K: 416; para *bît kisalli*, '*building in a courtyard*', ver p. 419). Trata-se, na ocorrência, de um pequeno terreno de 4 sar, o que sugere situá-lo em um contexto urbano; o determinativo gish poderia indicar um pátio plantado, com um jardim; o valor é, no entanto, muito baixo (0,75 siclos/sar) e mais próximo dos terrenos rurais.

²⁹⁵ Em YOS,8,128: 7 temos 4 1/3 sar, mas trata-se, certamente, de uma recapitulação, incluindo a área total dos dois terrenos negociados.

²⁹⁶ M. Van De Mieroop (1987: 12) pende por esta hipótese. Por outro lado, o autor assinalou, corretamente, que o kankal não é atestado, em Larsa, no contexto urbano; assim, se a equivalência for verdadeira, ela só será válida para o kislah rural.

²⁹⁷ Por três vezes (Limet,6; RA,69: 125 e Riftin,16), a denominação dos terrenos é composta pelos dois sumerogramas: a-shà kankal; em VS,13,66, temos um a-shà kankal ^{gish}kiri$_6$.

²⁹⁸ Na linha 1, o signo she é perfeitamente legível, talvez sugerindo o cereal cultivado no terreno.

²⁹⁹ Linha 12: a-shà-mu nu-ub-bé-[a] = *'ele não dirá: este é meu campo'*.

³⁰⁰ Os terrenos chamados a-shà shuku faziam parte do sistema-*ilkum*, de remuneração do quadro administrativo dos palácios mesopotâmicos, sobretudo a partir dos inícios do segundo milênio, quando ganharam importância no esforço de substituição da tradicional distribuição de rações (para uma análise da administração das terras palacianas durante o período babilônico antigo, ver M. de J.Ellis, 1976; M. Y. Ishikida, 1994 e 1999 e M. Rede, 1994). Em Larsa, o sistema-*ilkum* já existia na época de Rîm-Sîn e, após a conquista de Hammu-rabi, constituiu um mecanismo essencial do controle babilônico sobre o território anexado e da relação entre o palácio e seus servidores, como mostra a correspondência de Hammu-rabi com seus representantes na cidade, particularmente Shamash-hâzir (ver E. Bouzon, 1986). A princípio, a alienação dos terrenos recebidos do palácio era proibida ou submetida a restrições que visavam garantir a continuidade do serviço, assegurar a relação de subordinação criada pela concessão da terra (contra as ameaças representadas pela venda ou pela herança) e, enfim, manter a ocupação produtiva do território da província sob controle do palácio babilônico (ver M. Rede, 1996). À luz destas considerações, podemos entender mais adequadamente as disposições dos §§ 28, 30, 36-38 do código de Hammu-rabi.

[301] Este, porém, não é o caso dos kislah-1, o que pode indicar que a quantidade de terrenos vagos disponíveis na zona *intra muros* diminuiu ao longo dos anos.

[302] Para a família de Balmunamhe, ver D. Charpin, (1987a: 20, que corrige Charpin, 1981: 546): árvore genealógica com dez membros; e M. Pers (2001, que corrige Pers, 1996: 97 ss.): árvore com 11 membros. As duas reconstruções diferem também quanto à distribuição dos membros entre as gerações. Ver as considerações de C. Dyckhoff (1999 vol.1: 105, n. 374) sobre as dificuldades para a reconstituição desta família decorrentes da polissemia do termo dumu, que pode indicar 'filho' ou 'descendente'.

[303] Assim, por exemplo, para as demais famílias citadas acima, conhecemos apenas uma linhagem, formada a partir de um único filho da segunda geração. Um segundo caso de uma família com mais de um ramo seria o de Nûr-Kabta, cuja família pode ser reconstituída a partir da lista nominal redigida após a tomada de Larsa por Hammu-rabi, mas a interpretação dos dados não é pacífica (ver a edição do texto e os comentários de M. Bonechi, 1993: 131 e 148, n. 42). Em todo caso, este documento (provavelmente uma conscrição dos habitantes de Larsa para o esforço de guerra contra Eshnunna ou Mari) situa-se fora do horizonte da transferência de terrenos.

[304] Para as relações de Balmunamhe com Ur, ver os comentários de D. Charpin (1986b: 48 ss.): fragmentos de uma correspondência que Balmunamhe mantinha com habitantes desta cidade foram reencontrados no quarteirão residencial.

[305] Os dados cadastrais mostram que os dois terrenos eram certamente vizinhos um do outro. Para *esâmum* como um tipo de terreno, mais do que um topônimo, ver M. Stol (1988: 175); contra: CDA: 80: *"a topographic term"*. A palavra não é registrada nem pelo CAD nem pelo AHw. Ver também a leitura proposta por D.Charpin (2000: 75) para a ocorrência do termo em CT,47,63: "rigole rouge" (E *samum*).

[306] O número considera apenas os contratos de compra (TS,39, 45, 52, 53, 55, 57, 59, 61, 62, 64, 69, 72, 73, 74, 75, 75, 77, 79, 80, 82, 83, 84, 85, 100 e, ainda, TS,49 e 51, que remetem ao mesmo negócio); a esta lista seria, talvez, preciso acrescentar TS,81, no qual uma lacuna impede saber qual a natureza do bem comprado, e TS,43, cuja recapitulação remete a uma compra em sociedade de dois irmãos. Para uma análise dos arquivos, ver D. Charpin (1980a: 79 ss.).

[307] Ver, por exemplo, TS,9 . As relações de parentesco não são, contudo, muito claras. D. Charpin (1980a: 41) aventou duas possibilidades, preferindo a primeira reconstituição: ou os compradores seriam os irmãos do pai do vendedor ou seriam os irmãos do próprio vendedor. Em todo caso, a existência de um laço de parentesco entre os compradores é indubitável. TS,22, também proveniente de TS,22, permite compreender uma conseqüência da aquisição conjunta de terrenos: no momento de uma indenização posterior, decorrente de um decreto real, os compradores (irmãos, no caso) deveriam responder solidariamente pelo pagamento.

[308] Até onde se pode saber, este Ubar-Shamash não tinha nenhuma relação de parentesco com a família Sanum. No mais, é preciso distingui-lo do grande comprador homônimo que exerceu suas atividades mais tarde, durante a segunda metade do reinado de Rîm-Sîn.

[309] Assim, as duas últimas medidas, claramente deslocadas à direita do tablete a fim de bem marcar seu caráter, devem ser entendidas como a soma de cada tipo (pomar e kislah-2) dos seis terrenos enumerados anteriormente e não como as medidas de um sétimo e oitavo terrenos, como havia pensado E. Bouzon (2000: 95), em sua tradução deste contrato.

[310] TCL,10,36:2-4: íb-tag$_4$ é *sha i-din-^{d}na-na-a-a ú-sà-an-ni-qú*.

[311] A possibilidade de tratar-se de um homônimo não pode ser excluída: o fato de o pomar encontrar-se na zona de ocupação familiar me faz pensar que se tratava de uma transferência do pai para o filho.

[312] Para um paralelo de Nippur, ver E. C. Stone (1987).

[313] Acrescentemos que todas as compras posteriores de Eshtar-ilî recaíram sobre imóveis deste tipo (kislah-1 e é-dù-a), jamais sobre pomares ou grandes terrenos incultos.

[314] Trata-se de uma aquisição nas cercanias em que ele já estava enraizado, segundo nos mostra a presença de Iribam-ilî como vizinho.

[315] Neste documento, Sîn-shêmi é registrado como vizinho do terreno comprado por seu irmão.

[316] Não conhecemos a ordem de nascimento dos filhos de Sîn-shêmi nem, por conseqüência, a posição de cada um na partilha. No entanto, se a mesma lógica se repete aqui, esperaríamos que Ilî-turan, sendo um comprador, fosse o primogênito e que Iddin-Nanaya e Urdukuga, como vendedores, fossem os cadetes.

[317] É impossível estabelecer o total, devido ao mau estado de conservação de TCL,10, 23 (no qual, entretanto, as lacunas não impedem a leitura da unidade de medida ma-na na linha 7' do envelope). Em virtude da superfície elevada (2 sar) e do preço médio deste tipo de terreno, não seria surpreendente que o preço perdido fosse 1 1/2, talvez mesmo 2 minas, o que aumentaria consideravelmente as despesas feitas por Eshtar-ilî.

[318] Lembremos nossa hipótese de que se trata de uma partilha parcial, de onde a igualdade das parcelas. Concordamos com a opinião de L. Matoush (1949: 156), que notou a ausência da cláusula final usual (é preciso, porém, corrigir as cifras correspondentes à superfície do terreno em sua tradução).

[319] O terreno é-gal^{lam} vendido por Iddin-Nanaya (TCL,10,29) era vizinho de outro, pertencente a Iddin-Amurrum, o que reforça a hipótese de que se tratava de um bem patrimonial recebido em herança e não de uma aquisição.

[320] O pomar é, novamente, vizinho do Porteiro de Shamash, como é o caso de um dos pomares de TCL,10,37 e da partilha TCL,10,141.

[321] TCL,10,27, (RS 7); TCL,10, 41 (RS 15); TCL,10,43 e 44 (RS 16); TCL,10,46 (RS 17) e TCL,10,50 (RS 20).

[322] TCL,10,73 (RS 28) e TCL,10,89 (RS 36).

[323] No que diz respeito aos imóveis, Stone situa a transição em Nippur por volta de 1750 a.C.

[324] Somente em oito casos a vizinhança não é registrada; em 11 contratos a informação está ilegível.

[325] TCL,10,129: 4: ù da é ^{d}en-zu-*she-mi* dumu *sa-nu-um*.

[326] TCL,10,8 (_/I/WS 10); comparar com TCL,10,129 e 130.

[327] Ver, abaixo, o comentário sobre TCL,10,27.

[328] TCL,10,15 (_/II/WS 6). Trata-se, sem dúvida, do mesmo personagem, linha 3: dumu *hu-nu-bu-um*.

[329] Linha 5: ù da é ^{d}esh$_4$-tár-dingir dumu *sa-nu-um*.

[330] Um argumento contra esta possibilidade seria o tamanho ligeiramente maior do terreno vazio comprado (0,501 sar) em relação ao terreno construído vendido (0,325 sar), mas Ur-Kesh teria, simplesmente, imitado muitos outros compradores que alienavam apenas uma parte de sua propriedade. Com efeito, o segundo contrato (TCL,10,6) mostra que ele ainda conservava o terreno

vizinho de Eshtar-ilî após a venda. Uma segunda possibilidade é a seguinte: a diferença de tamanho entre os dois casos pode ser atribuída ao modo particular de calcular as superfícies construídas, que considerava somente as partes cobertas (E. C. Stone , 1981: 20). Um outro indício de que se trata do mesmo terreno vem da lógica da constituição dos arquivos familiares: D. Charpin (2003a: 316) sugeriu que o primeiro documento (TCL,10,15), transformado em garantia de propriedade, tivesse sido transferido ao comprador por ocasião da segunda operação (TCL,10,6). TCL,10,15 teria sido encontrado, então, nos arquivos da família Sanum.

331 O fato de que Amurrum não esteja presente em todos os nomes do grupo não impede que ele seja sua divindade titular (ver M. Stol, 1991: 206). Para a presença do deus familiar nos selos, ver D. Charpin (1990c: 72 s.).

332 *i-din* ^{d}mar-tu / dumu $^desh_4$-*tár*-dingir / ìr ^{d}mar-tu. O selo não foi reencontrado, mas sua impressão foi conservada, particularmente nos documentos dos arquivos de Ibni-Amurrum, ver: TCL,11,172, 193, 195, 199, 208 e 210. Infelizmente, as impressões não foram copiadas por Ch.-F.Jean na edição dos documentos de Larsa; cf. L. Delaporte (1923: 146 ss.), D. Arnaud (1976: 90 ss.), L. al-G. Werr (1988: 102 s.) e G. Colbow (1995: 90 ss.). Para a idéia de que a expressão '*servidor de ND*' tem uma relação com um templo do quarteirão, ver D. Charpin (1986b: 144 ss.).

333 dumu-^{d}mar-tu / dumu *i-din*-^{d}mar-tu / [ìr] ^{d}mar-tu. Impressão em: TCL,11,217 (também proveniente dos arquivos de seu irmão Ibni-Amurrum). Cf. Delaporte (1923: 149), D.Arnaud (1976: 92) e L. al-G. Werr (1988: 103). Esta coincidência entre a divindade presente nos nomes próprios teofóricos e a divindade da legenda dos selos é, aliás, rara, como demonstrou D. Charpin (1980a: 289), o que reforça a idéia de que, neste caso, Amurrum não era apenas a divindade pessoal de alguns membros da família, mas de todo o grupo Sanum (ver, igualmente, D. Charpin, 1990c).

334 YOS,8,128:23: igi *i-din*-^{d}mar-tu dumu *sa-nu-um*. Note-se a menção do ancestral em vez do pai.

335 A única partilha conhecida entre os filhos de Sanum, TCL,10,31 (_/IV/RS 8), inclui apenas pomares.

336 Atanah-ilî aparece como vizinho na linha 4 e como testemunha na linha 21, sem que sua filiação seja explícita.

337 Não resta dúvida de que é ele que aparece na lista de testemunhas da compra por Eshtar-ilî de um terreno construído, TCL,10,23 (_/V/RS 4): a reconstituição de seu nome a partir da linha 16' do envelope é plausível e pode ser confirmada por TCL,10,8: l. 23: *a-ta-na-ah-ì-lí* dumu *i-din*-^{d}en-líl e pelas colações de TCL,10,30: l. 21 e S$_1$. Por outro lado, no mesmo contrato – e também em TCL,10,18 (_/XIIi/RS 2) – encontramos um homônimo, filho de Awil-ilî.

338 Nanna-mansum, filho de um Silli-Shamash, foi testemunha em um contrato imobiliário de Iddin-Amurrum, TCL,10,37 de 24/XII/RS 13, mas não poderíamos dizer se se trata de um filho do mesmo personagem.

339 10 siclos para a venda registrada em TCL,10,36 e 2/3 de mina (40 siclos) para aquela registrada em TCL,10,29.

340 É deste modo que eu entendo as menções nas linhas 4 e 5 de TCL,10,32: $^{4)}$ *si-ib-ta-at* $^{5)}$ ^{I}*ku-bu-ul-lum* e na linha 5 de TCL,10,33: *sha ku-bu-ul-lum*. Uma solução diferente foi apresentada por N. Kozyreva (1988: 93): segundo ela, no caso da compra de terrenos que serviam para saldar uma dívida, o vendedor (= devedor) poderia continuar trabalhando a terra em sistema de arrendamento, pagando uma renda ao comprador (= credor). Entretanto, nos dois casos que conhecemos (ver também a nota seguinte), os cultivadores não são proprietários dos terrenos, que pertenciam a Iddin-Nanaya.

[341] Linha 3 de TCL,10,33: 4 gán 20 sar *sha a-di-ma-a-a*.

[342] A partir da formulação do contrato ((1) 3 gán ^{gish}kiri$_6$ ^{gish}gishimmar íb-si (2) 1 1/2 gán kislah (3) da *ì-lí-i-bi-di-a-ni* (4) gú íd *ish$_7$-me-el-lum*), é difícil saber se os dois terrenos (o pomar e o terreno inculto) estavam situados às margens do canal ou se este era o caso apenas do segundo.

[343] Como é o caso do pomar de Iddin-Nanaya vendido a Ubar-Shamash (TCL,10,32).

[344] Linha 3: ugula *ir'-ti-tu-ri-im*. A situação devia ser a mesma dos pomares colocados sob a responsabilidade de um cultivador em TCL,10,32 e 33 (ver acima). M. Van De Mieroop (1992c: 151 s.) estudou o papel dos ugula de Ur na produção de caniços: ao que parece, eles exerciam suas atividades para o templo do deus Nanna. Em Larsa, podiam estar também a serviço das famílias de proprietários.

[345] Alguns meses após esta transferência, em 20/III/Si 4 (TCL,11,200), os cinco filhos de Iddin-Amurrum ainda partilhavam terrenos do mesmo tipo (ú-shal ^{gish}kiri$_6$). O canal Mami-dannat não é citado no contrato, mas os dados cadastrais (o vizinho Warad-ilishu e a presença de um caminho que passava junto a um dos lados menores, informação rara na documentação de Larsa) sugerem que se tratava da mesma região.

[346] O topônimo Dunnum, que significa simplesmente 'a fortaleza', é bastante comum e é certo que, no caso de TCL,10,55, não se trate da cidade de Dunnum, que só foi conquistada por Rîm-Sîn juntamente com Isin, oito anos mais tarde.

[347] O canal Ishmellum é também conhecido por uma partilha (YBC,4485) publicada por A.Goetze (1950: 97 e 112); o canal Mami-dannat é citado em VS,18,101. Ver as referências em K.Keith (1999: 31 6 s.) e RGTC, 3, s.v.

[348] Considerei, aqui, como vizinho o terreno construído comprado por Iddin-Amurrum de seu primo Iddin-Nanaya em TCL,10,36, pois ele deveria, certamente, ser próximo ao terreno adjacente de TCL,10,29 adquirido dois anos antes. A ausência de citação de vizinhos neste caso, um fato raro nos contratos larseanos, parece ser decorrente desta proximidade evidente dos envolvidos no negócio.

[349] A compra foi registrada em YOS,5,125 (_/XIIi/WS 7) e a troca de terrenos em YOS,5,134 (_/XIIi/WS 7); Como mostram as datas, as duas operações foram simultâneas: nestes casos, os dados cadastrais tendem a mascarar a tendência à aglutinação, pois em cada contrato o escriba registra a situação anterior à transação. Estas duas operações serão analisadas mais detalhadamente a seguir.

[350] Nos esquemas, procurei conservar as proporções entre os terrenos cuja superfície é conhecida; as medidas de (C) foram reconstituídas a partir do número de árvores, semelhante ao de (D). A proposta 'a' seria a mais adequada se imaginarmos uma distribuição dos pomares ao longo de um canal (o que não é explícito); ao contrário, se o pomar adquirido de Iaentinum em (D) é o mesmo que era vizinho daquele dado a Tarîbum em (A), a proposta 'b' seria a melhor.

[351] Estas são as cifras mínimas, pois nem a superfície do pomar de YOS,8,37 nem o número de árvores de YOS,8,38 são fornecidos.

[352] Seria útil fazer a distinção entre os dois tipos de comportamento aglutinante: de um lado, as tentativas de remembramento em que, após a partilha, um dos herdeiros procurava recomprar diretamente as partes dos co-herdeiros; de outro lado, a busca de uma ampliação através de compras extrafamiliares. Este último caso pode ser, porém, o resultado da fragmentação causada pela partilha.

[353] Como notou M. J. Desrochers (1978: 197) para o caso de Dilbat, a separação física dos lotes estava associada ao sistema de rodízio trienal das culturas, o que permitia uma exploração otimizada dos recursos fundiários.

³⁵⁴ O problema tornou-se clássico nos estudos sobre a época moderna; para uma síntese do debate, ver P. Mazur (1977). Evidentemente, há aspectos demográficos que não foram considerados aqui, pois nos faltam dados para tanto. Não há dúvida, entretanto, que a pressão fragmentária das regras de partilha fosse bastante sensível às flutuações demográficas. Não podemos separar devolução e demografia. Ver, por exemplo, E. Le Roy Ladurie, 2002: 385 ss. Este autor lembra-nos, porém, que *"as estruturas fundiárias não são pura e simplesmente teleguiadas pela demografia"* (p.386). No mesmo sentido, Mazur (p. 470) considera que a pressão demográfica não tem efeitos automáticos e unívocos sobre a aglutinação fundiária (*land consolidation*).

³⁵⁵ À guisa de comparação, seria preciso verificar se a unificação dos lotes também ocorria no caso dos campos de cereais e se ela atingia os grupos situados mais próximos do nível de subsistência do que as elites de Larsa. Do ponto de vista do historiador, a dificuldade seria dupla, pois, como vimos, estes campos raramente circulavam e a atividade produtiva dessas camadas deixava poucos traços na documentação.

³⁵⁶ Duas compras de terrenos vazios urbanos por Eshtar-ilî foram excluídas do quadro, pois são anteriores à época considerada.

³⁵⁷ Evito utilizar, aqui, o termo especulação, que pode se prestar a confusão. Com efeito, mesmo nos sistemas econômicos modernos, os ganhos sobre os capitais investidos nem sempre são considerados como especulativos. As fronteiras nem sempre são claras, mas se os sistemas de mercado supõem e aceitam os ganhos, uma série de limitações (legais, de política econômica dos governos ou relativas aos mecanismos de regulamentação dos mercados) é imposta à especulação, sem falar das condenações morais. Como a etimologia dos termos sugere, a especulação supõe um ato refletido, baseado em conhecimento especializado das flutuações dos fatores econômicos (o preço sendo entendido como um indicador capaz de resumir em si mesmo o conjunto das variações, o que não exclui a existência de outros indicadores, tais como os que proliferam nas bolsas contemporâneas). No caso das compras de terrenos urbanos, eu prefiro falar, de modo mais neutro, de majoração, quer dizer, de um acréscimo do montante de prata investido na aquisição (e isto não é suficiente para falar em ganho real devido às variações do valor da prata).

³⁵⁸ É de pouca importância, aqui, se as revendas ou locações eram ou não precedidas de construções ou melhoramentos arquitetônicos. Por outro lado, uma exploração produtiva não deve ser completamente descartada (um terreno na cidade pode servir para implementar os negócios comerciais da família, ampliando seus depósitos ou multiplicando seus entrepostos de distribuição, por exemplo). Entretanto, a destinação residencial parece ter presidido a aquisição deste tipo de terreno. Tal destinação, mesmo se ela beneficia o próprio comprador, não exclui uma intenção de aumentar o capital investido. Neste caso, o tempo é o fator fundamental: o cálculo aliaria o aproveitamento temporário do imóvel a uma espera por um aumento de seu valor.

³⁵⁹ A título de exemplo, no *corpus* de TCL,10, que cobre, grosso modo, o período anterior à conquista babilônica, entre os 140 documentos, há apenas uma locação de casa (TCL,10,131); as locações de outros bens não são mais freqüentes: uma locação de campo (TCL,10,77) e uma de barco (TCL,10,74), contra três locações de escravos (TCL,10,110, 134 e 137). Para o *corpus* datado dos reinados de Hammu-rabi e Samsu-iluna (TCL,11), encontramos apenas uma locação de terreno construído (TCL,11,219).

³⁶⁰ Eventualmente, encontramos até mesmo a situação inversa, ou seja, um grande comprador que figura como locatário: é o caso de Ubar-Shamash que, para acompanhar o rei em um deslocamento

a uma localidade desconhecida, teve de alugar um terreno para nele construir uma casa (VS,13,71; cf. K. Pozzer, 1996: 118). O caráter excepcional da ocasião é, em todo caso, gritante.

[361] O mais provável é que Tarîbum fosse o marido: no documento, ele não é qualificado como filho de Sîn-gâmil (após o nome de Erishtum, temos 'dumu-geme' e não 'dumu-mesh'); no mais, apesar do fato de que o nome seja muito comum na documentação de Larsa, ele jamais aparece como sendo filho de Sîn-gâmil.

[362] M. Van De Mieroop (1987: 16) já havia notado a ligação entre as duas operações, sem perceber, porém, que a segunda não era uma compra, mas uma troca. É preciso corrigir também as superfícies dadas pelo autor (o kislah recebido por Balmunamhe em YOS,5,134 media 1 1/2 sar 10 she).

[363] N. Kozyreva (1988: 71), por sua vez, havia notado o caráter simultâneo destas duas transações, no entanto, uma página depois, ela também insiste sobre o fato de que Balmunamhe, após ter comprado um terreno, tenha procurado trocá-lo o mais rapidamente possível.

[364] As operações simultâneas parecem, portanto, um procedimento comum no interior da estratégia de aglutinação dos lotes dispersos. No nível cadastral, elas se caracterizam pela data comum e pelo registro da situação cadastral anterior a cada uma das duas operações. Recapitulemos os três casos que pude identificar em Larsa: 1) TCL,10,129 e 130, duas compras da família Sanum; 2) YOS,5,125 (compra) e YOS,5,134 (troca), dos arquivos de Balmunamhe; 3) YOS,8,37 (compra) e YOS,8,38 (troca), igualmente pertencentes a Balmunamhe.

[365] Cinco anos mais tarde, Balmunamhe ainda comprou o mesmo tipo de terreno, do qual Tarîbum era vizinho (YOS,5,126, de _/IV/WS 12).

[366] Para citar novamente S. Harris (1983: 110): *"Eu sugiro (...) que os empreendedores realizavam estas compras a crédito com a intenção de revender cada parcela de propriedade em uma data posterior"*.

[367] Se fosse necessário, poderíamos ainda acrescentar que a atividade de construtor que S. Harris confere aos grandes compradores reduzia-se, certamente, aos trabalhos destinados a erguer ou renovar suas próprias casas: nos principais arquivos de compradores, nada permite supor que estes fizeram da construção uma atividade econômica importante: o acordo para o prolongamento dos pilares dos muros registrado em TLB,1,19, dos arquivos de Ubar-Shamash, mostra claramente que se tratava de uma negociação doméstica entre vizinhos (cf. W. F.Leemans, 1954b: 28 s.). Do mesmo modo, a construção da casa de Ubar-Shamash para permanecer perto do rei durante o deslocamento (VS,13,71; ver acima) não significa que ele tenha se tornado um empresário da construção! Tem-se a mesma impressão da autorização recebida por Iddin-Amurrum para apoiar vigas no muro de seu vizinho (TCL,10,38). Em Kutalla, Silli-Eshtar realizava contratos para construir em terrenos de terceiros (TS,48) ou para reformar edifícios com a finalidade de habitá-los (TS,61); para este tipo de contrato *ana epêshim u washâbim*, ver D. Charpin (1980a: 92 ss.). Por outro lado, pode-se indagar se a constante necessidade de manter e reparar as estruturas – uma característica própria da arquitetura doméstica baseada no tijolo cru (ver M. Sauvage, 1998) – não teria contribuído para tornar pouco rentável a locação de edifícios urbanos, desencorajando a constituição de uma camada de locadores, mesmo que saibamos que, mais tarde, no primeiro milênio, ela foi uma importante fonte de renda.

[368] Não há dúvida de que se trata do mesmo terreno: os antigos vizinhos registrados no primeiro contrato, Ilum-Amurrum e o cozinheiro Sîn-mushallim, ainda conservavam suas posses no momento da segunda operação. Do nome do comprador, só é possível ler o primeiro sinal: a-[xxx].

[369] No texto de Matoush (1950: 31), registrou-se erroneamente 1/3 mina; o peso correto aparece, porém, no quadro da p. 34 de seu artigo.

³⁷⁰ A atestação de uma variação dos preços dependeria da consideração de fatores muito mais complexos do que a simples comparação entre os dois montantes pagos. Assinalemos, simplesmente, que, em função de variações sofridas pela prata (metal) no interior do sistema geral de equivalências, um pagamento de uma quantidade (peso) maior na segunda operação não significa forçosamente uma alta de preço, podendo, no limite, representar até mesmo o contrário (se, por exemplo, o peso dado a mais não fosse suficiente para compensar uma eventual depreciação do valor relativo da prata).

³⁷¹ O terreno, uma é-dù-a de 2 sar de superfície, era vizinho de Isiatum nas duas ocasiões.

³⁷² A constatação desta realidade não diminui as dificuldades suscitadas por um importante problema metodológico da história dos comportamentos de consumo, ou seja, a relação entre a variação dos rendimentos que compõem o orçamento familiar e as alterações das formas de despesa. Com efeito, não existe uma relação mecânica entre as duas variantes e, sobretudo, não se pode falar de uma proporção fixa entre o aumento de rendimentos e o incremento das despesas consideradas não essenciais. Desde Keynes, a teoria neoclássica reconheceu que o aumento do orçamento familiar impulsiona o consumo médio, mas, ao mesmo tempo, que este não segue de modo estritamente proporcional a elevação dos rendimentos; pelo contrário, ele seria tendencialmente decrescente. Isto depende, evidentemente, dos tipos de consumo considerados (alimentação, vestimenta, habitação, lazer etc.) e, igualmente, do lugar econômico ocupado pela família na sociedade. A este propósito, são importantes as considerações de G. Levi (1996: 197), segundo as quais é necessário considerar que, na realidade microscópica, os comportamentos de consumo são extremamente diversificados, afastando-se da média, e, sobretudo, que considerar as alterações do comportamento em função da variação do rendimento absoluto é menos adequado do que relacioná-las com a evolução dos rendimentos relativos, quer dizer, os orçamentos de cada família em comparação com as outras. Assim, por exemplo, o comportamento de consumo é formado em função das despesas dos demais grupos domésticos que pertencem a segmentos mais ou menos homogêneos da sociedade. Pode-se esperar, então, que este fenômeno tenha-se reproduzido entre os mercadores ou entre a elite urbana de Larsa.

³⁷³ Ver, neste sentido, o trabalho de D. Charpin (2003a). Em seu estudo sobre a aldeia de Shâlâbâd, no Curdistão iraniano, C. Kramer (1979) pôde demonstrar a relação íntima entre as variações arquitetônicas da zona residencial e as mudanças de posição econômica e social dos grupos: não se tratava apenas de um alargamento da superfície, mas também de alterações na pavimentação do piso, pintura, qualidade das janelas e tipo de tijolos. Aqui, a comparação etnográfica é interessante: um dos elementos distintivos das grandes casas de Larsa foi a utilização de tijolos cozidos nas fundações, no revestimento do piso, para soleiras, crapodinas, platibandas, assim como para a construção das caves funerárias no subsolo (ver Y. Calvet, 1997: 25 e 2003).

³⁷⁴ Considero, aqui, apenas os contratos em que as duas séries de dados (tipo de terreno e pagamento) estão completas.

³⁷⁵ O total exato não pode ser estabelecido por causa da lacuna no tablete TCL,10,23, no qual, porém, pode-se ler a unidade de medida ma-na; o total deveria ser, no mínimo, 1/3 ma-na (pois o sistema usual em Larsa faz desta cifra o patamar mínimo para a unidade ma-na; abaixo disto, eram utilizados os múltiplos de gín).

³⁷⁶ Sobre a atividade econômica de Balmunamhe, ver W. F. Leemans (1950: 65 ss.), N. Kozyreva (1988: 67 ss.), M. Van De Mieroop (1987), M. Pers (1996 e 1997-1998) e C. Dyckhoff (1998 e 1999).

³⁷⁷ É interessante ver como, mesmo em uma situação de mercado nascente, pode-se constatar também uma distância entre os mundos rural e urbano quanto ao processo de formação dos

valores dos terrenos; ver a este respeito o estudo de R. Curto (1995: 67 ss.) sobre a cidade de Turim nos séculos XVIII e XIX. Com efeito, o problema da formação do valor do imobiliário urbano é extremamente complexo e não pode ser reduzido a uma questão de oferta e procura. Pelo menos desde o trabalho fundador de Maurice Halbwalchs (1909), fomos habituados a levar em conta uma quantidade de fatores não-econômicos implicados: este 'valor de opinião' atribuído à terra, uma mercadoria que está longe de ser ordinária, forma-se no cruzamento de crenças coletivas, de considerações pessoais dos vendedores e compradores e em um quadro em que a circulação de informações sobre os valores é, na maior parte do tempo, bastante imperfeita (p.381 s.). Seria, portanto, ilusório, sobretudo no caso mesopotâmico, pensar que cada transação poderia levar em conta toda a série formada pelas transações anteriores. Mesmo se o próprio Halbwalchs considerava os mercadores como a categoria mais competente para obter e gerenciar este circuito de informações, vemos que, em Larsa, sua presença persistente nas transações imobiliárias não impôs uma formalização rígida ao processo de formação de valor. Para uma reflexão deste tipo de problema, ainda no quadro da história urbana da Itália moderna, ver o trabalho de J.-F. Chauvard (1999) sobre Veneza no século XVII.

[378] Pode-se evocar o paralelo assírio, como o faz D. Charpin (1996a 221). K. R. Veenhof chama a atenção sobre a ligação entre o enriquecimento das famílias de mercadores assírios e a sofisticação de sua consumação imobiliária (1977: 116). Em uma carta bem eloqüente, a mulher de um mercador escreve a seu marido: "*Desde que tu partiste, Shalim-ahum já construiu uma casa nova por duas vezes! E nós, quando poderemos, enfim, fazer o mesmo?*" (ver a edição mais recente do texto em C. Michel, 2001: 434).

[379] A propósito da casa como um instrumento que serve para situar a família no espaço social, ver as inspiradas páginas de P. Bourdieu (2000: 33 ss.).

[380] Ver R. D. Sack (1986: 58 ss.). É preciso considerar, igualmente, que, nas sociedades sedentárias, a especialização dos espaços é mais clara e implica uma separação, embora jamais completa, entre o espaço residencial e o lugar das atividades econômicas do grupo; esta distinção – que permite que o espaço de uma família em relação ao restante da comunidade seja mais bem delimitado – cria as condições necessárias para uma utilização intensiva da casa como dispositivo de exibição do *status* do grupo familiar. Ao contrário, as sociedades menos complexas são marcadas pela fusão (ou quase) entre os espaços de habitação, produção, transformação, consumo etc.; por conseqüência, a casa (ou melhor, a área de habitação) presta-se em menor grau à afirmação identitária da família. Para as articulações entre o espaço construído (*building*), a estrutura de habitação (*dwelling*) e o local das atividades (*setting*), ver A. Rapoport (1994: 462 ss.) e M. F. Price (1999: 46).

[381] Os principais estudos sobre a questão centraram-se no discurso do 'palácio sem rival' no primeiro milênio. Ver S. Lackenbacher (1990) e J. M. Russell (1991).

[382] Tem-se, aqui, um dos elementos de uma *Prestigewirtschaft* partilhada pelas grandes organizações e, igualmente, por certas camadas sociais normalmente formadas pelos empreendedores associados aos templos e palácios; ver: J. Renger (1979: 254).

[383] É preciso, no entanto, evitar apresentar os investimentos arquitetônicos como um simples resultado da acumulação de capitais pelos mercadores; seria mais exato ver esta demanda de prestígio como sendo, ela própria, um dos fatores constitutivos que estimularam a expansão econômica. Recentemente, M. Van De Mieroop (2002c: 125 ss.) propôs, justamente, que a busca de um consumo ostentatório estava na base dos contatos comerciais de longa distância, contrariando a tese tradicional que situava o motor do fenômeno na raridade de alguns recursos naturais no vale mesopotâmico.

³⁸⁴ Ver também M. J. Desrochers (1978: 212, n. 55), que propusera a mesma metodologia baseando-se nos trabalhos de I. M. Diakonoff. Desrochers notou que, em Dilbat, a onomástica amorrita era predominante nos arquivos familiares, mas rara nos arquivos oficiais (p. 231).

³⁸⁵ Considero apenas os casos em que o nome próprio do deus é explicitamente mencionado, excluindo, portanto, a menção genérica no nome de Ilî-turam.

³⁸⁶ Há duas maneiras de verificar se um terreno foi objeto de duas ou mais operações consecutivas: 1) a primeira consiste em verificar, nas listas de vendedores e compradores, se o mesmo personagem comprou e, depois, vendeu o mesmo imóvel (um só caso pôde ser identificado por este método e voltaremos a ele em seguida); 2) o segundo método consiste em identificar nos dados cadastrais se um terreno, tendo as mesmas características (tipo, dimensão, vizinhança), foi comprado e revendido em seguida. Neste caso, poderia ocorrer que o comprador da primeira operação não fosse o vendedor da segunda, o que significaria que houve uma transferência intermediária (por venda, partilha etc.), que não está documentada (um só caso pôde ser identificado por este método). É preciso notar que estes procedimentos não fornecem uma segurança absoluta, pois os dados cadastrais podem ser consideravelmente alterados entre uma operação e outra: por exemplo, um terreno inculto pode ser transformado em pomar ou os vizinhos podem mudar; tais mudanças podem nos impedir de acompanhar corretamente as alterações nas relações apropriativas de todos os imóveis.

³⁸⁷ Trata-se do único caso identificado por S. Harris (1983: 171).

³⁸⁸ O contrato contém duas datas: no tablete 20/VII/RS 26; no envelope 16/VII/RS 26).

³⁸⁹ O fato de que Shamash-tappê apareça acompanhado de um segundo vendedor, Apîl-kubi, não altera o problema: trata-se, sem dúvida, do mesmo pomar nos dois casos, com a mesma superfície, 1 gán 30 sar, e os mesmos vizinhos: os domínios do templo de Shamash e Ipqusha.

³⁹⁰ Isto não significa necessariamente que as transações não trouxeram qualquer ganho a Shamash-tappê, o que depende do valor relativo da prata em cada momento. Como o tempo decorrido entre as duas transferências não foi muito grande, pode-se considerar que o mais provável é que o valor do terreno efetivamente não mudou e que, por conseqüência, as operações não tenham sido motivadas por uma intenção de ganho. L. Matoush (1950: 32) já havia identificado esta revenda, mas sua afirmação de que se trataria da menor relação siclo / sar entre os pomares deve ser desconsiderada.

³⁹¹ O documento não existia mais na época, seja porque jamais fora redigido, seja porque fora perdido; por isso, no contrato de revenda (ver abaixo) uma recapitulação da primeira operação de compra é dada (linhas 7-9).

³⁹² Para a aproximação destes dois contratos, ver os comentários de D. I. Owen (1975/6: 26 ss.). Owen, porém, entendeu mal a cláusula de evicção do primeiro contrato (Mesopotamia,10/11: 26) e sua tradução das linhas 15-17 deve ser corrigida por: ¹⁵⁾ A uma reivindicação, ¹⁶⁾ Kibri-Adad ¹⁷⁾ responderá.

³⁹³ As operações comerciais de Ibni-Amurrum, que incluíam quantidades consideráveis de tâmaras, referem-se a produtos que provinham dos domínios palacianos (para a análise desta atividade, ver M. Rede, 2005).

³⁹⁴ YOS,5,146; YOS,8,34 e 59; para a discussão destes documentos, ver M. Van De Mieroop (1987: 20).

³⁹⁵ Ver B. Landsberger (1967: 60) e D. Cocquerillat (1967: 212 ss.) para uma discussão do tipo de contrato e das questões técnicas referentes à produção, em particular o problema do amadurecimento artificial das tâmaras.

[396] Sempre 2/3 nos empreendimentos de Balmunamhe, mas 1/2 também é atestado em outros casos.

[397] M. Van De Mieroop (1987: 21) pende para esta última possibilidade. Estes pagamentos poderiam decorrer do fato de que alguns cultivadores não chegavam a preencher sua quota de produção, o que os obrigaria a realizar um pagamento complementar posteriormente, no momento da colheita (no mês 7, como prevê YOS,8,18).

[398] Nos arquivos da família Sanum: TCL,10,32, 33 e, provavelmente, 37.

[399] Ver acima, Gráficos 3 e 4.

[400] Ver M. Van De Mieroop (1987: 4). Balmunamhe não deve ter desembolsado efetivamente esta prata, pois alguns dos contratos de compra de escravos mascaram uma situação de endividamento que obrigava que o vendedor vendesse a si mesmo ou um membro de sua família ao credor. Mas a mesma situação podia ocorrer com as compras de terrenos. A comparação é, portanto, entre duas ordens de valores expressos formalmente pelos contratos.

[401] Digo potencialmente, pois estes valores correspondem ao compromisso de indenização, portanto propositadamente dissuasivos, e não a pagamentos efetivos. O problema é similar ao encontrado no caso dos contratos de compra de escravos (cf. nota precedente). Do ponto de vista econômico, o importante é enfatizar o fato de que os valores registrados nesses contratos não correspondem a uma circulação real de prata. Minha impressão pessoal, à espera de um estudo sistemático sobre o problema, é que o nível de 'monetarização' da economia babilônica era bem menos importante do que dão a entender nossas fontes. E é neste quadro de baixa circulação (que corresponde apenas imperfeitamente a uma escassez absoluta de metal) que o nível de investimentos deve ser considerado.

[402] Baseando-se na teoria de M. Finley (1981) sobre o endividamento no mundo clássico, P. Steinkeller (2002) sugeriu que a motivação primária da concessão de um crédito não era o ganho financeiro, mas a criação de laços de dependência que teriam permitido a obtenção do trabalho do devedor (assim como a confiscação de suas terras: a idéia de que as transferências imobiliárias camuflavam situações de endividamento é freqüente na historiografia: para Larsa, ver N. Kozyreva, 1988: 68 e 91). Este processo, que aflora na época da III dinastia de Ur, teria se generalizado no período babilônico antigo (124, ver também M. Van De Mieroop, 2002a: 70). Pode-se indagar se ele não estava, justamente, ligado às dificuldades de obtenção de mão-de-obra por outros meios, sobretudo pelos empreendedores privados, em um quadro em que o mercado de trabalho era limitado e no qual os mecanismos de coerção capazes de gerar mão-de-obra dependente estavam concentrados nas mãos do palácio. Por outro lado, ainda que os empreendedores privados pudessem recorrer a escravos capturados na expansão territorial, seu número jamais deve ter sido suficiente para garantir a produção. Tais dificuldades em obter mão-de-obra mostram a distância entre uma economia doméstica em expansão e a limitação dos meios disponíveis: é interessante notar que uma solução propriamente familiar (a alteração da estrutura de organização do grupo, com o retorno a formas alargadas) não era mais possível e que as respostas foram buscadas alhures, como confirma o aumento das diversas formas de trabalho assalariado durante a época babilônica antiga (hipótese que parece segura, apesar da ausência de trabalhos sistemáticos sobre este tipo de mão-de-obra; o artigo de H. Limet, 1997 limita-se aos aspectos contratuais e legais do problema; ver também H. Klengel, 1987).

[403] Para a Antiguidade clássica, a literatura é vasta, pois concerne ao problema da estagnação econômica e ao debate sobre suas conseqüências para a dinâmica socioeconômica greco-romana; limito-me a indicar o trabalho de P. Garnsey (1998) sobre o investimento urbano em Roma e de A. Burford (1993) sobre o comportamento econômico dos gregos.

⁴⁰⁴ Por vezes, outros personagens podem ter seu papel explicitado, como, por exemplo, o escriba, citado normalmente ao final da lista de testemunhas. Mas sua presença não é suficientemente constante para que se faça dela uma categoria independente das testemunhas. Por outro lado, os deuses e reis citados nos juramentos não estão propriamente presentes no ato e remetem a aspectos simbólicos e jurídicos que não serão tratados aqui. Em certos contextos, na região do vale do Diyala (cf. R. M. Whiting, 1977 e C. D. Reichel, 2001: 126 ss.) e em Ur (cf. D. Charpin, 1980a: 19 ss. e 1986: 74 s.), a presença de um funcionário real, o *kakikkum*, é freqüente. Seu papel parece ser importante no controle dos cadastros dos terrenos urbanos (ver CAD,K: 43 s.), função semelhante à exercida pelo *shassukkum* para os terrenos rurais (CAD,SH-2: 145); a partir de um texto de Mari, mas relativo à Babilônia, D. Charpin sugeriu que o *kakikkum* estaria também implicado no estabelecimento do preço dos terrenos (D. Charpin, 1992a: 89 e 1999: 77); J. Renger (2002: 156) o vê como o indício de uma certa supervisão ou controle do palácio sobre os negócios privados.

⁴⁰⁵ Por causa dos homônimos, estes 55 nomes podem corresponder a um número mais elevado de personagens. Desde que seja possível, procurarei fazer as distinções necessárias.

⁴⁰⁶ São elas: Abuwaqar, Amurrum-shêmi, Apil-ilishu, Balalum, Balmunamhe, Eshtar-ilî, Hunabatum (que compra sempre com seu marido, Amurrum-shêmi), Iddin-Amurrum, Sarriqum, Sîn-bêl-aplim, Ubar-Shamash e Warad-Zugal.

⁴⁰⁷ A princípio, uma das dificuldades que surgem para avaliar o grau de concentração das compras vem do fato de que ignoramos a quantidade de arquivos encavados clandestinamente: é possível que muitos dos contratos considerados como pertencentes a compradores ocasionais sejam, na verdade, títulos de propriedade transferidos aos novos compradores. Se esta hipótese fosse confirmada, estaríamos diante de uma centralização de arquivos que indicaria uma concentração fundiária ainda maior do que o constatado até aqui.

⁴⁰⁸ Além disso, nesta única venda conhecida de Iddin-Amurrum, filho de Kunnatum, o comprador é justamente Iddin-Amurrum, filho de Eshtar-ilî, o que elimina toda e qualquer dúvida sobre os homônimos.

⁴⁰⁹ A formulação da filiação de Apil-ilishu em YOS,8,124 poderia sugerir que ele fosse filho de Ahum; ver, entretanto, YOS,8,125, que nos permite restituir a árvore genealógica da família do seguinte modo: Silli-Irra, sua esposa Ahatum e seus dois filhos, Apil-ilishu e Awil-Adad. No mais, de acordo com YOS,8,81, sabemos que Ahum é o filho de Ahatum com um outro homem, chamado Uqûa. Assim, Ahum e Apil-ilishu são meio-irmãos uterinos. Em YOS,8,124, temos, então, um grupo de vendedores formado pelo pai e seus dois filhos, dos quais apenas um é consangüíneo.

⁴¹⁰ YOS,8,124: l. 4: é ¹*si-lí-ìr-ra* ¹*ap-lum ù a-hu-um*. Por outro lado, Aplum, cujo laço de parentesco com o grupo é difícil estabelecer, não figura entre os vendedores e podemos supor que ele já estava morto na época da venda. Além disso, a fórmula de não-reivindicação responsabiliza apenas Silli-Irra, certamente porque era o pai. Em todo caso, ele ainda conserva um domínio ao lado da casa vendida.

⁴¹¹ YOS,8,125 (datado de um ano indeterminado após a conquista de Isin). O fato de encontrarmos um mesmo vizinho (Shumî-ahia) nos dois contratos, sugere que se trata da mesma construção. Trata-se de um contrato híbrido, que registra também um depósito para uma expedição (l. 19: *a-na ha-ra-ni-shu ish-ku-ush-shum*) e uma compensação (l. 22: *a-na ta-ap-pi-la-tim*); é difícil saber como tudo isto se articula; por isso, ele foi excluído do quadro.

⁴¹² VS,13,82: o reembolso é composto por uma construção que tem a mesma superfície que o prédio comprado seis anos antes (1 sar), mais uma compensação (*ana tappilâtim*) de 5 1/2 siclos. Para a interpretação deste caso, ver F. R. Kraus (1984: 47 s.). Nós retornaremos sobre este ponto.

[413] A partir dos dados disponíveis, não é possível restituir completamente as relações de parentela entre os homens, Gamilum, Abbâ, Munawwirum e Shamash-hâzir. Hishshatum era a esposa deste último (o tablete está quebrado, mas no envelope pode-se ler claramente: dam-a-ni).

[414] Uma das testemunhas, Irra-tillassu, é comum aos dois contratos.

[415] TCL,10,7 (_/XII/WS 10), no qual Sîn-bêl-ilî é citado como sendo um dos vizinhos.

[416] Apenas nos contratos de compras de terrenos, conhecemos dois outros Sîn-irîbam: o filho de Humusirum e o filho de Nanna-palil (vizinhos em TCL,10,26).

[417] Alguns destes grandes compradores podem ser identificados formalmente como *tamkârum*, pois portam este título: Abuwaqar (*tamkârum* em TCL,10,70; YOS,5,203; YOS,8,32, 52 e 102); Apil-ilishu (*tamkârum* em YOS,8,98); Iddin-Amurrum (*tamkârum* em YOS,8,102). Por outro lado, Ubar-Shamash é dito chefe dos mercadores (*wakil tamkârî*) de Larsa em Riftin,66 (também em Riftin,52, mas a data, RS 8, parece um pouco precoce para que se trate da mesma pessoa). Evidentemente, esta lista não esgota todos os casos de concordância entre os grandes compradores e os mercadores, pois para alguns, como Balmunamhe, o título jamais é atestado.

[418] Eu não desconsidero as contestações, na historiografia moderna, de uma visão que simplifica este processo, vendo-o como uma substituição da nobreza européia por uma burguesia em marcha triunfante; ver o excelente trabalho de A. J. Mayer (1981) sobre as persistências do Antigo Regime no século XIX e mesmo nos inícios do século XX. Em todo caso, no nível da propriedade fundiária, a penetração dos mercadores citadinos em um território anteriormente senhorial ou mesmo camponês é um fenômeno corrente; ver, por exemplo, E. Le Roy Ladurie, 2002: 191 ss.).

[419] Sîn-iribam, o comprador de YOS,5,131 (de _/VI/WS 5) e VS,13,57 (de _/VIII/RS 13), não parece ser o *tamkârum*, filho de Ilî-tayyar, citado como testemunha em um documento muito mais tardio (VS,13,85: 16 s. datado de RS 45).

[420] Munawwirum é comprador em YOS,8,156 (de RS 39); um *wakil-tamkârî* com o mesmo nome é atestado em TCL,10,34 (de RS 9) e YOS,8,52 (de RS 25). Notemos, de passagem, que, se esta identificação é correta, isto significa que é necessário considerá-lo, doravante, como sendo filho de Enkinamti-mansum (filiação atestada para o Munawwirum comprador); portanto, dever-se-á abandonar a sugestão de W. F. Leemans (1950: 69) para quem este *wakil tamkârî* poderia corresponder ao *tamkârum* de TCL,10,55 (de RS 22), já que este era filho de Zamayatum.

[421] Para as ligações dos empreendedores do pastoreio com o palácio, ver, em geral, F. R. Kraus (1966: 160 ss.) e, para Balmunamhe, ver M. Van Der Mieroop (1987: 23). Ver igualmente N. Kozyreva (1988: 70) e C. Dyckhoff (1998: 119 ss.) que enfatiza o caráter duplo (privado e administrativo) dos arquivos de Balmunamhe e, conseqüentemente, sobre suas ligações com o palácio e o templo de Enki.

[422] Ubar-Shamash atua na condição de gìr. Há outros indícios que me fazem pensar que não se trata de uma operação privada: algumas pessoas que estão na origem do aprovisionamento de grãos têm nomes típicos de servidores reais (Rîm-Sîn-rapashunu e Rîm-Sîn-ap[x]-shubi); além disso, os grãos foram levados aos dignitários do templo (l. 8: shabra-mesh).

[423] A hipótese de K. Pozzer, segundo a qual se tratava de um prisioneiro de guerra após a conquista de Isin, é muito pouco provável, pois o escravo é deixado, contra caução, junto à sua própria esposa e, além disso, uma casa é dada como garantia da operação: é mais verossímil, portanto, tratar-se de um larseano, tornado escravo em decorrência de dívidas não reembolsadas.

⁴²⁴ Este personagem era o filho de Iddin-Irra e testemunhou, por várias vezes, nos contratos da família Sanum e de Balmunamhe, como já havia notado W. F. Leemans (1950: 63 s.).

⁴²⁵ Esta situação perdura até o período tardio; para o mesmo tipo de problema nos arquivos familiares neobabilônicos e aquemênidas, ver C. Wunsch (2002: 221 s.).

⁴²⁶ O descompasso entre as diversas fases dos arquivos nem sempre foi bem compreendido: W. F. Leemans (1950: 80 s.), por exemplo, baseou-se nisso para formular sua hipótese de que existiu uma diferença entre a posição econômica e social dos membros do grupo. Para Leemans, enquanto Ibni-Amurrum estava plenamente inserido no circuito do comércio palaciano (sempre como mercador privado, na visão do autor), os seus ancestrais, também mercadores, teriam realizado apenas negócios privados, como a aquisição imobiliária, pois seriam completamente independentes do palácio. Assim, a dinâmica dos arquivos familiares foi transformada, erroneamente, em uma prova da evolução da posição do *tamkârum* na história de Larsa.

⁴²⁷ Analisando o caso da família de Iddin-Lagamal, de Dilbat, M. J. Desrochers (1978: 262) notou que, enquanto as três primeiras gerações, durante a época hammu-rabiana, foram responsáveis pelas aquisições imobiliárias, a partir dos reinados de Hammu-rabi e Samsu-iluna, os membros do grupo colocam-se a serviço do palácio. Isto pode ser, ao menos em parte, uma falsa impressão, decorrente do mesmo fenômeno da formação dos arquivos de que falamos acima (no mesmo sentido, ver A. Goddeeris, 2002: 229). Mas a situação pode também corresponder a uma tendência de esgotamento na trajetória dos grupos domésticos, levando as últimas gerações a garantir suas condições materiais junto ao palácio. Uma possível diminuição das terras disponíveis e a ampliação do número de pessoas despossuídas que eram obrigadas a trabalhar nas terras alheias (o que explicaria o aumento dos contratos de arrendamento e de aluguel de mão-de-obra), como sugeriu A. Goddeeris, não estariam em contradição com este quadro. Dilbat já se encontrava sob controle babilônico antes de Hammu-rabi, mas Desroches pensa que a ausência de compras de terrenos sob Hammu-rabi e Samsu-iluna não é uma coincidência (p. 257); no caso de Larsa, tais mudanças correspondem, de fato, à época da conquista.

⁴²⁸ O *tamkârum* Iddin-Amurrum de YOS,8,102: 7 (de 11/II/RS 28) é, sem dúvida, o membro da família Sanum, como já havia notado W. F. Leemans (1950: 58): neste documento ele é citado como testemunha ao lado de Abuwaqar (também ele um *tamkârum*) e de Ilî-silli; o mesmo trio aparece em YOS,8,52, no qual Iddin-Amurrum não é identificado como *tamkârum*, mas, justamente, como descendente (dumu) de Sanum; no mais, Abuwaqar e Ilî-silli são testemunhas que aparecem freqüentemente nas compras imobiliárias de Iddin-Amurrum (os dois juntos em TCL,10,37; Abuwaqar em TCL,10,29, 33, 35, 36, 42, 43 e 50; Ilî-silli em TCL,10,41, 51 e 128).

⁴²⁹ O homem que toma emprestada esta prata, Lâlum, filho de Sîn-rabi, já tivera relação com Iddin-Amurrum e havia testemunhado para ele quando da compra de um pomar, 13 anos antes: TCL,10,46 (de _/XI/RS 17), a filiação encontra-se somente no envelope: l. 17.

⁴³⁰ V. Scheil (1918b). Escrevendo antes da publicação dos textos do Museu do Louvre por Ch.-F. Jean, Scheil baseou-se nos tabletes da École Pratique, em particular HE,111 e 113, que serão retomados mais tarde por P. Koschaker e A. Ungnad (HG,6,1949 e 1950, respectivamente) e por G. Boyer (1928: p. 27 e 33, respectivamente).

⁴³¹ Alguns elementos de sua interpretação já estavam presentes em HG,6: p. 197.

⁴³² A documentação de base foi reunida por M. Stol (1982), que menciona os três novos tabletes do Museu de Istambul relativos ao dossiê e que serão publicados pouco tempo depois por F. Pomponio (1982). Para a época de dominação babilônica em Larsa, os principais estudos são: W. F. Leemans (1950: 78 ss.); F. R. Kraus (1979); M. Stol (1982); D. Charpin (1980a: 128 ss. e

1987b); J. Renger (2000). Além do quadro geográfico que nos interessa aqui, para a região de Sippar durante o fim da primeira dinastia da Babilônia (portanto, bem depois da perda de Larsa por Samsu-iluna), um estudo do mesmo tipo de problema, centrado na circulação da lã, foi empreendido por N. Yoffee (1977) e D. Charpin (1982 e 1987b); o debate entre estes dois autores dá uma idéia das divergências de opinião sobre a questão; ver a resenha de D. Charpin (1980c) e a reação de N. Yoffee (1982). Para além de importantes divergências no nível teórico, a discussão dizia respeito também à interpretação dos arquivos de Utul-Eshtar (que são muito parecidos com os de Ibni-Amurrum, ainda que os dois personagens estivessem posicionados em níveis diferentes da cadeia de circulação); sobre Utul-Eshtar e o comércio de lã em Sippar, ver também W. F. Leemans (1950: 102 s.); F. R. Kraus (1958: 98 ss.) e, mais recentemente, J. Renger (2000: 170 ss.).

[433] É surpreendente que a lógica colonial do sistema – que, no entanto, lhe dá sentido – não tenha sido suficientemente percebida pelos autores que trataram da questão. Por vezes, ela foi mesmo vista sob uma ótica muito pouco crítica, para dizer o menos: em uma época em que o colonialismo europeu era ainda a norma nas relações internacionais, Ch.-F. Jean (1927: 90) afirmava que *"a administração hammu-rabiana só podia ser muito favorável ao progresso de Larsa"*. E, mais recentemente, D. Charpin (2006: 190) reprovou que eu mesmo tenha insistido sobre este aspecto colonial.

[434] Para se limitar ao exemplo proveniente do arquivo de Ibni-Amurrum, vê-se que uma parte dos peixes do mar, das tâmaras e das cebolas redistribuídos pelo *kârum* de Larsa provinha do *kârum* de Lagash (TCL,11,197 e 199).

[435] TS,70 e 78; no primeiro documento, trata-se, justamente, das despesas de transporte entre Larsa e Kutalla. Ver os comentários de D. Charpin (1980a:129).

[436] Para estas duas últimas aplicações em uma época mais tardia, ver D. Charpin (1982: 46 ss.).

[437] Para a importância dos custos de transação nas economias antigas, ver sobretudo os trabalhos de D. North (1977 e 1981). Alguns estudos foram consagrados aos problemas de transporte, em particular no quadro do comércio de longa distância: ver, para Larsa, W. F. Leemans (1960a: 57 ss.); para o comércio páleo-assírio, ver M. T. Larsen (1967); o autor chama a atenção para o papel dos depósitos que servem de entrepostos nas rotas das caravanas que ligam a Assíria à Capadócia (p.65 s.); para a segunda metade do II milênio, ver H. Klengel (1975) e, para Ugarit, M. Heltzer (1978: 148 ss.). Entretanto, muito pouca atenção foi dada às conseqüências econômicas dos custos de transporte; ver, porém, os comentários de D. Charpin sobre um lote de cartas relativas ao transporte de grãos entre Eshnunna e Larsa (1983/4: 105). Ver também N. Yoffee (1981: 13) e J. Renger (2000: 168).

[438] J. Renger (1994: 178) já havia notado que os procedimentos de estocagem em larga escala estavam de tal modo inscritos na natureza da economia redistributiva do palácio que se poderia falar de uma *'storage economy'*.

[439] Para os problemas de estocagem e os custos de transporte em Larsa, ver o estudo de T. Breckwoldt (1995/6); o autor enfatiza a existência de uma verdadeira rede de aldeias periféricas que tinham a função de armazenar os produtos destinados ao aprovisionamento da cidade. Por outro lado, existiam algumas estruturas que serviam para processar os produtos, em particular a lã, mas nem sempre se pode atribuir-lhes com certeza uma função de estocagem; é o caso da "casa da tosa" (é-zú-si-ga) situada na província Inferior (HE,111: 4; para a leitura correta desta passagem, cf. D. Charpin, 1982: 58, n. 75, que corrige G. Boyer,1928: 27).

[440] Para os problemas e os métodos de conservação da alimentação na Mesopotâmia, ver o artigo de J. Bottéro no RlA,6: 191 ss. Para as dificuldades técnicas de armazenamento dos alimentos (vermes, bactérias, parasitas etc.), ver P. B. Adamson (1985: 5 ss.).

⁴⁴¹ Em TCL,11,192, é o próprio Ibni-Amurrum que deve armazenar as tâmaras que estão "sob sua responsabilidade" em um silo aparentemente alugado. Não é absolutamente claro, mas é provável que estas tâmaras tivessem uma origem palaciana. Em uma carta (VS,7,202 = AbB,6,219), um certo Ibni-Amurrum está implicado em uma história de arrombamento de um armazém e de roubo de grão, mas é pouco provável que se trate do filho de Iddin-Amurrum. Por outro lado, como mostra TS,70, parece que o palácio transferia aos comerciantes os custos do transporte das mercadorias no mercado regional, por exemplo entre Larsa e Kutalla (ver os comentários de D. Charpin, 1980a: 129).

⁴⁴² Conseqüentemente, eu só posso discordar de G. Van Driel, para quem este sistema *"illustrates both the inefficiency of the institutions, which had to part a considerable share of the potential gains, which were diverted into pockets of 'agents', and their capacity to absorb the (notional) losses implied in changing the agricultural produce into silver"* (1999: 34). Nos estudos mais recentes sobre os sistemas coloniais na época moderna, procurou-se, justamente, demonstrar a importância do funcionamento dos mercados internos coloniais para um melhor entendimento da exploração pela metrópole. Do ponto de vista metodológico, parece-me, a situação de que tratamos exige a mesma abordagem analítica, embora os elementos históricos sejam bastante diferentes nos dois casos.

⁴⁴³ Que não se limitava às esferas militares, estando também presente no universo religioso e civil; ver, a este propósito, a noção de *'chains of authorit'* de B. Landsberger (1955: 122).

⁴⁴⁴ Para o papel do *wakil tamkârî* de Larsa na época de independência, o trabalho de W. F. Leemans (1950: 69 ss.) continua sendo o mais completo.

⁴⁴⁵ Para Shêp-Sîn, ver J. Renger (2000: 166 ss.), que integra os resultados da tese de K. Reiter (1982), que, infelizmente, não pude consultar. Os trabalhos de W. F. Leemans (1950: 81 ss.) e de M. Stol (1982: 141 ss.) ainda são muito úteis.

⁴⁴⁶ Contrariamente a esta interpretação, que é também a de W. F. Leemans (1950: 83), D. Charpin (1982: 58, n. 76) pensa que se trate de uma operação comercial resultante da venda de produtos do palácio.

⁴⁴⁷ Para além dos significados básicos de *'recipiente'* e *'medida de capacidade'*, o correto entendimento do termo *sûtum* (sumério ᵍⁱˢʰbán) é foco de discussão entre os especialistas. Alguns autores recusaram-se a conferir-lhe um sentido de obrigação, imposto, taxa, sugerido pela tradução *'Steuer'*, ou *'Abgabe'* de P. Koschaker (1941-2: 153; ver também AHw,2: 1064): assim, M. Stol (1982: 154 s.), seguindo G. Boyer (1928: 37 e 86), propôs traduzi-lo por *'aprovisionamento'*, *'provisão'* e D. Charpin (1980a: 129) explica que se trata de um "lote de mercadorias recebido por cada *tamkârum*", preferindo conservar o termo no original em sua tradução de TS,70. De fato, a tradução por *'lote'* (que, no entanto, não é prevista pelo CAD,S: 420) é satisfatória para a maior parte dos casos encontrados nos arquivos de Ibni-Amurrum, em que o *status constructus* é seguido do nome daqueles que recebem os produtos do palácio. Contudo, para certas ocorrências, é necessário, segundo me parece, conservar a noção de obrigação (manifestamente, é o caso da expressão *shaqal sûti* = *'pagamento da obrigação'* em TCL,11,208: 9 e TCL,11,210:9); *sûtum* corresponde, então, seja ao lote de mercadorias comissionadas pelo palácio, seja à obrigação de pagamento gerada por esta transferência. Esta polissemia que faz com que um mesmo termo remeta ao bem ou benefício atribuído e, ao mesmo tempo, à obrigação que decorre da cessão é, aliás, recorrente no vocabulário fiscal do palácio na época. Assim, o termo *ilkum* significa o campo atribuído ao funcionário para sua subsistência e também o dever de ir (*alâkum*) prestar serviço ao rei; do mesmo modo, *biltum* indica o campo arrendado a um grupo de cultivadores e a parte da produção que devia ser versada como tributo.

⁴⁴⁸ Si 3: TCL,11,194 e 195: trata-se, sem dúvida, de documentos relativos à mesma operação; Si 5: TCL,11,208 (para a relação deste documento com TCL,11,205, ver os comentários abaixo); Si 6: TCL,11,210.

⁴⁴⁹ Si 2: TCL,11,193; Si 3: TCL,11,199 (para a relação com TCL,11,197, ver abaixo); Si 5: TCL,10,13.

⁴⁵⁰ TCL,11,199: 3: *sha* kar shir-bur-la^{ki}.

⁴⁵¹ Com efeito, esta mesma dinâmica de distribuição repete-se em vários casos, ver M. Stol (1982: 143).

⁴⁵² Analisando o caso de Kutalla, onde o mesmo tipo de transação ocorria na época de Samsu-iluna, D. Charpin (1980a: 130) propôs que as relações de parentesco poderiam intervir na transmissão das mercadorias e na substituição dos devedores face ao palácio (no caso de TS,78, Silli-Eshtar foi o substituto, *tahhum*, de seus primos). Em Larsa, nenhuma relação de parentesco pôde ser estabelecida entre Ibni-Amurrum e Nûr-Shamash ou entre Ibni-Amurrum e algum dos membros dos grupos com que ele negociava produtos palacianos. Entretanto, para a comercialização dos produtos, Ibni-Amurrum poderia, certamente, contar com sua rede familiar e a atividade passaria a ser do grupo doméstico. Outras negociações entre os parentes poderiam ser realizadas, como mostra TCL,11,217, em que as contas entre Ibni-Amurrum e seu irmão Mâr-Amurrum são acertadas. Neste caso, porém, apesar da utilização do termo *sûtum* (l. 2: ^{gish}ba-an bán), não se pode estar certo de que o pagamento correspondesse a mercadorias do palácio: nada impede, a meu ver, que o vocábulo fosse usado entre privados. Por outro lado, é possível que grupos familiares inteiros fossem beneficiados com a redistribuição comissionada das mercadorias do palácio, como indica a designação de grupo de receptores como 'filhos de NP' (dumu-mesh NP) em alguns contratos (TCL,10,13 e TCL,11,193), a menos que a expressão indique aqui, em vez de filiação parental, uma subordinação hierárquica qualquer, como ocorre por vezes.

⁴⁵³ Dos quatro agentes nomeados individualmente em TCL,10,13, três, ao menos, já haviam antes repassado suas mercadorias a Ibni-Amurrum (Mâr-ersetim, Sîn-kashid e Belî-asharid que também estão presentes em TCL,11,193 e 199); também os filhos de Babâ cedem mercadorias em TCL,10,13 e TCL,11,193.

⁴⁵⁴ O lote de mercadorias comissionadas a Ibni-Amurrum no ano 2 de Samsu-iluna é avaliado em 3 2/3 minas e 2 siclos de prata (TCL,11,193) e, no ano seguinte, em 3 2/3 minas e 3 siclos (TCL,11,199).

⁴⁵⁵ Em TCL,11,193: 4, a fórmula é explicitada: *a-na sha-lu-ush* = "a um terço".

⁴⁵⁶ O problema do(s) pagamento(s) implicado(s) nestas transações não é completamente claro. Parece-me, no entanto, que duas coisas são certas. Primeiramente, o 'preço' total registrado nos contratos corresponde a uma estimativa das mercadorias, o que quer dizer que a quantidade de prata não corresponde a nenhum tipo de pagamento efetivo, mas a uma avaliação contábil, que serve tanto a uma estimativa do valor dos produtos quanto ao cálculo do pagamento da obrigação ao palácio (normalmente na base de 1/3 da estimativa); em segundo lugar, o único pagamento efetivo que se pode postular com certeza é, precisamente, o da obrigação, feito ao palácio após um certo prazo da entrega das mercadorias (o fato de que, na prática, o pagamento fosse, por vezes, feito pelo comerciante ao intermediário que lhe havia repassado as mercadorias não altera a questão: nestes casos, simplesmente o membro do *kârum* agia também como representante régio na coleta dos tributos). Vários autores trataram do tema: M. Stol (1982: 149), por exemplo, reconhece não poder oferecer uma solução satisfatória e enumera algumas possibili-

dades: a) que haveria uma venda pelo preço da estimativa, o que implicaria um lucro de 200% (sobre o valor de 1/3) para o palácio (esta hipótese inverte a relação entre estimativa e preço efetivo estabelecida acima e deve ser, portanto, descartada); b) que uma transferência de 2/3 seria feita ao *kârum*; c) enfim, que a estimativa corresponderia a um preço oficial (o que me parece correto) e que o preço de mercado seria de 1/3 da estimativa. Mais recentemente, M. Van De Mieroop (2002: 168) insistiu sobre uma repartição tripla: 1/3 pago no momento da compra; 1/3 após a venda e o restante 1/3 servindo para remunerar o comerciante. Um pagamento duplo por parte do comerciante havia sido, igualmente, sugerido por J. N. Postgate (1992: 199). Mas não existe nenhuma prova de um segundo pagamento ao palácio, nem de pagamentos a um intermediário ou ao *kârum* (salvo aquele equivalente à obrigação devida ao palácio). Parece que o formulário dos contratos induz a um erro e que, de fato, não é necessário buscar correspondências efetivas para cada um dos terços, pois, na verdade, elas não existem. Não há razão para acreditar que em uma soma de 1/3 destinada ao mercador, este intermediário não agia movido por uma busca de lucro, mas sob a pressão do vencimento da obrigação que ele devia pagar ao palácio e isto explica que a transferência de sua quota fosse feita sem qualquer retribuição por parte do comerciante do varejo. A intenção era, simplesmente, transferir a este a responsabilidade pelo pagamento.

[457] Alguns contratos dos arquivos de Ibni-Amurrum estabeleciam um vencimento ao final de cerca de um ano (TCL,10,13; TCL,11,193 e 199); outros limitavam-se a lembrar que a prata deveria ser entregue *"quando do pagamento da obrigação"* (*i-na sha-qá-al su-ti*: TCL,11,208 e 210). Deve-se supor, nestes casos, um prazo implícito de um ano? Finalmente, um último contrato contém uma fórmula ainda mais vaga: *"no dia em que a prata do palácio será exigida"* (TCL,11,194: 8-9: u$_4$-*um* kù-babbar *é-gál-lim in-ni-ir-ri-shu*; também em TCL,11,195: 9-10); sobre a utilização da cláusula-*erêshum* nestes contratos, ver A. Skaist (1994: 182).

[458] A prata selada (*kaspum kankum*) sob controle de um representante do palácio é o meio de pagamento estabelecido mais freqüentemente nos contratos de Ibni-Amurrum (TCL,10,13; TCL,11,193, 194 e 199). Um certo Amurrum-tayâr é comumente associado a este tipo de prata (TCL,11,193: 22: *ka-ni-ik* ^{d}*mar-tu-ta-a-a-ar*; em TCL,11,194, ele é citado como primeira testemunha) e parece ter tido um papel importante na circulação e no controle do metal no contexto palaciano em Larsa e também em Ur; ver M. Stol (1982: 151). Não é sem interesse notar que, ao contrário, nos contratos de compra de terrenos de Larsa, não se estabelece nenhuma convenção particular em relação à prata, com exceção, justamente, da aquisição que Balmunamhe e seu pai fazem de um terreno pertencente ao templo de Nanna: neste caso, a prata deveria ser entregue segundo a medida própria ao templo do deus Nanna (YOS,5,122: 11: kù-babbar na$_4$ é ^{d}na[nna]). Para alguns problemas relativos à pureza da prata e suas conseqüências na formação do preço, ver M. A. Powell (1999: 19 ss.).

[459] Contra uma visão predominante, que enfatiza apenas os aspectos negativos do crédito, notadamente o endividamento, M. Van De Mieroop (2002b) insistiu sobre seu papel como facilitador da troca. Segundo o autor, o crédito servia para estimular a economia em um quadro de desenvolvimento limitado do mercado. A tese de Mieroop, segundo a qual este mesmo mecanismo era indispensável para a colocação em circulação dos bens palacianos (p. 167 s.), é instigante, pois os capitais privados não podiam assegurar o financiamento de tais operações (notaremos que A. Skaist, 1994: 76 já havia sublinhado os elementos de crédito implicados nestas operações de Larsa, os shám-*loans*, em sua terminologia). Insistirei, aqui, simplesmente sobre o fato de que, se esta era também a forma mais eficaz de o palácio converter em prata os produtos locais, é porque os custos de produção eram muito baixos e nenhum investimento de

capital palaciano era necessário: a verdadeira moeda de troca era o prazo concedido aos mercadores para o pagamento das obrigações. Com efeito, é preciso considerar que, em certa medida, este 'crédito de tempo' fazia parte da relação contratual e impunha-se às duas partes; de seu lado, no momento do contrato, Ibni-Amurrum também concedia um prazo para a obtenção de uma parte dos produtos, já que a lã lhe deveria ser entregue apenas na época da tosa (TCL,10,13: 12 s.; TCL,11,208: 12 s. e TCL,11,210: 12 s.: síg-mesh/hi-a *i-na bu-qú-mi i-ma-ha-ar-ma*).

[460] Conseqüentemente, o fato de um mercador ou de um chefe dos mercadores ter comprado terrenos ou herdado bens familiares não nos diz nada sobre o vínculo, ou não, de seus cargos com o palácio. Leemans tendeu, justamente, a pensar que as aquisições imobiliárias dos mercadores demonstrassem que suas atividades econômicas eram privadas.

[461] No mesmo sentido, ver as críticas feitas a Leemans por N. Kozyreva (1988: 87).

[462] H. Neumann (1999: 45 e 53) insistiu sobre o fato de que uma simbiose semelhante entre o palácio e os mercadores já fosse uma característica central na época da III dinastia de Ur, em fins do III milênio.

[463] Ver as cartas de Hammu-rabi à Sîn-iddinam: LIH,1,16 (= AbB,2,16) e LIH,I,33 (= AbB,2,33).

[464] A sugestão de M. Stol (1982: 131, n. 29) sobre a origem babilônica deste personagem parece-me convincente.

[465] HE,139 (ver G. Boyer, 1928: 61) e JCS,31: 140 (ver: F. Rochberg-Halton & P. Zimansky, 1979: 140). Para a posição de Shamash-lamassashu na rede tributária babilônica no sul, ver M. Stol (1982: 152). A possibilidade de que Shamash-lamassashu fosse um larseano e tivesse substituído seu selo quando os babilônios passaram a dominar não pode ser, todavia, excluída.

[466] Para o caso páleo-assírio, ver sobretudo as críticas de K. R. Veenhof (1972: 348 ss.), a serem ponderadas, porém, à luz das considerações de N. Yoffee (1977: 16 ss.). Para o caso de Larsa, ver M. Rede (2005).

[467] O próprio Polanyi (1957: 58) havia pressentido a importância desta coabitação com um sistema de estimativa de mercadorias 'livres' que estaria na origem seja de um eventual comércio de mercado, seja de uma noção de preço propriamente dita.

[468] Se, no caso da família Sanum, há um descompasso entre a documentação relativa às atividades comerciais e as aquisições imobiliárias, podemos sempre citar casos em que os dois fenômenos são contemporâneos, como o de Silli-Eshtar, em Kutalla (cf. D. Charpin, 1980a: 126 ss.).

[469] É impossível restituir o número exato de nomes, pois em oito casos eles não são legíveis nos tabletes (em três casos, estão completamente perdidos; em cinco, estão bastante deteriorados). É igualmente impossível estabelecer, a partir dos nomes, o número exato de vendedores (bem como de compradores), por causa dos homônimos: há 17 nomes que se repetem de duas a quatro vezes e não se pode saber com certeza se se trata da mesma pessoa, salvo quando o personagem é bem conhecido por outras fontes (como é o caso de Iddin-Nanaya, da família Sanum). Por fim, em um único caso (YOS,5,122), o vendedor foi um templo.

[470] Em ambos os casos, os cálculos excluem os contratos em que os nomes não são legíveis.

[471] É interessante notar que esta porcentagem é compatível com os cálculos de I. M. Diakonoff, (1996: 57), segundo os quais 30% dos vendedores do Período Babilônico Antigo seriam compostos por grupos. Não somos obrigados, no entanto, a ver sempre, por trás destes grupos, as famílias alargadas, caras ao autor. O próprio Diakonoff distinguiu a situação de Ur (onde predominaria o modelo alargado da organização familiar) e o de Larsa (onde *"nas vendas e arrendamentos, comunidades de famílias alargadas dificilmente são atestadas"*, cf. p. 58).

[472] Em certos casos (VS,13,94 e YOS,8,143), os dois vendedores são citados com suas respectivas filiações paternais: se isto garante que não se trata de irmãos agnáticos, não se pode excluir que se trate de parentes, por exemplo, primos. Por outro lado, a posse em comum do bem alienado pode também resultar de uma sociedade entre pessoas não aparentadas.

[473] Além da presença das mulheres no interior de grupos de vendedores (mostrada no Quadro 17), é preciso acrescentar os nove casos em que uma mulher vende sozinha um imóvel.

[474] A importante presença dos filhos (17 ocorrências em 44 casos) pode ser explicada do mesmo modo.

[475] Os dados não são suficientes para que se possa falar com segurança de uma curva ascendente da viuvez em conseqüência das guerras levadas a cabo pelos reis de Larsa, em particular Rîm-Sîn. A hipótese é, em todo caso, bastante plausível. Eu me limito, aqui, a algumas situações isoladas.

[476] A linha 15 do contrato registra: inim-ta *a-wi-ia-tum* [shesh]-a-ni = "pelo intermédio de Awiatum, seu irmão". A expressão suméria inim-ta equivale ao acadiano *ana qabê* e a tradução seguida, aqui, é a proposta por M. Tanret e C. Janssen (1992: 66). Não se pode excluir que o contrato engajava o intermediário como garantia da regularidade do contrato e da execução das obrigações implicadas, como sugeriu E. Szlechter (1963).

[477] No único caso atestado em Larsa (YOS,5,37), Shât-Eshtar vendeu um pequeno terreno inculto que provinha da parte de herança (há-la) de seu marido, Umayatum.

[478] Poder-se-ia pensar que os grupos alienam o patrimônio imobiliário em condições mais coercitivas do que os vendedores individuais, pois os primeiros obtêm, em média, um valor menor pelos terrenos urbanos (22,77 siclos de prata / sar de terreno) do que os últimos (26,17 siclos / sar). É preciso, no entanto, considerar que os dados não são decisivos, sobretudo porque, para os terrenos rurais, as diferenças se invertem (0,09 e 0,08 siclos / sar, respectivamente).

[479] Em um contrato em que o vendedor é uma família (YOS,5,112), o pagamento, além da prata normalmente utilizada, inclui também uma quantidade de grãos. Poder-se-ia ver, aqui, um resquício dos pagamentos paralelos *in natura* feitos aos detentores de direitos, tal como observamos nas transferências imobiliárias arcaicas do III milênio? Cf. I. J. Gelb, P. Steinkeller e R. M. Whiting (1991: 219 ss. e 281 ss.). Em todo caso, a prática é rara em Larsa e no único outro caso conhecido de pagamento composto por outros bens além da prata (YOS,8,69), um único indivíduo figura como vendedor. É de se notar, ainda, que estes dois contratos pertencem aos arquivos de um mesmo grande comprador de terrenos de Larsa, Balmunamhe: seria tal forma de pagamento simplesmente uma idiossincrasia sua?

[480] Sabemos que Sîn-bêl-ilî conservou uma parte de seu patrimônio a partir do documento TCL,10,22 (datado de _/IX/RS 2). Estes terrenos devem ser, ao que parece, relacionados com a compra realizada por Sîn-bêl-ilî pouco tempo antes (TCL,10,10, de _/XI/WS 10).

[481] No segundo contrato, o terreno é, justamente, qualificado de "parte restante" (ib-tag$_4$).

[482] N. Kozyreva (1999); ver os comentários de J. Renger à comunicação de Kozyreva, publicados por M. Hudson & B. A. Levine (1999: 357). Ver também J. Renger (1988: 58). A mesma idéia havia sido desenvolvida por A. L. Oppenheim para explicar o fato de que as sacerdotisas-*nadîtum* freqüentemente conservavam uma pequena parcela (*ezibtum*) dos terrenos urbanos que alienavam. É preciso notar que, se a conservação de uma parcela de terreno podia garantir a preservação de direitos, ela poderia implicar, igualmente, a continuidade de certas obrigações para com o palácio (ver: A. Goddeeris, 2002: 356).

[483] I. M. Diakonoff (1985: 47-65) pensou, com efeito, que a presença de tumbas provavelmente explicaria o fato de que as casas jamais foram vendidas inteiras em Larsa: daí o fato de, nos contratos, aparecerem apenas cômodos de dimensões reduzidas, muito menores do que as casas exumadas pelos arqueólogos. M. Van De Mieroop 1999a: 261), por sua vez, minimizou os efeitos restritivos deste fator, citando casos em que a construção de novas residências implicou a remoção das antigas tumbas (como seria o caso, ao que parece, da casa de Ur-Utu em Sippar-Amnânum) ou, ainda, transferências de casas juntamente com as caves funerárias. Para Mieroop, o respeito aos mortos teria sido um fenômeno menos durável do que se supõe normalmente. Opinião diferente foi manifestada por K. Van Der Toorn (1996b: 69-77). Em Emar, uma cláusula especial nos contratos de venda imobiliária trata da transferência das tumbas domésticas e um ritual parece ter sido realizado nesta ocasião; ver J.-M. Durand (1989: 85-88).

[484] Alguns outros casos podem ser considerados: 1) em YOS,5,131, é o pai do vendedor que permanece como vizinho; 2) em YOS,8,110, é provável que o vendedor Sîn-damiq fosse também registrado como vizinho, mas uma lacuna no tablete impede a confirmação (^{d}en-zu-[xxx]); 3) em TCL,10,26, é o canal de irrigação que bordeja o pomar que tem o mesmo nome do vendedor, Shumshunu-watar, o que talvez seja um indício de que a família continue a possuir terrenos na região após a venda.

[485] Uma análise prosopográfica minuciosa, caso a caso, é feita em M. Rede (2004: 247 ss. e quadro 21.). Aqui, eu me limito a fornecer sinteticamente os resultados da análise.

[486] Esta formulação deve sua inspiração à noção de "*moral economy*" de E. P. Thompson (1971). Uma avaliação do potencial da tese de Thompson no campo da assiriologia é feita em um artigo, infelizmente bastante confuso, por S. B. Murphy (1998).

[487] Para um panorama dos eventos políticos do período, ver D. O. Edzard (1957 e 1970); M. Liverani (1991: 317 ss.); D. Charpin (1995: 812 ss.); W. W. Hallo & W. K. Simpson (1998: 80 ss.).

[488] Para as inscrições de Rîm-Sîn, ver D. R. Frayne (1990: 270 ss.).

[489] Esta tendência de concentração nos terrenos rurais já era marcante na estratégia aquisitiva de alguns dos grandes compradores desde a conquista de Isin, como indicam os arquivos de Amurrum-shêmi e de Ubar-Shamash.

[490] Esta interpretação deve ser aprofundada com estudos de outros domínios da economia de Larsa durante estes anos decisivos para a história da cidade. A tarefa não é, porém, fácil, em grande parte devido a problemas documentais. Dois casos servem para ilustrar estas dificuldades. No primeiro deles, foi o próprio Leemans que pôs em evidência a importância de um conjunto de documentos datados do fim da década de que tratamos aqui (entre RS 39 e RS 42) e que mostrariam a importância do comércio inter-regional de metais em Larsa mais de dez anos após a queda de Isin. As operações, sob ordem do palácio, buscariam abastecer-se de estanho nas regiões setentrionais controladas pelos assírios, no quadro do desenvolvimento do comércio entre os anos RS 30 e 40 (subsidiariamente, Leemans defende que os textos conhecidos como 'itinerários de Larsa', publicados por A. Goetze, 1953, e W. W. Hallo, 1964, e que mostram um desvio da rota natural para o norte pelo Eufrates, passando por Mashkan-shapir, refletiriam, justamente, este movimento de bens no momento do conflito entre Eshnunna e Shamshi-Adad; ver Leemans, 1968: 210 s. que corrige a primeira proposição do autor de uma datação nos finais do reino de Hammu-rabi; ver Leemans, 1960a: 170, n. 2). Se a interpretação de Leemans é correta, ela apoiaria a tese de um reforço do papel econômico do palácio após a conquista de Isin. J. D. Muhly (1973: 294 ss.), porém, questionou a idéia de uma importação do estanho do norte por Larsa: como os documentos mostram a chegada de prata em Larsa, o mais provável

seria que esta cidade obtivesse cobre e, provavelmente, também estanho no sul a fim de exportá-los para o norte. Isto não contraria diretamente a hipótese de um poderio econômico do palácio de Larsa, mas mostra que estas transações ainda não são bem entendidas. Por outro lado, a própria proveniência larseana da documentação foi contestada por D. Charpin e J. -M. Durand (1985: 306 s.), em benefício de uma origem em Eshnunna. Um segundo dossiê, composto de algumas cartas, parece sugerir uma crise de aprovisionamento de bens de primeira necessidade em Larsa, obrigando Rîm-Sîn a adquirir quantidades importantes de grãos e de óleo de sésamo em Eshnunna (para esta interpretação, ver D. Charpin, 1983-1984: 105 s.; contra M. Rowton 1968: 267 ss.). Entretanto, como a datação destas cartas não é segura e como não podemos saber se a penúria foi momentânea ou se se inseria no quadro da crise dos últimos anos do reinado de Rîm-Sîn, o significado deste caso para nosso propósito permanece duvidoso.

[491] Um argumento que, em vista da documentação conhecida, deve ser relativizado: por exemplo, a afirmação de ausência de partilhas na família de Balmunamhe na época babilônica não se confirma, como mostra PSBA,29:23. Esta mesma tendência de negação levou Matoush (sem nenhuma razão plausível, a meu ver) a considerar a transação imobiliária entre Ibni-Amurrum e Iblutam (TCL,11,198) como uma alienação simulada.

[492] Citemos o exemplo de TCL,7,38 (= AbB,4: 38), uma carta de Hammu-rabi a seus servidores em Larsa, que mostra também os problemas suscitados por este tipo de documento: somos informados de que o soldado-*ba'irum* Ilî-ippalsam havia comprado um campo (a-shà) medindo 1 bùr do soldado-*rêdûm* Kîma-ahum, pagando-lhe 1 mina de prata; Ilî-ippalsam também deu um campo de 2 bùr a Kîma-ahum. Mais tarde, o vendedor contestou a negociação e reivindicou o campo alienado, obrigando o comprador a buscar uma solução junto ao rei. Hammu-rabi, por sua vez, confirmou a transação. Várias dificuldades persistem para a interpretação deste documento: os campos faziam parte dos domínios palacianos cedidos aos servidores? Mas, neste caso, por que a venda foi admitida pelo rei? Tratava-se de uma operação de troca (apesar da utilização do verbo *shamum*), que fora permitida porque os dois servidores ocupavam postos militares similares? Se os campos eram, ao contrário, privados, o que justificou a intervenção real?

[493] Quanto à nomenclatura dos editos reais, notemos o seguinte: nos contratos de Larsa, a expressão utilizada correntemente é *simdat sharrim*, 'decreto do rei' (a variante *awat sharrim*, 'palavra do rei', é mais rara). Na literatura especializada, serão igualmente encontrados outros termos, em particular *mîsharum* (que adotarei, seguindo a tradição, quando me referir genericamente aos editos) e *andurârum*. Para a terminologia, ver os dicionários: AHw e CAD s.v., bem como B. Landsberger (1939), F. R. Kraus (1958: 183 ss. e 195 ss.; 1984: 297 ss.), M. de J. Ellis (1971/2: 74 ss.) e E. Bouzon (1995: 19 ss.). Para o termo *andurârum* e seu sentido de *'retour au statut antérieur'*, ver D. Charpin (1990a: 253). Para a equivalência entre o termo acadiano *andurârum* e o hurrita *kirenzi* nos arquivos do reino de Arrapha, ver B. Lion (1999: 319, que cita a bibliografia anterior). As diferenças não são, entretanto, apenas terminológicas e certos autores enfatizaram as dessemelhanças entre a 'lei', tal qual nos é conhecida a partir dos 'códigos' mesopotâmicos, a *mîsharum* e a *simdat sharrim*: em último lugar, ver K. V. Veenhof (1997-2000). J.-M. Durand chamou a atenção para a diferença entre a noção de *kittum*, o exercício estável da justiça, e de *mîsharum*, intervenção pontual do soberano visando uma reordenação circunstanciada (J.-M. Durand, 1976-7: 161, n.4; ver também D. Charpin, 1980a: 133, n. b); complementaridade e a oposição entre estes dois princípios havia sido notada por B. A. Van Proosdij, 1946: 35). Outros autores consideraram que a *simdat sharrim* era apenas uma parte da *mîsharum* (por exemplo, E. Bouzon, 1995:21, mas ver a crítica de A. Goddeeris, 2002: 326) e o próprio F. R. Kraus (1984: 302) defendeu que a *mîsharum* misturava medidas pontuais e regulamentos de longo termo, que podiam ser considerados como sendo verdadeiras leis (*Gesetz*).

⁴⁹⁴ Por outro lado, os importantes efeitos das medidas reais sobre a vida comercial, a escravidão por endividamento e o sistema tributário serão considerados de um modo apenas tangencial.

⁴⁹⁵ Uma terceira evidência documental é mais pontual e não ocorre em Larsa: as menções aos editos de tipo *mîsharum* nas fórmulas de datação; embora pouco loquazes, tais menções permitem situar cronologicamente com maior precisão um edito no decorrer do reinado de um soberano.

⁴⁹⁶ Até o momento, não se conhece nenhum texto de decreto de tipo *mîsharum* proveniente do reino de Larsa. A restituição do processo depende, então, quase inteiramente dos traços deixados pela decisão real nos contratos privados arquivados pelas famílias e, secundariamente, da correspondência, que apresenta a desvantagem de ser dificilmente datável. O fato de que os reis de Larsa não comemoraram seus editos-*mîsharum* nas fórmulas de datação não contribui para que se possa estabelecer uma cronologia mais exata. Assim, em geral, somos obrigados a supor que os decretos reais vieram à luz em uma data imediatamente anterior àquela dos contratos nos quais suas conseqüências se manifestam.

⁴⁹⁷ A evidência para uma *mîsharum* pouco antes do ano 15 de Rîm-Sîn é frágil: trata-se de um contrato de transferência imobiliária (TCL,10,40), datado do mês XII do ano Rîm-Sîn 15; nas linhas 19-23, lê-se que Ku-ninshubur havia comprado o pomar *"após que a fronte do país fora purificada e que os documentos selados foram eliminados"* (ish-tu pu-ut ma-tim i-li-lu-ma ù ku-nu-ka-tum i-ta-ab-ka); é tentador ver aí os reflexos de uma anulação dos contratos, mas este é um indício totalmente isolado e, no mais, o formulário da frase é bastante distante do utilizado pelos contratos posteriores. F. R. Kraus (1984:33) sugere que o documento tenha sua razão de ser em um acordo entre pessoas privadas e que a transferência do terreno represente, de fato, o pagamento de uma dívida (ver igualmente J. Renger, 2002: 152 e A. Goddeeris, 2002: 328). Por outro lado, parece que, ao contrário dos reis babilônios posteriores, Rîm-Sîn não promulgou uma *mîsharum* logo no início de seu reinado. O fato de que a *mîsharum* do ano 25 (ou pouco anterior) seja a primeira parece confirmado pela menção de uma terceira *simdat sharrim* de Rîm-Sîn em um documento (VS,13,81) que data do primeiro mês do 41º ano de seu governo: a expressão faria, então, alusão aos decretos, muito bem atestados, cujos *terminus ante quem* seriam os anos 25, 34 e 41 de Rîm-Sîn. Para a interpretação de VS,13,81, ver F.R. Kraus (1984: 45 ss.) e E. Bouzon (2000: 228); a tentativa de correção do texto pelo CAD,E:431 s.v. *ezibtum* (que, em vez de 3º decreto, entendeu 1/3 de gán de terreno) deve ser, sem dúvida, desconsiderada.

⁴⁹⁸ Por ora, não é possível posicionar a fórmula de datação deste contrato na seqüência do reinado de Rîm-Sîn (ver F. R. Kraus, 1984: 36, n. 36). As compensações similares pagas por Iddin-Amurrum datam dos anos 25, 27 e 29. O contrato foi redigido no mês XI.

⁴⁹⁹ A hipótese de que Iddin-Amurrum tenha firmado dois contratos separadamente com cada um dos vendedores me parece pouco provável: em dois outros casos conhecidos (TCL,10,67 e 70), as compensações coletivas são registradas em um só tablete.

⁵⁰⁰ O terreno cedido por Iddin-Amurrum encontrava-se ao lado dos domínios de Sîn-Bêl-ilî, que, por sua vez, era vizinho dos terrenos comprados por Eshtar-ilî (TCL,10,7 e 22) e também vendera um terreno ao pai de Iddin-Amurrum (TCL,10,11).

⁵⁰¹ A ausência da expressão *simdat sharrim* neste contrato não me parece um argumento para excluí-lo das compensações pagas em decorrência de um decreto real (ele figura, com efeito, na lista estabelecida por F. R. Kraus, 1984:35). No caso de TCL,10,67, por exemplo, a expressão só aparece no envelope externo (publicado na série TCL): se tivéssemos apenas o tablete interno (copiado por mim e publicado em M. Rede, 2006: 147), poderíamos presumir, erroneamente, que o contrato não era uma compensação.

⁵⁰² Esta é a única ocorrência do nome Lamassatum na documentação de Larsa. O antropônimo Ilî-iddinam é, ao contrário, muito freqüente, mas jamais é citado em relação a Iribam-Sîn.

⁵⁰³ Shu-Nanaya seria também filho de Shamash-tappê? É difícil dizer: Shu-Nanaya é citado sem patronímico e esta é a única atestação do seu nome no *corpus* de Larsa. Um outro Iddin-Amurrum, filho de Kunnatum, havia negociado um terreno com Iddin-Amurrum da família Sanum (TCL,10,51), mas não se trata do mesmo personagem que aparece aqui. M. de J. Ellis (1971/2: 80 s.) enumerou outras possibilidades, que me parecem menos prováveis por não suporem uma relação entre o vendedor e o requerente. Um caso de Kutalla, na região de Larsa, mostra que também os herdeiros adotivos podiam evocar o decreto do rei para reivindicar (com sucesso, no caso) o patrimônio alienado por seus pais adotivos (TS,58; ver D. Charpin, 1980a: 142 s.).

⁵⁰⁴ É interessante notar que a denominação do terreno inculto no processo, *teriqtum*, jamais aparece nos contratos conhecidos de transferência imobiliária de Larsa.

⁵⁰⁵ Conhecemos apenas duas compras de terrenos por Iddin-Amurrum posteriores ao ano 25 de Rîm-Sîn: TCL,10,73, do ano 28, e TCL,10,89, do ano 36.

⁵⁰⁶ Eu penso que o nome Abumwaqar, que figura no contrato de compensação, é uma variante de Abuwaqar, que é encontrado nos cinco contratos de compra conhecidos deste personagem. Não se pode, no entanto, estabelecer uma correspondência incontestável entre esta compensação e uma das aquisições de Abuwaqar: um certo Apil-Sîn vendeu um campo de subsistência a Abuwaqar no ano 23 de Rîm-Sîn, mas não é certo que se trate da mesma pessoa que recebeu o terreno compensatório cinco anos mais tarde.

⁵⁰⁷ Não se trata, portanto, de um contrato de troca de terrenos, como havia pensado L. Matoush (1950: 61); ver, no mesmo sentido, os comentários de HG,6: 91. Para uma apreciação mais adequada, cf. E. Bouzon (2000: 231).

⁵⁰⁸ Para este caso complexo, ver abaixo.

⁵⁰⁹ Para a publicação desta carta, proveniente de Sippar, ver J. J. Finkenstein (1965: 233 ss.), retomada em AbB,7,153 e D. Charpin (2000b: 91 s.); ver também os comentários de J. D. Fortner (1996: 296) e K. R. Veenhof (1999: 607 s.).

⁵¹⁰ Para o envolvimento das instâncias locais na aplicação dos decretos reais, ver D. Charpin (1980a: 32 s.).

⁵¹¹ Como mostra um exemplo de Dilbat, datado do ano 12 de Hammu-rabi (VS,7,7 e 152; ver HG,3,755, J. D. Fortner, 1996: 831 e, em último lugar, os comentários de S. Lafont, 2000b: 584). Um documento de Sippar, publicado por K. Veenhof (1999: 610), mostra que o decreto do rei (no caso, Immerum) pode ser reforçado por um "decreto da cidade" (l. 11: *a-wa-at a-li-im*); a mesma situação é encontrada em Assur (TPK,46, cf. Veehoof, 1999: 599 ss.). Mesmo que os detalhes nos escapem, tais casos sugerem que os procedimentos implicados na execução dos editos reais não eram exclusivamente palacianos. Segundo Veenhof, isto seria uma característica de cidades como Sippar e Assur, onde as estruturas citadinas teriam maior importância na administração da justiça (ver igualmente A. Goddeeris, 2002: 331, que considera que a relação entre a expressão *awat âlim* em ED,2,27 e a remissão das dívidas é provável, apesar do contexto obscuro do documento).

⁵¹² Ver, por exemplo, CT,6,42, um caso de Sippar, datado do reino de Sumu-la-El (1880-1845); cf. HG,3,686 e J. D. Fortner, 1996: 637 s.).

⁵¹³ Pode-se acrescentar que o advento da *mîsharum* causava, igualmente, preocupação aos governantes, sobretudo quando se tratava de aplicar suas disposições nas províncias, como é o

caso de Larsa após a conquista babilônica. Ver, a este propósito, a carta de Samsu-iluna (TCL,17,76; cf. F. R. Kraus, 1984: 66 s. e D. Charpin, 2000b: 89): o soberano escreve a um subordinado em Larsa, Etel-pî-Marduk, a fim de alertar que o governador local não agisse contra um beneficiário do edito. A precaução mostra, ao mesmo tempo, que as determinações do poder central podiam ser ignoradas ou contornadas por seus representantes locais.

[514] YOS,8,110 (de _/I/RS 49), no qual a expressão *warki simdat sharrim* é substituída por *warki awat sharrim*. As atestações destas cláusulas no norte da Babilônia são repertoriadas por A. Goddeeris (2002: 332); ver, igualmente, C. Simonetti (2006: 169 ss.).

[515] Esta ausência, no caso de Larsa, certamente influenciou a opinião de F. R. Kraus (1984: 105) segundo a qual os contratantes não podiam evitar, por vontade contratual própria, as implicações do edito real; ver, no entanto, a nota seguinte para casos em que isto ocorre em outras regiões. S. Lafont (2000a: 62) considerou que a possibilidade de aplicar ou renunciar às disposições reais por intermédio de estipulações contratuais está ligada à natureza subsidiária das manifestações legais do soberano, que só se imporiam em caso de lacuna das normas locais em vigor.

[516] É o caso, principalmente, dos contratos imobiliários de Terqa (ver O. Rouault, 1984 e H. Podany, 2002: 162) e também de Nuzi (B. Lion, 1999: 315 s.). No domínio da anulação de dívidas, as cláusulas de prevenção contra os decretos reais são atestadas também na Capadócia, em Mari e no Yamhad. Para a Capadócia, ver F. R. Kraus (1984: 104 s.) e K. Balkan (1974: 33 s.), mas notar as reservas de K. R. Veenhof (1999: 609) quanto à extensão do fenômeno a Assur. Em geral, ver D. Charpin (1990a: 262 s.) e E. Otto (1998: 138 ss.). D. Charpin observou, a justo título, que as cláusulas de renúncia aos benefícios de um decreto real encontram-se exclusivamente nos contratos da periferia e jamais na Mesopotâmia meridional, onde se situa Larsa. A diferença, segundo a hipótese do autor, estaria ligada ao fato de que, na tradição babilônica da *mîsharum*, fazia-se distinção entre os empréstimos de necessidade (que eram, então, anulados pelos decretos) e os empréstimos comerciais (que não eram atingidos, devendo ser reembolsados pelos devedores). Com efeito, a distinção é clara no Edito de Ammi-saduqa, por exemplo (ver abaixo). Neste contexto, a simples menção, que se encontra nos contratos do sul, de que o empréstimo era do segundo tipo (por exemplo, para financiar uma expedição comercial ou investir em mercadorias) seria suficiente para excluí-lo do alcance da *mîsharum*. Por outro lado, na periferia, a *andurârum* (equivalente à *mîsharum*) não teria feito a distinção, sendo uma remissão geral das dívidas; as cláusulas vistas aqui seriam, então, uma forma de contornar a lei. A explicação me parece justa no que diz respeito às dívidas; será preciso verificar se ela é válida também para os negócios imobiliários; voltaremos a esta questão mais tarde.

[517] J. J. Finkelstein (1961: 92) chamou a atenção, justamente, para o descompasso (temporal, mas também de natureza) que poderia existir entre a proclamação oral das decisões e o estabelecimento do texto da *mîsharum*. A idéia já havia sido enunciada por F. R. Kraus (1958: 16), que fazia a distinção entre a *mîsharum-Akte* e a *mîsharum-Edikt* (p. 243 ss.). Em minha opinião, a redação de um texto não é nem evidente nem necessária.

[518] A edição do documento (trata-se, na verdade, de dois fragmentos distintos: BM 80289 e Ni 632) por F. R. Kraus data de 1958 (Kraus, 1958), que a retomou e completou posteriormente (Kraus, 1984). Ver também os materiais acrescentados por J. J. Finkelstein (1961 e 1965).

[519] Para uma síntese sobre os *'Palastgeschäfte'* na época babilônica antiga, ver D. Charpin (1990b e 2003: 249 ss. para a noção de *'économie domaniale'*) e J. Renger (2000).

[520] Esta dupla tipologia simplifica uma diversidade que nem sempre é fácil captar, pois a terminologia dos contratos de empréstimo é complexa e varia cronológica e geograficamente (ver A.

Skaist, 1994). Entretanto, é preciso considerar que os próprios decretos reais diferenciavam estas duas categorias. Para as conseqüências dos decretos sobre os empréstimos, ver sobretudo D. Charpin (2000a).

[521] Eu faria apenas uma pequena ressalva: o autor considera que o fato de o palácio intervir nos empréstimos dos templos sugere que esta atividade não seja uma ajuda caritativa. Ora, os empréstimos de solidariedade realizados entre pessoas privadas também devem, a princípio, ser reembolsados, o que não os faz menos caritativos; uns e outros só são anulados por intervenção real.

[522] As implicações jurídicas dos decretos reais sobre a escravidão foram discutidas por R. Westbrook (1995a: 1656 ss.). Apesar da monografia de G. C. Chirichigno (1993) sobre a escravidão por dívidas, um trabalho sobre a natureza econômica e social deste fenômeno na Mesopotâmia ainda está por ser feito. Alguns apontamentos interessantes, de caráter antropológico, são feitos por A. Testart (2001: 138 ss.).

[523] Para este entendimento dos efeitos das medidas reais, ver sobretudo D. Charpin (1987: 36 s. e 1990b: 19); ver também Y. Bar-Maoz (1980: LIX). Mesmo antes da publicação dos editos por Kraus, J. Driver e J. Miles (1952: 225 e 485 s.) haviam sugerido as mesmas implicações para a *andurârum* no contexto do código de Hammu-rabi. Ver, em todo caso, as reservas a esta visão expressas por W. W. Hallo (1995: 89 s.).

[524] Para uma visão de conjunto sobre as disposições contidas no texto, ver F. R. Kraus (1984: 292 s.), J. Bottéro (1961: 114 ss.), D. Charpin (1990b 14 ss.) e H. Olivier (1998: 86 ss.).

[525] O primeiro destes textos é o edito do ano 8 de Samsu-iluna (Si 507), também publicado por Kraus (1965, retomado em 1984: 130 ss.). O segundo texto (BM 78259) é conhecido como 'Edito X': com efeito, sua atribuição exata a um dos sucessores de Samsu-iluna não é segura. O texto era conhecido desde a publicação de Langdon, em 1914, que o havia considerado, entretanto, como um fragmento do código de Hammu-rabi. Outros autores, apoiando-se no exemplo grego, falaram de uma espécie de *seisachteia* e outros, ainda, tomaram-no por uma cópia do Edito de Ammi-saduqa (como o próprio Kraus em seu estudo de 1958: 4 s.). Mais tarde, o mesmo Kraus (1984: 293) reconheceu que se tratava de um edito independente e, com muita precaução, sugeriu uma possível atribuição a Ammi-ditana (1683-1647). Kraus foi acompanhado por W. W. Hallo (2000: 362, n. 2) que, no entanto, não excluiu que pudesse se tratar simplesmente de uma cópia do Edito de Samsu-iluna. S. J. Lieberman (1989: 251), por sua vez, descartou Samsu-iluna e Ammi-saduqa e pendeu a favor de Ammi-ditana ou Abi-eshuh (1711-1684).

[526] Uma explicação desta diferença poderia ser documental: a ausência de referências às vendas de imóveis nos editos babilônicos seria devida ao caráter fragmentário das fontes. A. Goddeeris (2002: 404) apresentou, porém, uma hipótese que repousa sobre uma possível evolução histórica: em um primeiro momento, no início do período babilônico antigo, os editos empenhar-se-iam em anular as vendas de terrenos, pois estas ainda seriam freqüentemente a manifestação da situação de pauperização econômica de certos grupos sociais; em um segundo momento, por volta do fim da primeira dinastia da Babilônia, com o aprofundamento da crise social, estes grupos desfavorecidos já não teriam terras para alienar a fim de pagar dívidas e, por conseqüência, os editos não teriam mais razão de prever a anulação das transferências imobiliárias. Eu penso que esta hipótese é extremamente inverossímil. Mesmo se as condições socioeconômicas tenham se deteriorado ao longo da primeira dinastia e, particularmente, no sul, estamos longe de poder supor o desaparecimento de um campesinato composto de pequenos proprietários ou de camadas urbanas detentoras de pequenos lotes a tal ponto que as vendas sob coerção do endividamento deixassem simplesmente de existir. Por outro lado, mesmo se os primeiros grupos atingidos pela crise não tivessem mais terrenos a alienar, é de se supor que, perseverando o

processo de pauperização, novos grupos fossem atingidos e obrigados a dispor de seus bens imóveis. Em todo caso, a intervenção do soberano continuaria sendo necessária.

[527] Ainda mais porque, como já afirmei, a existência escrita dos editos não é de primeira importância. Por outro lado, muitos elementos internos presentes nos editos babilônicos mostram uma forte continuidade entre eles. Por vezes, esta continuidade é traduzida por uma repetição textual do decreto anterior, a tal ponto que os limites geográficos sob controle do soberano (e, por conseqüência, a zona de aplicação das disposições) nem sequer são atualizados quando se passa de um texto a outro. Este é, justamente, o caso de Larsa, que ainda figura no decreto de Ammi-saduqa, embora já não fizesse parte do domínio babilônico há muito tempo (ver D. Charpin, 1987: 43). No atual estado de nossas informações, pode-se postular que a *mîsharum* não era um fenômeno exclusivamente babilônico, mas uma instituição mais difundida, talvez amorita. Por outro lado, se expressões acadianas como *mîsharam shakânum* (*"estabelecer a justiça"*) possuem equivalentes em sumério (níg-si-sá gar), parece que o paralelo só pode ser feito em um nível muito geral (por exemplo, com as reformas de Urukagina ou o código de Ur-Nammu) e isto não prova a existência de medidas mais específicas, similares aos decretos babilônicos, no mundo sumério durante o terceiro milênio (ver, no entanto, a opinião de S. J. Lieberman, 1989: 243 s.).

[528] Sobre as relações entre o endividamento e as vendas imobiliárias, ver, em geral, D. Charpin (1990b e 2000b: 91) e A. Goddeeris (2002: 38 9 s.).

[529] Ver os comentários sobre TCL,10,40 acima.

[530] A. Goddeeris (2002: 390) cita, porém, um caso de Sippar que mostraria o contrário.

[531] TCL,7,57, l. 11: a-shà-*lum shi-ma-tum tu-ur-ra*. Ver AbB,4,56.

[532] AbB,7,153. O caso decorre da aplicação da *mîsharum* do ano 28 de Samsu-iluna, como demonstrou D. Charpin (2000a: 202).

[533] L. 9: *sha i-na mi-sha-ri wa-si ú-he-ep-pu-ú*.

[534] Trata-se de TCL,10,76. Faltam-nos informações sobre o vendedor do terreno de YOS,8,94, mas ver a nota explicativa ao Quadro 21, abaixo.

[535] Ver as reações à proposta de Zaccagnini durante o debate publicado no volume do colóquio (M. Hudson e M. Van De Mieroop, 2002: 352 ss.).

[536] C. Simonetti (2006: 169 e 174) insiste sobre a ineficácia jurídica deste tipo de cláusula no que diz respeito a uma proteção quanto a futuros decretos; é preciso, no entanto, considerar que, ao menos em Larsa, elas remetem aos decretos anteriores à transação. No mais, a autora nota, corretamente a meu ver, que a raridade e a heterogeneidade das cláusulas apontam para uma fraca consolidação do instituto jurídico que estas expressam.

[537] Para retomar, uma vez mais, um paralelo com Nuzi, a mesma distinção foi sugerida por G. Buccellati (1991: 92): o autor entende que a segunda categoria seria designada pelo controverso termo *nasbum*, encontrando-se, portanto, fora do alcance da *andurârum* (p. 95). B. Lion (1999: 316) retomou e aprofundou a oposição, colocando-a em paralelo com as duas categorias de dívidas que aparecem nos editos babilônicos.

[538] Ver D. Charpin (1980a: 180 s.).

[539] É o caso, por exemplo, quando a expressão (em sua versão suméria: é a-da) aparece na partilha TCL,11,174: neste documento, os herdeiros recebem terrenos que sabemos terem sido comprados pelo pai. Um outro exemplo é, provavelmente, a partilha TCL,10,55, em que os terrenos divididos por dois irmãos encontram-se numa região em que seu pai havia concentrado as aquisições imobiliárias.

⁵⁴⁰ Para a época babilônica antiga, ver, por exemplo, N. Kozyreva (1988: 72) e K. Veenhof (1999: 607, 609 e 613), que enumera a venda por necessidade e a alienação do patrimônio paternal como as duas condições que permitiriam as reivindicações. D. Charpin (1990b: 21) considerou, igualmente, as vendas por necessidade o alvo principal da *mîsharum*; em um trabalho anterior, o autor havia estimado mais amplamente "que, por ocasião de uma *mîsharum*, toda pessoa que tivesse vendido um bem fundiário estava autorizada a reivindicá-lo" (1980a: 133). J. J. Finkelstein (1965: 242, n. 37), embora notando as dificuldades para estabelecer exatamente os limites da incidência da *mîsharum*, não hesita em afirmar que a terra patrimonial (recebida como parte de herança: *zittum* = há-la) seria afetada.

⁵⁴¹ É, por exemplo, difícil saber em qual das duas hipóteses enquadrar YOS,8,52 e TCL,10,70. Neste último caso, as linhas 5-6 do contrato parecem indicar que os 10 siclos pagos correspondiam ao valor total normalmente esperado pelo terreno: a colação do tablete no Museu do Louvre permite restituir (com auxílio da comparação com TCL,11,219:3): ⁵⁾ 10 gín kù-babbar ⁶⁾ shám 2/3 sar é-ki-lam-bi (10 siclos de prata, valor de 2/3 de sar de terreno a preço corrente); para a expressão é-ki-lam-bi, equivalente ao acadiano *bît mahirim*, cf. AHw,2: 583 e CAD,M-1: 98. O valor, de fato, não seria muito distante da média paga por este tipo de terreno em Larsa. Neste caso, TCL,10,70 deverá ser classificado como uma compensação equivalente ao preço original (hipótese 1c).

⁵⁴² Ver contratos TCL,10,76 e YOS,8,94 e processo TCL,10,105, no qual dois terrenos são dados em compensação de um pomar.

⁵⁴³ O problema dos preços na antiga Mesopotâmia é espinhoso. Para algumas das questões metodológicas do estudo das flutuações de valores, ver as considerações de J. Renger (1989b: 234 ss.) e C. Zaccagnini (1997). Estes estudos concentram-se nos bens não-fundiários, como a maior parte dos artigos publicados no volume 15 de *Altorientalische Forschungen* consagrado ao problema dos preços e também daqueles reunidos por J. Andreau, P. Briant e R. Descat (1997). Para uma abordagem 'modernista' do comportamento dos preços na Mesopotâmia, ver P. Temin (2002), que segue as conclusões de A. Slotsky (1997) sobre a formação dos preços no quadro de uma economia de mercado.

⁵⁴⁴ Para os terrenos urbanos, a média dos valores (22,77 siclos/sar) obtidos por grupos, familiares ou não, que parecem ser os mais atingidos pelas constrições materiais, é apenas um pouco inferior aos valores obtidos por indivíduos (26,17 siclos/sar). No entanto, é preciso considerar que estes dados não são decisivos e que, para os terrenos rurais, as diferenças diminuem sensivelmente e invertem-se (0,09 e 0,08 siclo/sar, respectivamente). Para um estudo da questão, cf. M. Rede (2004: 241 ss.).

⁵⁴⁵ A. Goddeeris (2002: 329 s.). Eu corrigi os valores dados pela autora nos exemplos que seguem em função de minhas colações dos tabletes do Museu do Louvre. Isto não afeta, porém, o seu raciocínio.

⁵⁴⁶ A opinião de V. A. Jakobson (1971: 37) neste sentido é, sem dúvida, desmesurada: "... *in the Old Babylonian period we should probably surmise a debtor-versus-creditor (or, in general 'weak-versus-strong') relationship behind every deed of purchase of land*" (grifos meus). A posição de N. Kozyreva (1988: 68 e 72) é mais moderada, admitindo a existência de operações fora deste quadro de endividamento.

⁵⁴⁷ Não há razão para pensar que uma venda imobiliária correspondesse a uma única dívida, como o faz A. Goddeeris. Ao contrário, a alienação do bem pode ser a culminação de um processo de endividamento e, portanto, corresponder, do ponto de vista contratual, a vários empréstimos.

⁵⁴⁸ A criação de um preço ficcional que coincidiria com o nível de endividamento do devedor/vendedor não é um procedimento inédito: foi, por exemplo, atestada por G. Levi em seu estudo sobre o mercado de terras no Piemonte, no século XVII (G. Levi, 1985: 128 ss.). Este caso é instrutivo em diversos aspectos. O autor notou, inicialmente, uma diferença entre os preços praticados entre pessoas aparentadas (em geral, muito elevados) e os preços praticados nas transações entre pessoas estranhas (bem mais baixos). A princípio, estas tendências iriam contra toda expectativa. No entanto, sua análise demonstrou, em resumo, que, no primeiro caso, a operação de venda dos terrenos era apenas o ponto culminante de um processo de reciprocidade entre parentes, composto de várias trocas, prestações e empréstimos. Nesta situação, os preços registrados nos contratos serviam para zerar as dívidas, apagando toda a cadeia de atos precedentes e restabelecendo o equilíbrio entre os agentes implicados.

⁵⁴⁹ Entre as hipóteses enunciadas por A. Goddeeris (2002: 330), há, justamente, a de que o preço sobrevalorizado corresponderia a uma caridade por parte do credor.

⁵⁵⁰ É neste sentido que devemos entender as palavras de R. Westbrook (2003: 11): "... *it should be remembered that private contracts and comparable transactions do not make law; they function within a framework of the existing laws. A contract is not direct evidence of legal norms but of the reactions of the parties to those norms. A contract seeks to exploit laws, it may even to try to evade laws, but (except perhaps for international treaties) it cannot make or alter laws by itself. The norms of posi-tive law remain a shadowy presence behind the terms of the indi-vidual transaction, still to be reconstructed by the historian.*"

⁵⁵¹ A questão da periodicidade dos editos poderia, porém, dar um argumento a favor de uma explicação mais econômica do que religiosa: após algumas hesitações iniciais, devidas sobretudo ao paralelo com a periodicidade regular do ano sabático e do jubileu bíblicos (ver, em particular, J. J. Falkenstein, 1965: 245 s.), prevalece, hoje, a tese de um intervalo variável e imprevisível entre os editos de um soberano (ver D. Charpin, 2000a: 186, n. 6 e 202, com bibliografia anterior). Neste quadro, podemos pensar que a decisão real estaria ligada, sobretudo, a conjunturas econômicas. Por outro lado, a tendência geralmente observada (mas não em Larsa) de decretar uma *mîsharum* no início do reino, marcando a ascensão do novo soberano, deveria ser considerada no âmbito do simbolismo do poder real (sobre os aspectos emocionais implicados pela proclamação da *mîsharum*, ver D. Charpin, 2000a: 185, n. 1). Evidentemente, nenhum destes aspectos econômicos e políticos exclui uma dimensão religiosa dos decretos.

⁵⁵² D. Charpin (1980b: 468, n. 35; 1981: 528 s.; 1986: 402 e 488 s. e, sobretudo, 1992). Notar-se-á que, em certa medida, este deslocamento foi limitado a membros de algumas categorias, como os sacerdotes, e que as motivações nem sempre foram econômicas: a instabilidade política e as deportações tiveram um papel considerável.

⁵⁵³ A primeira tarefa seria a de isolar, entre os eventos econômicos do momento, aqueles que poderiam ser considerados como um sinal de disfunção do sistema e aqueles que eram um elemento estrutural. Do ponto de vista da estrutura econômica, as situações de penúria material não são, forçosamente, um resultado da crise, mas um subproduto recorrente e previsível do funcionamento do sistema.

⁵⁵⁴ A idéia de uma crise caracterizada pela perda da propriedade, pela concentração fundiária e pela polarização social tem uma longa trajetória nos estudos antropológicos consagrados ao campesinato e aos pequenos proprietários rurais desde os trabalhos clássicos de A. Chayanov (1966), E. Wolf (1966) e H. Mendras (1976), entre outros. Para um tratamento mais recente do problema, ver R. McC. Netting (1993: 185 ss e capítulo 7). Infelizmente, estas correntes de

reflexão e as questões por elas levantadas estão ausentes dos estudos assiriológicos sobre a crise econômica.

[555] Sobre o título *shar mîsharim*, ver B. A. Van Proosdji (1946).

[556] Para uma análise das narrativas dos 'feitos' do monarca mesopotâmico, ver M. Liverani (1995: 2353 ss.). Para os elementos sagrados e profanos na composição da imagem do rei, ver principalmente C. Zaccagnini (1994a: 268 s.).

[557] Sobre este aspecto da ideologia real, ver S. Lafont (1997: 10 s. e 1998: 162 ss.) e D. Charpin (1990b e 1996b). Para Hammu-rabi, em seu papel de rei juiz e legislador, ver W. F. Leemans (1981: 91), H. Klengel (1993 (112 ss.) e D. Charpin (2003: 201 ss.).

[558] Mesmo se, em determinados momentos, este poder fosse apenas potencial: assim, em uma carta de Mari (ARMT,26/1:194), a possibilidade da proclamação de um edito de restauração (*andurârum*) é associada à conquista da cidade de Kurda, pretendida pelo rei de Mari, Zimri-Lim, certamente como uma medida paliativa a ser adotada na seqüência da ruptura política e visando obter o beneplácito da população para com o novo rei. O mais interessante é que, neste caso, é o próprio deus Shamash que exorta o rei a proclamar o edito na região conquistada (ver D. Charpin, 2000a: 188 s. com tradução da passagem e comentários).

[559] A literatura é vasta: ver, por exemplo, L. Epsztein (1983), M. Weinfeld (1995, particularmente o capítulo 2), D. Charpin (1996b) e E. Otto (1998).

[560] O que não impede de constatar que, por vezes, a ideologia antiga é tomada por realidade de uma maneira muito pouco crítica: é o caso do recente estudo de J. Bottéro (2000: 9 ss.), mesmo que o autor nos previna contra uma explicação fundada na caridade e nos bons sentimentos do soberano.

[561] Normalmente, a imagem do 'rei de justiça' é apresentada como um produto unilateral da ideologia palaciana. Em um estudo sobre a questão, seria necessário, parece-me, ao menos considerar a hipótese de que ela correspondia, igualmente, a uma demanda popular. Por exemplo, em um quadro em que a sensibilidade econômica da população é refratária às flutuações de preço que põem em risco sua subsistência, é possível que a idéia de um 'preço justo' (cf. Charpin, 1999) tenha emergido como reação à depreciação dos valores da terra e do trabalho ou ao aumento exorbitante dos preços de produtos de primeira necessidade: por conseqüência, a intervenção reguladora do Estado corresponderia a uma resposta de caráter paternalista (cf. E. P. Thompson, 1971: 94 ss. e S. B. Murphy, 1998: 281). Não é por outro motivo que uma espécie de tabelamento de preços aparece em várias inscrições reais e em certos 'códigos' mesopotâmicos, como as leis de Eshnunna ou o código de Hammu-rabi.

[562] G. J. Selz (1999-2000: 1 ss.; para o período babilônico antigo, cf. p. 24 ss.).

[563] Para tornar o quadro mais completo, é necessário acrescentar a distribuição de terras do palácio como remuneração de seus servidores, num sistema que tende a suplantar o antigo mecanismo generalizado de distribuição de rações. Sobre o sistema-*ilkum*, ver M. de J. Ellis (1976), M. Ishikida (1994 e 1999) e M. Rede (1996).

[564] Além dos efeitos diretos, é preciso considerar também os efeitos secundários, tal como o estímulo sobre a produção; H. Olivier (1998) chama a atenção para o fato de que as concessões pudessem representar um encorajamento para o desenvolvimento agrícola de zonas afastadas, como o Suhum, e para o impacto que os bens e a prata não recolhidos pelo palácio poderiam ter sobre a economia.

[565] Para a escravidão por dívidas, ver, em geral, G. C. Chirichigno (1993) e R. Westbrook (1995a). É sintomático que, em Larsa, uma grande parte dos contratos de compra de escravos refira-se

justamente a pessoas reduzidas à escravidão por decorrência de dívidas (*a-na hu-bu-ul-li-shu* = '*por causa de sua dívida*'): os pais devedores podiam vender seus próprios filhos (YOS,5,41; YOS,8,8); por vezes, o vendedor é o pai (Babyloniaca,7: 45), por vezes, a mãe (Riftin, 24); a pessoa podia, ainda, vender-se a si mesma (YOS,5,132 e 145; YOS,8,17, 31, 36 e 40; Riftin, 25). Para uma tipologia dos contratos, ver M. Van De Mieroop (1987: 4 ss.).

[566] A idéia de que a ação do palácio representava uma limitação à acumulação dos bens imobiliários pelos indivíduos e uma tentativa de reequilibrar a balança em favor do palácio foi, igualmente, defendida por M. Van De Mieroop (1993: 64).

[567] Esta constatação deveria servir de contraponto à opinião de alguns classicistas, segundo a qual a Mesopotâmia seria, ao contrário da Grécia, caracterizada pela capacidade ilimitada do Estado de anular os atos jurídicos entre particulares (ver, por exemplo, A. Bresson, 2000: 273).

BIBLIOGRAFIA

ABRAHAM, K.

1992 – "The dowry clause in marriage from the first millennium B.C.E." *In:* D. Charpin & F. Joannès (eds.) - La circulation des biens, des personnes et des idées dans le Proche-Orient ancien (38ᵉ Rencontre Assyriologique Internationale). Paris, ERC (311-320).

ADAMS, R. McC.

1965 - Land behind Baghdad. A history of settlement on the Diyala plains. Chicago, The University of Chicago Press.

1966 - The evolution of urban society: early Mesopotamia and Prehispanic Mexico/ London, Weidenfeld & Nicolson.

1971 - "Early civilizations, subsistence and environment" *In:* S. Struever (ed.) - Prehistoric agriculture, New York.

1976 - "Anthropological perspectives on ancient trade" *In:* Current Anthropology, 15 (239-258).

1981 - Heartland of cities. Surveys of ancient settlement and land use on the central floodplain of the Euphrates. Chicago, Chicago University Press.

1984 - "Mesopotamian social evolution: old outlooks, new goals" *In:* T. Earle (ed.) - On the evolution of complex societies. (Essays in honor of Harry Hoijer). Malibu, Undena Publications.

1988 - Contexts of civilizational collapse: a Mesopotamian view" *In:* N. Yoffee & G. L. Cowgill (eds.) - The collapse of ancient states and civilizations. Tucson, University of Arizona Press.

ADAMS, R. McC. & NISSEN , H. J.

1972 - The Uruk countryside. The natural setting of urban societies. Chicago/London, The University of Chicago Press.

ADAMSON, P. B.

1985 - "Problems over storing food in the ancient Near East" *In:* Die Welt des Orients,16 (5-15).

AKKERMANS, P. & ROSSMEISL, I.

1990 - "Excavations at Tell Sabi Abyad, Northers Syria: a regional centre of the Assyrian frontier" *In:* Akkadica, 66 (13-60).

ALEXANDER, J. B.

1943 - Early Babylonian letters and economic texts. (Babylonian Inscriptions in the Collection of James B. Nies, 7). New Haven. Yale University Press.

ALGAZE, G.

1983/4 - "Private houses and graves at Ingharra, a reconsideration" *In:* Mesopotamia,18/ 19 (135-155).

ALLISON, P. M.

    2001 - "Using the material and written sources: turn of millennium approaches to Roman domestic space" *In:* American Journal of Archaeology, 105 (181-208).

ANBAR, M.

    1975 - "Textes de l'époque babylonienne ancienne" *In:* Revue d'Assyriologie et d'Archéologie Orientale, 69 (109-136).

    1978a - "Textes de l'époque babylonienne ancienne, 2" *In:* Revue d'Assyriologie et d'Archéologie Orientale, 72 (113-138).

    1978b - Compte rendu de S. Dalley, C. B. F. Walker e J. D. Walker - The Old Babylonian Tablets from Tell al-Rimah, *In:* Bibliotheca Orientalis, 35 (208-217).

ANBAR, M. & STOL, M.

    1991 - "Textes de l'époque babylonienne ancienne, 3" *In:* Revue d'Assyriologie et d'Archéologie Orientale, 85 (13-48).

ANDERSON, M.

    1990 - "The Household economics approach" *In:* M. Anderson - Approaches to the study of the Western family (1500-1914). Hampshire, MacMillan (65-84).

ANDERSON, M., BECHHOFER, F. & KENDRICK, S.

    1994 - "Individual and household strategies" *In:* M. Anderson, F. Bechhofer & J. Gershuny (eds.) - The social and political economy of the household. Oxford, Oxford University Press (19-67).

ANDREAU, J.

    1999 - Banking and business in the roman world. Cambridge, Cambridge University Press.

    2002 - "Twenty years after Moses I. Finley's The Ancient Economy" *In:* W. Scheidel & S. Von Reden (eds.) - The ancient economy. Edinburgh, Edinburgh University Press (33-49).

ANDREAU, J., BRIANT, P. & DESCAT, R.

    1997 - Economie antique: Prix et formation des prix dans les économies antiques (Entretiens d'Archéologie et d'Histoire, 2). Saint-Bertand-de-Comminges, Musée Archéologique Départemental.

ANDREAU, J. & ETIENNE, R.

    1984 - "Vingt ans de recherches sur l'archaïsme et la modernité des sociétés antiques" *In:* Revue des Etudes Anciennes, 86 (55-83).

ARNAUD, D.

    1970 - "TCL X et XI: ajouts et corrections" *In:* Revue d'Assyriologie et d'Archéologie Orientale, 70 (84-92).

    1971 - "Catalogue des textes trouvés à Tell Senkereh-Larsa en 1969 et 1970" *In:* Syria, 48 (289-293).

    1976 - "Larsa: Catalogue des textes et d'objets inscrits trouvés au cours de la sixième campagne" *In:* Syria, 53 (47-81).

    1978 - "Larsa: Catalogue des textes et des objets inscrits trouvés au cours de la septième campagne" *In:* Syria, 55 (225-232).

ARNAUD, D., CALVET, Y. & HUOT, J.-L.

    1979 - "Ilshu-ibnishu, orfèvre de l'É-Babbar de Larsa. La jarre L 7677 et son contenu" *In:* Syria, 56 (1-64).

AUGUSTINS, G.

1989 - Comment se perpétuer? Devenir de lignées et destins des patrimoines dans les paysanneries européennes. Nanterre, Société d'Ethnologie.

1998 - "La perpétuation des groupes domestiques. Un essai de formalisation" *In:* L'Homme, 148 (15-46).

2000 - "A quoi servent les terminologies de parenté" *In:* L'Homme, 154/155 (573-598).

AUSTIN, M . & P. VIDAL-NAQUET

1972 - Economies et sociétés en Grèce ancienne. Paris, Armand Colin.

BACHELOT, L.

1983/1984 - "Larsa: les travaux de la mission archéologique française (1933-1981)" *In:* Archiv für Orientforschung, 29/30 (167-170).

2001 - "Tell Shioukh Faouqâni: campagne 2000" *In:* Orient Express, 1 (9-15).

BACHOFEN, J. J.

1996 - Le droit maternel. Recherche sur la gynécocratie de l'antiquité dans sa nature religieuse et juridique. Lausanne. Editions L'Age de l'Homme.

BAKER, H.

1996 - "Neo-Babylonian burials revisited *In:* S. Campbell & A. Green (eds.) - The archaeology of death in the ancient Near East (Oxbow Monograph, 51).

BALKAN, K.

1974 - "Cancellation of debts in Cappadocian tablets from Kültepe" *In:* K. Bittel *et alii* - Anatolian Studies Presented to Hans Gustav Güterbock. (Publications de l'Institut Historique et Archéologique Néerlandais de Stamboul). Leiden. (29-42).

BANNING, E. B.

1997 - - "Spatial perspectives on early urban developement in Mesopotamia" *In:* W. E. Aufrecht, N. A. Mirau & S. W. Gauley (eds.) - Urbanism in antiquity from Mesopotamia to Crete. (Journal for the Study of the Old Testament, Supplement Series, 244). Sheffield, Sheffield Academic Press (17-34).

BAQIR, T.

1949 - "Date-formulae et date-list" *In:* Sumer, 5 (34-84).

BARBERON, L.

2001 - La dot en Mésopotamie: la femme et ses biens d'après la documentation paléo-babylonienne. Mémoire de DEA, Université de Paris 1 - Panthéon-Sorbonne. Paris.

BAR-MAOZ, Y.

1980 - "The edict of Ammisaduqa" *In:* G. B. Sarfatti, P. Artzi, J. C. Greenfield & M. Kaddari (eds.) - Studies in Hebrew and semitic languages dedicated to the memory of prof. Eduard Yechezkel Kutsher. Ramat-Gan, Bar-Ilan University Press (LVIII-LIX) (em hebreu, com resumo em inglês).

BARRELET, M. -T.

1980 - "Les pratiques funéraires de l'Iraq ancien et l'archéologie: état de la question et essai de prospective" *In:* Akkadica, 16 (2-27).

BARRY, L. S. *et alii*

2000 - "Glossaire de la parenté" *In:* L'Homme, 154-155 (721-732).

BARTH, F.

1973 - "Descent and marriage reconsidered" *In:* J. Goody (ed.) - The character of kinship. Cambridge, Cambridge University Press (3-19).

BATTINI-VILLARD, L.

1999 - L'espace domestique en Mésopotamie de la IIIe dynastie d'Ur à l'époque paléo-babylonienne, 2 volumes (BAR International Séries, 767). Oxford, British Archaeological Reports.

2001 - Compte rendu de P. Brusasco - "Family archives and the social use of space in old babylonian houses at Ur", Mesopotamia 34/5 *In:* Revue d'Assyriologie et d'Archéologie Orientale, 95 (92-95).

BATTINI-VILLARD, L. & CALVET, Y.

2003 - "Construction royale, construction privée: la maison B 59 de Larsa" *In:* Iraq, 65 (131-141).

BATTO, B. F.

1974 - Studies on women at Mari. Baltimore, The Johns Hopkins University Press.

1980 - "Land tenure and women at Mari" *In:* Journal of Economic and Social History of the Orient, 23 (209-239).

BAYLISS, M.

1973 - "The cult of dead kin in Assyria and Babylonia" *In:* Iraq, 35 (115-125).

BEAULIEU, P.-A.

1991 - "Neo-Babylonian Larsa: a preliminary study" *In:* Orientalia, 60 (58-81).

BECKMAN, G.

1986 - "Inheritance and royal succession among the Hittites" *In:* H. A. Hoffner, Jr. & G. M. Beckman (eds.) - Kanishshuwar. A tribute to Hans G. Güterbock. (Assyriological Studies, 23). Chicago. The Oriental Institute of the University of Chicago (13-31).

1995 - Old Babylonian archival texts in the Nies Babylonian collection. (Catalogue of the Babylonian Collections at Yale, 2). Bethesda, CDL Press.

1996 - "Family values on the Middle Euphrates in the thirteenth century B.C." *In:* M. W. Chavalas (ed.) - Emar: the history, religion, and culture of a Syrian town in the late bronze age. Bethsda, CDL Press (57-79).

2000 - Old Babylonian archival texts in the Yale Babylonian collection. (Catalogue of the Babylonian Collections at Yale, 4). Bethesda, CDL Press.

BELL, D.

1998 - "Wealth transfer occasioned by marriage: a comparative reconsideration" *In:* Th. Schweizer & D. R. White (eds.) - Kinship, Networks, and Exchange. Cambridge, Cambridge University Press (187-209).

BEN-BARAK, Z.

1980 - "Inheritance by daughters in the ancient Near East" *In:* Journal of Semitic Studies, 25 (24-33).

BENEDICT, B.

1968 - "Family firms and economic development" *In:* Southwestern Journal of Anthropology, 24 (1-19).

BIGGS, R. D.

2000 - "Conception, contraception, and abortion in ancient Mesopotamia" *In:* A. R. George & I. L. Finkel (eds.) - Wisdom, gods and literature. Winona Lake, Eisenbrauns (1-13).

BIROT, M.

1968 - "Découvertes épigraphiques à Larsa (campagnes de 1967)". *In:* Syria, 45 (241-247).

1969 - Tablettes économiques et administratives d'époque babylonienne ancienne. Paris, Geuthner.

1971 - Compte rendu de J. Van Dijk - Old Babylonian contracts and related material. (Texts in Iraq Museum, vol. 5). Wiesbaden, Harrassowitz, 1968. *In:* Bibliotheca Orientalis, 28 (69-70).

1993- Correspondance des gouverneurs de Qaÿÿunân. (Archives Royales de Mari, 27). Paris, ERC.

BLEIBERG, E.

1995 - "The economy of ancient Egypt" *In:* J. Sasson (ed.) - The civilizations of the ancient near East, vol. 3. New York, Charles Scribner's Sons (1373-1385).

1996 - The official gift in ancient Egypt. Norman/London, University of Oklahoma Press.

BOHANNAN, P. & BOHANNAN, L.

1968 - Tiv Economy. London, Longmans.

BOHANNAN, P. & DALTON, G.

1962 - "Introduction" *In:* P. Bohannan & G. Dalton (eds.) - Markets in Africa. Evanston, Northwestern University Press.

BONECHI, M.

1993 - "Conscription à Larsa après la conquête babylonienne" *In:* Mari Annales de Recherches Interdisciplinaire, 7 (129-164).

BONTE, P.

2000 - "L'échange est-il un universel? " *In:* L'Homme, 154/155 (39-66).

BOTTÉRO, J.

1961 - "Désordre économique et annulation des dettes en Mésopotamie à l'époque paléobabylonienne" *In:* Journal of the Economic and Social History of the Orient, 4 (113-164).

1965 - "La femme dans la Mésopotamie ancienne" *In:* P. Grimal (ed.) - Histoire mondiale de la femme. Paris, Nouvelle Librairie de France (158-223).

1980 - "La mythologie de la mort en Mésopotamie ancienne" *In:* B. Alster (ed.) - Death in Mesopotamia (26ᵉ Rencontre Assyriologique Internationale / Copenhagen Studies in Assyriology, 8). Copenhagen, Akademisk Forlag (25-52).

1983 - "Les morts et l'au-delà dans le rituels en accadien contre l'action des 'revenants'" *In:* Zeitschrift für Assyriologie, 73 (153-203).

2000 - "L'annulation périodique des dettes en Mésopotamie" *In:* Lettre de Ligugé, 292 (5-12).

BOURDIEU, P.

1962 - "Célibat et condition paysanne" *In:* Etudes Rurales, 5-6 (32-135).

1972 - "Les stratégies matrimoniales dans le système de reproduction" *In:* Annales, 27 (1105-1127).

1994 - Raisons Pratiques. Paris, Seuil.

2000a - Les structures sociales de l'économie. Paris, Seuil.

2000b - "La parenté comme représentation et comme volonté" *In:* Esquisse d'une théorie de la pratique - précédé de trois études d'ethnologie kabyle. Paris, Seuil (83-215).

2002 - Le bal des célibataires. Crise de la société paysanne en Béarn. Paris, Seuil.

BOUZON, E.

1986 - As cartas de Hammurabi. Petrópolis, Vozes.

1991 - "A propriedade fundiária na baixa Mesopotâmia durante o período paleobabilônico" *In:* Cadmo, 1 (9-30).

1995 - "Die soziale Bedeutung des simdat-sharrim-Aktes nach den Kaufverträgen der Rim-Sin-Zeit" *In:* M. Dietrich & O. Loretz (ed.) - Vom Alten Orient zum Alten Testament (Alter Orient und Altes Testament, 240). Neukirchen, Butzon und Bercker (11-30).

2000 - Contratos pré-hammurabianos do reino de Larsa. Porto Alegre, EDIPUCRS.

BOYER, G.

1928 - Contribution à l'histoire juridique de la 1re dynastie babylonienne. Paris, Geuthner.

1958 - Textes juridiques. (Archives Royales de Mari, 8). Paris, Imprimerie Nationale.

BRECKWOLDT, T.

1995/6 - "Management of grain storage in Old Babylonian Larsa" *In:* Archiv für Orientforschüng, 42-43 (64-88).

BRENTJES, B. (ed.)

1988 - Das Grundeigentum in Mesopotamien (Jahrbuch für Wirtschafts Geschchite). Berlin, Akademie Verlag.

BRESSON, A.

2000 - La cité marchande. (Scripta Antiqua, 2). Bordeaux, Ausonius.

BRIDGES, S. J.

1981 - The Mesag archive: a study of sargonic society and economy. Yale University. Unpublished Ph.D.

BRINKMAN, J. A.

1968 - A Political History of Post-Kassite Babylonia - 1158-722 B.C. (Analecta Orientalia, 43). Roma, Pontificium Institutum Biblicum.

BRUSASCO, P.

1999-2000 - "Family archives and the social use of space in Old Babylonian houses at Ur" *In:* Mesopotamia, 34/35 (1-173).

BUCCELLATI, G.

1973 - "Methodological concerns and the progress of ancient Near Eastern studies" *In:* Orientalia, 42 (9-20).

1991 - "A note on the *mushkênum* as a 'homesteader'" *In:* R. J. Ratner, L. M. Barth, M. L. Gevirtz & B. Zuckerman (eds.) - Let your colleagues praise you. Rolling Hills Estates (91-100).

1996 - "The role of socio-political factors in the emergence of 'public' and 'private' domains in early Mesopotamia" *In:* M. Hudson & B. A. Levine (eds.) - Privatization in the ancient Near East and Classical World (Peabody Museum Bulletin, 5). Cambridge, MA, Peabody Museum of Archaeology and Ethnology (129-147).

BUCHANAN, B.

1981 - Early Near Eastern Seals in the Yale Babylonian Collection. New Haven, Yale University Press.

BURLING, R.

1962 - "Maximizations theories and the study of economic anthropology" *In:* American Anthropologist, 64 (168-187).

BURFORD, A.

1993 - Land and labor in the Greek world. Baltimore, The Johns Hopkins University Press.

BUTZ, K.

1973/4 - "Konzentrationen Wirtschaftlicher macht im Königreich Larsa: der Nanna-Ningal-Tempelkomplex in Ur" *In:* Wiener Zeitschrift für die Kunde des Morgenlandes, 65/66 (1-58).

1979 - "Ur in altbabylonischer Zeit als Wirtschaftfaktor" *In:* E. Lipinski (ed.) State and temple economy in the ancient near east, vol. 1 (Orientalia Lovaniensia Analecta, 5). Leuven (255-409).

1981 - "Eine altbabylonisch Erbteilungsurkunde aus Ur, angeblich aus Larsa" *In:* Oriens Antiquus, 20 (195-201).

CADELLI, D.

1994 - "Lieux boisés et bois coupés" *In:* D. Charpin & J.-M. Durand (eds.) - Recueil d'Etudes à la Mémoire de Maurice Birot. (Florilegium Marianum, 2 / Mémoires de N.A.B.U., 3). Paris, SEPOA. (159-173).

CAGNI, L.

1984 - "Il trasferimento dei beni nel matrimonio in ambiente babilonese" *In:* C. Saporetti (ed.) - Il trasferimento dei beni nel matrimonio privato del Vicino Oriente antico. (Geo-Archeologia, 2). Roma, Associazione Geo-Archeologica Italiana (19-34).

CAHAN, J. A.

1994-1995 - "The concept of property in Marx's theory of history: a defense of the autonomy of the socioeconomic base" *In:* Science and Society, 58 (392-414).

CAILLÉ, A.

1989 - Critique de la raison utilitaire. Paris, La Découverte.

1994 - Don, intérêt et désintéressement. Bourdieu, Mauss, Platon et quelques autres. Paris, La Découverte/MAUSS.

2000 - Anthropologie du don: le tiers paradigme. Paris, Desclée de Brouwer.

CALVET, Y.

1984 - "Le temple babylonien de Larsa. Problèmes d'orientation" *In:* G. Roux (ed.) Temples et sanctuaires (Travaux de la Maison de l'Orient, 7). Lyon (7-22).

1993 - "Maisons privées paléo-babyloniennes à Larsa. Remarques d'architecture" *In:* K. R. Veenhof (ed.) - Houses and households in ancient Mesopotamia (40e Rencontre Assyriologique Internationale). Leiden, Nederlands Historisch-Archaeologisch Intstituut te Istanbul (197-209).

1994 - "Les grandes résidences paléo-Babyloniennes de Larsa" *In:* H. Gasche, M. Tanret, C. Janssen & A. Degrave (eds.) - Cinquante-deux réflexions sur le Proche-Orient ancien (Mesopotamian History and Environment, Occasional Puvlications, 2). Leuven, Peeters (215-228).

1997 - La place de Larsa dans l'architecture domestique mésopotamienne du IIe millénaire. Thèse de doctorat, EPHE, Paris.

2003 - "Bâtiments paléobabyloniens à Larsa" *In:* J.-L. Huot (ed.) - Larsa. Travaux de 1987 et 1989. (Bibliothèque Archéologique et Historique, 165). Beyrouth, Institut Français d'Archéologie du Proche-Orient (143-297).

CALVET, Y., THALMANN, J.-P. & HUOT, J.-L.

1991/2 - "Tell es-Sinkara / Larsa, 1987 and 1989" *In:* Archiv für Orientforschung, 38/9 (276-279).

CAMPBELL-THOMPSON, R.

1936 - A Dictionary of Assyrian Chemistry and Geology. Oxford, Clarendon Press.

1949 - A Dictionary of Assyrian Botany. London, The British Academy.

CARDASCIA, G.

1959 - "Le concept babylonien de la propriété" *In:* Revue Internationale des Droits de L'Antiquité, 6 (19-32).

1995 - "Réflexions sur le témoignage dans les droits du Proche-Orient ancien" *In:* Revue Historique de Droit Français et Etranger, 73 (549-557).

CARSTEN, J & HUGH-JONES, S. (eds.)

1995 - About the house: Lévi-Straus and beyond. Cambridge, Cambridge University Press.

CARTER, A. T.

1984 - "Household histories" *In:* R. McC. Netting, R. R. Wilk & E. J. Arnould (eds.) - Households. Comparative and historical studies of the domestic group. Berkeley, University of California Press (44-83).

CASSIN, E.

1952 - "Symboles de cession immobilière dans l'ancien droit mésopotamien" *In:* Année Sociologique, 5 (107-161). (réédité dans E. Cassin, 1987).

1969 - "Pouvoirs de la femme et structures familiales" *In:* Revue d'Assyriologie et d'Archéologie Orientale, 63 (121-148).

1987 - Le semblable et le différent. Symbolisme du pouvoir dans le Proche-Orient ancien. Paris, Editions la Découverte.

CASTEL, C.

1992 - Habitat urbain Néo-Assyrien et Néo-Babylonien. De l'espace bâti à l'espace vécu. Vol. 2 (Bibliothèque Archéologique et Historique,143). Paris, Geuthner.

1995 - "Contexte archéologique et statut des documents: les textes retrouvés dans les maisons mésopotamiennes du Ier millénaire av. J.-C." *In:* Revue d'Assyriologie, 89 (109-137).

CASTEL, C. & CHARPIN, D.

1997 - "Les maisons mésopotamiennes. Essai de dialogue entre archéologue et épigraphiste" *In:* C. Castel, M. Al-Maqdissi & F. Villeneuve (eds.) - Les maisons dans la Syrie antique du IIIe millénaire aux débuts de l'Islam. Pratiques et représentations de l'espace domestique. Beyrouth, IFAPO (243-253).

CAVIGNEAUX, A.

1987 - "PA-DÙN = hursag et le dieu Amurru" *In:* Nouvelles Assyriologiques Brèves et Utilitaires, 2 (p. 13).

CAVIGNEAUX, A. & AL-RAWI, F.
1993 - "New Sumerian literary texts from Tell Haddad (ancient Meturan): a first survey" *In:* Iraq, 55 (91-105).

CHARPIN, D.
1980a - Archives Familiales et propriété privé en Babylonie ancienne: étude des documents de "Tell Sifr" (Hautes Etudes Orientales, 12). Genève, Librairie Droz.

1980b - "IN^{ki} = Isin, un argument muséographique" *In:* Revue d'Assyriologie et d'Archéologie Orientale,74 (189).

1980c - "Remarques sur l'administration paléobabylonienne sous les successeurs d'Hammurabi" *In:* Journal of the American Oriental Society, 100 (461-471).

1981 - "La Babylonie de Samsu-iluna à la lumière de nouveaux documents" *In:* Bibliotheca Orientalis, 38 (517-547).

1982 - "Marchands du palais et marchands du temple à la fin de la Ire dynastie de Babylone" *In:* Journal Asiatique (25-65).

1983/4 - "Compte rendu de L. Cagni - Briefe aus dem Iraq Museum (Texts in the Iraq Museum, 2) " *In:* Archiv für Orientforschungen, 29-30 (103-108).

1985 - "Un quartier de Babylone et ses habitants sous les successeurs d'Hammurabi" *In:* Bibliotheca Orientalis, 42 (265-278).

1986a - "Transmission des titres de propriété et constitution des archives privées en Babylonie ancienne" *In:* K. R. Veenhof (ed.) - Cuneiform archives and libraries (30e Rencontre Assyriologique Internationale. Leiden, Nederlands Historisch-Archaeologisch Instituut te Istanbul (121-140).

1986b Le clergé d'Ur au siècle d'Hammurabi (XIXe - XVIIIe siècles av. J.-C.). Genève, Droz.

1987a - "Notices prosopographiques, 2: les descendants de Balmunam³e" *In:* Nouvelles Assyriologiques Brèves et Utilitaires, 2 (19-20).

1987b - "Le rôle économique du palais en Babylonie sous Hammurabi et ses successeurs" *In:* E. Lévy (ed.) - Le système palatial en Orient, en Grèce et à Rome (Actes du Colloque de Strasbourg, 1985). Leiden, E. J. Brill (111-126).

1987c - "Les décrets royaux à l'époque paléo-babylonienne, à propos d'un ouvrage récent" *In:* Archiv für Orientforschung, 34 (36-44).

1988 - "Les représentants de Mari à Babylone" *In:* D. Charpin *et alii* - Archives Epistolaires de Mari I/2 (Archives Royales de Mari, 26/2). Paris, ERC.

1989 - "Un quartier de Nippur et le problème des écoles à l'époque paléo-babylonienne" *In:* Revue d'Assyriologie et d'Archéologie Orientale, 83 (97-112).

1990a - "L'andurârum à Mari" *In:* Mari Annales de Recherches Interdisciplinaires, 6 (253-270).

1990b - "Les édits de 'restauration' des rois babyloniens et leur application" *In:* C. Nicolet (ed.) - Du pouvoir dans l'Antiquité: mots et réalités. (Cahiers du Centre Glotz,1). Genève, Librairie Droz (13-24).

1990c - "Les divinités familiales des Babyloniens d'après les légendes de leurs sceaux-cylindres" *In:* Ö. Tunca (ed.) - De la Babylonie à la Syrie en passant par Mari. Université de Liège (59-78).

1992a - "*Kakkikum* et les autres titres babyloniens dans un texte de Mari" *In:* Nouvelles Assyriologiques Brèves et Utilitaires, 4 (89-90).

1992b - "Immigrés, réfugiés et déportés en Babylonie sous Hammu-rabi et ses successeurs" *In:* D. Charpin & F. Joannès (eds.) - La circulation des biens, des personnes et des idées dans le Proche-Orient ancien (38e Rencontre Assyriologique Internationale). Paris, ERC (207-218).

1993 - "Données nouvelles sur la poliorcétique à l'époque paléo-babylonienne" *In:* Mari Annales de Recherches Interdisciplinaires, 7 (193-203).

1994 - "Contribution à la redécouverte de Mashkan-shapir" *In:* H. Gasche, M. Tanret, C. Janssen & A. Degraeve (eds.) - Cinquante-deux réflexions sur le Proche-Orient ancien (Mesopotamian History and Environment, Occasional Publications, 2). Leuven, Peeters.

1995 - The History of ancient Mesopotamia: An overview. *In:* J. Sasson (ed.) - Civilizations of the ancient Near East. Vol. 2. New York, Charles Scribner's Sons (807-829).

1996a - "Maisons et maisonnées en Babylonie ancienne de Sippar à Ur: remarques sur les grandes demeures des notables paléo-babyoniens" *In:* K. R. Veenhof (ed.) - Houses and households in ancient Mesopotamia. (40e Rencontre Assyriologique International). Leiden, Nederlands Historisch-Archaeologisch Instituut te Istanbul (221-228).

1996b - "Le 'bon pasteur': idéologie et pratique de la justice royale à l'époque paléo-babylonienne" *In:* Lettres Orientales, 5 (101-114).

1999 - "Le juste prix" *In:* Nouvelles Assyriologiques Brèves et Utilitaires, 3 (77).

2000a - "Les prêteurs et le palais: les édits de *mîsharum* des rois de Babylone et leurs traces dans les archives privées" *In:* A. C. V. V. Bongenaar (ed.) - Interdependency of institutions and private entrepreneurs. (MOS Studies, 2). Leiden, Historisch-Archaeologisch Instituut te Istanbul (185-211).

2000b - Lettres et procès paléo-babyloniens" *In:* F. Joannès (ed.) - Rendre la Justice en Mésopotamie. Archives judiciaires du Proche-Orient ancien. Saint Denis, Presses Universitaires de Vincennes (69-111).

2001 - Compte rendu de M. J. A. Horsnell - The year names of the First Dynasty of Babylon. Hamilton, 1999. *In:* Revue dAssyriologie et dArchéologie Orientale, 95 (89-92).

2002 - "La politique hydraulique des rois paléo-babyloniens" *In:* Annales, 57 (545-559).

2003a - "La politique immobilière des marchands de Larsa à la lumière des découvertes épigraphiques de 1987 et 1989" *In:* J.-L. Huot (ed.) - Larsa. Travaux de 1987 et 1989. (Bibliothèque Archéologique et Historique, 165). Beyrouth, Institut Français d'Archéologie du Proche-Orient (311-322).

2003b - Hammurabi de Babylone. Paris, Presses Universitaires de France.

2005 - "Les dieux prêteurs dans le Proche-Orient amorrite (c. 2000-1600 av. J. C.)". *In:* Topoi, 12/13 (13-34).

2006 – Comptes Rendus de Clancier, Ph., Joannès, F., Rouillard, P. & Tenu, A. (eds.) - Autour de Polanyi. Vocabulaires, théories et modalités des échanges. Paris, De Boccard, 2005. *In:* Revue d'Assyriologie et d'Archéologie Orientale, 99 (189-190).

CHARPIN, D. & DURAND, J. M.

1985 - "La prise du pouvoir par Zimri-Lim" *In:* Mari Annales de Recherches Interdiciplinaires, 4 (293-343).

CHAUVARD, J.-F.

1999 - "La formation du prix des maison dans la Venise du XVIIe siècle" *In:* Histoire et Mesure, 14 (331-368).

CHAVALAS, M. W.

1988 - The house of Puzurum: a stratigraphic distributional, and social analysis of domestic units from Tell Ashara / Terqa, Syria, from the middle of the second millennium B.C. University of California. Unpublished Ph.D.

CHAYANOV, A. V.

1966 - The theory of peasant economy. Homewood, Irwin.

CHESSON, M. S.

1997 - Urban households in early Bronze Age communities of Syro-Palestine. Harvard University. Unpublished Ph.D.

CHIRICHIGNO, G. C.

1993 - Debt-slave in Israel and the ancient Near East. Sheffield, Sheffield Academic Press.

ÇIG, M. , KIZILYAY, H. & KRAUS, F. R.

1952 - Altbabylonische Rechtsurkunden aus Nippur. Istanbul, Milli Eœitim Basimevi.

CLANCIER, Ph., JOANNÈS, F., ROUILLARD, P. & TENU, A. (eds.)

2005 – Autour de Polanyi. Vocabulaires, théories et modalités des échanges. Paris, De Boccard.

COCQUERILLAT, D.

1955 - "Les prébendes patrimoniales dans les temples à l'époque de la Ire dynastie de Babylone" *In:* Revue Internationale des Droits de l'Antiquité, 3/2 (37-106).

1967 - "Aperçus sur la phéniculture en Babylonie à l'époque de la 1ère dynastie de Babylone" *In:* Journal of the Economic and Social History of the Orient, 10 (161-223).

1968 - Palmerais et cultures de l'Eanna d'Uruk (559-520). (Ausgrabungen der Deutshen Forschungsgemeinschaft in Uruk-Warka, 8). Berlin, Gebr. Mann Verlag.

COLBOW, G.

1995 - Die Spätaltbabylonische Glyptik Südbabyloniens. München / Wien, Profil Verlag.

COLLARD, C.

2000 - "Femmes échangées, femmes échangistes. A propos de la théorie de l'alliance de Claude Lévi-Strauss" *In:* L'Homme, 154/155 (101-115).

COLLIER, J. F.

1988 - Marriage and inequality in classless societies. Stanford, Stanford University Press.

COMAROFF, J. L.

1980 - "Introduction" *In:* J. L. Comaroff (ed.) - The meaning of the marriage payments. London, Academic Press.

CONTE, E.

2000 - "Mariages arabes. La part du féminin" *In:* L'Homme, 154/155 (279-308).

COOK, S.

1966 - "The obsolete anti-market mentality: a critique of the substantive approach to economic anthropology" *In:* American Anthropologist, 68 (232-245).

1969 - "The 'anti-market' mentality re-examined: a further critique of the substantive approach to economic anthropology" *In:* Southwestern Journal of Anthropology, 25 (378-406).

1973 - "Economic anthropology: problems in theory, method, and analysis" *In:* J. J. Honigmann (ed.) - Handbook of social and cultural anthropology. Chicago, Rand Macnally College publishing Co. (795-860)

1974 - "Structural substantivism: a critical review of Marshal Sahlins' Stone Age Economics" *In:* Comparative Studies in Society and History, 16 (355-379).

COOPER, R. G.

1978 - "Dynamic tension: symbiosis and contradiction in Hmong social relations" *In:* J. Clammer (ed.) - The new economic anthropology. London, MacMillan (138-175).

CRAWFORD, H. E. W.

1977 - The architecture of Iraq in the third millennium B.C. (Mesopotamia Copenhagen Studies in Assyriology, 5). Copenhagen, Akademisk Forlag.

CREED, G. W.

2000 - " 'Family values' and domestic economies" *In:* Annual Review of Anthropology, 29 (329-355).

CRYER, F.

1995 - "Chronology: issues and problems" *In:* J. Sasson (ed.) - Civilizations of the ancient Near East. Vol. 2. New York, Charles Scribner's Sons (651-664).

CURTO, R.

1995 - "Da un'idea convenzionale di valore al valore di rendimento: estimi e significati della proprietà urbana tra settecento e ottocento a Torino" *In:* Storia Urbana, 71 (67-87).

CUQ, E.

1929 - Etudes sur le droit Babylonien, les lois Assyriennes et les lois Hittites. Paris, Geuthner.

DALLEY, S.

1980 - "Old Babylonian dowries" *In:* Iraq, 42 (53-74).

DALLEY, S. & AL-RAWI, F.

2000 - Old Babylonian texts from private houses at Abu Habbah, ancient Sippir. (E.DUB-BA-A, 7). Baghdad.

DALTON, G.

1961 - "Economic theory and primitive society" *In:* American Anthropologist, 63 (143-167).

1966 - " 'bridewealth' vs. 'brideprice' " *In:* American Anthropologist, 68 (732-738).

1969 - "Theoretical issues in economic anthropology" *In:* Current Anthropology, 10 (63-80).

DALTON, S. S.

1983 - Canal, wall and temple names of the Old Babylonian period. Brandeis University. Unpublished Ph.D.

DAVENPORT, W. H.

1986 - "Two kinds of value in the Eastern Solomon Islands" *In:* A. Appadurai (ed.) -The social life of things: commodities in cultural perspective. Cambridge, Cambridge University Press (95-109).

DAVID, M.

1927 - Die Adoption im altbabylonischen Recht. (Leipziger rechtswissenschaftliche Studien, 23). Leipzig, Theodor Weicher.

1947 - Compte rendu de J. Klíma - Untersuchungen zum altbabylonischen Erbrecht (Monographien des Archiv Orientální, 8). Prag, Orientalisches Institut, 1940. *In:* Bibliotheca Orientalis, 4 (46-48).

DEBLAUWE, F. G. G.

1994a - A Spatial Analysis of Mesopotamian Buildings from the late Bronze Age till the Parthian period. Los Angeles, University of California. Unpublished Ph.D.

1994b - "Spacings and statistics, or a different method to analyze buildings. A test with Mesopotamian houses from the Late Bronze and Iron Ages" *In:* Akkadica, 89-90 (1-8).

DEIMEL, A.

1931 - "Sumerische Tempelwirtschaft zur Zeit Urukaginas und Seine Vorgänger" *In:* Analecta Orientalia, 2 (71-113).

DELAPORTE, L.

1923 - Catalogue des cylindres, cachets et pierres gravées de style oriental. Vol. 2: Acquisitions. Paris, Hachette.

DELIÈGE, R.

1996 - Anthropologie de la parenté. Paris, Armand Colin.

DELPHY, C.

1988 - "Patriarchy, domestic mode of production, gender, and class" *In:* C. Nelson & L. Grossberg (eds.) - Marxism and the interpretation of culture. MacMillan, London (259-269).

DERCKSEN, J. G. (ed.)

1999 - Trade and finance in ancient Mesopotamia (MOS Studies, 1). Leiden, Nederlands Historisch-Archaeologisch Instituut te Istanbul.

DEROUET, B.

1995 - "Territoire et parenté. Pour une mise en perspective de la communauté rurale et des formes de reproduction familiale" *In:* Annales. Histoire, Sciences Sociales, 3 (645-686).

DESCAT, R.

1994 - "La cité grecque et les échanges: un retour à Hasebroek" *In:* J. Andreau, P. Briant & R. Descat (eds.) - Economie Antique. Les échanges dans l'antiquité: le rôle de l'Etat. (Entretiens d'Archéologie et d'Histoire, 1). Saint-Bertand-de-Comminges, Musée Archéologique Départemental (11-29).

1995 - "L'économie antique et la cité grecque - un modèle en question" *In:* Annales (961-989).

DESROCHERS, M. J.

1978 - Aspects of the structure of Dilbat during the old Babylonian period. University of California, Unpublished Ph.D.

DÉSVEAUX, E.

1994 - "L'alliance et la filiation comme maîtrise de l'espace, le territoire comme gouvernement des hommes" *In:* F. Héritier-Augé & E. Copet-Rougier (eds.) - Les complexités de l'alliance. Volume 4: Economie, politique et fondements symboliques. Paris, Editions des Archives Contemporaines (47-71).

DIAKONOFF, I. M.

1969a - "Main features of the economy in the Monarchies of ancient Western Asia" *In:* Finley, M. I. (ed.) - The ancient empires ant the economy (Third international conference of economic history). Paris.

1969b - Ancient Mesopotamia. Socio-economic history. A collection of studies by Soviet scholars. Moscow.

1971 - "On the structures of old Babylonian society" *In:* H. Klengel (ed.) - Beiträge zur Sozialen Struktur des Alten Vorderasien. Berlin, Akademie Verlag.

1972 - "Socio-economic classes in Babylonia and Babylonian concept of social stratification" *In:* D. O. Edzard (ed.) - Gesellschaftsklassen im alten Zweistromland und in den Angrenzenden Gebieten (18[e] Rencontre Assyriologique Internationale). München, Verlag der Bayerischen Akademie der Wissenschaften (41-52).

1974 - "Structure of society and state in early dynastic Sumer" *In:* Monographs of the ancient Near East, 1 (6-16).

1975 - "The rural community in the ancient Near East" *In:* Journal of the Economic and Social History of the Orient, 18 (121-133).

1982 - "The structure of Near Eastern society before the middle of the 2nd millennium B.C." *In:* Oikumene, 3 (6-100).

1985 - "Extended families in Old Babylonian Ur" *In:* Zeitschrift für Assyriologie, 75 (47-65).

1986 - "Women in old Babylonia not under patriarchal authority" *In:* Journal of the Economic and Social History of the Orient, 29 (225-238).

1991 - "The city-states of Sumer" *In:* I. M. Diakonoff (ed.) - Early Antiquity. Chicago, The University of Chicago Press (67-83).

1996 - "Extended family households in Mesopotamia (III-II millennia B.C.)" *In:* K. R. Veenhof (ed.) - Houses and households in ancient Mesopotamia. (40e Rencontre Assyriologique International). Leiden, Nederlands Historisch-Archaeologisch Instituut te Istanbul (55-59).

1999 - The Paths of History. Cambridge, Cambridge University Press.

DIJK, J. Van

1965 - "Une insurrection générale au pays de Larsa avant l'avènement de Nûradad" *In:* Journal of Cuneiform Studies, 19 (1-25).

1968 - Old Babylonian contracts and related material. (Texts in Iraq Museum, 5). Wiesbaden, Harrassowitz, 1968.

DOMBRADI, E.

1996 - Die Darstellung des Rechtsaustrags in den altbabylonischen Prozessurkunden. (Freiburger altorientalische Studien, 20,1 et 2). Stuttgart, Franz Steiner Verlag.

DONHAM, D.

1981 - "Beyond the domestic mode of production" *In:* Man, 16 (517-539).

DRIEL, G. Van

1998 - "Land in ancient Mesopotamia: That what remains undocumented does not exist" *In:* Haring, B. & Maaijer, R. de (ed.) - Landless and Hungry? Access to land in early and traditional societies. Leiden, CNWS/Netherlands School of Asian, African, and Ameridian Studies.

1999 - "Capital formation and investissement in an institutional context in ancient Mesopotamia" *In:* J. G. Dercksen (ed.) - Trade and finance in ancient Mesopotamia (MOS Studies,1). Leiden, Nederlands Historisch-Archaeologisch Instituut te Istanbul (25-42).

2000 - "The Mesopotamian north: land use, an attempt" *In:* R. M. Jas (ed.) - Rainfall and agriculture in northern Mesopotamia (Mos Studies, 3). Leiden, Nederlands Historisch-Archaeologisch Instituut te Istanbul (265-299).

DRIVER, G. & MILES, J.

1952 - Babylonian Laws. Vol. 1: Legal Commentary. Oxford, Clarendon Press.

1955 - Babylonian Laws. Vol. 2: Transliterated text, translation, philological notes, glossary. Oxford, Clarendon Press.

DUMONT, L.

1997 - Groupes de filiation et alliance de mariage. Introduction à deux théories d'anthropologie sociale. Paris, Gallimard.

DURAND, J.- M.

1976-7 - "Rapports sur les conférences - Sumérien" *In:* Annuaire de l'École Pratique des Hautes Études. Paris (155-176).

1982 - Documents cunéiformes de la IVe section de l'École Pratique des Hautes Études. Genève, Librairie Droz.

1984 - "Trois études sur Mari" *In:* Mari Annales de Recherches Interdisciplinaires, 3 (127-180).

1985 - Les dames du palais de Mari à l'époque du Royaume de Haute-Mésopotamie" *In:* Mari Annales de Recherches Interdisciplinaires, 4 (385-436).

1987 - (ed.) - La femme dans le Proche-Orient antique. (33e Rencontre Assyriologique Internationale). Paris, ERC.

1988 - "La mission matrimoniale" *In:* Archives Épistolaires de Mari, I/1 (Archives Royales de Mari, 26). Paris, ERC (99-117).

1989 - "Tombes familiales et culte des ancêtres à Emar" *In:* Nouvelles Assyriologiques Brèves et Utilitaires, 4 (85-88).

2000 - Documents épistolaires du palais de Mari. Tome 3 (Littératures Anciennes du Proche-Orient, 18). Paris, Cerf.

2000-2001 - "Résumé des cours et travaux - Assyriologie" *In:* Annuaire du Collège de France. Paris (693-705).

DYCKHOFF, C.

1998 - "Balamunamhe von Larsa - eine altbabylonische Existenz zwischen Okonomie, Kultus und Wissenschaft" *In:* J. Prosecky (ed.)- Intellectual Life of the Ancient Near East.(43ème Rencontre Assyriologique Internationale). Prague. Academy of Sciences of the Czech Republic Oriental Institute (117-124).

1999 - Das Haushaltesbuch des Balamunam³e. 2 Volumes. Inaugural-Dissertation, Ludwig-Maxmillians-Universität. München.

EARLE, T.

2000 - "Archaeology, property, and prehistory" *In:* Annual Review of Anthropology, 29 (39-60).

EBELING, E.

1933 - "Erbe, Erbrecht, Enterbung" *In:* Reallexikon der Assyriologie. Vol. 3. Berlin & Leipzig, Walter de Gruyter & Co. (458-462).

ECKART, O.

1998 - "Soziale Restitution und Vertragsrecht. Mîsharu(m), (an)-durâru(m), kirenzi, parâ tarnumar, sh^{e}mtta und d^{e}rôr in Mesopotamien, Syrien, in der hebräischen Bibel und die Frage des Rechtstransfers im alten Orient" *In:* Revue d'Assyriologie, 92 (125-160).

EDZARD, D. O.

1957 - Die "Zweite Zwischenzeit" Babyloniens. Wiesbaden, Harrassowitz.

1970 - "La epoca paleobabilónica" *In:* Cassin, E., Bottéro, J. & Vercoutter, J. (eds.) - Los imperios del antiguo oriente. Vol. 1. Madrid.

1996 - "Private land ownership ant ist relation to 'God' and the 'State' in Sumer and Akkad" *In:* M. Hudson & B. A. Levine (eds.) - Privatization in the ancient Near East and Classical World (Peabody Museum Bulletin, 5). Cambridge, MA, Peabody Museum of Archaeology and Ethnology (109-128).

EICHLER, E.

1992 - "Polanyi - Keynes - Warburton: zur Rekonstruktion des altägyptischen Wirtschaftssystems" *In:* Göttinger Miszellen,131 (25-31).

EILERS, W.

1931 - Gesellschaftsformen im altbabylonischen Recht. Leipziger rechtswissenschaftliche Studien, 65. Leipzig.

ELLICKSON, R. C. & THORLAND, C. D.

1995 - "Ancient land law: Mesopotamia, Egypt, Israel" *In:* Chicago-Kent Law Review, 71 (321-411).

ELLIS, M. de J.

1971/2 - "^{TM}imdatu in the old Babylonian sources" *In:* Journal of Cuneiform Studies, 24 (74-82).

1974a - "Taxation in ancient Mesopotamia: the history of the term *miksu*" *In:* Journal of Cuneiform Studies, 26 (211-250).

1974b - "The division of property at Tell Harmal" *In:* Journal of Cuneiform Studies, 226 (133-153).

1976 - Agriculture and the state in ancient Mesopotamia. An introduction to problems of land tenure (Occasional Publications of the Babylonian Fund,1). Philadelphia.

1977 - "An agricultural administrative archive in the Free Library of Philadelphia" *In:* Journal of Cuneiform Studies, 29 (127-150).

ENGLUND, R. K.

1990 - Organisation und Verwaltung der Ur III-Fischerei. (Berliner Beiträge zum Vorderen Orient, 10). Berlin, Dietrich Reimer Verlag.

EVANS-PRITCHARD, E. E.

1931 - "An alternative term for 'bride-price' " *In:* Man, 31 (36-39).

EYRE, C. J.

1998 - "The market women of pharaonic Egypt" *In:* N. Grimal & B. Menu (eds.) - Le commerce en Egypte ancienne. Institut Français d'Archéologie Orientale (173-191).

1999 - "Compte Rendu de D. Warburton - State and Economy in ancient Egypt" *In:* Journal of the Social and Economic History of the Orient, 42 (575-577).

FAFCHAMPS, M.

1992 - "Solidarity networks in preindustrial societies: rational peasants with a moral economy" *In:* Economic Development and Cultural Change, 41 (147-174).

FALES, M.

1976 - "La strutura sociale *In:* Moscati, S. (ed.) L'alba della civiltà. Vol. 1. Torino, UET (149-273).

FALKENSTEIN, A.

1954 - "La cité-temple sumérienne" *In:* Cahiers d'Histoire Mondiale,1 (784-814).

1956/7 - Die neusumerischen Gerichtsurkunden. 3 vol. (Abhandlungen, Bayerisch Akademie der Wissenschaften, 39). München, Verlag der Bayerischen Akademie der Wissenschaften.

FARBER, H.

1974 - "Von BA und anderen Wassertieren - testudines sargonicae?" *In:* Journal of Cuneiform Studies, 26 (-207).

1978 - "A price and wage study for Northern Babylonia during the old Babylonian period" *In:* Journal of the Economic and Social History of the Orient, 21 (1-51).

FARBER, W.

1989 - Schlaf, Kindchen, schlaf ! Mesopotamische Baby-Beschwörungen und -Rituale. (Mesopotamian Civilizations, 2). Winona Lake, Eisenbrauns.

1990 - "Magic at the cradle. Babylonian and Assyrian lullabies" *In:* Anthropos, 85 (139-18).

FAUST, D. E.

1941 - Contracts from Larsa dated in the reign of Rîm-Sîn (Yale Oriental Series, 8). New Haven, Yale University Press.

FEDELE, F.

1994 - "Religioni della preistoria" *In:* G. Filoramo (ed.) - Storia delle religioni. Vol. 1: Le religioni antiche. Laterza (15-57).

FENOLLÓS, J.-L. M.

1998 - La Metalurgia en el Próximo Oriente Antiguo - III y II milenios a. C. (Aula Orientalis - Supplementa, 16). Barcelona, Editorial Ausa.

FIGULLA, H. H.

1914 - Altbabylonische Verträge (Vorderasiatische Schriftdenkmäler der staatlischen Museen zu Berlin, 13). Leipzig, J. C. Hinrichs'sche Buchhandlung.

FINE, A. & LEDUC, C.

1998 - "La dot, anthropologie et histoire. Cité des Athéniens, VI-IV siècles / Pays-de-Sault (Pyrénées audoises), fin XVIIIe siècle - 1940" *In:* Clio, 7 (19-49).

FINKELSTEIN, J. J.

1961 - "Ammi«aduqa's edict and the Babylonian 'law codes' " *In:* Journal of Cuneiform Studies, 15 (91-104).

1965 - "Some new *misharum* material and its implications" *In:* Studies in Honor of Benno Landsberger on his Seventy-fifty Birthday. (Assyriological Studies, 16). (233-246).

1966 - "The genealogy of the Hammurapi dynasty" *In:* Journal of Cuneiform Studies, 20 (95-118).

FINLEY, M. I.

1973 - The ancient economy. London, Chatto & Windus.

1981 - "Debt-bondage and the problem of slavery" *In:* B. D. Shaw & R. P. Saller (eds.) - Economy and society in ancient Greece. London, Chatto & Windus (150-166).

FIRTH, R.

1965 - Primitive Polynesian economy. London, Routledge & Kegan Paul.

1967 - Themes in economic anthropology (ASA Monograph, 6). London, Tavistock Publications.

FISH, T.

1957 - "Purchase of half of a wall" *In:* Manchester Cuneiform Studies, 7 (1-2).

FITZGERALD, M. A.

2002 - The rulers of Larsa. Yale University. Unpublished Ph.D.

FOLLET, R.

1948 - Compte-rendu de: A. Van Praag - Droit matrimonial Assyro-Babylonien. (Archaeologisch-historische Bijdragen, 12). Amsterdam, Noord-Hollandsche Uitgevers Maatschappij, 1945 (371-387).

FOREST, J. D.

1983 - Les pratiques funéraires en Mésopotamie du 5e millénaire au début du 3e, étude de cas. Paris, ERC.

FORTNER, J. D.

1996 - Adjucating entities and levels of legal authority in lawsuit records of the Old Babylonian Era. Hebrew Union College.Unpublished Ph.D.

FOSTER, B. R.

1981 - "A new look at the Sumerian temple-state" *In:* Journal of the Economic and Social History of the Orient, 24 (225-241).

1982 - Administration and use of institutional land in Sargonic Sumer (Copenhagen Studies in Assyriology, 9). Copenhagen, Akademisk Forlag.

1995 - "Social reform in ancient Mesopotamia" *In:* K. D. Irani & M. Silver (eds.) - Social justice in the ancient world. London, Greenwood Press (165-177).

FRAYNE, D. R.

1990 - Old Babylonian Period (2003-1595). (The Royal Inscription of Mesopotamia - Early Periods, vol. 4). Toronto, University of Toronto Press.

FRIEDL, C.

2000 - Polygynie in Mesopotamien und Israel. Sozialgeschichtliche Analyse polygamer Beziehungen anhand rechtlicher Texte aus dem 2. und 1. Jahrtausend v. Chr. (Alter Orient und Altes Testament, 277). Münster, Ugarit Verlag.

FRIEDL, E.

1971 - "Dowry, inheritance and land-tenure" *In:* J. Goody (ed.) - Kinship. Middlesex, Penguin Books (134-139).

FRYMER-KENSKY, R.
1981 - "Patriarchal family relationships and Near Eastern law" *In:* Biblical Archaeologist, 44 (209-214).

GARELLI, P. *et alii*
1997 - Le Proche-Orient asiatique. Tome 1. Des origines aux invasions des peuples de la mer. Paris, PUF.

GARFINKLE, S. J.
2000 - Private enterprise in Babylonia at the end of the third millennium BC. Columbia University. Unpublished Ph.D.

GARNSEY, P.
1998 - "Urban property investment in Roman society" *In:* P. Garnsey - Cities, peasants and food in classical antiquity. Cambridge, Cambridge University Press (63-76).

GASCHE, H.
1978 - "Le sondage A: l'ensemble I" *In:* L. de Meyer (ed.) - Tell ed-Dêr II. Progress reports. Leuven, Peeters (57-131).

GASCHE, H. *et alii*
1998a - Dating the fall of Babylon. A reppraisal of second-millennium chronology. (Mesopotamian History and Environment, Series 2, Memoirs 4). Gant, Université de Gant / Oriental Institute of the University of Chicago.
1998b - "A correction to Dating the fall of Babylon. A reppraisal of second-millennium chronology" *In:* Akkadica, 108 (1-4).

GAUTIER, J.-E.
1908 - Archives d'une famille de Dilbat au temps de la première dynastie de Babylone. Le Caire.

GEERTZ, C.
2001 - Availible light. Anthropological reflections on philosophical topics. Princeton, Princeton University Press.

GEERTZ, H. & GEERTZ, C.
1975 - Kinship in Bali. Chicago, The University of Chicago Press.

GELB, I. J.
1961 - "The early history of the West Semitic Peoples" *In:* Journal of Cuneiform Studies, 15 (27-47).
1967 - "Approaches to the study of ancient society" *In:* Journal of the American Oriental Society, 87 (1-8).
1969 - "On the alleged temple and state economies in ancient Mesopotamia" *In:* Studi in Onore di E.Volterra, 6. Milano (137-154).
1979 - "Household and family in early Mesopotamia" *In:* E. Lipinski (ed.) - State and temple economy in the Ancient Near East, vol.1 (Orientalia Lovaniensia Analecta, 5). Leuven, Departement Oriëntalistiek (1-97).

GELB, I. J., STEINKELLER, P. & WHITING, R. M.
1991 - Earliest land tenure systems in the Near East: the ancient kudurrus (Oriental Institute Publications, 104). Chicago, The Oriental Institute of the University of Chicago.

GENOUILLAC, H. de

1936 - Fouilles de Telloh, Vol. 2: Epoques d'Ur IIIe Dynastie et de Larsa. Paris, Geuthner.

GEORGOUDI, S.

1991 - "Bachofen, le matriarcat et le monde antique" *In:* G. Duby & M. Perrot (eds.) - Histoires des femmes en Occident. Vol. 1. Paris, Plon (477-491).

GILLESPIE, S. D.

2000 - "Rethinking ancient Maya social organization: replacing 'lineage' with 'house'" *In:* American Anthropologist, 102 (467-484).

GILMAN, A.

1998 - "Reconstructing property systems from archeological evidence" *In:* R. C. Hunt & A. Gilman (eds.) - Property in economic context. Lanhan, University Press (215-233).

GLASSNER, J. -J.

1985 - "Aspects du don, de l'échange et de l'appropriation du sol dans la Mésopotamie du IIIe Millénaire, avant la fondation de l'empire d'Ur" *In:* Journal Asiatique, 273 (11-59).

1986 - "De Sumer à Babylone: familles pour gérer, familles pour régner *In:* A. Burguière, C. Klapisch-Zuber, M. Segalen & F. Zonabend (eds.) - Histoire de la famille. Volume 1. Paris, Armand Colin (99-133).

1991 - "A propos des jardins mésopotamiens" *In:* R. Gyselen (ed.) - Jardins d'Orient (Res Orientales, 3). Paris (9-17).

1995 - La gestion de la terre en Mésopotamie selon le témoignage des kudurrus anciens" *In:* Bibliotheca Orientalis, 52 (5-24).

2001 - "Peut-on parler de monnaie en Mésopotamie au IIIe millénaire avant notre ère?" *In:* A. Testart - Aux origines de la monnai. Paris, Errance (61-71).

GLEDHILL, J. & LARSEN, M. T.

1982 - "The Polanyi paradigm and a dynamic analysis of archaic states" *In:* C. Renfrew, M. J. Rowlands & B. A. Segraves (eds.) - Theory and explanation in archaeology. New York, Academic Press.

GODBOUT, J. T. & CAILLÉ

1992 - L'esprit du don. Paris, La Découverte.

GODDEERIS, A.

2002 - Economy and society in northern Babylonia in the early old Babylonian period (ca. 2000 - 1800 BC). (Orientalia Lovaniensia Analecta, 109). Leuven, Peeters.

GODELIER, M.

1974 - Un domaine contexté: l'anthropologie économique. Paris, Mouton.

1975 - "Préface" *In:* K. Polanyi & C. Arensberg (eds.) - Les systèmes économiques dans lhistoire et dans la théorie. Paris, Larousse (9-32).

1978 - "L'appropriation de la nature. Territoire et propriété dans quelques formes de sociétés précapitalistes" *In:* La Pensée, 198 (7-50).

1984 - "L'appropriation matérielle et sociale de la nature" *In:* L'idéel et le matériel. Paris, Fayard (43-163).

1986 - "Proprietà" *In:* Enciclopedia Einaudi, Vol. 11. Torino, Einaudi (367-384).

GOETZE, A.

    1950 - "Sin-iddinam of Larsa: new tablets from his reign" *In:* Journal of Cuneiform Studies, 4 (83-118).

    1953 - "An old babylonian itinerary" *In:* Journal of Cuneiform Studies, 7 (51-72).

GOODFELLOW, D. M.

    1939 - Principles of economic sociology. London, Routledge & Kegan Paul.

GOODY, J.

    1962 - Death, property and the ancestors. A study of the mortuary customs of the LoDagaa of West Africa. California, Standford University Press.

    1971 - Kinship. Middlesex, Penguin Books.

    1972 - "The evolution of the family" *In:* P. Laslett & R. Wall (eds.) - Household and family in past time. Cambridge, Cambridge University Press (103-124)..

    1973a - "Bridewealth and dowry in Africa and Eurasia" *In:* J. Goody & S. J. Tambiah - Bridewealth and dowry. Cambridge, Cambridge University Press (1-58).

    1973b - "Polygyny, economy and the role of women" *In:* J. Goody (ed.) - The character of kinship. Cambridge, Cambridge University Press (175-190).

    1976a - "Inheritance, property, and women: some comparative consideration" *In:* J. Goody, J. Thirsk & E. P. Thompson (eds.) - Family and Inheritance. Rural society in Western Europe, 1200-1800. Cambridge, Cambridge University Press (10-35).

    1976b - Production and Reproduction. Cambridge, Cambridge University Press.

    1983 - The development of the family and marriage in Europe. Cambridge, Cambridge University Press.

    1986 - The Logic of Writing and the Organization of Society, Cambridge, Cambridge University Press, 1986.

    1998 - Food and Love. A cultural history of East and West. London, Verso.

    2000 - Famille et mariage en Eurasie. Paris, PUF.

    2001 - La famille en Europe. Paris, Seuil.

GOODY, J. & TAMBIAH, S. J.

    1973 - Bridewealth and dowry. Cambridge, Cambridge University Press.

GOOSSENS, G.

    1952 - "Introduction à l'archivéconomie de l'Asie Antérieur" *In:* Revue d'Assyriologie et d'Archéologie Orientale, 46 (98-107).

GOTMAN, A.

    1985 - "L'économie symbolique des biens de famille" *In:* Dialogue, 89 (58-71).

GOTTDIENER, M.

    1985 - The social production of urban space. Austin, University of Texas.

GÖTZELT, T.

    1995 - "Zur sumerischen und akkadischen Verwandtschaftsterminologie" *In:* U. Finkbeiner, R. Dittmann & H. Hauptmann (eds.) - Beiträge zur Kulturgeschichte Vorderasiens. Mainz, Verlag Phillipp von Zabern (177-182).

    2002 - "Descent, Private and public: social environments in early Mesopotamia (old babylonian period)" *In:* Altorientalische Forschungen, 29 (339-354).

GRAINGER, J. D.
     1999 - "Prices in Hellenistic Babylonia" *In:* Journal of the Economic and Social History of the Orient, 42 (303-323).
GRANOVETTER, M.
     2000 - Le marché autrement. Paris, Desclée de Brouwer.
GRANT, E.
     1917/8 - "Balmunamge, the slave dealer" *In:* The American Journal of Semitic Languages, 34 (199-204).
     1919 - Babylonian Business Documents of the Classical Period. Philadelphia.
GREENFIELD, J. C.
     2001 - "Adi baltu: care for the elderly and its rewards" *In:* S. M. Paul, M. E. Stone & A. Pinnick (eds.) - 'Al kanfei yonah. Collected studies of Jonas C. Greenfield on semitic philology. Vol. 2. Leiden, Brill (912-919).
GREENGUS, S.
     1966 - "Old Babylonian marriage ceremonies and rites" *In:* Journal of Cuneiform Studies, 20 (55-72).
     1969 - "The Old Babylonian marriage contract" *In:* The American Journal of the Oriental Society, 89 (505-532).
     1995 - "Legal and social institutions of ancient Mesopotamia" *In:* J. Sasson (ed.) - Civilizations of the ancient Near East. Vol. 1. New York, Charles Scribner's Sons (469-484).
GRÉGOIRE, J.-P.
     1981 - "L'origine et développement de la civilisation Mésopotamienne du troisième millénaire avant notre ère" *In:* C. H. Breteau *et alii* - Production, pouvoir et parenté dans le monde méditerranéen. Paris, Geuthner (27-101).
GRICE, E. M.
     1919a - Records from Ur and Larsa dated in the Larsa Dynasty (Yale Oriental Series, 5). New Haven, Yale University Press.
     1919b - Chronology of the Larsa dynasty (Yale Oriental series Researches, 4-1). New Haven, Yale University Press.
GRILLOT, F. & GLASSNER, J.-J.
     1991 - "Problèmes de succession et cumuls de pouvoirs: une querelle de famille chez les premiers sukkalmah" *In:* Iranica Antiqua, 26 (85-99).
GROSZ, K.
     1987 - "Daughters adopted as sons at Nuzi and Emar" *In:* J.-M. Durand (ed.) - La femme dans le Proche-Orient Antique. (33ᵉ Rencontre Assyriologique Internationale). Paris, Editions Recherche sur les Civilisations. (81-86).
GUERREAU-JALABERT, A.
     1999 - "Parenté" *In:* J. Le Goff & J. Cl. Schmitt - Dictionnaire raisonné de l'Occident médiéval. Paris, Fayard (861-876).
GURZADYAN, V. G. & COLE, S. W.
     1999 - "Ur III eclipses revisited" *In:* Akkadica, 113 (1-5).

HAKANSSON, T.

1988 - Bridewealth, women and land. Social change among the Gusii of Kenya. (Uppsala Studies in Cultural Anthropology, 10). Uppsala, Academiae Ubsalensis.

HALBWACHS, M.

1909 - Les expropriations et les prix des terrains à Paris: 1860-1900. Paris, Rieder.

HALLER, A.

1954 - Die Gräber und Grüfte von Assur. (Wissenschaftliche Veröffentlichung der Deutschen Orient-Gesellschaft, 65). Berlin, Verlag Gebr. Mann.

HALLO, W. W.

1964 - "The Road to Emar" *In:* Journal of Cuneiform Studies, 18 (57-88).

1993 - "Disturbing the dead" *In:* M. Brettler & M. Fishbane (eds.) - Minhah le-Nahum. Biblical and others studies presented to Nahum M. Sarna in honour of his 70th birthday. Sheffield, JSOT Press (183-192).

1995 - "Slave release in the biblical world in light of a new text" *In:* Z. Zevit, S. Gitin & M. Sokoloff (eds.) - Solving Riddles and untying knots. Biblical, epigraphic, and semitic studies in honor of Jonas C. Greenfield. Winona Lake, Eisenbrauns (79-93).

2000 - "The edicts of Samsu-iluna and his successors" *In:* W. W. Hallo (ed.) - The context of Scriptures. Monumental inscriptions from the Biblical world, vol. 2. Leiden, Brill (362-364).

2002 -"A model court case concerning inheritance" *In:* T. Abusch (ed.) - Riches hidden in secret places. Winona Lake, Eisenbrauns (141-152).

HALLO, W. W. & SIMPSON, W. K.

1998 - The ancient Near East: a history. Fort Worth, Harcourt Brace.

HARRELL, S. & DICKEY, S. A.

1985 - "Dowry systems in complex societies" *In:* Ethnology, 24 (105-119).

HARRIS, M.

1979 - Cultural materialism. New York, MacMillan.

HARRIS, R.

1964 - "The *nadîtu* woman" *In:* R. D. Biggs *et alii* - Studies presented to A. Leo Oppenheim. Chicago, The University of Chicago Press (106-135).

1975 - Ancient Sippar. A demographic study of an Old-Babylonian city (1894-1595 B.C.). (Publications de l'Institut Historique et Archéologique de Stamboul, 36). Istanbul, Nederlands Historisch-Archaeologisch Instituut te istanbul.

1976 - "On kinship and inheritance in Old Babylonian Sippar" *In:* Iraq, 38 (129-132).

HARRIS, S. R.

1983 - Land conveyance in Old Babylonian Larsa. Michigan, University of Michigan. Unpublished Ph.D.

HEIDEL, A.

1949 - "Death and the Afterlife" *In:* A. Heidel The Gilgamesh epic and Old Testament parallels. Chicago, The University of Chicago Press (137-223).

HEIMPEL, W.

1990 - "Ein zweiter Schritt zur Rehabilitierung der Rolle des Tigris in Sumer" *In:* Zeitschift für Assyriologie, 80 (204-213).

1997 - "Disposition of households of officials in Ur III et Mari" *In:* Acta Sumerologica, 19 (63-82)

HELTZER, M.

1978 - Goods, prices and the organization of trade in Ugarit. Marketing and transportation in the Eastern Mediterranean in the second half of the II millenium B.C.E. Wiesbaden, Ludiwig Reichert Verlag.

1998 - "Dishonest behavior of sons towards parents in ancient Western Asia" *In:* Altorientalische Forschungen, 25 (285-288).

HENRICKSON, E. F.

1981 - "Non-religious residential settlement patterning in the Late Early Dynastic of Diyala region" *In:* Mesopotamia,16 (73-79).

HENSHAW, R. A.

1994 - Female and Male - The Cultic Personnel. The Bible and the Rest of the Ancient Near East. Pennsylvania, Pickwick Publications.

HERITIER, F.

1981 - L'exercice de la parenté. Paris, Hautes Etudes/Gallimard/Le Seuil.

HERSKOVITS, M. J.

1940 - The economic life of primitive peoples. New York, Knopf.

1952 - Economic Anthropology. New York, Knopf.

HILPRECHT, H. V.

1904 - The Babylonian Expedition of the University of Pennsylvania. Vol 1. Philadelphia, University of Pennsylvania.

HIRSCHHORN, M. & BERTHELOT, J. -M.

1996 - Mobilités et ancrages. Vers un nouveau mode de spatialisation? Paris, L'Harmattan.

HOFMAN, J. -M.

1995 - La fin des niveaux paléo-babyloniens en Iraq central et Méridional. Vol. 1. Mémoire de Maîtrise, Université de Paris 1 - Panthéon-Sorbonne. Paris.

1997 - La relation habitat sépulture à l'époque paléo-babylonienne. Vol. 1. Mémoire de DEA, Université de Paris 1 - Panthéon-Sorbonne. Paris.

HORSNELL, M. J. A.

1999 - The year names of the Firsty Dynasty of Babylon. 2 volumes. Hamilton.

HUDSON, M.

1996 - "Privatization: a survey of the unresolved controversies" *In:* M. Hudson & M. A. Levine (eds.) - Privatization in the ancient Near East and Classical World (Peabody Museum Bulletin, 5). Cambridge, MA, Peabody Museum of Archaeology and Ethnology (1-32).

HUDSON, M. & LEVINE, M. A. (eds.)

1996 - Privatization in the ancient Near East and Classical World (Peabody Museum Bulletin, 5). Cambridge, MA, Peabody Museum of Archaeology and Ethnology.

1999 - Urbanisation and land ownership in the ancient Near East (Peabody Museum Bulletin, 7). Cambridge, MA, Peabody Museum of Archaeology and Ethnology.

HUDSON, M. & MIEROOP, M. Van De (eds.)
  2002 - Debt and economic renewal in the ancient Near East. Bethesda, CDL press.
HUMPHREYS, S. C.
  1969 - "History, economics and anthropology: the work of Karl Polanyi" *In:* History and Theory, 8 (165-212).
  1978 - Anthropology and the Greeks. London, Routledge & Kegan Paul.
HUNGER, H.
  2000 - "The current state of research on Mesopotamian chronology (Absolute chronology, III)" *In:* M. Bietak (ed.) - The synchronisation of civilizations in the Eastern Mediterranean in the second millennium B.C. Wien, Verlag der österreichischen Akademie der Wissenschaften (60-61).
HUNTER, G. R.
  1930 - The Sayce and H. Weld collection in the Ashmolean Museum. Sumerian contracts from Nippur. (Oxford Editions of Cuneiform Texts, 8). Oxford, Oxford University Press.
HUOT, J.-L.
  1977 - "Derniers travaux à Larsa (Iraq) en 1974 et 1976" *In:* Comptes Rendus de l'Académie des Inscriptions (430-439).
  1983 - Larsa (8ème et 9ème campagnes, 1978 et 1981) et 'Oueili (2ème et 3ème campagnes, 1978 et 1981). Paris.
  1985a - Travaux en Basse Mésopotamie. Les fouilles française à Larsa et 'Oueili" *In:* Comptes Rendus de l'Académies des Inscriptions (300-318).
  1985b - "L'Ebabbar de Larsa durant le 1er millenaire (travaux de 1983)" *In:* Akkadica, 44 (14-20).
  1987 - Larsa (10ème campagne, 1983) et 'Oueili (4ème campagne, 1983). Rapport préliminaire. Paris.
  1989 - Larsa: Travaux de 1985. Paris.
  1990 - "Les expériences mésopotamiennes" *In:* J.-L. Huot, J.-P. Thalmann, & D. Valbelle, - Naissance des cités. Paris, Nathan.
  1991a - "Les travaux français à Tell el 'Oueili et Larsa. Un bilan provisoire" *In:* Akkadica, 73 (1-32).
  1991b - "Tell es-Sinkarah - Larsa (Iraq)" *In:* Orient Express, 1 (p.3).
  1991c - "Larsa, de la théorie au chantier" *In:* M. Baud (ed.) - Cités disparues. Paris (103-114).
  2003 - Larsa: Travaux de 1987 et 1989. (Bibliothèque Archéologique et Historique, 165). Beiruth, Institut Français d'Archéologie du Proche-Orient.
HUOT, J.-L. *et alii*
  1976 - "Larsa: rapport préliminaire sur la septième campagne à Larsa et la première campagne à Tell el `Oueili (1976)" *In:* Syria, 50 (183-223).
INGOLD, T.
  1986 - The appropriation of nature. Essays on human ecology and social relations. Manchester, Manchester University Press.
ISHIKIDA, M. Y.
  1994 - The administration structure and economic function of public service (*ilkum*) of the Old Babylonian state in the Old Babylonian Period. University of California, Los Angeles. Unpublished Ph. D.

1997 - "The administration of public herding in the first dynasty of Babylon during the reigns of Hammurapi and his successors (1792-1595 B. C.)" *In:* Orient, 22 (1-8).

1998 - "The structure and function of dispute management in the public administration of Larsa under Hammurapi" *In:* Orient, 23 (66-78).

1999 - "The *ilkum* institution in the provincial administration of Larsa during the reign of Hammurapi (1792-1750 B.C.)" *In:* Orient, 24 (61-88).

JACOB, A. & VÉRIN, H. (eds.)

1995 - L'insertion sociale du marché. Paris, L'Harmattan.

JACOBSEN, Th.

1939 - The Sumerian King List (Assyriological Studies, 11). Chicago, The University of Chicago Press.

1957 - "Early political development in Mesopotamia" *In:* Zeitschrift für Assyriologie, 52 (91-140).

1960 - "The waters of Ur" *In:* Iraq, 22 (174-185).

JAKOBSON, V.A.

1971 - "Some problems connected with the rise of landed property (old Babylonian period)" *In:* H. Klengel, (ed.) - Beiträgue zur Sozialen Struktur des Alten Vorderasien. Berlin, Akademie Verlag (33-37).

JANKOWSKA, N. B.

1969 - "Extended family commune and civil self-gouvernment in Arrap³a in the fifteenth-fourteenth century B. C." *In:* I. M. Diakonoff (ed.) - Ancient Mesopotamia. Moscow.

JANSSEN, C.

1992 - "Inanna-Mansum et ses fils: relation d'une succession turbulente dans les archives d'Ur-Utu" *In:* Revue d'Assyriologie et d'Archéologie Orientale, 86 (19-52).

JANSSEN, C., GASCHE, H. & TANRET, M.

1994 - "Du chantier à la tablette: Ur-Utu et l'histoire de sa maison à Sippar-Amnânum" *In:* H. Gasche, M. Tanret, C. Janssen & A. Degrave (eds.) - Cinquante-deux réflexions sur le Proche-orient ancien. Leuven, Peeters (91-123).

JANSSEN, J. J.

1975a - Commodity prices from the Ramessid period. An economic study of the village of necropolis workmen at Thebes. Leiden, E. J. Brill.

1975b - "Prolegomena to the study of Egypt's economic history during the new kingdom" *In:* Studien zur altägyptischen Kultur, 3 (127-185).

1982 - "Gift-Giving in ancient Egypt as an economic feature" *In:* The Journal of Egyptian Archaeology, 68 (253-258).

JEAN, Ch.-F.

1913 - Les lettres de Hammurapi à Sîn-iddinam. Paris.

1923 - Sumer et Akkad. Contribution à l'histoire de la civilisation dans la basse Mésopotamie. Paris, Geuthner.

1926a - Contrats de Larsa. Première série (Textes Cunéiformes du Louvre, 10). Paris, Geuthner.

1926b - Contrats de Larsa. Seconde série (Textes Cunéiformes du Louvre, 11). Paris, Geuthner.

1927 - "Textes de Larsa" *In:* Journal Asiatique, 210 (89-113).

1929 - "Nouveaux contrats de Larsa" *In:* Revue d'Assyriologie et d'Archéologie Orientale, 26 (101-111).

1931a - Larsa d'après les textes cunéiformes - 2187 à 1901. Paris, Geuthner.

1931b - Tell Sifr. Textes cunéiformes conservés au British Museum. Paris, Geuthner.

JEAN-MARIE, M.

1990 - "Les tombeaux en pierres de Mari" *In:* Mari Annales de Recherches Interdisciplinaires, 6 (303-336).

JOANNÈS, F.

1989 - Archives de Borsippa. La famille Ea-ilûta-bâni (Hautes Etudes Orientales, 25). Genève, Droz.

JONES, T. B.

1967 - Paths to the ancient past. Application of historical method to ancient history. New York, The Free Press.

JOYCE, R. A. & GILLESPIE, S. D. (eds.)

2000 - Beyond kinship. Social and material reproduction in house societies. Philadelphia, University of Pennsylvania Press.

KAMP, K. A.

1993 - "Towards an archaeology of architecture: clues from a modern Syrian village" *In:* Journal of Anthropological Research, 49 (293-317).

KAPLAN, D.

1968 - "The formal-substantive controversy in economic anthropology: reflections on its wider implications *In:* Southwestern Journal of Anthropology, 24 (228-251).

KEITH, K. E.

1999 - Cities, neighbourhoods, and houses: urban spatial organization in Old Babylonian Mesopotamia. University of Michigan. Unpublished Ph.D.

KEMP, B. J.

1989 - Ancient Egypt: Anatonomy of a civilization. London, Routledge.

KENT, S.

1990 - "Activity areas and architecture: an interdisciplinary view of the relationship between use of space and domestic built environments" *In:* S. Kent, (ed.) - Domestic architecture and the use of space. An interdisciplinary cross-cultural study. Cambridge, Cambridge University Press.

KIERMAN, V.G.

1976 - "Private property in history" *In:* J. Goody, J. Thirsk & E. P. Thompson (eds.) - Family and Inheritance. Rural society in Western Europe, 1200-1800. Cambridge, Cambridge University Press (361-398).

KINGSBURY, E. C.

1977 - "La dixième année de Sumu-El" *In:* Revue d'Assyriologie et d'Archéologie Orientale, 71 (9-16).

KLENGEL, H.

1975 - "Condizioni ed effetti del commercio siriano nell'Età del Bronzo" *In:* Studi Micenei ed Egeo-Anatolici, 16 (201-219).

1987 - "Non-slave labour in the old-Babylonian period: the basic outlines" *In:* M. Powell (ed.) - Labor in the ancient Near East. New Haven, American Oriental Society (159-166).

1993 - Il re perfetto: Hammurabi e Babilonia. Roma, Laterza.

KLIMA, J.

1940 - Untersuchungen zum altbabylonischen Erbrecht (Monographien des Archiv Orientální, 8). Prag, Orientalisches Institut.

1950 - "La position successorale de la fille dans la Babylonie ancienne" *In:* Archiv Orientální, 18 (150-186).

1961 - "Alle radici dell'idea dell'equità nell'oriente antico" *In:* Studi in onore di E. Betti. Volume 3. Milano, A. Giuffrè Editore (257-261).

1975 - "Sur les recherches concernant l'économie et la société de la Mésopotamie ancienne" *In:* Studia Orientalia, 46 (129-139).

1983 - "La communauté rurale dans la Babylonie ancienne" *In:* A. Théodoridès & *alii* - Les communautés rurales. (Recueils de la Société Jean Bodin, 41). Paris, Dessain & Tolra (107-132).

1986 - "Le règlement du mariage dans les lois babyloniennes anciennes" *In:* W. Meid & H. Trenwalder (eds.) - Im Bannkreis des Alten Orients. Studien zur Sprach- und Kulturgeschichte des Alten Orients und seines Ausstrahlungsraumes. Innsbruck. (109-121).

KOBAYASHI, Y.

1979 - "A study on the transcription of the old-Babylonian hypocoristic names" *In:* Acta Sumerologica, 1 (12-18).

KOCH, J.

1998 - "Neues von den Ur III Mondeklipsen" *In:* Nouvelles Assyriologiques Brèves et Utilitaires, 4 (126-129).

KOMOROCZY, G.

1978 - "Land property in ancient Mesopotamia and the theory of so called Asiatic mode of production" *In:* Oikumene, 2 (9-26).

1982 - Zur Frage der Periodizität der altbabylonischen mîsharum-Erlässe" *In:* M. A. Dandamayev *et alii* (eds.) - Societies and languages of ancient Near East. Warminster, Aris & Phillips (196-205).

KOPPEN, F. Van

2002 - "Seized by royal order. The households of Sammêtar and others magnates at Mari" *In:* D. Charpin & J.-M. Durand (eds.) - Récueil d'études à la mémoire d'André Parrot. (Florilegium Marianum, 6 / Mémoires de NABU, 7). Paris, SEPOA (289-372).

KOPYTOFF, I.

1986 - "The cultural biography of things: commoditization as process" *In:* A. Appadurai (ed.) - The social life of things. Commodities in cultural perspective. Cambridge, Cambridge University Press.

KOSHURNIKOV, S. G.

1996 - "Prices and types of constructed city lots in the old Babylonian period" *In:* K. R. Veenhof (ed.) - Houses and households in ancient Mesopotamia. (40ᵉ Rencontre Assyriologique International). Leiden, Nederlands Historisch-Archaeologisch Instituut te Istanbul (257-260).

KOSCHAKER, P.

1917 - Rechtsvergleichende Studien zur Gesetzgebung ²ammurapis Königs von Babylon. Leipzig, Verlag von Veit & Comp.

1925 - "Erbrecht (Vorderasien)" *In:* Reallexikon der Vorgeschichte. Vol. 3. Berlin, Walter de Gruyter & Co. (114-119).

1933 - Fratriarchat, Hausgemeinschaft und Mutterrecht in Keilschriften (Sonderdruck aus Zeitschrift für Assyriologie, 7). Berlin, Verlag Walter de Gruyter & Co.

1941/2 - "Zur staatlichen Wirtschatsverwaltung in altbabylonischer Zeit, insbesondere nach urkunden aus Larsa" *In:* Zeitschirift für Assyriologie, 47 (135-180).

1950 - "Eheschließung und Kauf nach Alten Rechten, mit Besonderer Berücksichtigung der älteren Keilschriftrechte" *In:* Archiv Orientání, 18 (210 -296).

1963 - "Law - cuneiform" *In:* E. R. A. Seligman (ed.) - Encyclopaedia of the Social Sciences. Volume 9. New York, Macmillan (211-219).

KOZYREVA, N. V.

1975 - "The countryside in the kingdom of Larsa" (en russe, resumé en anglais) *In:* Vestnik Drevnej Istorii, 132 (3-17).

1988 - Drievnya Larsa. Otcherki choziaystviennoy jizni. Moscou, Nauka.

1991 - "The old Babylonian period of Mesopotamian history" *In:* Diakonoff, I. M. (ed.) - Early Antiquity. Chicago.

1999 - "Sellers and buyers of urban real estate in South Mesopotamia at the beginning of the 2nd millennium B. C." *In:* M. Hudson & B. A. Levine (eds.) - Urbanization and land ownership in the ancient Near East (Peabody Museum Bulletin, 7). Cambridge, MA, Peabody Museum of Archaeology and Ethnology (353-356).

KRAMER, C.

1979 - "An archaeological view of a contemporary Kurdish village: domestic architecture, household size, and wealth " *In:* C. Kramer (ed.) - Ethnoarchaeology: implications of ethnography for archaeology. New York (139-163).

KRAMER, S. N.

1940 - Lamentation over the destruction of Ur. (Assyriological Studies, 12). Chicago, The University of Chicago Press.

KRAUS, F. R.

1951 - "Nippur und Isin nach altbabylonischen Rechtsurkunden" *In:* Journal of Cuneiform Studies, 3 (1-228).

1953 - "Kazallu und andere nordbabylonische Kleinstaaten vor der Zeit des Hammurabi" *In:* Archiv für Orientforschung, 16 (319-323).

1954a - "Neu Rechtsurkunden der altbabylonischen Zeit. Bemerkungen zu Ur Excavations Texts 5" *In:* Die Welt des Orients, 2 (120-136).

1954b - "Le rôle des temples depuis la troisième dynastie d'Ur jusqu'à la première dynastie de Babylone" *In:* Cahier d'Histoire Mondiale, 1 (518-545).

1958 - Ein Edikt des Königs Ammi-«aduqa von Babylon. (Studia et Documenta ad Iura Orientis Antiqui Pertinentia, 5). Leinden, E. J. Brill.

1959 - "Ungewöhnliche Datierungen aus der Zeit des Königs Rim-Sin von Larsa" *In:* Zeitschrift für Assyriologie, 51 (136-167).

1965 - "Ein Edikt des Königs Samsu-iluna von Babylon" *In:* Studies in Honor of Benno Landsberger on his Seventy-fifty Birthday. (Assyriological Studies, 16). (225-231).

1966 - Staatliche Viehhaltung im altbabylonischen Lande Larsa. Amsterdam, N. V. Noord-Hollandsche Uitegevers Maatschappij.

1969a - "Von altmesopotamischen Erbrecht" *In:* J. Brugman *et alii* - Essays on oriental laws of succession (Studia et Documenta ad Iura Orientis Antiqui Pertinentia, 9). Leiden, E. J. Brill.

1969b - "Erbrechtliche Terminologie im alten Mesopotamien" *In:* J. Brugman *et alii* - Essays on oriental laws of succession (Studia et Documenta ad Iura Orientis Antiqui Pertinentia, 9). Leiden, E. J. Brill.

1979 - "Der 'Palast', Produzent und Unternehmer im Königreiche Babylon nach Hammurapi (ca. 1750-1600 v. Chr.) " *In:* E. Lipinski (ed.) - State and temple economy in the ancient Near East, vol. 2 (Orientalia Lovaniensia Analecta, 6). Leuven, Departement Oriëntalistiek (423-434).

1982 - "Kârum, ein Organ städtischer Selbstverwaltung der altbabylonischen Zeit" *In:* A. Finet (ed.) - Les pouvoirs locaux en Mésopotamie et dans les régions adjacentes. Bruxelles, Institut des Hautes Etudes de Belgique.

1984 - Königliche Verfügungen in altbabylonischer Zeit (Studia et Documenta ad Iura Orientis Antiqui Pertinentia, 11). Leiden, E. J. Brill.

KULA, W.

1974 - Teoría económica del sistema feudal. Ciudad del México, Siglo XXI.

KUPER, A.

1982 - "Lineage theory: a critical retrospect" *In:* Annual Review of Anthropology, 11 (71-95).

KUPPER, J.-R.

1996 - "Les différents moments de la journée, d'après les textes de Mari" *In:* Ö. Tunca, & D. Deheselle (eds.) - Tablettes et Images aux Pays de Sumer et d'Akkad. Liège (79-85).

LABURTHE-TOLRA, Ph. & WARNIER, J.- P.

1993 - "La parenté" *In:* Ph. Laburthe-Tolra & J.-P. Warnier - Ethnologie, Anthropologie. Paris, PUF.

LACKENBACHER, S.

1990 - Le palais sans rival. Le récit de construction en Assyrie. Paris, Editions La Découverte.

LAFONT, B.

1987 - "Les filles du roi de Mari" *In:* J.-M. Durand (ed.) - La femme dans le Proche-Orient antique. (33ᵉ Rencontre Assyriologique Internationale). Paris, ERC (113-124).

1992 - "Quelques nouvelles tablettes dans les collections américaines" *In:* Revue d'Assyriologie et d'Archéologie Orientale, 86 (97-111).

1994 - "Organisation du temps et calendriers" *In:* Dossier d'Archéologie, 191 (26-30).

1999a - "Institutions, économie et société" s.v. Sumer *In:* Supplément au Dictionnaire de la Bible, 72 (124-204).

1999b - "Sacrifices et rituels Mari et dans la Bible" *In:* Revue d'Assyriologie et d' Archéologie Orientale, 93 (57-77).

2001 - "Fortunes, héritages et patrimoines dans la haute histoire mésopotamienne. À propos de quelques inventaires de bien mobiliers" *In:* C. Breniquet & Ch. Kepinski (eds.) - Etudes Mésopotamiens. Paris, ERC (295-313).

LAFONT, S.

1992 - "Les partages successoraux paléobabyloniens" *In:* P. Benoit; K. Chemla & J. Ritter (eds.) - Histoires de fractions, fractions d'histoire. Basel, Birkhauser Verlag (107-114).

1997 - "Les actes législatifs des rois mésopotamiens" *In:* S. Dauchy, J. Monballyu & A. Wijffels (eds.) - Auctoritates Xenia R. C. Van Caenegem oblata. (Iuris Scripta Historica, 13). Brussel (3-27).

1998a - "Fief et féodalité dans le Proche-Orient ancien" *In:* E. Bournazel & J. - P. Poly (eds.) - Les Féodalités. Paris, PUF (517-630).

1998b - "Le roi, le juge et l'étranger à Mari et dans la Bible" *In:* Revue d'Assyriologie et d'Archéologie Orientale, 92 (161-181).

2000a - "Codification et subsidiarité dans les droits du Proche-Orient ancien" *In:* E. Lévy (ed.) - La codification des lois dans l'antiquité (Actes du Colloque de Strasbourg, 1997). Paris, De Boccard (49-64).

2000b - "Considérations sur la pratique judiciaire en Mésopotamie" *In:* F. Joannès (ed.) - Rendre la justice en Mésopotamie. Archives judiciaires du Proche-Orient ancien (IIIe - Ier millénaires avant J.-C.). Saint Denis, Presses Universitaires de Vincennes.

2000c - "L'arbitrage en Mésopotamie" *In:* Revue de l'Arbitrage, 4 (557-590).

LANDSBERGER, B.

1939 - "Die babylonischen Termini für Gesetz und Recht" *In:* J. Friedrich, J. G. Lautner & J. Miles (eds.) - Symbolae ad Iura Orientis Antiqui Pertinentes Paulo Koschaker Dedicatae. (Studia et Documenta Ad Iura Orientis Antiqui Pertinenti, 2). Leiden, E. J. Brill (219-234).

1955 - "Remarks on the archive of the soldier Ubarum" *In:* Journal of Cuneiform Studies, 9 (121-131).

1967 - The date palm and its by-products according to the cuneiform sources. (Archiv für Orientforschung, Beiheft, 17). Graz.

LANERI, N.

1999 - "Intramural tombs - A funerary tradition of the Middle Euphrates valley during the IIIrd millennium BC" *In:* Anatolica, 25 (221-241).

LARSEN, M. T.

1967 - Old Assyrian cara Van procedures. (Publications de l'Institut Historique et Archéologique Néerlandais de Stamboul, 22). Istambul.

LASLETT, P.

1984 - "The family as a knot of individual interests" *In:* R. McC. Netting, R. R. Wilk & E. J. Arnould (eds.) - Households. Comparative and historical studies of the domestic group. Berkeley, University of California Press (352-379).

LASLETT, P. & WALL, R. (eds.)

1972 - Household and family in past time. Cambridge, University Press.

LAUTNER, J. G.

1939 - "Rechtsverhältnisse an Grenzmauern. Studien zum Miteigentum im altbabylonischen Recht, 1." *In:* J. Friedrich, J. G. Lautner & J. Miles (eds.) - Symbolae ad Iura

Orientis Antiqui Pertinentes Paulo Koschaker Dedicatae. (Studia et Documenta Ad Iura Orientis Antiqui Pertinenti, 2). Leiden, E. J. Brill (76-95).

LAWRENCE, D. L. & LOW, S. M.

1990 - "The built environment and spatial form" *In:* Annual Review of Anthropology, 19 (453-505).

LeCLAIR Jr., E. E.

1962 - "Economic theory and economic anthropology" *In:* American Anthropologist, 64 (1179-1203).

LeCLAIR Jr., E. E. & SCHNEIDER, H. K. (eds.)

1968 - Economic Anthropology: Readings in theory and analysis. New York, Holt, Rinehart & Winston.

LEEMANS, W. F.

1950 - The Old-Babylonian merchant. His business and his social position (Studia et Documenta ad Iura Orientis Antiqui Pertinentia, 3). Leiden, E. J. Brill.

1954a - Old Babylonian legal and administrative documents (Tabulae Cuneiformes a F. M. Th. De Liagre Böhl Collectae, Leidae conservatae, 1). Leiden, Nederlandsch Instituut voor het Nabije Oosten.

1954b - Legal and economic records from the Kingdom of Larsa (Studia ad Tabulas Cuneiformas Collectas a F. M. Th. De Liagre Böhl Pertinentia, 1/2). Leiden, E. J. Brill.

1955 - "The Old-Babylonian business documents from Ur" *In:* Bibliotheca Orientalis, 12 (112-122).

1957-1958 -"Economische gegevens in sumerische en akkadische teksten, en un probemen" *In:* Jaarbericht Ex Orient Lux, 15 (197-213).

1960a - Foreign trade in old Babylonian period as revealed by texts from southern Mesopotamia. (Studia et Documenta ad Iura Orientis Antiqui Pertinentia, 6). Leiden, E. J. Brill.

1960b - "The trade relations of Babylonia ant the question of relations with Egypt in the old Babylonian period" *In:* Journal of the Economic and Social History of the Orient, 3 (21-37).

1968 - Old Babylonian letters and economic history. A review article with a digresion on foreign trade. Leiden, E. J. Brill.

1981 - "Hammurapi's Babylon, centre of trade, administration and justice" *In:* Sumer, 41 (91-96).

1981-1982 - "The interpretation of § 38 if the Laws of Eshnunna" *In:* Jaarbericht Ex Orient Lux, 27 (60-64).

1982 - "The pattern of settlement in the Babylonian Countryside" *In:* M. A. Dandamayev *et alii* (eds.) - Societies and languages of ancient Near East. Warminster, Aris & Phillips (246-249).

1983 - "Trouve-t-on des 'communautés' rurales dans l'ancienne Mésopotamie?" *In:* A. Théodoridès *et alii* - Les communautés rurales. (Recueils de la Société Jean Bodin, 41). Paris, Dessain & Tolra (43-106).

1986 - "The Family in the Economic Life of the Babylonian Period" *In:* Oikumene, 5 (15-22).

1991 - "Textes paléo-babyloniens commençant par une liste de personnes" *In:* D. Charpin & F. Joannès (eds.) - Marchands, diplomates et empereurs. Paris, ERC (307-331).

Le ROY LADURIE, E.

    1987 - "Quelques orientations de la Nouvelle Histoire" *In:* G. Gadoffre (ed.) - Certitudes et incertitudes de l'histoire. Paris, PUF.

    2002 - Histoire des paysans français. De la peste noire à la Révolution. Paris, Seuil.

LETT, D.

    2000 - Famille et parenté dans l'Occident médiéval V^e - XVe siècle. Paris, Hachette.

LEVI, G.

    1985 - "Réciprocité et marché de la terre" *In:* G. Levi - Le pouvoir au village. Histoire d'un exorciste dans le Piémont du XVIIe siècle. Paris, Gallimard.

    1996 - Comportements, ressources, procès: avant la 'révolution' de la consommation" *In:* J. Revel (ed.) - Jeux d'échelles. La micro-analyse à l'expérience. Gallimard. Paris (187-207).

LEVI-STRAUSS, C.

    1967 - Les structures élémentaires de la parenté. Paris, Mouton & Co.

    1979 - "L'organisation sociale des Kwakiutl" *In:* C. Lévi-Strauss - La vie des masques. Paris, Plon.

    1984 - "Clan, lignée, maison" *In:* C. Lévi-Strauss - Paroles données. Paris, Plon.

    1991 - "Maison" *In:* P. Bonte & M. Izard (eds.) - Dictionnaire de l'ethnologie et de l'anthropologie. Paris, Quadrige/PUF (434-436).

LEVY, S. J.

    1947 - "Harmal geographic list" *In:* Sumer, 3 (50-63).

LIEBERMAN, S. J.

    1989 - "Royal 'reforms' of the Amurrite dynasty" *In:* Bibliotheca Orientalis, 46 (241-259).

LIMET, H.

    1960 - Le travail du métal au pays de Sumer au temps de la IIIe dynastie d'Ur. Paris, Les Belles Lettres.

    1968 - L'Anthroponymie Sumérienne dans les documents de la 3e dynastie d'Ur. Bibliothèque de la Faculté de Philosophie et Lettres de l'Université de Liège, 180. Paris, Les Belles Lettres.

    1979 - "Le rôle du palais dans l'économie néo-sumérienne" *In:* E. Lipinski (ed.) - State and temple economy in the ancient Near East, vol.1 (Orientalia Lovaniensia Analecta, 5). Leuven (235-248).

    1989 - "Amurru-shemi, propriétaire foncier à Larsa" *In:* Akkadica, Supplementum, 6 (99-111).

    1997 - "Contrats de travail à l'époque paléo-babylonienne" *In:* Revue Historique du Droit Français et Etranger, 75 (357-374).

LION, B.

    1999 - "L'*andurâru* à l'époque médio-babylonienne, d'après les documents de Terqa, Nuzi et Arrapha" *In:* Studies on the Civilization and Culture of Nuzi and the Hurrians, 10 (313-327).

    2001 - "Un champ triangulaire dans un texte paléo-babylonien" *In:* Nouvelles Assyriologiques Brèves et Utilitaires, 1 (p. 8).

LIVERANI, M.

    1975 - "Communautés de village et palais royale dans la Syrie du IIème millénaire" *In:* Journal of the Economic and Social History of the Orient, 18 (146-164).

1976 - "Il modo di produzione" *In:* S. Moscati (ed.) - L'Alba della civiltà. vol. 2. Torino, UET.

1984 - "Land tenure and inheritance in ancient Near East: the interaction between 'palace' and 'family' sectors" *In:* T. Khalidi (ed.) - Land tenure and social transformation in the Middle East. Beirut, American University of Beirut (33-44).

1991 - L'antico Oriente. Bari, Laterza.

1994 - Guerra e diplomazia nell'Antico Oriente - 1600-1100 a. C. Roma, Laterza.

1995 - "The deeds of ancient Mesopotamian kings" *In:* J. Sasson (ed.) - Civilizations of the ancient Near East. Vol. 4. New York, Charles Scribner's Sons (2353-2366).

1997 - "Ancient near eastern cities and modern ideologies" *In:* G. Wilhelm (ed.) - Die orientalische Stadt: Kontinuität, Wandel, Bruch. Saarbrüken, SDU (85-107).

2000 - "The great powers' club" *In:* R. Cohen & R. Westbrook (eds.) - Amarna Diplomacy. The beginnings of international relations. Baltimore, The Johns Hopkins University Press (15-27).

LOFTUS, W. K.

1971 [1857] - Travels and researches in Chaldaea and Susiana. London, James Nisbet et Co.

LUBY, E. M.

1990 - Social variation in ancient Mesopotamia: an architectural and mortuary analysis of Ur in the early second millennium B. C. New York, State University of New York. Unpublished Ph. D.

LUCKENBILL, D. D.

1989 – Ancient records of Assyria and Babylon. Vol. 2. London. Histories & Mysteries of Man Ltd.

MAAIJER, R. de

1998 - "Land tenure in Ur III Lagash" *In:* B. Haring & de R. Maaijer (ed.) - Landless and Hungry? Access to land in early and traditional societies. Leiden, CNWS/Netherlands School of Asian, African, and Amerindian Studies.

MACFAIRLANE, A.

1978 - "Modes of reproduction" *In:* The Journal of Development Studies, 14 (100-120).

MAEKAWA, K.

1973 - "The development of the é-MÍ in Lagash during Early Dynastic III" *In:* Mesopotamia, 8 (77-144).

1974 - "Agricultural production in ancient Sumer" *In:* Zinbun, 13 (1-60).

1977 -"The rent of tenant field (gán-APIN.LAL) in Lagash" *In:* Zinbun, 14 (1-54).

1986 - "The agricultural texts of Ur III Lagash of the British Museum (IV)" *In:* Zinbun, 21 (91-157).

1987 - "The management of domain land in Ur III Umma: a study of BM 110116" *In:* Zinbun, 22 (25-82).

1996 - "Confiscation of private properties in the Ur III period: a study of é-dul-la and nìg-GA" *In:* Acta Sumerologica, 18 (103-168).

1999 - "The 'temples' and the 'temple' personnel of Ur III Girsu-Lagash" *In:* K. Watanabe (ed.) - Priests and officials in the ancient Near East. Heidelberg, Universitätsverlag C. Winter.

MAISELS, Ch. K.

1998 - The Near East: archaeology in the 'cradle of civilization'. London, Routledge.

MALINOWSKI, B.

1922 - Argonauts of the Western Pacifc: an account of native enterprise and adventure in the Archipelagoes of Melanesian New Guinea. New York, E. P. Dutton.

MALUL, M.

1988 - Studies in mesopotamian legal symbolism (Alter Orient und Altes Testament, 221).

1991 - "«illâm paÿârum 'to unfasten the pin' *copula carnalis* and the formation of marriage in ancient Mesopotamia" *In:* Jaarbericht Ex Orient Lux, 42 (66-86).

MANDER, P. & POMPONIO, F.

2001 - "A minor old Babylonian archive about the transfer of personnel" *In:* Journal of Cuneiform Studies, 53 (35-67).

MANNING, J. G.

1995 - "Demotic Egyptian instruments of tranfer as evidence for private ownership of real property". *In:* Cicago-Kent Law Review, 71 (237-268).

MAON, P.

1972 - "Propriété " *In:* Supplément au Dictionnaire de la Bible, 8/47 (1337-1353).

MARCHANT, A. J.

1990 - Old Babylonian tablets from Larsa in the Lowie Museum of Anthropology. University of California, Berkeley. Unpublished Ph. D.

MARGUERON, J. Cl.

1970 - "Larsa, rapport préliminaire sur la quatrième campagne" *In:* Syria, 47 (262-277).

1971 - "Larsa, rapport préliminaire sur la cinquième campage" in Syria, 48 (271-278).

1992 - "Le bois dans l'archictecture: premier essai pour une estimation des besoins dans le bassin mésopotamien" *In:* Bulletin on Sumerian Agriculture, 6 (79-96).

MATTHEWS, R.

2003 - The archaeology of Mesopotamia: theories and approaches. London, Routledge.

MATOUSH, L.

1949 - "Les contrats de partage de Larsa provenant des archives d'Iddin-Amurrum" *In:* Archiv Orientální, 17 (142-175).

1950 - "Les contrats de vente d'immeubles provenant de Larsa" *In:* Archiv Orientální, 18 (11-67).

1952 - "Zur Chronologie der Geschichte von Larsa bis zum Einfall der Elamiter" *In:* Archiv Orientální, 20 (288-313).

1956 - "Purchase of landed property in Ur by Balmunam³e" *In:* F. Tauer, V. Kubícková & I. Hrbek (eds.) - Charisteria Orientalia Praecipue ad Persiam Pertinentia. Praha, Ceskoslovenské Akademie Ved.

MAUCOURANT, J.

1996 - "Une analyse économique de la redistribution est-elle possible - éléments de comparaison entre la *'new institutional economics'* et l'approche substantive", Topoi, 6 (131-158).

1998 - "Karl Polanyi et l'économie historique de la monnaie" *In:* J.- M. Servet, J. Maucourant & A. Tiran (eds.) - La modernité de Karl Polanyi. Paris, L'Harmattan (327-359).

2000 - "Echange, commerce et monnaie dans les économies non modernes: Un réexamen de l'approche de Karl Poalnyi" *In:* Transeuphrathène, 20 (9-43).

MAUCOURANT, J. & GENTET, D.
    1991 - "La question de la monnaie en Egypte ancienne" *In:* Revue du M.A.U.S.S.,13 (155-164).
    1992 - Une critique de la hausse des prix à l'ère ramesside" *In:* Dialogue d'Histoire Ancienne, 17 (13-31).
MAUSS, M
    1966 - "Essai sur le don. Forme et raison de l'échange dans les sociétés archaïques" *In:* M. Mauss - Sociologie et anthropologie. Paris, Presses Universitaires de France (145-279).
MAYER, A. J.
    1981 - The persistence of the Old Regime Europe to the Great War. London, Random House.
MAYHEW, A., NEALE, W. C. & TANDY, D.
    1985 - "Markets in the Ancient Near East: a challenge to Silver's use of evidence" *In:* Journal of Economic History, 45 (127-134).
MAZUR, M. P.
    1977 - "The dispersion of holdings in the open fields: an interpretation in terms of property rights" *In:* The Journal of European Economic History, 6 (461-471).
MEDICK, H. & SABEAN, D. W.
    1984 - "Interest and emotion in family and kinship studies: a critique of social history and anthropology" *In:* H. Medick & D. W. Sabean (eds.) - Interest and emotion. Essays on the study of family and kinship. Cambridge, Cambridge University Press (9-27).
MEEK, TH. J.
    1917 - "Old Babylonian Business and Legal Documents - The RFH Collection" *In:* The American Journal of Semitic Languages and Literatures, 33 (203-244).
MEILLASSOUX, C.
    2001 - Mythes et limites de l'anthropologie. Le sang et les mots. Lausanne, Editions Page Deux.
MEISSNER, B.
    1893 - Beiträge zum altbabylonischen Privatrecht. (Assyriologische Bibliothek, 11) Berlin, J. C. Hinrichs'sche Buchhandlung.
    1916 - "Die fünfte Tafel der Serie harra = hubullum" *In:* Assyriologische Forscungen, 1 (18-43).
MENDRAS, H.
    1976 - Sociétés paysannes. Paris, Armand Colin.
MENESES, U.T.B.
    1985 - "A cultura material no estudo das sociedades antigas" *In:* Revista de História, 115, (103-117).
MENU, B.
    1988 – "Les actes de vente en Égypte ancienne, particulièrement sous les rois kouchites et saïtes" *In: The Journal of Egyptian Archaeology.* 74 (165-181).
MERCER, S. A. B.
    1946 - Sumero-Babylonian Year-formulae. London, Luzac & Co.

MERPERT, N. I., MUNCHAEV, R. M. & BADER, N. O.
1981 - "Investigation of the Soviet expediction in northern Iraq, 1976" *In:* Sumer, 37 (22-54).
MICHEL, C.
1995 - "Validité et durée de vie des contrats et reconnaissances des dettes paléo-assyriens" *In:* Revue d'Assyriologie, 89 (15-27).
2000 - "A propos d'un testament Paléo-Assyrien: une femme de marchand 'père et mère' des capitaux" *In:* Revue d'Assyriologie, 94 (1-10).
2001 - Correspondance des marchands de Kanish (Littératures Anciennes du Proche-Orient, 19). Paris, Les Editions du Cerf.
MICHEL, C. & ROCHER, P.
2001 - "La chronologie du IIe millénaire revue à l'ombre d'une éclipse sde soleil" *In:* Jaarbericht Ex Oriente Lux, 35-36 (111-126).
MILES, J.
1954 - "Some remarks on the origins of testacy, with some references to the Old-Babylonian laws" *In:* Revue Internationale de Droits de l'Antiquité, 1 (119-124).
MOATTI, C.
1993 - Archives et partage de la terre dans le monde romain (II° siècle avant - Ier siècle après J.-C.). Rome, Ecole Française de Rome.
MOOREY, P. R. S.
1980 - Cemeteries of the first millennium B.C. at Deve Hüyük, near Carchemish, salvaged by T. E. Lawrence and C. L. Wooley in 1913. (BAR International Series, 87). Oxford.
MORMONT, M.
1996 - "L'environnement entre localité et globalité" *In:* M. Hirschhorn & J. -M. Berthelot (eds.) - Mobilités et ancrages. Vers un nouveau mode de spatialisation? Paris, L'Harmattan (57-77).
MORPHY, H.
1997 - "Landscape and the reproduction of the ancestral past" *In:* E. Hirsch & M. O'Hanlon (eds.) - The anthropology of landscape. Perspectives on place and space. Oxford, Clarendon Press (184-209).
MUHLY, J. D.
1973 - Copper and tin. The distribution if mineral resources and the nature of the metals trade in the Bronze Age. Hamden, Archon Books.
MÜLLER, D. H.
1903 - Die Gesetze Hammurabis und ihr Verhältnis zur mosaischen Gesetzgebung sowie zu den XII Tafeln. Wien, Alfred Hölder.
MÜLLER, V.
1940 - "Types of Mesopotamian Houses" *In:* Journal of American Oriental Society, 60 (151-180).
MÜLLER-WOLLERMANN, R.
1985 - "Warenaustausch im Ägypten des alten Reiches" *In:* Journal of the Economic and Social History oft the Orient, 28 (121-168).
MURDOCK, G. P.
1967 - Ethnographic Atlas. Pittsburg, University of Pittsburg Press.

MURPHY, S. B.

1998 - "The notion of moral economy in the study of ancient Near East" *In:* J. Prosecky (ed.) - Intellectual Life of the Ancient Near East.(43ème Rencontre Assyriologique Internationale). Prague. Academy of Sciences of the Czech Republic Oriental Institute (269-281).

NAROLL, R.

1962 - "Floor area and settlement population" *In:* American Antiquity, 27 (587-589).

NEEF, R.

1989 - "Plant remains from archaeological sites in lowland Iraq: Hellenistic and Neo-Babylonian Larsa" *In:* J.-L. Huot (ed.) - Larsa: travaux de 1985. Paris, ERC (151-161).

NETTING, R. McC.

1993 - Smallholders, Households. Farms families and the ecology of intensive, sustainable agriculture. Standford, Standford University.

NETTING, R. McC., WILK, R. R. & ARNOULD, E. J. (eds.)

1984 - Households. Comparative and historial studies of the domestic group. Berkeley, University of California Press.

NEUMANN, H.

1988 - "Zum Problem des privaten Bodeneigentums in Mesopotamien (3. Jt. v. u. Z.)" *In:* B. Brentjes (ed.) - Das Grundeigentum in Mesopotamien (Jahrbuch für Wirtschafts Geschichte). Berlin, Akademie Verlag (29-48)..

1999 - "Ur-Dumuzida and Ur-Dun: reflections on the relationship between state-initiated foreign trade and private economic activity in Mesopotamia towards the end of the third millennium BC" *In:* J. G. Dercksen (ed.) - Trade and finance in ancient Mesopotamia (MOS Studies,1). Leiden, Nederlands Historisch-Archaeologisch Instituut te Istanbul (43-53).

NISSEN, H. J.

1982 - "Die 'Tempelstadt': Regierungsform der früdynastischen Zeit in Babylonien?" *In:* H. Klengel (ed.) - Gesellschaft und Kultur im alten Vorderasien. Berlin (195-200).

NORTH, D. C.

1977 - "Markets and others allocation systems in history: the challenge of Karl Polanyi" *In:* The Journal of European Economic History, 6 (703-716).

1981 - Structure and change in economic history. New York, W. W. Norton.

NOVÁK, M.

2000 - "Das 'Haus der Totenpflege'. Zur Sepulkralsymbolik des Hauses im alten Mesopotamien" *In:* Altorientalische Forschungen, 27 (132-154).

O'CALLAGHAN, R. T.

1954 - "A new inheritance contract from Nippur" *In:* Journal of Cuneiform Studies, 8 (137-148).

OLIVIER, H.

1998 - "Restitution as economic redress: the fine print of the old Babylonian mêsharum edict of Ammisaduqa" *In:* Journal of Northwest Semitic Languages, 24 (83-99).

OPPENHEIM, A. L.

1957 - "A bird-eye view of Mesopotamian economic history" *In:* K. Polanyi, C. M. Arensberg & H. W. Pearson (eds.) - Trade and markets in the early empires: economy in history and theory. Glencoe, Illinois, Free Press.

1967 - "A new look at the structure of Mesopotamian society" *In:* Journal of Economic and Social History of the Orient,10 (1-16).

1977 - Ancient Mesopotamia. Portrait of a dead civilization (ed. par E. Reiner). Chicago, The University of Chicago Press.

OTTO, E.

1998 - "Soziale Restitution und Vertragsrecht: mîsharu(m), (an)-durâru(m), kirenzi, parâ tarnumar, sh^{e}mitta und d^{e}rôr in Mesopotamien, Syrien, in der hebräischen Bibel und die Frage des Rechtstransfers im alten Orient" *In:* Revue d'Assyriologie et d'Archéologie Orientale, 92 (125-160).

OWEN, D. I.

1975-1976 - "Cuneiform texts in the collection of Professor Norman Totten. Part II" *In:* Mesopotamia, 10-11 (5-29).

1981 - "Of birds, eggs and turtles" *In:* Festschrift für Assyriologie, 71 (29-47).

PAYLING, S. J.

2001 - "The economic of marriage in late medieval England: the marriage of heiresses" *In:* Economic History Review, 54 (423-429).

PARK, Th. K.

1992 - "Early trends toward class stratification: chaos, common property, and flood recession agricultures" *In:* American Anthropologist, 94 (90-117).

PARKIN, R.

1997 - Kinship. An introduction to the basic concepts. Oxford, Blakwell.

PARROT, A.

1933 - "Les fouilles de Tello et de Senkereh-Larsa - Campagne 1932-1933 - Rapport préliminaire" *In:* Revue d'Assyriologie et d'Archéologie Orientale, 30 (169-182).

1939 - Malédictions et violations de tombes. Paris, Geuthner.

1948 - Tello: vingt campagnes de fouilles (1877-1933). Paris, Albin Michel.

1968 - "Fouilles de Larsa (Senkereh), 1967" *In:* Sumer, (39-44).

PASTORE, A.

1984 - "Rapporti familiari e pratica testamentaria nella bollogna del seicento" *In:* Studi Storici, 25 (153-168).

PECIRKOVÁ, J.

1979 - "Social and economic aspects of Mesopotamian history in the work of Soviet historians (Mesopotamia in the first millenium B.C.)" *In:* Archív Orientální, 47 (111-122).

PEDERSEN, O.

1987 - "Private archives in Assur compared with some other sites" *In:* State Archives of Assyria Bulletin (43-52).

1998 - Archives and libraries in the ancient Near East (1500-300 BC). Bethesda, CDL Press.

PELETZ, M. G.

1988 - A share of the harvest. Kinship, property, and social history among the Malays of Rembau. University of California Press. Berkeley.

PELTENBURG, E.

1995 - "Rescue excavations at Jerablus-Tahtani, Syria, 1995" *In:* Orient Express, 3 (70-72).

1999 - "The living and the ancestors: Early Bronze Age mortuary practices at Jerablus Tahtani" *In:* G. del Olmo Lete & J.-L. Montero Fenollós (eds.) - Archaeology of the Upper Syrian Euphrates. The Tishrin Dam area (Aula Orientalis Supplementa, 15). Barcelona, Ausa.
PELTENBURG, E. *et alii*
    1996 - "Jerablus-Tahtani, Syria, 1995: preliminary report" *In:* Levant, 27 (1-25).
PENGLASE, C.
    1996 - "Some concepts of afterlife in Mesopotamia and Greece" *In:* S. Campbell & A. Green (eds.) - The archaeology of death in the ancient Near East (Oxbow Monograph, 51).
PERS, M.
    1996 - La famiglia di Balmunamhe di Larsa. Pisa. Tese di Laurea, Università di Pisa.
    1997-1998 - "La famiglia di Balmunamhe di Larsa" *In:* Egitto e Vicino Oriente, 20/21 (139-148).
PETTINATO, G.
    1967 - Untersuchungen zur neusumerischen Landwirtschaft. Vol. 1. Napoli.
    1968 - "Il binomio tempio-stato e l'economia della seconda dinastia di Lagash" *In:* Oriens Antiquus, 7 (39-50).
    1999 - "La proprietà fondiaria nella Mesopotamia del 3. millenio dal periodo di Gemdet Nasr alla 3a. dinastia di Ur" *In:* H. Klengel & J. Renger (ed.) - Landwirtschaft im alten Orient (41e Rencontre Assyriologique Internationale). Berlin, Dietrich Reimer Verlag (99-113).
PFÄLZNER, P.
    1996 - "Activity areas and the social organization of third millenium B.C. households" *In:* K. R. Veenhof (ed.) - Houses and households in ancient Mesopotamia (40e Rencontre Assyriologique Internationale). Leiden, Nederlands Historisch-Archaeologisch Intstituut te Istanbul (117-127).
PODANY, A. H.
    2002 - The land of Hana. Kings, chronology, and scribal tradition. Bethesda, CDL Press.
POLANYI, K.
    1944 - The great transformation. New York, Farrar.
    1957 - "Marketless trading in the time of Hammurabi" *In:* K. Polanyi, C. Arensberg & H. W. Pearson (eds.) - Trade and Markets in the early empires: economy in history and theory. Glencoe, Illinois, Free Press.
    1977 - The Livelihood of Man (ed. par H.W.Pearson). New York, Academic Press.
POLANYI, K., ARENSBERG, C. M. & PEARSON, H. W.
    1957 - (eds.) - Trade and Markets in the early empires: economy in history and theory. Glencoe, Illinois, Free Press.
POLANYI, K. & SWEET, R. F. G.
    1962 - "Review of W. F. Leemans - Foreign trade in the old Babylonian Period as revealed by texts from Southern Mesopotamia" *In:* Journal of Economic History, 22 (116-117).
POLLARD, J.
    1999 - " 'These places have their moments': thoughts on settlement practices in the British Neolithic" *In:* J. Brück & M. Goodman (eds.) - Making places in the prehistoric world. Themes in settlement archaeology. Cambridge, UCL Press (76-93).

POMPONIO, F.

1982 - "Tre testi antico-babilonesi editi in ITT, III" *In:* Mesopotamia, 17 (35-41).

POSTGATE, J. N.

1990 - "Archaeology and the texts - Bridging the gap" *In:* Zeitschrift für Assyriologie, 80 (228-240).

1992 - Early Mesopotamia. Society and economy at the dawn of history. London, Routledge.

POTTS, D. T.

1997 - Mesopotamian civilization: the material foundations. London, The Athlone Press.

POWELL, M. A.

1977 - "Sumerian merchants and the problem of profit" *In:* Iraq, 39 (23-29).

1978 - "Götter, König und 'Kapitalisten' im Mesopotamien des 3. Jahrtausends v.u.Z." *In:* Oikumene, 2 (127-144).

1990 - "Identification and interpretation of long term price fluctuations in Babylonia: More on the history of money in Mesopotamia" *In:* Altorientalische Forschungen, 17 (76-99).

1994 - "Elusive Eden: private property at the dawn of history" *In:* Journal of Cuneiform Studies,46 (99-104).

1999 - "Wir müssen alle unsere Nische nutzen: Monies, motives, and methods in Babylonian economics" *In:* J. G. Dercksen (ed.) - Trade and finance in ancient Mesopotamia (MOS Studies,1). Leiden, Nederlands Historisch-Archaeologisch Instituut te Istanbul (5-23).

POZZER, K. M. P.

1996 - Les archives privées de marchands à Larsa pendant la deuxième moitié du règne de Rîm-Sîn. Université de Paris I - Panthéon-Sorbonne. Thèse de Doctorat inédite.

PRAAG, A. Van

1945 - Droit matrimonial Assyro-Babylonien. (Archaeologisch-historische Bijdragen, 12). Amsterdam, Noord-Hollandsche Uitgevers Maatschappij.

PRANG, E.

1976 - "Das Archiv des Imgûa" *In:* Zeitschrift für Assyriologie, 66 (1-44).

1977 - "Das Archiv des Bitûa" *In:* Zeitschrift für Assyriologie, 67 (217-234).

1980 - "Sonderbestimmungen in altbabylonischen Erbteilungsurkunden aus Nippur" *In:* Zeitschrift für Assyriologie, 70 (36-51).

PRATTIS, J. I.

1987 - "Alternative views of economy in economic anthropology" *In:* J. Clammer (ed.) - Beyond the new economic anthropology. London, MacMillan (8-44).

PRICE, M. F.

1999 - "All in the family: the impact of gender and family constructs on the study of prehistoric settlement" *In:* J. Brück & M. Goodman (eds.) - Making places in the prehistoric world. Themes in settlement archaeology. London, UCL Press (30-51).

PROOSDIJ, B. A. Van

1946 - "Shar mêsharim. Titre des rois babyloniens comme législateurs" *In:* M. David, B. A. Van Groningen & E. M. Meijers (eds.) - Symbolae ad jus et historiam antiquitatis pertinentes Julio Christiano Van Oven dedicatae. Leiden, E. J. Brill (29-35).

PRUESSNER, A. H.

1920 - "Date culture in ancient Babylonia" *In:* The American Journal of Semitic Languages, 1936 (213-232).

RAPOPORT, A.

1994 - "Spatial organization and the built environment" *In:* T. Ingold (ed.) - Companion Encyclopedia of Anthropology. London, Routledge (460-502).

REDE, M.

1994 – A apropriação do universo material. O controle do espaço em Larsa durante o período babilônico antigo. Dissertação de Mestrado. Universidade Federal Fluminense.

1996 – "Terra e poder na antiga Mesopotâmia: uma antropologia histórica entre os 'primitivos' e os 'modernos'" *In:* Phoînix, 2 (109-134).

2004 – L'Appropriation de l'espace domestique à Larsa. La trajectoire de la famille Sanum. 2 volumes. Thèse de Doctorat. Université de Paris I – Panthéon-Sorbonne.

2005 – "Le 'commerce sans marché à l'époque de Hammu-rabi': réevaluation d'une thèse polanyienne à partir d'une étude de cas" *In:* Ph. Clancier, F. Joannès, P. Rouillard, & A. Tenu, (eds.) - Autour de Polanyi. Vocabulaires, théories et modalités des échanges. Paris, De Boccard (135-154).

2006 - "Documentos cuneiformes inéditos do Museu do Louvre: os arquivos da família Sanum" *In:* Clássica, 19/1 (126-154).

REICHEL, C. D.

2001 - "Seals and sealings at Tell Asmar: a new look at an Ur III to early old Babylonian palace" *In:* W. W. Hallo & I. J. Winter (eds.) - Seal and seal impresion. (XLVe Rencontre Assyriologique Internationale, Part II). Bethesda, CDL Press (101-131).

REITER, K.

1996 - "Haushaltsgegenstände in altbabylonischen Texten unter Besonderer Berücksichtigung der Kessel und Metallgeräte *In:* K. R. Veenhof (ed.) - Houses and households in ancient Mesopotamia. (40e Rencontre Assyriologique International). Leiden, Nederlands Historisch-Archaeologisch Instituut te Istanbul (261-272).

REMY, J.

1996 - "Mobilités et ancrages: vers une autre définition de la ville" *In:* M. Hirschhorn & J. -M. Berthelot (eds.) - Mobilités et ancrages. Vers un nouveau mode de spatialisation? Paris, L'Harmattan (135-153).

RENGER, J.

1967 - "Götternamen in der altbabylonischen Zeit" *In:* D. O. Edzard *et alii* - Heidelberger Studien zum Alten Orient. Wiesbaden, Harrassowitz (137-171).

1968 - "Untersuchungen zum Priestertum der altbabylonischen Zeit-1 Teil" *In:* Zeitschrift für Assyriologie, 58 (110-188).

1969 - "Untersuchungen zum Priestertum der altbabylonischen Zeit-2 Teil" *In:* Zeitschrift für Assyriologie, 59 (104-230).

1973 - "Who are those people?" *In:* Orientalia, 42 (259-273).

1979 - "Interaction of temple, palace, and 'private enterprise' in old Babylonian Economy" *In:* E. Lipinski (ed.) - State and temple economy in the ancient Near East, vol.1 (Orientalia Lovaniensia Analecta, 5). Leuven (249-256).

1984 - "Patterns of non-institutional trade and non-commercial exchange in ancient Mesopotamia at the beginning of the second millennium B.C." *In:* A. Archi (ed.) - Circulation of goods in non-palatial context in ancient Near East (Incunabula Graeca, 82). Roma, Edizioni dell'Ateneo (31-123).

1988a - "Das Privateigentum an der Feldflur in der altbabylonischen Zeit" *In:* B. Bremtjes (ed.) - Das Grundeingentum in Mesopotamien (Jahrbuch für Wirtschafts Geschichte). Berlin, Akademie Verlag (49-67).

1988b - "Zu aktuellen Frage der mesopotamische Wirtschaftsgeschichte" *In:* P. Vavrousek & V. Soucek (eds.) - Shulmu (Papers on the ancient Near East presented at International Conference of Socialist Countries, Prague, 1986). Prague, Charles University (301-317).

1989a - "Probleme und Perspektiven einer Wirtschaftgeschichte Mesopotamiens" *In:* Saeculum, 40 (166-178).

1989b - "Zur Rolle von Preisen und Löhnen im Wirtschaftssystem des alten Mesopotamien an der Wende vom 3. zum 2. Jahrtausend v. Chr. - Grundsätzliche Fragen und Überlegungen" *In:* Altorientalische Forschungen, 16 (234-252).

1990 - "Different economic spheres in the urban economy of ancient Mesopotamia" *In:* E. Aerts & H. Klengel (eds.) -The town as regional economic centre in the ancient Near East (Proceedings Tenth International Economic History Congress-1990; Studies in Social and Economic History, 20). Leuven, Leuven University Press (20-28).

1992 - "Economía y sociedad" *In:* B.Hrouda (ed.) - El antiguo Oriente. Barcelona.

1994 - "On economic structures in ancient Mesopotamia" *In:* Orientalia (157-208).

1995 - "Institutional, communal, and individual ownership or possession of arable land in ancient Mesopotamia from the end of the fourth to the end of the first millennium B.C." *In:* Chicago-Kent Law Review, 71 (269-319).

2000 - "Das Palastgeschäft in der altbabylonischen Zeit" *In:* A. C. V. V. Bongenaar (ed.) - Interdependency of institutions and private entrepreneurs. (MOS Studies, 2). Leiden, Historisch-Archaeologisch Instituut te Istanbul (153-183).

2002 - "Royal edicts of the old Babylonian period: structural background" *In:* M. Hudson & M. Van De Mieroop (eds.) - Debt and economic renewal in the ancient Near East. (International Scholars Conference on Ancient Near Eastern Economies, 3). Bethesda, CDL Press (139-162).

REUTHER, O.

1926 - Die Innestadt von Babylon (Merkes) . Wissenschaftliche Veröffentlichung der Deutschen Orient-Gesellschaft, 47). Leipzig, Hinrischs'sche Buchhandlung.

REVIV, H.

1989 - "The elders in Mesopotamia during the first Babylonian dynasty" *In:* H. Reviv - The elders in ancient Israel. A study of a biblical institution. Jerusalem, The Magnes Press (155-191).

RICHTER, T.

1998 - "Die Lesung des Götternamens AN.AN.MAR.TU" *In:* Studies on the Civilization and Culture of Nuzi and the hurrians, 9 (135-137).

1999 - Untersuchungen zu den lokalen Phanthea Süd- und Mittelbabyloniens in altbabylonische Zeit. (Alten Oriens und Altes Testament, 257). Münster, Ugarit-Verlag.

RIFTIN, A. P.

1937 - Starovavilonskie Juridiceskie i Administrativnie Dokumenti v Sobranijach SSSR. Moskau/Leningrad.

RIIS, P. J.
	1948 - Hama, fouilles et recherches de la Fondation Calsberg (1931-1938). Les cimetières à crémation. Kobenhavn, Nordisk Forlag.
ROBERT, M.
	1995 - L'archictecture domestique en Mésopotamie durant le 3ème Millénaire av. J.-C. Mémoire de Maîtrise. Université Laval.
ROBERTSON, J. F.
	1981 - Redistributive economies in ancient Mesopotamian society: a case study from Isin-Larsa period Nippur. University of Pennsylvania. Unpublished Ph. D.
	1983 - "An unusual dating system from Isin-Larsa period Nippur: new evidence" *In:* Acta Sumerologica, 5 (147-161).
	1993 - Profit-seeking, market orientations and mentality in the Ancient Near East" *In:* Journal of the American Oriental Society,113 (437-443).
ROCHEBERG-HALTON, F. & ZIMANSKY, P.
	1979 - "The University of Iowa cuneiform texts" *In:* Journal of Cuneiform Studies, 31 (127-148).
RÖMER, M.
	2000 - Staat und Wirtschaft im alten Aegypten" *In:* Orientalia, 69 (407-429).
ROTH, M. T.
	1987 - "Age at marriage and the household: a study of Neo-Babylonian and Neo-Assyrian forms" *In:* Comparative Studies in Society and History, 29 (715-747).
	1988 - "Women in transition and the *bît mâr banî*" *In:* Revue d'Assyriologie et d'Archéologie Oriental, 82 (131-138).
	1989a - Babylonian Marriage Agreements, 7th-3rd Centuries B.C. (Alten Oriens und Altes Testament, 222)
	1989b - "The Material Composition of the Neo-Babylonian Dowry" *In:* Archiv für Orientforschung, 36/7 (1-55).
	1995 - Laws collections from Mesopotamia and Asia Minor. Atlanta, Scholars Press.
ROTHMAN, M. S.
	1994 - "Palace and private agricultural decision-making in the early 2nd millennium B. C. city-state of Larsa, Iraq" *In:* E. M. Brumfiel (ed.) - The economic anthropology of the state (Monographs in Economic Anthropology, 11). New York, University Press of America.
ROUAULT, O.
	1984 - L'archive de Puzurum. (Bibliotheca Mesopotamica, 16). Malibu, Undena Publications.
ROWTON, M. B.
	1968 - "Watercourses and water rights in the official correspondence from Larsa and Isin" *In:* Journal of Cuneiform Studies, 21 (267-274).
RUSSEL, J. M.
	1991 - Sennacherib's palace without rival at Nineveh. Chicago, The University of Chicago Press.

SACK, R. D.

1986 - Human territoriality - its theory and history (Cambridge Studies in Historical Geography, 7). Cambridge, Cambridge University Press.

SAHLINS, M. D.

1960 - "Political power ant the economy in primitive society" *In:* G. E. Dole & R. A. Carneiro (eds.) - Essays in the science of culture in honour of Leslie A. White. New York, Thomas Crowell.

1968 - Tribesmen. Englewoods Cliffs, Prentice-Hall.

1972 - Stone age economics. London, Routledge.

SALLABERGER, W.

1997 - "Nippur als religiöses Zentrum Mesopotamiens im historischen Wandel" *In:* G. Wilhelm (ed.) - Die orientalische Stadt: Kontinuität, Wandel, Bruch (Colloquien de Deutschen Orient-gesellschaft, 1). Saarbrücken, SDV. (147-168).

SALITOT, M.

1988 - Héritage, parenté et propriété en Franche-Comté du XIIIe siècle à nos jours. Paris, L'Harmattan.

SALONEN, A.

1961 - Die Türen des alten Mesopotamien. Helsink, Suomalainen Tiedeakatemia.

1963 - Die Möbel des alten Mesopotamien. Helsink, Suomalainen Tiedeakatemia

1968 - Agricultura Mesopotamica nach sumerisch-akkadischen Quellen. Helsinki.

SALY, P.

1997 - Méthodes statistiques descriptives pour les historiens. Paris, Armand Colin.

SAPORETTI, C.

1979 - Assur 14446: La famiglia A. Acesa e declino di persone e famiglie all'inizio del medio-regno assirio, vol. 1. Malibu, Undena Publications.

SAN NICOLO, M.

1974 - Die Schlussklauseln der altbabylonischen Kauf- und Tauschvertäge. Ein Beitrag zur Geschichte des Barkaufes. München, C. H. Beck'sche Verlagsbuchhandlung.

SAUVAGE, M.

1995 - "Le contexte archéologique et la fin des archives à Khirbet ed-Diniyé - Harâdum" *In:* Revue d'Assyriologie et d'Archéologie Orientale, 89 (41-55).

1998 - La brique et sa mise en oeuvre en Mésopotamie, des origines à l'époque achémenide. Paris.

SCHEIL, V.

1915 - "Notules, 7: Les Habiri au temps de Rim-Sin" *In:* Revue d'Assyriologie et d'Archéologie Orientale, 12 (114-115).

1917 - "Notules, 26: L'expression Qatam nasâhu - retirer la main" *In:* Revue d'Assyriologie et d'Archéologie Orientale, 14 (94-96).

1918a - "Notules, 45: L'expression nu-ha-sa-«i" in Revue d'Assyriologie et d'Archéologie Orientale, 15 (80-81).

1918b - "Sur le marché aux poissons de Larsa" *In:* Revue d'Assyriologie et d'Archéologie Orientale, 15 (181-194).

SCHLEGEL, A. & ELOUL, R.

1987 - "A new coding of marriage transactions" *In:* Behavior Science Research, 21 (118-140).

1988 - "Marriage transactions: labor, property, *status*" *In:* American Anthropologist, 90 (291-309).

SCHLOEN, J. D.

2001 - The house of the father as fac and symbol. Patrimonialism in Ugarit and the ancient Near East. Winona Lake, Eisenbrauns.

SCHMIDT, B. B.

1996 - "The extra-biblical textual evidence from Syria-Palestine: the late third to early second millennia B.C.E." *In:* B. B. Schmidt - Israel's beneficent dead. Ancestor cult and necromancy in ancient Israelite religion and tradition. Winona Lake, Eisenbrauns (14-46).

SCHNEIDER, A.

1920 - Die Anfänge der Kulturwirtschaft. Die sumerische Tempelstadt (Staatswissenschaftliche Beiträge, 4). Essen, G. D. Baedeker, Verlagshandlung.

SCHORR, M.

1907 - Altbabylonische Rechtsurkunden aus der Zeit der I babylonischen Dynastie. Vol. 1. Wien, Alfred Hölder.

SCOTT, C.

1988 - "Property, practice and aboriginal rights among Quebec Cree hunters" *In:* T. Ingold, D. Riches & J. Woodburn (eds.) – Hunters and Gatherers,2. Property, power and ideology. Oxford, Berg (35-51)..

SEGALEN, M.

1984 - "Nuclear is not independent: organization of the household in the Pays Bigouden Sud in the nineteenth and twentieth centuries" *In:* R. McC. Netting, R. R. Wilk & E. J. Arnould (eds.) - Households. Comparative and historical studies of the domestic group. Berkeley, University of California Press (163-186).

2000 - Sociologie de la famille. Paris, Armand Colin.

2001 - *In:* M. Segalen (ed.) - Ethnologie. Concepts et aires culturelles. Paris, Armand Colin (70-94).

SELZ, G. J.

1999-2000 - "Wirtschaftskrise - Legitimationskrise - Staatskrise. Zur Genese mesopotamischer Rechtsvorstellungen zwischen Planwirtschaft und Eigentumsverfassung" *In:* Archiv für Orientforschung, 46-47 (1-44).

SERVET, J.-M., MAUCOURANT, J. & TIRAN, A. (eds.)

1998 - La modernité de Karl Polanyi. Paris, L'Harmattan.

SIGRIST, M.

1985 - "MU MALGIUM BASIG" *In:* Revue d'Assyriologie et d'Archéologie Orientale, 79 (161-168).

1990 - Larsa Year Names (Institute of Archaeology Publications Series, 3). Michigan, Andrews University Press.

SILVER, M.

1983 - "Karl Polanyi and markets in the ancient Near East: the challenge of the evidence" *In:* Journal of Economic History, 53 (795-829).

1985a - Economic structures of the ancient Near East. London.

1985b - "Karl Polanyi and markets in the ancient Near east: reply" *In:* Journal of Economic History, 45 (135-137).

1995a - "Prophets and markets revisited" *In:* K. D. Irani & M. Silver (eds.) - Social justice in the ancient world. London, Greenwood Press (179-198).

1995b - Economic structures of antiquity. Westport/london, Greenwood Press.

SIMONETTI, C.

2006 – La compravendita di beni immobili in età antico-babilonese. Paris, De Boccard.

SKAIST, A.

1963 - Studies in ancient Mesopotamian family law pertaining to marriage and divorce. University of Pennsylvania. Unpublished Ph. D.

1974 - "Inheritance laws and their social background" *In:* Journal of the American Oriental Society, 95 (242-247).

1980 - "The ancestors cult and succession in Mesopotamia" *In:* B. Alster (ed.) - Death *In:* Mesopotamia (26ᵉ Rencontre Assyriologique Internationale / Copenhagen Studies in Assyriology, 8). Copenhagen, Akademisk Forlag (123-128).

1994 - The Old Babylonian loan contract, its history and geography. Jerusalem, Bar-Ilan University Press.

SLOTSKY, A. L.

1997 - The bourse of Babylon: market quotations in the astronomical diaries of Babylon. Bethesda, CDL Press.

SMELSER, N. J.

1959 - "A comparative view of exchange systems" *In:* Economic Development and Cultural Change, 7 (173-188).

SNELL, D. C.

1991 - "Marketless trading in our time" *In:* Journal of the Economic and Social History of the Orient, 34 (129-141).

1997 - "Theories of ancient economies and societies" *In:* D. C. - Life in the ancient Near East. New Haven, Yale University Press (. 145-158).

SOLDT, W. H. Van

1987/1990 - "Matrilinearität A. In Elam" *In:* Reallexikon der Assyriologie, 7. (586-588).

SOLLBERGER, E.

1954/6 - "Sur la chronologie des rois d'Ur et quelques problèmes connexes" *In:* Archiv für Orientforschung, 17 (10-48).

SPAEY, J.

1993 - "Emblems in ritual in the old Babylonian period" *In:* J. Quaegebeur (ed.) - Ritual and sacrifice in the ancient Near East. (Orientalia Lovaniensia Analecta, 55) Leuven, Peeters (412-420).

SPIRO, M. E.

1975 - "Marriage payments: a paradigm from the Burmese perspective" *In:* Journal of Anthropological Research, 31 (89-115).

STANFIELD, J. R.

1986 - The economic thought of Karl Polanyi. London, MacMillan.

STEINER, Ph.

1999 - La sociologie éconmique. Paris, La Découverte.

STEINKELLER, P.

1981 - "The renting of fields in early Mesopotamia and the development of the concept of 'interest' in Sumerian" *In:* Journal of the Economic and Social History of the Orient, 24 (113-144).

1982 - "On editing Ur III economic texts" *In:* Journal of the American Oriental Society, 102 (639-644).

1988 - "Grundeigentum in Babylonien von uruk IV bis zur frühdynastischen Periode II" *In:* B. Brentjes (ed.) - Das Grundeigentum in Mesopotamien (Jahrbuch für Wirtschafts Geschchite). Berlin, Akademie Verlag (11-27).

1999a - "Land tenure conditions in Southern Babylonia under the Sargonic dynasty" *In:* B. Böck, E. Cancik-Kirschbaum & T. Richter (eds.) Munuscula Mesopotamica (Alter Orient und Altes Testament, 267). Münster, Ugarit Verlag.

1999b - "Land-tenure conditions in third-millennium Babylonia: the problem of regional variation" *In:* M. Hudson & B. A. Levine (eds.) - Urbanization and land ownership in the ancient Near East (Peabody Museum Bulletin, 7). Cambridge, MA, Peabody Museum of Archaeology and Ethnology.

2001 - "New light on the hydrology and topography of Southern Babylonia in the third millennium" *In:* Zeitschift für Assyriologie, 91 (22-84).

2002 - "Money-lending practices in Ur III Babylonia: the issue of economic motivation" *In:* M. Hudson & M. Van De Mieroop (eds.) - Debt and economic renewal in the ancient Near East. (International Scholars Conference on Ancient Near Eastern Economies, 3). Bethesda, CDL Press (109-137).

2003 - "A history of Mashkan-shapir and its role in the kingdom of Larsa" *In:* E. C. Stone & P. Zimansky (ed.) - The anatomy of a Mesopotamian city: the survey and soundings at Mashkan-shapir. Winona Lake (26-35).

STOL, M.

1976 - Studies in old Babylonian history. Leiden, Nederlands Historisch-Archaeologisch Instituut te Istanbul.

1979 - On Trees, Mountains, and Millstones in the Ancient Near East (Mededelingen en Verhandelingen Van het Vooraziatisch-Egyptish Genootschap Ex Orient Lux, 21), Leiden.

1982 - "State and private business in the land of Larsa" *In:* Journal of Cuneiform Studies, 34 (127-230).

1988 - "Old Babylonian field" *In:* Bulletin on Sumerian Agriculture, 4 (173-188).

1991 - "Old Babylonian personal names" *In:* Studi Epigrafici e Linguistici sul Vicino Oriente Antico, 8 (191-212).

1995a - "Women in Mesopotamia" *In:* Journal of the Economic and Social History of the Orient, 38 (123-144).

1995b - "Private life in ancient Mesopotamia" *In:* J. Sasson (ed.) - Civilizations of the ancient Near East. Vol. 1. New York, Charles Scribner's Sons (485-501).

1995c - "Old Babylonian corvée (tupshikkum) " *In:* Th. P. J. Van Den Huot & J. de Roos (eds.) - Studio Historiae Ardens. Ancient Near Eastern Studies Presented to Philo H. J. Houwink ten Cate. Istanbul, Nederlands Historische-Archaeologisch Instituut te Istanbul (293-309).

1998 - "The care of elderly in Mesopotamia in the old Babylonian period" *In:* M. Stol & S. P. Vleeming (eds.) - The care of the elderly in the ancient Near East. (Studies in the History and Culture of the Ancient Near East, 14). Leiden, Brill (59-117).

STOL, M. & VLEEMING, S. P. (eds.)

1998 - The care of the elderly in the ancient Near East. (Studies in the History and Culture of the Ancient Near East, 14). Leiden, Brill.

STOLPER, M.W.

1984 - "Political history" *In:* E. Carter & M. W. Stolper - Elam, surveys of political history and archaeology. Berkeley, university of California Press.

STONE, E. C.

1977 - "Economic crisis and social upheaval in old Babylonian Nippur" *In:* L. D. Levine & T. C. Young, Jr. (eds.) - Mountains and Lowlands: essays in the archaeology of Greater Mesopotamia. Undena.

1981 - "Texts, architecture and ethnographic analogy: patterns of residence in old Babylonian Nippur" *In:* Iraq, 43 (19-33).

1987 - Nippur Neighbourhoods (Studies in Ancient Oriental Civilization, 44). Chicago, The Oriental Institute of the University of Chicago.

1990 - "The Tell Abu Duwari project, 1987" *In:* Journal of Field Archaeology, 17 (141-162).

1991a - "The spatial organization of Mesopotamian cities" *In:* P. Michalowski, P. Steinkeller, E. C. Stone & R. L. Zettler (ed.) - Velles Paraules (Aula Orientalis, 9). Barcelona, Ausa.

1991b - "Adoption in old Babylonian Nippur" *In:* E. C. Stone & D. I. Owen - Adoption in old Babylonian Nippur and the archive of Mannum-meshu-lissu. Winona Lake, Eisenbrauns (1-33).

1995 - "The development of cities in ancient Mesopotamia" *In:* J. Sasson (ed.) - Civilizations of the ancient Near East. Vol. 1. New York, Charles Scribner's Sons (235-248).

1996 - "Houses, households and neighborhoods in the old Babylonian period: the role of extended families" *In:* K. R. Veenhof (ed.) - Houses and households in ancient Mesopotamia (40ᵉ Rencontre Assyriologique Internationale). Leiden, Nederlands Historisch-Archaeologisch Intstituut te Istanbul (229-235).

STONE, E. C. & ZIMANSKY, P.

1992 - "Mashkan-shapir and the anatomy of an old Babylonian city" *In:* Biblical Archaeologist, décembre (212-218).

STROMMENGER, E.

1957-1971 - "Grab" *In:* Reallexikon der Assyriologie, vol. 3. Berlin, Walter de Gruyter (581-593).

SWEET, R. F. G.

1958 - On prices, moneys, and money uses in the Old Babylonian Period. Chicago, University of Chicago. Unpublished Ph. D.

SZLECHTER, É.

1958 - "De quelques considérations sur l'origine de la propriété foncière privée dans l'ancien droit mésopotamien" *In:* Revue Internationale des Droits de l'Antiquité, 5 (121-136).

1963 - "Le régime des sûretés personnelles à l'époque de la première dynastie de Babylone" *In:* Revue Internationale des Droits de l'Antiquité, 10 (77-90).

1967 - "Des droits successoraux dérivés de l'adoption en droit babylonien" *In:* Revue Internationale de Droits de l'Antiquité, 14 (79-106).

TAMBIAH, S. J.

1989 - "Bridewealth and dowry revisited. The position of women in Sub-Saharan Africa and North India" *In:* Current Anthropology, 30 (413-436).

TANRET, M.

2000 - "The field and the map: of ghosts and fictive neighbours" *In:* L. Milano, S. de Martino & G. B. Lanfranchi (eds.) - Landscapes: Territories, frontiers and horizons in the ancient Near East. Vol. 3 (44ᵉ Rencontre Assyriologique Internationale). Padova, Sargon (159-162).

TANRET, M. & JANSSEN, C.

1992 - "ana qabê - qui remplace qui" *In:* Nouvelles Assyriologiques Brèves et Utilitaires, 3 (63-66).

TEMIN, P.

2002 - "Price behavior in ancient Babylon" *In:* Explorations in Economic History, 39 (46-60).

TESTART, A.

1996a -"Pourquoi ici la dot et là son contraire? Exercice de sociologie comparative" *In:* Droit et Cultures, 32 (7-36).

1996b - "Pourquoi ici la dot et là son contraire? Exercice de sociologie comparative des institutions (suite)" *In:* Droit et Cultures, 33 (117-138).

1997a - "Pourquoi ici la dot et là son contraire? Exercice de sociologie comparative (suite)" *In:* Droit et Cultures, 34 (99-134).

1997b - "Les trois modes de transfert" *In:* Gradhiva, 21 (39-58).

2001 - L'esclave, la dette et le pouvoir. Paris, Editions Errance.

TESTART, A.; GOVOROFF, N. & LECRIVAIN, V.

2002a - "Les prestations matrimoniales" *In:* L'Homme, 161 (165-196).

2002b - "Le prix de la fiancée. Richesse et dépendance dans les sociétés traditionelles" *In:* La Recherche, 354 (34-39).

THÉODORIDÈS, A.

1977 - "La propriété et ses démembrements en droit pharaonique" *In:* Revue Internationale des Droits de l'Antiquité, 24 (21-64).

THOMPSON, E. P.

1971 - "The moral economy of the English crowd in the Eighteenth century" *In:* Past and Present, 50 (76-136).

THUREAU-DANGIN, F.

1913 - "Notes assyriologiques, 21: ablu-ibila" *In:* Revue d'Assyriologie et d'Archéologie Orientale, 10 (93-97).

1918 - "La chronologie de la dynastie de Larsa" *In:* Revue d'Assyriologie et d'Archéologie Orientale, 15 (1-57).

THURNWALD, R.

1932 - Economics in primitive communities. London, Oxford University Press.

TSUKIMOTO, A.

1980 - "Aspekte von *kispu(m)* als Totenbeigabe" *In:* B. Alster (ed.) - Death in Mesopotamia (26e Rencontre Assyriologique Internationale / Copenhagen Studies in Assyriology, 8). Copenhagen, Akademisk Forlag (129-138).

1985 - Untersuchungen zur Totenpflege (*kispum*) im alten Mesopotamien. (Alter Orient und Altes Testament, 216). Neukirchen, Verlag Butzon und Bercker Kevelaer.

TYBOROWSKI, W.

2003 - "Shêp-Sîn, a private businessman of the Old Babylonian Larsa" *In:* Die Welt des Orients, 33 (68-88).

TYUMENEV, A. I.

1969 - "The state economy in ancient Sumer" *In:* I. M. Diakonoff (ed.) -Ancient Mesopotamia. Moscow, Nauka (70-87).

Van Der TOORN, K.

1994a - From her cradle to her grave The role of religion in the life of the Israelite and the Babylonian woman (Biblical Seminar Series, 23). Sheffield, JSOT Press.

1994b - "Gods and ancestors in Emar and Nuzi" *In:* Zeitschrift für Assyriologie, 84 (38-59).

1996a - Family religion in Babylonia, Syria and Israel. Continuity and change in the forms of religious life. (Studies in the History and Culture of the Ancient Near East, 7) Leiden, E. J. Brill.

1996b - "Domestic religion in ancient Mesopotamia" *In:* K. R. Veenhof (ed.) - Houses and households in ancient Mesopotamia (40e Rencontre Assyriologique Internationale). Leiden, Nederlands Historisch-Archaeologisch Intstituut te Istanbul (69-77).

1999 - "Magic an the cradle: a reassessment" *In:* T. Abusch & K. Van Der Toorn (eds.) - Mesopotamian magic: textual, historical, and interpretative perspectives. (Ancient Magic and Divination, 1). Groningen, Styx Publications (139-147).

Van De MIEROOP, M.

1987 - "The archive of Balmunam³e" *In:* Archiv für Orientforschung, 34 (1-29).

1992a - Society and enterprise in Old Babylonian Ur (Berliner Beiträge zum Vorderen Orient, 12). Berlin, Dietrich Reimer Verlag.

1992b - "Wood in the old Babylonian texts from Southern Babylonia" *In:* Bulletin on Sumerian Agriculture, 6 (155-162).

1992c - "Reed in the old Babylonian texts from Ur" *In:* Bulletin on Sumerian Agriculture, 6 (147-153).

1993 - "The reign do Rîm-Sîn" *In:* Revue d'Assyriologie et d'Archéologie Orientale, 87 (47-69).

1997 - The ancient Mesopotamian city. Oxford, Clarendon Press.

1999a - "Thoughts on urban real estate in ancient Mesopotamia" *In:* M. Hudson & B. A. Levine (eds.) - Urbanization and land ownership in the ancient Near East (Peabody Museum Bulletin, 7). Cambridge, MA, Peabody Museum of Archaeology and Ethnology (253-275).

1999b - Cuneiform texts and the writing of history. London, Routledge.

2002a - "A history of Near Eastern debt?" *In:* M. Hudson & M. Van De Mieroop (eds.) - Debt and economic renewal in the ancient Near East. (International Scholars Conference on Ancient Near Eastern Economies, 3). Bethesda, CDL Press (59-94).

2002b - Credit as a facilitator of exchange in Old Babylonian Mesopotamia" *In:* M. Hudson & M. Van De Mieroop (eds.) - Debt and economic renewal in the ancient Near East. (International Scholars Conference on Ancient Near Eastern Economies, 3). Bethesda, CDL Press (63-73).

2002c - "In search of prestige: foreign contacts and the rise of an elite in early dynastic Babylonia" *In:* E. Ehrenberg (ed.) - Leaving no stones unturned. Essays on the ancient Near East and Egypt in honor of Donald P. Hansen. Winona Lake, Eisenbrauns (125-137).

Van LERBERGHE, K. & VOET, G.

1991 - Sippar-Amnânum - the Ur-Utu archive. (Mesopotamian history and Environment -Texts I,1). Ghent, University of Ghent.

VARGYAS, P.

1987 - "The problem of private economy in the ancient Near East" *In:* Bibliotheca Orientalis, 44 (376-385).

VEENHOF, K. R.

1972 - Aspects of Old Assyrian trade and its terminology. (Studia et Documenta ad Iura Orientis Antiqui Pertinentia, 10). Leiden, E. J. Brill.

1973 - "An old babylonian deed of purchase of land in the Liagre Böhl Collection" *In:* M. A. Beek, A. A. Kampman, C. Nijland & J. Ryckmans (eds.) - Symbolae Biblicae et Mesopotamicae Francisco Mario Theodoro de Liagre Böhl Dedicatae. Leiden, E. J. Brill (359-379).

1977 - "Some social effects of Old Assyrian trade" *In:* Iraq, 39 (23ème Rencontre Assyriologique Internationale) (109-118).

1982 - "A deed of manumission and adoption from the later old Assyrian period" *In:* G. Van Driel, Th. J. H. Krispijn, M. Stol, K. R. Veenhof (eds.) - Zikir shumin. Assyriological studies presented to F. R. Kraus. Leiden, Brill (359-385).

1989 - "Three old Babylonian marriage contracts involving nadîtum and shugîtum" *In:* M. Lebeau & Ph. Talon (eds.) - Reflets des deux fleuves. (Akkadica, Supplementum, 6). Leuven, Peeters (181-189).

1996 - Houses and households in ancient Mesopotamia (40^e Rencontre Assyriologique Internationale). Leiden, Nederlands Historisch-Archaeologisch Intstituut te Istanbul.

1997-2000 - "The relation between royal decrees and 'law codes' of the Old Babylonian period" *In:* Jaarbericht Ex Oriente Lux, 35-36 (49-83).

1999 - "Redemption of houses in Assur and Sippar" *In:* B. Böck, E. Cancik-Kirschbaum & T. Richter. (eds.) - Munuscula Mesopotamica (Alter Orient und Altes Testament,267). Münster, Ugarit Verlag.

VEGETTI, M.

1977 - "Introduzione" *In:* M. Vegetti (ed.) - Marxismo e società antica. Milano, Feltrinelli (9-65).

VITO, R. A. di

1993 - Studies in Third Millennium Sumerian and Akkadian Personal Names. The designation and conception of the personal god. (Studia Pohl, Series Maior, 16). Roma, Editrice Pontificio Instituto Biblico.

WALTERS, S. D.

1970 - Water for Larsa: an old Babylonian archive dealing with irrigation. (Yale Near Easter Researches, 4). New Haven, Yale University Press.

WARBURTON, D. A.

1991 - "Keynes'sche Überlegungen zur altägyptischen Wirtschaft" *In:* Zeitschrift für Ägyptische Sprache und Altertumskunde, 118 (76-85).

1995 - "The economy of ancient Egypt revisited yet again or die wirtschaftliche Bedeutung der Erweiterung des Bestehenden" *In:* Göttinger Miszellen Beiträge zur ägyptologischen Diskussion, 146 (103-111).

1997 - State and economy in ancient Egypt. Fiscal vocabulary of the New Kingdom (Orbis Biblicus et Orientalis, 151). Fribourg/Göttingen, University Press Fribourg/Vandenhoeck & Ruprecht.

1998 - "Economic thinking in Egyptology" *In:* Studien zur altägyptischen Kultur, 26 (143-170).

2000a - "Dating the fall of Babylon once again" *In:* Akkadica, 116 (1-5).

2000b - "Before the IMF: the economic implications of unintentional structural adjustement in ancient Egypt" *In:* Journal of the Economic and Social History of the Orient, 43 (65-131).

WARD, R. D.

1973 - The family history of Silli-Ishtar: a reconstruction based on the Kutalla documents. University of Minnesota. Unpublished Ph.D.

WEBER, M.

1968 - Economy and Society. New York, Bedminster.

1998 - Economie et Société dans l'Antiquité. Paris, La Découverte.

WEINER, A. B.

1988 - "La richesse inaliénable" *In:* Revue du Mauss, 2 (126-160).

WEINFELD, M.

1995 - Social justice in ancient Israel. Jerusalem, Magnes Press.

WERR, L. al-G.

1988 - Studies in the chronology and regional style of old Babylonian cylinder seals. (Bibliotheca Mesopotamica, 23). Malibu, Undena Publications.

WESTBROOK, R.

1988 - Old Babylonian marriage law (Archiv für Orientforschung, Beiheft 23). Horn, Ferdinand Berger & Sohne.

1991 - Property and the family in biblical law. (Journal for the Study of the Old Testament, Supplement Series, 113). Sheffield, JSOT Press.

1993 - "The adoption laws of Codex Hammurabi" *In:* A. F. Rainey (ed.) - Kinattûtu sha dârâti. Raphel Kutscher Memorial Volume (Journal of the Institute of Tel Aviv university, occasional Publications, 1). Tel-Aviv, Institute of Archaeology (195-204).

1994 - "Mitgift" *In:* Reallexikon der Assyriologie, 8 (273 - 283).

1995a - "Slave and master in ancient Near Eastern law" *In:* Chicago Law Kent Review, 70 (1631-1676).

1995b - "Social justice in the ancient Near East" *In:* K. D. Irani & M. Silver (eds.) - Social justice in the ancient world. London, Greenwood Press (149-163).

1998 - "Legal aspects of care of elderly in the ancient Near East: conclusion" *In:* M. Stol & S. P. Vleeming (eds.) - The care of elderly in the ancient Near East (Studies in history and cultury of the ancient Near East, 14). Leiden, Brill (241-250).

2003 - "Introduction: The character of ancient Near Eastern law". *In:* R. Westbrook (ed.) *A History of ancient Near Eastern law*. Volume 1. Leiden, Brill (1-90).

WOLF, E. R. *Peasants*. New Jersey, Prentice-Hall, 1966.

WESTENHOLZ, J. G.

1990 - "Towards a new conceptualization of the female role in Mesopotamian society" *In:* Journal of the American Oriental Society, 110 (510-521).

WHITE, D. R. & JORION, P.

1992 - "Representing and analysing kinship: a network approach *In:* Current Anthropology, 33 (454-462).

WHITE, D. R. & SCWEIZER, Th.

1998 - "Kinship, property transmission, and stratification in Javanese villages" *In:* Th. Schweizer & D. R. White (eds.) - Kinship, Networks, and Exchange. Cambridge, Cambridge University Press (37-58).

WHITING, R.

1977 - "Sealing practices on house and land sale documents at Eshnunna in the Isin-Larsa period" *In:* M. Gibson & R. Biggs (eds.) - Seals and sealing in the ancient Near East. (Bibliotheca Mesopotamica, 6). Malibu, Undena Publications (67-74).

WIESSNER, P.

1974 - "A functional estimator of population from floor area" *In:* American Antiquity, 39 (343-350).

WILHELM, G.

1987/1990 - "Matrilinearität A. Bei den Hethitern" *In:* Reallexikon der Assyriologie, 7. (588-590).

WILCKE, C.

1976 - "Assyrische Testamente" *In:* Zeitschrift für Assyriologie und Vorderasiatische Archäologie, 66 (196-233).

1982 - "Zwei Spät-Altbabylonische Kaufverträge aus Kish" *In:* G. Van Driel, Th. J. H. Krispijn, M. Stol, K. R. Veenhof (eds.) - Zikir shumin. Assyriological studies presented to F. R. Kraus. Leiden, Brill (426-484).

1984 - "CT 45,119: Ein Fall legaler Bigamie mit nadîtum und shugîtum" *In:* Zeitschrift für Assyriologie und Vorderasiatishe Archäologie, 74 (170-180).

1985a - "Familiengründung im alten Babylonien" *In:* E. W. Müller (ed.) - Geschlechtsreife und Legitimationen zur Zeugung. Freiburg/München, Verlag Karl Alber (213-317).

1985b - "The law of sale and the history of Babylon's neighbours" *In:* Sumer, 41 (74-77).

WILCOX, G.

1992 - "Timber and trees. Ancient exploitation in the Middle East: evidence from plant remains" *In:* Bulletin on Sumerian Agriculture, 6 (1-31).

WILK, R. R.

1990 - "The built environment and consumer decisions" *In:* S. Kent (ed.) - Domestic architecture and the use of space. An interdisciplinary cross-cultural study. Cambridge, Cambridge University Press.

1991 - Household ecology. Economic change and domestic life among the Kekchi Maya in Belize. Tucson, The University of Arizona Press.

WILK, R. R. & NETTING, R. McC.

1984 - "Households: changing forms and functions" *In:* R. McC. Netting, R. R. Wilk & E. J. Arnould (eds.) - Households. Comparative and historical studies of the domestic group. Berkeley, University of California Press (1-28).

WILKINSON, T. A. H.

1997 - "Compte Rendu de D. Warburton - State and Economy in ancient Egypt" *In:* Discussions in Egyptology, 39 (149-151).

WILKINSON, T. J.

2000 - "Settlement and land use in the zone of uncertainty in upper Mesopotamia" *In:* R. M. Jas (ed.) - Rainfall and agriculture in northern Mesopotamia (Mos Studies, 3). Leiden, Nederlands Historisch-Archaeologisch Instituut te Istanbul (3-35).

WILSON, R. R.

1977 - "The form and the function of ancient Near Eastern genealogies" *In:* R. R. Wilson - Genealogy and history in the biblical world. New Haven, Yale University Press (56-136).

WOLF, E. R.

1966 - Peasants. New Jersey, Prentice-Hall.

WOOLLEY, C. L.

1952 - Carchemish III. The excavations in the inner town. London.

1976 - The old Babylonian period. Ur excavations, Vol. 7. London, British Museum Publications.

WRIGHT, P. H.

1994 - The city of Larsa in the Neo-Babylonian and Achaemenid periods: a study of urban and intercity relations in antiquity. Ohio, Hebrew Union College. Unpublished Ph. D.

WRIGHT, R. P.

1996 - "Technology, gender, and class: worlds of difference in Ur III Mesopotamia" *In:* R. P. Wright (ed.) - Gender and archaeology. Philadelphia, University of Pennsylvania Press (79-110).

WRIGLEY, E. A.

1977 - "Reflections on the history of the family" *In:* Daedalus, 106 (71-85).

WUNSCH, C.

2002 - "Debt, interest, pledge and forfeiture in the Neo-Babylonian and early Achaemenid period: the evidence from private archives" *In:* M. Hudson & M. Van De Mieroop (eds.) - Debt and economic renewal in the ancient Near East. (International Scholars Conference on Ancient Near Eastern Economies, 3). Bethesda, CDL Press (221-255).

YAKAR, J.

2000 - Ethnoarchaeology of Anatolia. Rural socio-economy in the Bronze and iron Ages. Jerusalem, Emery and Claire Yass Publications in Archaeology.

YALMAN, N.

1967 - Under the Bo tree. Berkeley, University of California Press.

YANAGISAKO, S. J.

1979 - " Family and household: the analysis of domestic groups" *In:* Annual Review of Anthropology, 8 (161-205).

YARON, R.

1988 - The laws of Eshnunna. Jerusalem, The Magnes Press/E. J. Brill.

YOFFEE, N.

1977 - The economic role of the crown in the Old Babylonian period. (Bibliotheca Mesopotamica, 5). Malibu, Undena Publications.

1981 - "Explaining trade in ancient Western Asia" *In:* Monographs of the Ancient Near East, 2/2 (1-40).

1982 - "Social history and historical method in the late Old Babylonian Period" *In:* Journal of the American Oriental Society, 102 (347-353).

1988a - "Aspects of Mesopotamian land sales *In:* American Anthropologist, 90 (119-130).

1988b - "Orienting collapse" *In:* N. Yoffee & G. L. Cowgill (eds.) - The collapse of ancient states and civilizations. Tucson. The University of Arizona Press (1-19).

1988c - "The collapse of ancient Mesopotamian states and civilization" *In:* N. Yoffee & G. L. Cowgill (eds.) - The collapse of ancient states and civilizations. Tucson. The University of Arizona Press (44-68).

1995 - "Political economy in early Mesopotamian states" *In:* Annual Review of Anthropology, 24 (281-311).

2000 - "Law courts and the mediation of social conflict in ancient Mesopotamia" *In:* J. Richards & M. Van Buren (eds.) - Order, legitimacy, and wealth in ancient states. Cambridge, Cambridge University Press (46-63).

YOKOYAMA, M. – ver: ISHIKIDA, M. Y.

ZACCAGNINI, M.

1973 - Lo scambio dei doni nel Vicino Oriente durante i secoli XV-XIII (Orientis Antiqui Collectio, 11). Roma, Centro per le Antichità e la Storia dell'Arte del Vicino Oriente.

1976 - "La circulazione dei beni" *In:* S. Moscati (ed.) - L'Alba della civiltà. vol. 2. Torino, UET.

1979a - The rural landscape of the land of Arrap³e. Roma. (Quaderni di Geografia Storica, 1). Roma.

1979b - "The price of fields at Nuzi" *In:* The Journal of teh Economic and Social History of the Orient, 22 (1-31).

1981 - "Modo di produzione asiatico e Vicino Oriente Antico. Appunti per una discussione" *In:* Dialoghi di Archeologia, 3 (3-65).

1994a - "Sacred and human components in ancient Near Eastern law" *In:* History of Religions, 33 (265-286).

1994b - "Les échanges dans l'antiquité: paradigmes théoriques et analyse des sources" *In:* J. Andreau, P. Briant & R. Descat (eds.) - Economie Antique. Les échanges dans l'antiquité: le rôle de l'Etat. (Entretiens d'Archéologie et d'Histoire, 1). Saint-Bertand-de-Comminges, Musée Archéologique Départemental (213-225).

1997 - "Prices and price formation in the ancient Near East. A methodological approach" *In:* J. Andreau, P. Briant & R. Descat (eds.) - Economie antique: Prix et formation des prix dans les économies antiques (Entretiens d'Archéologie et d'Histoire, 2). Saint-Bertand-de-Comminges, Musée Archéologique Départemental (361-384).

2002 - "Debt and debt remission at Nuzi" *In:* M. Hudson & M. Van De Mieroop (eds.) - Debt and economic renewal in the ancient Near East. (International Scholars Conference on Ancient Near Eastern Economies, 3). Bethesda, CDL Press (161-173).

ZADOK, R.

1987 - "Peoples from the Iranian plateau in Babylonia during the second millennium B.C." *In:* Iran, 25 (1-26).

ZAGARELL, A.

1986 - "Trade, women, class, and society in ancient Western Asia" *In:* Current Anthropology, 27 (415-430).

ZETTLER, R. L.

1996 - "Written documents as excavated artifacts and the holistic interpretation of the Mesopotamian archaeological record" *In:* J. S. Cooper & G. M. Schwartz (eds.) - The study of the ancient Near East in the twenty-first century. Winona Lake, Eisenbrauns (81-101).

ZIMMERMANN, F.

1993 - Enquête sur la parenté. Paris, PUF.

CARACTERÍSTICAS DESTE LIVRO:
Formato: 16 x 23 cm
Mancha: 12,2 x 19,0 cm
Tipologia: Times New Roman 9/12
Papel: Ofsete 75g/m² (miolo)
Cartão Supremo 250g/m² (capa)
Impressão: Sermograf
1ª edição: 2007

*Para saber mais sobre nossos títulos e autores,
visite o nosso site:*
www.mauad.com.br